Thüringer Fürsten im 18. Jahrhundert

»Das Missverstehen der Gegenwart erwächst schicksalhaft
aus der Unkenntnis der Vergangenheit.«   [Marc Bloch]

A L E X A N D E R   B L Œ T H N E R

THÜRINGER FÜRSTEN

IM 18. JAHRHUNDERT

UND IHRE HERRSCHAFT

Die Höfe von Coburg – Ebersdorf – Eisenberg –
Gera – Gotha – Greiz – Hirschberg – Köstritz
– Lobenstein – Neustadt/Orla – Rudolstadt –
Saalfeld – Schleiz – Weida – Weimar – Zeitz

Aus der Reihe: Plothener Hefte zur Thüringer Regionalgeschichte Band 61

Über den Autor:
Alexander Blöthner M. A. (phil), geboren 1974 in Schleiz, hat an der
Universität Jena ein ›Studium Generale‹ mit Schwerpunkt auf
Geschichte und Soziologie absolviert und verfasst Bücher
über Lebensphilosophie, Sagen, Regionalgeschichte,
Landschaftsmythologie, aber auch über Alltags-,
Sozial- und Wirtschaftsgeschichte.

Tannhäuser
Alexander Blöthner
2. Auflage
Plothen 2018

HERSTELLUNG UND VERLAG: B o D — BookS on DemanD Norderstedt
ISBN-Nr. 978-3-743-17622-5

*I*NHALTSVERZEICHNIS

1. Einleitung: Territoriale Strukturen nach dem Jahr 1648

»Während das Gebiet östlich der Saale raumbegrifflich nicht vor dem 19. Jahrhundert als Teil von Thüringen wahrgenommen wurde, umfasste die Region dagegen große Gebiete im Südraum des späteren Bundeslandes Sachsen-Anhalt, von denen man sich heute kaum noch vorstellen kann, dass sie einmal ein Teil Thüringens gewesen waren.«

Das ›Heilige Römische Reich Deutscher Nation‹ [bis 1806] war nicht, wie frühere Historiker vermeinten, ein kraftloses, längst überlebtes Monstrum kleinstaatlichen Absolutismus, das ökonomisch wie institutionell einem unbegrabenen Leichnam geglichen habe, sondern ein durchaus funktionierendes föderalistisches Gebilde von Staaten, das im Zusammenspiel seiner Glieder sehr wohl lebens- wie handlungsfähig war. Es besaß die Fähigkeit, sich selbst zu verteidigen. Jedes deutsche Territorium war einem Reichskreis zugeordnet, der im Falle eines feindlichen Angriffs auf das Reich Truppen auszuheben und Kriegsbeiträge [in Römermonaten] aufzubringen hatte. Was dem Alten Reich jedoch weitgehend versagt blieb, war die Fähigkeit, alle Zügel in einer Hand dauerhaft zu vereinen und gleich den anderen europäischen Großmächten wie England, Frankreich und Spanien Angriffskriege führen zu können. Diese Unfähigkeit hat ihm die Verachtung der älteren Geschichtsforschung eingebracht, die an seiner Statt lieber eine starke Zentralmacht mit viel Glanz und Gloria gesehen hätte.

Die Schwäche des Kaisertums am Ende des 30-jährigen Krieges ausnutzend, waren in den weitgehend von den ausländischen Kriegsmächten Frankreich und Schweden diktierten Bestimmungen des Westfälischen Friedens die deutschen Fürsten mit einem Schlage zu souveränen Herrschern erklärt worden, die in Reichsangelegenheiten mitreden konnten. Ihnen stand ein eigenes Heer, eine eigenständige Außenpolitik und ein Bündnisrecht mit ausländischen Mächten zu, ebenso eine uneingeschränkte innere Verwaltung, freilich unter dem Vorbehalt, dass nicht gegen Kaiser und Reich, gegen Reichsverfassung und allgemeinen Frieden opponiert werden durfte, was diese Souveränität freilich wieder einschränkte. »Die kleineren und kleinsten Staaten hatten von ihren neuen rechtlichen Freiheiten freilich nur sehr wenig. Eigene Heere kosteten enorm viel Geld. Deshalb konnten sie auch als Bündnispartner außer ihrer unverbrüchlichen Treue nur wenig anbieten. Überhaupt war die Kapitalarmut für zahlreiche Landesherren ein Handycap ersten Grades. ... Nur die mittleren und größeren Reichsstände wie Bayern, Sachsen, Brandenburg und Hannover waren im eigentlichen Sinne Nutznießer der Friedensbestimmungen.¹«

Indem mit dem Friedensschluss die Reichsstände – wie gesagt – einen beträchtlichen Grad an Souveränität erlangten, galt das Habs-

burger Kaiserhaus, welches mit unhaltbaren Forderungen den 30-jäh-
rigen Krieg unnötig mit in die Länge gezogen hatte, als eigentlicher
Verlierer. In allen wichtigen Reichsangelegenheiten war der Kaiser
nun an die Zustimmung der Fürsten gebunden. Um nicht im Zuge
der Selbstständigkeit dieser Partikularmächte in Bedeutungs-
losigkeit zu versinken, war dieser gezwungen, seine Politik nunmehr so zu gestalten, dass seine Partei möglichst viele Bündnispartner gewinnen und erhalten konnte. Das waren vor allem die
geistlichen Herren, die Erzbischöfe, die Bischöfe und die Reichs-
Äbte – die im Zuge der Säkularisation [Verweltlichung und Auflösung von Kirchenbesitztümern] vor allem im Norden des Reiches
viel von ihrem Einfluss eingebüßt hatten – aber auch die Souveräne
jener zahllosen kleinen und kleinsten Territorien, ebenso die meisten Reichsstädte – soweit sie Gefahr liefen, ihren Status zu verlieren bzw. in den sie umschließenden Flächenstaaten aufzugehen –
schlossen sich eng an das Kaiserhaus an, sahen sie doch in ihm mit
den wichtigsten Garanten für den Fortbestand ihrer Existenz.
Im Fahrtwasser des Kaisers mitschwimmend, unterstützten diese
Reichsstände dessen zahlenmäßigen Anhang im Reich und auf den
Reichstagen, wo sich die Kleinen unter seinem Schirm gegen die
Großen organisierten. Um diesem Klientel mehr politisches Gewicht
zu verleihen, schuf der Kaiser bisweilen auch neue Fürstentümer,
indem er Grafen wie die Schwarzburger fürstete oder Herren wie
die Reußen in den Reichsgrafen-, schließlich sogar in den Reichs-
fürstenstand erhob. Im Gegenzug nutzten die Träger kaiserlicher
Hofämter ihren Einfluss oft genug auch aus, um ihren eigenen Ge-
folgsleuten, Günstlingen und Mätressen den Adels-, wenn nicht gar
den Grafentitel zu verschaffen. Doch halten wir einstweilen fest:
Nichtzuletzt durch die Organisation der Türkenabwehr und des
Defensionskrieges gegen Frankreich gewann die deutsche Zentral-
macht mit der Zeit wieder an Ansehen. Auch über das kaiserliche
Verfassungsgericht, den Reichshofrat in Wien, der nicht nur von
kleineren Souveränen gegen größere, sondern – zumindest in jenen
Ländern, die nicht das Ius de non appelando besaßen – auch von
Untertanen gegen ihre Obrigkeit angerufen werden konnte, trat das
Kaiserhaus gegenüber der Bevölkerung als Rechtswahrer in Er-
scheinung. Ganz gleich, ob die attraktiven Grundsatzurteile seines
Gerichts von den beklagten Landesherren am Ende anerkannt
wurden oder nicht, so erregten sie doch Aufsehen. Auf diese Weise
gewann die Zentralmacht, insbesondere unter dem habsburgischen
Kaiser Leopold I. [1658-1705] viel von ihrem verlorenen Einfluss
zurück und bekam zum Teil wieder Fäden in die Hand, die ihr vor
Jahrhunderten schon entglitten waren. So eroberte das Kaisertum
mit der Zeit die Herzen vieler wieder zurück, die sich vordem ent-

täuscht von ihm abgewandt hatten.

Die deutschen Territorien der Frühneuzeit waren, obwohl es seitens der Landesherrschaften nie an dahingehenden Bestrebungen gemangelt hat, in den seltensten Fällen schon geschlossene Flächenstaaten mit einheitlichen Rechts- bzw. Hoheitsräumen. Oft gab es abgetrennte Gebietsteile [Exklaven], die verstreut oder weit entfernt lagen. Und selbst in den Kerngebieten eines Landes konnten – vom eigenen Gebiet umschlossen – die Weich-Gebiete freier Reichsstädte oder Enklaven anderer Länder bestehen. Ja im Land selbst gab es unter Umständen noch bestimmte Ritterguts- und Kommunalbezirke, die von der Gerichtsbarkeit der Landesherrschaft – hier mehr, dort weniger – eximiert waren, die jeweils eine eigene Geschichte und ein besonderes Herkommen besaßen, verbunden mit eigenen Privilegien und Gebräuchen, auf denen sie beharrten und die sie unter Umständen bei den Verfassungsgerichten, beim Reichskammergericht [zuletzt in Wetzlar] bzw, beim Reichshofrat in Wien auch einzuklagen verstanden.

Nach dem Jahr 1648 war das Gebiet des heutigen Thüringen in verschiedene Landesherrschaften, Teil- und Unterherrschaften gegliedert, die – obwohl sie in der Regel Reichsstandschaft besaßen – doch in verschiedener Weise – hier vom Kurfürstentum Sachsen [als der damaligen Hegemonialmacht im mitteldeutschen Raum], dort von der Krone Böhmens und überhaupt von den Häuptern ihrer jeweiligen Gesamthäuser – mehr oder weniger abhängig waren.

Der ernestinische Teil Thüringens bestand zu dieser Zeit aus zwei großen Herrschaftskomplexen, den im Jahre 1603 gebildeten Herzogtümern Sachsen-Altenburg [bis 1672] und Sachsen-Weimar. Ersteres umfasste den größten Teil des heutigen Ostthüringen und bestand aus einem Westkreis [Holzland] und einem Ostkreis [Osterland] diesseits bzw. jenseits der Weißen Elster.
Das Herzogtum Weimar hingegen war – nachdem es erst 1638 alle west- und südthüringischen Gebiete der Ernestiner vereinigt hatte, bereits 1640 wieder in die drei Herzogtümer Sachsen-Weimar, Sachsen-Gotha und Sachsen-Eisenach geteilt worden. Den mittleren Süden des heutigen Thüringen sowie einen großen Teil des Nordwestens füllten die beiden Schwarzburger Grafschaften Rudolstadt und Sondershausen aus. In den Südosten des Großraums dagegen – im Bereich der Weißen Elster sowie an der oberen Saale – teilten sich die Reußischen Herrschaften der älteren und jüngeren Linie hinein. Die ältere Linie bestand damals aus den Herrschaften Obergreiz [mit Zeulenroda] und Untergreiz, die jüngere aus den Herrschaften Gera, Lobenstein, Saalburg und Schleiz. Zwischen die Reußischen Länder im Süden und Nordosten sowie die ernestinischen Gebiete im Westen und Norden schob sich gleich einem Riegel der erst 1567

[endgültig 1660] an Kursachsen übergegangene Neustädter Kreis, der sich von Weida bis kurz vor Saalfeld erstreckte. Zudem besaß der Kurstaat sowohl im Norden als auch im Südwesten Thüringens weitere beträchtliche Territorien. Man denke hierbei an den von Warza an der Werra bis hin zur Saale bei Weißenfels reichenden Thüringer Kreis, an einen Teil des Henneberger Landes sowie an verschiedene Splitterherrschaften, Kollaturen und andere Gerechtsamen.

2. *Im Zeitalter des Absolutismus*

»Der absolute Herrscher von Gottes Gnaden galt als geheiligte Persönlichkeit, die stellvertretend für Gott von den Edlen und dem Volk seines Landes vollkommenen Gehorsam fordern dürfen sollte, da er mit seiner Macht von Gott auch die nötige Einsicht empfangen habe, die dem Staat und den Untertanen zum Wohle gereichen würde. Zugleich aber war seine uneingeschränkte Macht eingebunden in die Verantwortung gegenüber Gott, wodurch Tyrannei und Willkür ausgeschlossen sein sollten.[2]«

Die Epoche zwischen 1648 und 1789 wird gemeinhin als ›Zeitalter des Absolutismus‹ bezeichnet. Die Landesherren – so vereinfacht noch die DDR-Geschichtsschreibung – hätten damals mehr denn je die Tendenz gezeigt, in der Durchsetzung ihrer Herrschaftsrechte gegenüber Ständen und Volk nach Absolutheit zu streben und alle Ressourcen ihres Landes einzig dem Nutzen ihrer eigenen Person dingbar zu machen. In der Tat war es den Souveränen großer Flächenstaaten – wie dem französischen König Ludwig XIV. im Jahre 1661 – gelungen, die absolute Monarchie zu vollenden, den Adel und die anderen Stände de facto zu entmachten und den Blick der Welt auf ihre teils gigantischen Hofwesen – wie das von Versailles – zu lenken. Obwohl die kleinräumigen Herrschafts- und Wirtschaftsstrukturen vieler deutscher Länder eine vollständige Durchsetzung des Absolutismus von vorn herein nicht zuließen, versuchte man doch auch hier, den französischen Hofidealen zu entsprechen und den Ruhm seines Herrscherhauses zu mehren, selbst wenn für die Verwirklichung solcher machtpolitischen Phantasien hohe Schulden gemacht und fallweise sogar eigene Landeskinder als Soldaten für die stehenden Heere der Großmächte verkauft werden mussten.

Allerdings hat ein solcher Herrschaftsstil – soweit er sich allein mit der rücksichtslosen Ausbeutung von Land und Leuten behelfen musste – selten über mehrere Generationen aufrechterhalten werden können und schon gar nicht in den kleinen thüringischen Staaten, wo die wirtschaftlichen Expansionsmöglichkeiten begrenzt waren und darüberhinaus politische Beschränkungen seitens der regionalen Hegemonialmächte bestanden. Dafür hat es hier umso mehr Landesherren gegeben, die ähnlich den protestantischen Fürsten der Reformationszeit ihr Regierungsamt als christlichen Auftrag gesehen haben und – freilich auf eine streng paternalistische Weise und möglichst unter Ausschluss der Landstände – um eine wirtschaftliche, vor allem aber moralische Wiederaufrichtung und Weiterentwicklung ihrer Länder nach dem Großen Krieg bemüht waren, mit dem hauptsächlichen Ziel, den evangelischen Glauben der ihnen von Gott anvertrauten Landeskinder wiederzubegründen und zu erhalten.

Indem die thüringischen Landesherren nur in Familien gleichen Ranges und gleicher Konfession einheiraten konnten, entwickelte sich eine vom Protestantismus bestimmte und vom Patriarchismus geprägte höfische Kultur, die bis ins frühe 18. Jahrhundert die höfische Eleganz weitgehend noch aussparte, als andernorts schon längst der galante Lebensstil des französischen Hofes nachgeahmt wurde. Dieser hier christlich-orthodoxe, dort pietistische Stil wurde im weiteren Verlauf des 18. Jahrhunderts langsam abgelöst, wich aber erst im Spätbarock einer französisch beeinflussten höfischen Kultur. Selbige gelangte auf der einen Seite über Reiseerlebnisse in Paris und anderen bedeutenden Residenzstädten ins Land. Auf der anderen Seite dagegen wurde sie – gleich dem barocken Baustil – über das benachbarte Franken bzw. über die mannigfältigen Beziehungen zur Hegemonialmacht Kursachsen und zum Dresdner Hof vermittelt sowie durch die Berufung von Franzosen, wie etwa der Mademoiselle Sandon [1745] an den Rudolstädter bzw. des Hofkavaliers Pierre Chevalier de Berranger [1786] an den Lobensteiner Hof vertieft und aufrechterhalten.[3]

August Der Starke Und Der Absolutismus In Kursachsen

»Auf daß mein Wille allerseits zuverlässiger und schuldigstermaßen erfüllet werde.«

Der sächsische Kurfürst Friedrich August I. [reg. 1694-1733] – ›August der Starke‹ genannt – wurde im Jahre 1697 zum polnischen König erhoben. Zwar gelang es auch ihm, mit der Heranziehung von Ausländern zu hohen Hofämtern und der Schaffung neuer Behörden die Macht seines Amtsadels und den Einfluss seiner Stände zu schmälern, doch konnte er viele seiner absolutistischen Ambitionen infolge häufiger persönlicher Abwesenheit im Zuge der Ausübung seiner polnischen Kronrechte nicht dauerhaft durchsetzen. Sein im Jahre 1698 begründetes Revisionskollegium zur Überprüfung der Landesverwaltung mit Sondervollmachten im Steuer-, Münz- und Postwesen sowie bei der Administration der Stadträte und beim Hofstaat musste nach heftigen Protesten der Landstände zwei Jahre später aufgelöst, dieselben in ihre alten Rechte wieder eingesetzt werden. Zu wichtig war die ständische Unterstützung für die laufenden Rüstungen des Kurfürsten. Der Zwiespalt brach im

Jahre 1711 wieder hervor, als der Kurfürst den von den Ständen
vorgelegten Entwurf der Landtagsreversalien, in dem es um die
Bestätigung der Rechte der Untertanen ging, eigenhändig dahingehend zusammenstrich, dass er deren Bewilligungsrecht für in-
direkte Steuern, die Unabhängigkeit der Obersteuereinnahme von
der kurfürstlichen Rentkammer, die Einverständnispflicht der Stände mit kurfürstlichen Kreditaufnahmen, ihre Mitbestimmung in
politischen Grundsatzfragen, das Recht der willkürlichen Versammlungen und das Widerstandsrecht der Stände in Religionsfragen
schlichtweg verweigerte. Lediglich das Bewilligungsrecht für direkte Steuern und das Beschwerderecht auf Landtagen wollte er weiter
zugestehen. Damit verlagerte sich das Schwergewicht der Entscheidung in der Innen- und Außenpolitik zugunsten des Kurfürsten,
doch der Widerstand der Stände – zwischenzeitlich durch Religionsfragen immer wieder angeheizt – blieb bestehen. Als 1728 für
Kursachsen und damit auch für den Neustädter Kreis »eine neue
Land- und Ausschusstagesordnung erlassen wurde, bekräftigte der
Kurfürst diese mit der Formulierung, dass sein Wille ›allerseits
zuverlässiger und schuldigstermaßen erfüllet‹ werden müsse.

Die nochmalige Bestätigung des Steuerbewilligungs- und Beschwer-
derechts einerseits sowie andererseits die Wiederholung der bereits im Jahre 1700 gegebenen Ahnenversicherung an den Adel, nur
Adlige zur Landesversammlung zuzulassen, die von Mutter und
Vater jeweils acht adelige Ahnen nachweisen konnten [man fürch-
tete sich vor geadelten Günstlingen], deuten an, dass sich allmählich eine Art Status quo in den Beziehungen zwischen Ständen und
Kurfürst einstellte.[4]« Józef Kraszewski, ein Kenner des Dresdner
Hoflebens dieser Ära, resümiert über ›August den Starken‹, dass
»wenngleich er als Herrscher in Polen wie in Sachsen die unlieb-
samsten Erinnerungen zurückließ, sich doch als Kunstliebhaber, als
Baumeister, als ein Freund des Theaters, des Kunstgewerbes und
des verschiedensten Handwerks, soweit es dem Luxus diente, un-
sterbliche Verdienste in Sachsen erworben hat. Das a´la Louis XIV.
umgebaute, erweiterte, verschönerte Dresden war nicht wiederzu-
erkennen. Malerei, Baukunst, Musik gelangten zur Blüte. Eine ganze
Kolonie von Italienern siedelte sich neben dem Schlosse an. Entlang
der Elbe wuchsen – gleichsam mit dem Zauberstab hervorgebracht –
Paläste, Villen, Schlösschen empor. All das verschlang Millionen,
aber für den Augenblick rückte diese höfische Pracht Sachsen an die
Spitze der das damalige Deutsche Reich bildenden Kleinstaaten.[5]«
Ein Beispiel, auf welche Schwierigkeiten ein absolutistischer Fürst
bei der Einführung selbst nützlicher Neuerungen gegenüber der
teilweise noch im Mittelalter verankerten Rechtsbasis seiner Städ-

te und Dörfer treffen konnte, war die Errichtung der sächsischen Postmeilensäulen: Bereits 1691 war in Kursachsen ein aus Amtsbüchern zusammengestelltes Verzeichnis aller durch das Land laufenden Wege erschienen und man war versucht, wenigstens an den wichtigsten Abzweigungen und Kreuzungen hölzerne Wegweiser aufzustellen. Im Jahre 1721 erteilte der Kurfürst schließlich den Befehl zur Distanzmessung auf allen kursächsischen Poststrecken und zur Errichtung von Postmeilensäulen, die von den Amtsuntertanen, auf deren Grund und Boden sie zum Stehen kamen, finanziert zu werden hatten. Im Weigerungsfall drohte er mit gerichtlicher Zwangsvollstreckung. Jahrelang versuchte der Kursächsische Landtag den Kurfüsten vom Setzen dieser ›Steinernen Post‹ abzubringen. Selbst zahlreiche örtliche Beamte versuchten die Befehle zur Ausführung des Werkes zu hintertreiben. Teilweise wurden bereits gesetzte Säulen mutwillig beschädigt. Dabei ging es nicht allein um die Kosten der Säulen; der Streit war längst zu einem politischen Kräftemessen des absolutistisch orientierten Landesherren mit seinen Landständen ausgewachsen, zumal auch die Kommunen – in deren Weichzonen die Steine gesetzt werden sollten – dies als Eingriff in ihre traditionellen Rechte betrachteten. Natürlich hatte das Ganze auch wirtschaftliche Auswirkungen. Überall dort, wo die neuen und recht präzisen Distanzmessungen auch die althergebrachten städtischen Bannmeilen – in deren Gebieten von den Landleuten in der Regel nicht gebraut, nicht geschenkt und auch keine städtischen Gewerke ausgeübt werden durften – neu definierten, bestand die Gefahr, dass das in alten Urkunden distanzmäßig definierte wirtschaftsterritoriale Gefüge zwischen den Weichgebieten der Städte bzw. den Fluren der Landgemeinden und Rittergutsbezirke durcheinandergeraten könnte. Man einigte sich weitgehend auf Kompromisse. Den Rittergutsbesitzern wurde beispielsweise zugestanden, dass sie die Kosten auf ihre Untertanen umlegen durften, denn selbst dem Kurfürsten als größten Landbesitzer im Fürstentum kosteten die Steine ein Vermögen. Allein für Grünhain, eines der knapp 200 kursächsischen Ämter, beliefen sich diese Aufwendungen auf insgesamt 300 Taler. Dennoch war die landesweite Durchsetzung der Postmeilensäulen für den Kurfürsten ein ungeheurer Kraftakt. Auch nachdem sich die Anlieger zum Setzen der Säulen bereit erklärt und diese zum Teil auch errichtet hatten, mussten spätere Kontrolleure wiederholt konstatieren, dass viele Säulen nicht korrekt an der vorgeschriebenen Stelle standen, dass sie nicht nur schlecht oder ganz eigenwillig ausgeführt waren, dass manche von ihnen so lose im Boden verankert waren, dass sie umzufallen drohten und dergleichen.[6]

Macht Und Ohnmacht Der Landstände

»Wo aber die Macht der Landstände, wie etwa im Reußenland während des späten 17. und frühen 18. Jahrhunderts, zurückgedrängt wurde, häuften sich dagegen Steuerverweigerungen und Prozesse der Untertanen bzw. verweigerten sie die Erbhuldigung.«

Oft genug hatten die Landesherren mit ihren Landständen dieselben Probleme, wie der Kaiser mit seinen Reichsständen. Während gegenüber der Mehrzahl der Städte, Dörfer und Rittergüter, soweit sie in ein herrschaftliches Amt einbezirkt waren, in der Regel ein Befehl der Regierung genügte, mußte der Landesherr insbesondere bei jenen Adligen, Stadträten, Dorfschulzen bzw. Stiftsverwaltern, deren Position durch Herkommen, Besitz oder politische Stellung innerhalb der Gesellschaft des jeweiligen Landes einen hervorragenden Status innehatte, viel mehr taktieren, paktieren, ja sogar Gegenleistungen zusagen, wenn er sie zur Unterstützung seiner Ziele über das herkömmliche Maß hinaus motivieren wollte.

Die Mitwirkung dieser auch als ›Landstände‹ bezeichneten Regionalgrößen an einem Teil der landesherrlichen Entscheidungen war vielerorts bereits im 13. Jahrhundert gesetzlich geregelt worden. Zunächst traf man an den alten Volksversammlungsplätzen der jeweiligen Region noch unter freiem Himmel [so 1377 im Kettenwald zwischen Dröswein und Mühltroff] zusammen, später teils im Residenzschloss selbst [so in Obergreiz seit 1616] oder in besonderen, dafür errichteten Landtagsgebäuden [wie in Schleiz anstelle des späteren ›Magnetkaufhauses‹ bzw. in Gera in dem heute noch erhaltenen Landtagsgebäude mit Kanzlei am Südende der Altstadt].

Ständische Institutionen konnten je nach Maß ihrer regional unterschiedlichen Privilegien in die Regierung des Landesherrn also eingreifen und seine Machtausübung durch Steuerbewilligung, Verwaltung der Steuereinnahmen und Mitsprache bei ihrer Verwendung, Mitgestaltung neuer Gesetzgebung, Recht auf Anhörung im Beschwerdefall hier und da begrenzen. »Als sich die absolutistischen Herrschaftsvorstellungen immer mehr durchsetzten, wurden die ständischen Vertretungen zurückgedrängt, indem der patriarchalische Landesherr sich seiner Verantwortung und seiner Pflichten bewusst, die Kräfte in seinem Territorium zusammenfasste, eine einheitliche Verwaltung anstrebte und das geschlossene Staatsgebiet als Hoheitsgebiet seiner staatlichen Gewalt zu unterwerfen suchte. Abgesehen von Frankreich war der Absolutismus in den deutschen Territorien keinesfalls als einheitliche Herrschaftsform übernommen und durchgesetzt, sondern höchst unterschiedlich ausgeprägt vom jeweiligen Einfluss der Stände im Land abhängig. Wenn auch insgesamt die Landesherren Ausmaß und Richtung politischer Maßnahmen bestimmten, hingen die Erfolge nichtzuletzt vom fürstlichen Durchsetzungsvermögen und der Bereitschaft der Stände zur

Kooperation ab.⁷«

Auch wenn sich die Souveräne in ihren Angelegenheiten von Gerichtsurteilen und kaiserlichen Einsprüchen oft nicht oder nur wenig beeindrucken ließen, so wehte ihnen der Wind des Untertanenwiderstandes mitunter aus anderen Richtungen entgegen:

Als Kurfürst August der Starke von Sachsen etwa im Jahre 1706 den Leipziger Bürgern ihr wenige Jahrzehnte zuvor vom Staat erst abgekauftes Rosental wieder wegnehmen wollte, um darauf ein Lustschloss mit Barockpark errichteten zu lassen, konterten diese mit dem angeblich schlechten Baugrund des Bodens und brachten ihren Landesherrn so von dem Vorhaben wieder ab. Eine dauerhaftere Anwesenheit des Kurfürsten in Leipzig, dessen Messebesuche die Stadt jedesmal einige zehntausend Taler kosteten, konnte nicht in Sinne der ›treu meißnischen‹ Bürger sein. Aus ähnlichen Gründen scheiterte die Errichtung einer Reuß-Obergreizer Nebenresidenz in Zeulenroda [1666] und wahrscheinlich auch der Bau eines herzoglich-coburgischen Schlosses in Pößneck. Im Gegenzug kam es sicher ebenso häufig vor, dass Kommunen oder Einzelpersonen ›freiwillig‹ oder auf sanftem Druck ihres ›sonst verärgerten‹ sprich ›ungnädigen‹ Landesherrn auf ihre angestammten Rechte verzichteten, um diesen wieder zu besänftigen bzw. damit dessen Gunst zu erlangen.

⌘

Ein bedeutendes Zeitzeugnis über das Verhältnis zwischen den Landesherren und ihren Landständen in der Behandlung der Steuerfrage kurz nach dem 30-jährigen Krieg ist das von dem Zeulenrodaer Chronisten Friedrich Lorenz Schmidt edierte und dargestellte Prokokoll des Reuß-Obergreizer Landtages vom 15. Januar 1652 in Greiz: Einberufen worden war dieser Landtag von Heinrich I. dem Älteren [1627-1681]. Nachdem er jedes Mitglied seines Standes gemäß – die schriftsässige Ritterschaft mit dem herrschaftlichen Trompeter, die amtssässigen Städte und Dörfer mittels seines Regierungsboten – eingeladen hatte, trafen sich die Landstände bzw. deren Vertreter im Obergreizer Schloss.

Die Ritterschaft hatte sich wieder einmal in größerer Zahl als krank und unabkömmlich entschuldigen lassen und befreundete ritterliche Landstände mit ihrer Vertretung beauftragt. Als Besonderheit – was sonst nicht üblich und wohl der spezifischen Situation nach dem Krieg geschuldet war – hatte der Landesherr neben den sonst landstandsberechtigten beiden Städten und wenigen Dörfern auch die Ortsrichter [Schulzen] aller anderen Obergreizer Landgemeinden hinzugezogen. Er befürchtete wohl, – und wie wir noch hören werden, nicht zu unrecht – die Untertanen auf

15

dem Land könnten sich den anberaumten Beschlüssen in Steuerfragen ansonsten widersetzen.

Die Ritterschaft wurde im Kirchgemach gesondert empfangen und der Sitte gemäß mit Wein und Brot gespeist. Die Vertreter der beide Städte [Greiz und Zeulenroda] und der landstandsberechtigten Dörfer dagegen wurden im großen Tafelgemach versammelt. Nach Prüfung der Ausweise überreichte ein Regierungsvertreter dem Adel die sich in 5 Punkte gliedernde Proposition oder Regierungsvorlage. Nachdem die von Adel zur Beratung einen ›Abtritt‹ genommen hatten, wurden die Vertreter der Städte und alle vom Lande hereingelassen. Der Sitte entsprechend erhielten sie keine Erfrischung. Stattdessen bekamen sie zunächst einmal einen Rüffel und wurden ihres bisherigen Ungehorsams verwiesen. Erst dann gab man ihnen die schriftlich abgefasste Regierungsvorlage zur Beratung. Den Hintergrund des ganzen bildete folgendes: 1648 hatten die Amtsuntertanen 8 Doppelsteuern, auf 4 Jahre verteilt, bewilligt, jedoch nur 6 davon gezahlt. Sie hatten diese Steuer vielfach geschmäht, daher die Verwarnung wegen Ungehorsams. »In der Regierungsvorlage erinnerte der Landesherr zunächst einmal an die Beschwernisse der von ihm erst 1647 übernommenen Regierung. Durch die beiden Hochzeiten oder ›Beilager‹ seiner Schwestern 1645 und 1647 und sein eigenes Beilager 1648 war die herrschaftliche Kasse stark angegriffen worden, und der junge Landesherr hatte Schulden auf sich nehmen müssen, um die schwesterliche Aussteuern abdecken zu können. Durch eine so genannte ›Fräuleinsteuer‹ sollten die Ausgaben wieder eingebracht werden. Im Lauf des langen Krieges waren ferner alle Steuergeschäfte in Unordnung geraten und Klagen über ungerechte Verteilung der Steuern unter Reichen und Armen mehrten sich.
Die Regierungsvorlage forderte daher, wie schon 1648, wieder aber entschiedener, eine Steuerrevision. Im Krieg war ferner die Greizer Hofhaltung auf das unumgänglich nötigste Maß beschränkt worden. Der Landesherr wünscht nunmehr wegen Vermehrung und besserer Unterkunft und Besoldung seiner Beamten und Diener eine Bettsteuer, wie sie im ganzen Heiligen Römischen Reich üblich sei.

Leider haben Ritterschaft und Landschaft die schon 1648 geforderten Steuern nicht oder nur ungenügend abgetragen. Auch hat die Ritterschaft keine Abgesandten in die schon 1648 bewilligte Steuerkommission geschickt, sodass das Werk der Steuerrevision noch nicht angegriffen werden konnte und die Armen zugunsten der Reichen noch mit Abgaben ›übertragen‹ sind. Auch seien welche von Ritterschaft und Landschaft wegen der Fräuleinsteuer ›auf eine andere und zwar widerspenstige Meinung geraten‹ und hätten sich

Eingriffe in die Regalien des Landesherrn unterfangen und diesen an seiner ›Landesherrlichen Hoheit turbiert‹ und ihre Hintersassen, die doch zweifellos herrschaftliche Untertanen seien, aus des Landesherrn Gehorsam ziehen wollen. Deshalb hätte der Landesherr ›zur Erhaltung seines Respekts und obrigkeitlichen Amtes gegen die Widersinnigen etwas vorzunehmen genug Ursache gehabt‹. Er wolle jedoch aus angeborener Milde und Leutseligkeit lieber den gelinden Weg beschreiten. Er hat deshalb die Landstände noch einmal versammelt, um ihre Bewilligung aller nötigen Steuern im Guten zu erhalten. Er hofft, dass man die gezeigte Huld und Gnade nicht missbrauche, sondern jedermann sich seiner treuen Schuldigkeit und seines Gehorsams erinnern werde. Die Regierungsvorlage umfasste 5 Punkte:

1.) Der Landesherr will sich die Förderung der alleinseligmachenden evangelischen Religion und der Schule aus christlichem Eifer so viel als möglich angelegen sein lassen. Er hat sich in den wenigen Jahren seiner Regierung schon bei ›vornehmen Potentaten‹ und erlauchten Häuptern des Reiches durch seine Tätigkeit beliebt gemacht, dass er schon mehrere hohe Aufträge in Reichssachen erhalten hat und in eine (umfangreiche) Korrespondenz geraten ist. Das ganze Land hat sich dessen zu erfreuen, da hierauf viel Gutes bei künftigen Zeiten zu erwarten ist. Diese ehrenvolle Stellung im Reiche erfordert jedoch einen größeren persönlichen Aufwand, und der Landesherr ist gezwungen, seine Hofstatt zu erweitern und sich wider seiner Gewohnheit mit mehr Dienern (Beratern) zu versehen. Aus diesem Grunde wünscht er, dass ihm die Landstände mit inbrünstigem Gebet um Gedeihen des Landes und mit einer den herrschaftlichen Bedürfnissen entsprechenden Steuer zu Hand gehen. Da 2.) die Untertanen auf den Amtsdörfern die Fräuleinsteuer nicht eher entrichten wollen, als auch die Hintersassen in den Ritterschaftsdörfern zu dieser Steuer herangezogen werden, versieht sich der Landesherr der bestimmten Hoffnung, dass sich die Rittergutsherren ihrer Hintersassen halber von der Steuer nicht ferner ausschließen und dass Städte und Amtsdörfer ihrem Versprechen und ihre Schuldigkeit dann gehorsam nachkommen.

3.) Soll die Unordnung, die mit Erheben des Trankzehnten eingerissen, so beseitigt werden, dass Unterschleife nicht mehr möglich sind.

4.) Soll die Steuerrevision mit Ernst betrieben und eine Kommission aus den Landständen und der Regierung beschickt werden.

5.) Verspricht die Vorlage den Erlass einer Gesindeordnung, um der Leutenot und Lohnsteigerei ernstlich zu begegnen.

Auf diese Vorlage reichen die Landstände das Ergebnis ihrer getrennt gehaltenen Besprechungen ein. Die Ritterschaft, soweit sie anwesend ist, verwahrt sich gegen die Vorwürfe, sich Eingriffe in die obrigkeitlichen Befugnisse des Landesherrn erlaubt zu haben und fordert in solchen Fällen, nicht zu verallgemeinern, sondern lediglich die zur Rechenschaft zu ziehen, die sich wirklich vergangen haben. Die Fräuleinsteuer lehnen sie für ihre Hintersassen ab und glauben dies aus der Reichsverfassung begründen zu können. Auch wegen der Bettsteuer wollen sie sich zur Zeit noch mit keiner bestimmten Resolution ›herauslassen‹, da ihnen nicht bekannt sei, außer der bereits bewilligten dritthalben Steuer ein mehreres versprochen zu haben. Was die 4 Doppelsteuern betrifft, möchten sie zunächst wissen, wofür die Steuern sein sollten, wie hoch sie begehrt würden, zu welcher Zeit sie gezahlt werden und was sie endlich für einen Namen haben sollten. Erst wenn sie dies wüssten, wollten sie sich über diese Steuer mit einer Antwort herauslassen. Den übrigen drei Punkten stimmen die Ritter zu.

Die Regierung ist wenig erbaut von der ritterlichen Antwort, weist sie zurück und fordert, dass die Ritterschaft die Sache reiflicher erwägt und sich mit einer annehmlicheren Erklärung herauslässt. Die Erklärung der ansässigen Dorfschaften war für den Landesherrn noch ungünstiger als die der Ritter. Sie war eine glatte Verweigerung nicht nur der vorgeschlagenen neuen Steuern, sondern auch der 1648 bewilligten Doppelsteuern auf die nächsten 4 Jahre. Der Landesherr verlor jetzt die Geduld. Er ließ sämtliche bäuerlichen Richter und sonstigen Vertreter sofort festnehmen und sie ›desselben tags und nachts, wie auch bis folgenden Mittag in Gehorsam auf dem Oberschloss in der Stelzen und auf dem Torhause bringen‹. Nach ihrer Entlassung erhielten sie einen scharfen Verweis und die Androhung, dass man nach röm. Kaiserl. Majestät Entscheidung bei fernerer Verweigerung der Fräuleinsteuer diese durch Exekution einbringen lassen würde.[8]« Daraufhin versprachen die Freigelassenen zwar die vergleichenden Gelder der 1648 erlassenen Doppelsteuer in Kürze noch entrichten zu wollen, bei der Fräuleinsteuer blieben sie aber unnachgiebig, weil sie selbige bislang noch niemals entrichtet hätten.

Einige Zeit später, am 25. August 1653, bestellte Heinrich I. der Ältere seine Ritterschaft [insgesamt gab es in den Ländern der älteren Linie damals mehr als 2 dutzend Rittergüter] auf das Greizer Oberschloss, um von ihr eine einmalige Landes-Schuldentilgungssumme von 1.000 Talern zu erwirken. Aufgrund der während des Krieges zurückgegangenen Zahl der Untertanen auf den Dörfern und der bebaubaren Flächen habe das Steueraufkommen der Herrschaft unwahrscheinlich gelitten und die Landeskasse sei in diesem Jahr mit 1.000 Talern in Rückstand. »Wesentlich hat zur Vertiefung dieser Schuldenlast beigetragen, dass die Ritterschaft im Obergreizer Land im Gegensatz zu sächsischen und anderen Rittergütern von ihren eigenen Lehngütern nicht das geringste beigetragen hat, die landesherrlichen Einkünfte zu bessern. Noch weniger haben sie einige Dienste geleistet, womit sonst der Ritter seine Lehngüter zu verdienen schuldig sei. Sie sind vielmehr hierinnen zumal im Steuerzahlen von den Untertanen zu deren Schaden übertroffen worden. Der Landesherr wäre wohl befugt, dasjenige was von der Ritterschaft an Abgaben zurückgehalten würde, gänzlich nachzufordern. Aus Milde und landesväterlicher Zuneigung ermäßige er jedoch die Forderung auf 1.000 Rtl., die sie nach ihren Vermögensverhältnissen proportioniert freiwillig aufzubringen haben.[9]«

Am 11. November 1654 eröffnet der Landesherr in der Landesversammlung zu Dölau den dort versammelten Ortsrichtern der Gemeinden die Ausschreibung einer neuen Steuer, weil er wegen seiner anererbten Schuldenlast in große Bedrängnis geraten sei und seine Erbgefälle teilweise schon verpfänden habe müssen, um nicht in Schimpf und Schande zu geraten. Dadurch leide jedoch sein notdürftiger Unterhalt. Er bittet deshalb die Amtsdörfer, die bisher bewilligten Steuern auf 2 weitere Jahre zu gewähren. Trotz beweglichsten Zuredens lassen sich die Gemeindevertreter diemal nicht erweichen. Durch die Richter von Fröbersgrün, Zoghaus, Naitschau und Caselwitz lassen sie ihrem Herrn ausdrücklich erklären, sie täten diesmal durchaus nichts.[10]

Am 14. Februar 1656 schließlich wird den Obergreizer Ständen von Heinrich I. den Älteren bekanntgegeben, dass nunmehr schon 25.000 Gulden seiner Schulden abgetragen seien. Damit er aber seine Hofhaltung und Regierung in richtiger Ordnung halten sowie seine Diener, Beamten und Arbeiter bezahlen könne – und die laufenden Steuereinkünfte nur zur Bestreitung seiner Hofhaltung ausreichen würden – bittet er die Stände inständig, ihm abermals eine Sondersteuer von 6 gedoppelten Terminen – verteilt auf 3 Jahre – zu gewähren. Im Gegenzug will er alle noch offenen Steuer-Rückstände der Beniz'schen Steuerrechnung [Name eines Steuerverwalters] von dieser Summe abziehen. Die Vertreter der Untertanen fordern hierauf, ihnen auch noch die Schmidt'schen und Perthesen'schen Steuerrechnungen zu erlassen.

Der Landesherr will dies tun, wenn die Stände ihm stattdessen 8 Steuern auf 4 Jahre zugestehen würden. Diese lassen sich darauf ein und bewilligen daraufhin die Erhebung dieser Sondersteuer.[11]

⌘

Die Rittergüter Und Die Land=Edelleute

»Die Rittergüter ... bildeten zumindest in den unteren Instanzen von Rechtspflege und Administration kleine Verwaltungseinheiten, kleine Regierungen, kleine Staaten im Staate.«
[Herbert Hüllemann]

Die Rittergüter, deren eigenen [vom Staat lange Zeit eximierte Untertanen] allein im Reuß älterer Linie noch im 17. Jahrhundert etwa ein Fünftel des Landesbevölkerung ausmachten, bildeten zumindest in den unteren Instanzen von Rechtspflege [Patrimonialgerichtsbarkeit] und Administration kleine Verwaltungseinheiten. Sie waren wie kleine Regierungen, kleine Staaten im Staate.

Die Patrimonialgerichtsbarkeit der Rittergutsbesitzer erstreckte sich auf den gesamten Gutsbezirk und auf die Rechtsbelange ihre Untertanen, bei reinen Rittergutsdörfern auch über das gesamte Gemeindegebiet. In der Mehrzahl der Fälle umfasste sie die Niedere oder Erbgerichtsbarkeit. Stellenweise verlieh man den Rittergutsbesitzern auch die Ober- oder Hohe Gerichtsbarkeit, weit häufiger aber verkaufte man sie.

So besaßen von den Rittergütern der Greizer Oberherrschaft Reuß-Burgk nur Crispendorf, Dörflas, Erkmannsdorf und Unter-Zoppoten das Hochgericht. In der Unterherrschaft im Elstertal, wo der Landesherr seine Residenz hatte, waren das prozentual weit weniger.

»Ausgenommen von dieser patrimonialen Gerichtsbarkeit waren natürlich die Rittergutsbesitzer mit ihren Familien und die im Lande wohnenden Adligen. Auch die Gerichtsbarkeit über die Pfarrer und Lehrer und deren Familien und Bediensteten, sowie die Gerichtsbarkeit über alle Gebäude und Grundstücke von Kirche, Pfarre und Schule war von der Patrimonialgerichtsbarkeit ausgenommen.[12]« Neben jenen Patrimonialgerichten, die neben ihren Rittergutshäuslern und den örtlichen Lehnbauern, bestenfalls noch über vereinzelte Lehnsleute in zwei bis drei Nachbardörfern geboten, hat es auch Gutsbezirke gegeben, die 10 und mehr Dörfer umfassten. Man denke hierbei an die Herrschaft Oppurg [mit Untertanen in 23 Dörfern] oder an die Kommungerichte Ranis. Das Rittergut Ranis bewirtschaftete im Jahre 1748 eine Fläche von 300 ha [davon 141 ha Ackerfläche]. Seine Besitzer, die Herren von Breitenbauch, hatten zur Wahrung ihrer Interessen gegenüber dem Amt Arnshaugk, in das sie einbezirkt waren, zusammen mit den umliegenden Brandensteinischen Rittergütern die ›Raniser Kommungerichte‹ gebildet, zu dessen Patrimonialgerichtsbezirk noch um das Jahr 1840 allein im Kreis Ziegenrück die Orte »Ranis, Bodelwitz (teils), Dobian, Drognitz, Goßwitz, Gräfendorf (teils), Großkamsdorf, Kleinkamsdorf, Oelsen, Oepitz, Rockendorf, Schmorda, Seisla, Trannroda, Wilhelmsdorf (mit Portenschmiede), Zella; des Weiteren das Rittergut Burg

Ranis samt der Schäferei Ruppitz, das Rittergut Brandenstein, das Rittergut Wöhlsdorf[13]« u.a. zählten. Dagegen besaß das Rittergut Kospoda bei Neustadt an der Orla nur einen kleinen Gerichtsbezirk, dem zur Zeit seiner Aufhebung nach dem Jahre 1848 im Ort selbst noch 15, in Meilitz 5, in Burgwitz 3, in Schmieritz 2, in Steinbrücken 3, in Köthnitz 2 und in Kleina 9 Haushalte untergeben waren.[14]

Schon seit dem Erstarken der Landesherrschaft gegen Ausgang des Mittelalters waren immer mehr vormals von Kommunen, Rittergütern oder anderen Rechtsträgern allein dominierte Bereiche unter landesherrliche Kontrolle geraten. Dieser Prozess fand im 19. Jahrhundert mit dem Übergang weiter Teile der städtischen und rittergutsherrlichen Autonomie und Gerichtsbarkeit an den Staat sowie mit der Abtretung fast aller Steuergerechtsamen an die Zentralmacht ihren Endpunkt. Vordem waren »die Rittergutsbesitzer selbst oftmals schriftsässig, dass heißt, sie unterstanden allein dem Landesherrn bzw. seiner Kanzlei und Regierung als Landes-Justizkollegium unmittelbar, in geistlichen Sachen dagegen dem Konsistorium; nur dort hatten sie ihren Gerichtsstand, und nur von dorther brauchten sie Befehle entgegenzunehmen. ... Von den ordentlichen Reichs- und Landessteuern waren die Rittergutsbesitzer stets befreit. Als Grund nennt das einschlägige Schrifttum in erster Linie die Verpflichtung zum Ritterdienst; daneben wird besonders auch das Steuerbewilligungsrecht der Landstände angeführt. Diese Steuerbefreiung galt allerdings ausschließlich für die Rittergüter selbst, und wenn die adeligen Herren Bauerngüter besaßen, so mussten sie eben von diesen die regulären Steuern entrichten. Schon in der im Jahre 1551 erlassenen Burggräflichen Reichs-Pfennig-Ordnung werden die Rittergutsbesitzer in Ansehung ihrer Tisch- und Mundgüter von der Besteuerung ausdrücklich ausgenommen, wogegen sie in ihrer Eigenschaft als oberste ›Verwaltungsbeamte‹ ihrer Patrimonialgerichtsbezirke mit der Steuereintreibung von ihren Untertanen betraut werden. Die von den Untertanen erhobenen Steuern müssen die Vasallen genau in Listen verbuchen und diese mit Unterschrift und Siegel zusammen mit den einkassierten Beträgen selbst bei der Landesherrschaft abliefern.[15]« In einigen Staaten war es jedoch üblich, dass neben den Städten auch die Rittergüter alljährlich ein sogenanntes ›Fürstengeschenk‹ bzw. Donativgeld entrichteten. Für den recht bedeutenden Rittergutskomplex Oppurg-Kolba-Positz östlich von Pößneck betrug dieses während des 18. Jahrhunderts ca. 300 Taler. Waren die Rittergüter in Friedenszeiten faktisch von Steuern befreit, so wurden sie doch im Kriege mitunter kräftig zur Kasse gebeten. Indem diese Großgrundbesitzungen ursprünglich vom Landesherrn an seine Vasallen gegen aktive Waffenhilfe verlehnt worden waren, mussten deren Besitznachfolger ab dem 16. Jahrhundert, immer wenn der Heerbann ausgerufen wurde, das dingliche Äquivalent eines früheren Panzerreiters, das so genannte ›Ritterpferdgeld‹, entrichten. Als etwa im Jahre 1685 die Gotha-Altenburgische Regierung die Ritterschaft dazu aufgefordert hatte, im Zuge eines aufziehenden Reichskrieges dementsprechende Beiträge für das Landesaufgebot abzuführen, erklärte die Ritterschaft zunächst, dass sie gehofft hätte, da wieder Friede sei, mit Ritterdiensten verschont zu werden. Angesichts der Gründe, die der Gothaer Herzog anführte, erklärte sie sich ›anstatt der sonst obliegenden Ritterdienste‹ dazu bereit, 6.000 Gulden zu zahlen, um die ärmeren Untertanen zu entlasten.[16]

Besonders belastend waren die den Rittergütern obliegenden Kriegssteuern während der Napoleonischen Kriege, in denen etwa der Besitzer der vorgenannten Herrschaft Oppurg zwischen 1.200 und 1.600 Taler jährlich, in Spitzenzeiten, so in den Jahren 1806 und 1813, sogar 2.000 bis 3.300 Taler und mehr zahlen musste.[17] Nicht alle Gutsherren waren solchen Belastungen gewachsen, da sie im Gegensatz zu ihren Untertanen regelmäßige Steuern nicht gewohnt waren. Zudem hat man die wenigsten Rittergüter nach heutigen Gesichtspunkten schon effektiv bewirtschaftet. Die Rentabilität ihres Landbaus war, auf den Hektar gerechnet, fast immer geringer als bei einem gut geführten Bauernzeug. Einzig aufgrund der eingesetzten Landmasse nebst den von den Untertanen bezogenen Zinsen und Diensten waren die Erträge der Rittergüter immer noch hoch genug, dass lange Zeit kein Umdenken nötig war. Auch wurden die Güter in der Regel nicht selbst verwaltet. Man betraute damit einen Hofmeister.

Die Gewinne reinvestierte man in der Regel weniger in den Betrieb, sondern nutzte sie dazu, seinen Lebensstandart auf dem von einem Vornehmen erwarteten Niveau zu erhalten, besser noch anzuheben, was angesichts der oft zahlreichen Nachkommen, die ebenfalls wieder standesgemäß untergebracht bzw. versorgt sein wollten, nicht immer einfach war. Wer die Möglichkeit hatte, verdingte sich darum im Staats- bzw. Fürstendienst, weit häufiger aber im Militärdienst. Zudem wundert es nicht, dass die meisten niederadeligen Schlossbauten oder -verschönerungen von Bauherren stammen, die im höheren Staatsdienst standen und entsprechende Zusatzeinkünfte genossen.

Aber mag es sein wie es will, den wesentlichsten Teil der ›hoffähigen‹ Bevölkerungskaste bildete in ständischer Zeit der landsässige Adel. »Seine Glieder wurden mit Vorliebe zu Hofämtern herangezogen. Sie treten bei wichtigen Urkunden der Landesherren als Zeugen auf, Einzelnen von ihnen wird der Entwurf der zahlreichen Landesteilungen übertragen, die sie dann auch mit unterschreiben und besiegeln. Neben ihrer Tätigkeit als Landstände, über ihren Ritterdienst und ihre sonstigen Hofdienste, standen sie nicht nur in amtlicher Eigenschaft in besonderer Beziehung zu ihren Landesherren, sondern es gab zwischen ihnen auch persönliche Bindungen der verschiedensten Art: So werden die Landesherren und Glieder ihrer Familie des öfteren von ihren adeligen Vasallen zu Gevatter gebeten. Und letztere wirken wiederum bei fürstlichen Familienverträgen und bei Eheberedungen der Landesherren als Zeugen mit, auch haben sie – wenigstens in früheren Jahrhunderten – Vormundschaften für minderjährige Prinzen mit übernommen.

Als Anlässe, bei denen die Vasallen aufzuwarten hatten, sind vor allem Hochzeiten und Begräbnisse zu nennen, wo sie vornehmlich an den kleinen reußischen Hofhaltungen den sonst fehlenden Hofstaat ersetzen mussten. Bei diesen Hofdiensten allein ist auch immer darauf Bedacht genommen worden, dass ausschließlich adelige Vasallen dazu herangezogen, und die Rittergutsbesitzer bürgerlichen oder bäuerlichen Standes, die sonst in Bezug auf alle übrigen Rechte denen von Adel gleichgestellt waren, von vornherein ausgeschlossen wurden. Ja man kann es bisweilen sogar aus der Hinzuziehung zu diesen Hofdiensten erkennen, ob der betreffende Vasall adelig ist oder nicht. Ehe man zu den auszuführenden Ehrenämtern Bürger heranzog, lud man eher noch die im Lande auf Bauerngütern ansässigen adeligen Herren und bat man den Adel aus dem benachbarten ›Ausland‹ dazu. Ausnahmen von dieser Regel, die bis weit in die zweite Hälfte des 18. Jahrhunderts hinein in Geltung geblieben ist, kommen vor, sind aber sehr selten.[18]«

Bis zum Ende des Wilhelminischen Kaiserreichs genossen die Vasallen das besondere Wohlwollen der Fürsten und wurden von ihnen durch manche Ehrungen, Ordens- und Titelverleihungen, auch Standeserhöhungen ausgezeichnet. Nichtzuletzt aber sind diese engen Beziehungen sehr häufig auch dadurch zum Ausdruck gebracht worden, dass die Landesherren von ihren Vasallen manches namhaftes Darlehen aufnahmen, oder dass diese auch für ihre Landesherren Bürgschaft leisteten, wenn jene fremde Kapitalien borgten. Auf diese Art und Weise hatte sich etwa der kursächsische Rat und Besitzer der Rittergüter Oppurg, Kolba und Knau, Esaias von Brandenstein [1567-1623], im Fürstendienst zuzeiten unentbehrlich gemacht und konnte als Äquivalent für geborgtes oder versprochenes Geld die landesherrlichen Rechte und Einkünfte in 7 Dörfern – die bis dahin allein dem kursächsischen Amt Arnshaugk zugestanden hatten – günstig erwerben und so eine wesentliche Voraussetzung für die Herausbildung der Herrschaft Oppurg schaffen.[19]

Am Ende kann für das Reußenland, für Sachsen-Weimar-Eisenach und wohl auch für die anderen ernestinischen Herrschaften nicht festgestellt werden, inwieweit der Adel Bedingung für den Besitz eines Rittergutes war, sondern vielmehr, dass der Besitz eines Rittergutes lange Zeit ein Weg zum Adel gewesen ist.

»Wiederholt kann man die Beobachtung machen, dass die Rittergutsbesitzer im alltäglichen Verkehr einfach aus Höflichkeit mit dem Prädikat ›von‹ ausgezeichnet wurden, wenn ihr Name dieses ›von‹ nicht schon selbst hatte, ein Brauch, dem sich bisweilen sogar die Regierung anschloss. Wenn auch ursprünglich das Prädikat ›von‹ bei den Familiennamen kein ausgesprochenes Adelszeichen war, so hat es doch im Laufe der Zeit immer mehr diese Bedeutung erlangt, und im 18. Jahrhundert war es eine Selbstverständlichkeit geworden, dass man eben einen Rittergutsbesitzer mit ›von‹ anredete, wenn man nicht etwa über seine bäuerliche Herkunft genau orientiert war. Bei einer solchen Handhabung der Titulaturen ist es natürlich nicht mehr in allen Fällen festzustellen, ob nun in diesem oder jenem Falle der betreffende Rittergutsbesitzer adeligen Standes war oder nicht. Für das Gebiet von Reuß älterer Linie gilt auf jeden Fall der Grundsatz, dass die besonderen Rechte der Rittergüter und ihrer Besitzer nicht Standesvorrechte des Adels, sondern stets dingliche Rechte waren, die den betreffenden Gütern anhafteten.[20]«

War es auf der einen Seite bürgerlichen oder bäuerlichen Rittergutsbesitzern kaum möglich, die Standesschranken zur adeligen Gesellschaft zu überwinden, so gab es andernseits unter den Adligen selbst eine unterste Schicht, die kraft Geburtsrecht zwar noch besondere Privilegien wie bestimmte Ehrenrechte oder einen eigentümlichen Status vor Gericht besaßen, auch wenn sie längst keine Rittergüter, Freigüter, Vorwerke, ja nicht einmal Bauernhöfe und Bürgerhäuser als Wirtschaftsgrundlage mehr besaßen.

Dass ausgerechnet St. Gangloff in der ersten Hälfte des 18. Jahrhunderts zum Sitz der berüchtigten Gangloffer Räuberbande [1728-1754] und damit zu einer regelrechten Verbrechenshochburg devancieren konnte, hatte nicht allein mit dem geringen Auskommen der Einwohner des armen Heidedorfes zutun, sondern auch mit dem extrem herabgesunkenen Adel ebenda. »Von 1600 an bis 1750 hat – während der Ort selbst den Herren von Pöllnitz gehörte – eine Menge anderer Adliger auf den dortigen Vorwerken und in Privathäusern gewohnt. Viele von diesen waren physisch und moralisch gänzlich heruntergekommen. Eine Sabine von Kolba gebahr drei uneheliche Kinder; ein Adam von Uttenhof half in einer Schlägerei auf freiem Felde, einen Menschen totzuschlagen; eine Agnes von Sandersleben figurierte lange als Braut eines liederlichen Schneiders aus Gera. Besonders bemerklich machte sich in dieser Weise ein Zweig der Familie von Ende in den Jahren 1737 bis 1740.

Die Witwe Albrechts von Ende gebahr einen unehelichen Sohn; Friedericke von Ende trieb als Frau des Schneiders Gottfried Brehme, während er 20 Jahre wegen Räubereien im Zuchthaus verbüßen mußte, Ehebruch, wurde deshalb von ihrem Mann geschieden und 1738 des Landes verwiesen; Dorothea von Ende starb in demselben Jahr im Hirtenhause zu St. Gangloff und wird in den Nachrichten darüber ein ›verstocktes halsstarriges Mensch‹ genannt, ›welches seit vielen Jahren nicht in die Kirche, noch zum Heiligen Abendmahl gebracht werden konnte‹; die Witwe Friedrichs von Ende, die erst mit dem verehelichten Ernst von Mendelsoh eine Tochter zeugte, heiratete darauf ihren Dienstknecht Wetzel aus Ottendorf, von dem sie ebenfalls vorher ein Kind geboren und dieses in der Nähe von St. Gangloff sogar ausgesetzt hatte. Dort war es von den Reuß-Geraischen Gerichten gefunden und aufgehoben worden.[21]«

Auch ohne diese nichtzuletzt durch jahrhundertelange Erbteilung insbesondere im Zuge des Bevölkerungswachstums während des 18. Jahrhunderts noch verschärften Missstände, ging auch die Zahl der adeligen Rittergutsbesitzer stetig zurück.

Nicht nur nach dem 30-jährigen Krieg, auch nach dem 7-jährigen Krieg und der Rheinbundzeit gingen viele adelige Rittergutsbesitzer – da sie die in diesen Zeiten erhobenen Kriegssteuern auf Dauer nicht verkraften konnten – bankrott. Ihre Rittergüter gerieten daraufhin in die Hände von Bürgerlichen, später auch von Großbauern. Häufiger aber fielen sie der Landesherrschaft anheim bzw. wurden von dieser aufgekauft, um zerschlagen bzw. als Kammergüter weiterbetrieben zu werden. Von den 65 bedeutendsten Großgrundbesitztümern im Saale-Orla-Raum befanden sich bis zum Jahr 1923 nur noch 18 in den Händen von Adligen, 16 waren Kammergüter bzw. deren Vorwerke. Sie gehörten also dem Land Thüringen oder noch den ehedem regierenden Fürstenhäusern; 31 von ihnen hatten schon nichtadelige Besitzer. Von den 18 adeligen Rittergutsbesitzern zählten 15 zum alten, drei zum neuen Adel. Die alten, bis ins 17. und 18. Jahrhundert mit der Landschaft verwurzelten Adelsgeschlechter kommen in dieser Aufstellung nur noch in drei Fällen vor. Noch seltener waren in Ostthüringen zu dieser Zeit Landedelleute, die noch auf ihren gleichnamigen Gütern saßen, wie die Freiherren von Naundorf auf Nauendorf östlich von Gera im Jahr 1938.[22]

Im Folgenden sei zunächst einmal die Entwicklung eines typischen Thüringer Adelsgeschlechts, der Herren von Pöllnitz, umrissen. Danach werden wir an einem Fallbeispiel einiges über die im 18. Jahrhunderts sehr häufigen Besitzerwechsel von Rittergütern erfahren.

Die Herren von Pöllnitz

*»Von den beiden, in 18. Jahrhundert reichsweit bekannten und überaus galanten Barock-
kavalieren Friedrich Carl und Karl Ludwig von Pöllnitz wird keiner die Stammheimat
seines Hauses je besucht haben.«*

Ein altangesessenes, bereits die Kolonisation des östlichen Orlagaus
rund um die Stadt Triptis maßgeblich mit beeinflussendes Adelsge-
schlecht waren die Herren von Pöllnitz, deren erster urkundlich bekannter Vertreter, Gotscaltus de Polnice, im Jahre 1238 in Erscheinung
tritt. Nicht nur Oberpöllnitz, Niederpöllnitz und deren Nebensied-
lungen Mühl-, Stein- und Buchpöllnitz sollen sie einst gegründet haben, sondern auch die Orte Geroda, Wittchenstein und Schönborn,
wobei unklar ist, inwieweit nun Oberpöllnitz oder Niederpöllnitz
ihr eigentlicher Stammsitz ist. Angesessen war die Familie jeden-
falls nicht nur in Ober-, Mittel- und Niederpöllnitz, sondern sie
besaß – nur um in der Umgebung zu bleiben – zeitweilig auch die
Rittergüter Renthendorf, Geroda, Wittchenstein, Schwarzbach, Sorna,
Tischendorf, Münchenbernsdorf, Moderwitz und Dreitzsch. Die ersten bedeutenden Vertreter derer von Pöllnitz waren Hans Bruno
[1535-1592] und Bernhard [1569-1628] aus der Schwarzbacher Linie. Ersterer kam als kurfürstlich Sächsischer Rat und Hofmeister zu erheblichem Einfluss und schuf den Grundstock für den Ausbau der
Herrschaft Schwarzbach. Letzterer avancierte 1614 zum kursächsischen Kanzler und ist nichtzuletzt als maßgeblicher Berater des
Kurfürsten Johann Georg I. in der Frage, ob und auf welcher Seite
Kursachsen in den 30-jährigen Krieg eintreten sollte, in die Landesgeschichte eingegangen. Er erwarb Ober-, Mittel- und Niederpöllnitz,
1614 Wittchenstein u.a., ferner die Rittergüter Münchenbernsdorf,
Renthendorf und Sorga. Diesen glücklichen Umständen sollte jedoch
bald der Niedergang des Hauses Schwarzbach folgen, denn die Enkel
des Bruno verloren davon wieder ein Stück nach dem anderen. Als
1693 auch noch die beiden jungen Erben auf ihrer Kavalierstour nach
England beim Untergang ihres Schiffes ertranken, begann ihre Mutter, die Witwe Amalie von Pöllnitz, einen jahrelangen Prozess um
die Sicherung ihres Besitzstandes – wie es den Anschein hat, aber
ohne Erfolg. Vier Jahre später war ihr Rittergut Schwarzbach so
weit heruntergekommen, dass es als ›schlecht und ruinirtes Hauß‹
mit nur etlichen dreißig Untertanen, deren ›Wohnung sehr gering‹,
beschrieben wird. In den Gutsställen standen damals kaum mehr
Tiere [so 2 Pferde und 12 Rinder] als in einer größeren Bauernwirt-
schaft. Mit dem Verkauf des Gutes um 1700 war nach ca. 250 Jahren
die ›Herrschaft der Pöllnitze‹ über Schwarzbach beendet.
Bis auf den heutigen Tag blüht dagegen die Linie von Hans Brunos
Sohn Ehrenfried von Pöllnitz [1577-1627], kursächsischer Kammer-

junker und Obristlieutenant. Auf ihn gehen die Zweige Dreitzsch, Renthendorf, Staitz, Heinersgrün [bei Plauen], Blintendorf und Sparnberg zurück, von wo aus sich die Familie ins Fränkische ausbreitete. Von den beiden, in 18. Jahrhundert sehr bekannten Barockkavalieren Friedrich Carl und Karl Ludwig von Pöllnitz wird keiner je die Stammheimat seines Geschlechts besucht haben. Friedrich Carl verursachte 1720 einen gewaltigen Skandal, weil er als Hofmeister unter Herzog Moritz Wilhelm von Sachsen-Merseburg dessen Gemahlin geschwängert hatte, wogegen nicht nur der Kaiser in Wien, sondern auch der in Liebesdingen sonst so tolerante August der Starke protestierte, worauf der Edelmann eingekerkert und schließlich auf sein Rittergut in Bennsdorf abgeschoben wurde.

Karl Ludwig hingegen war einer der schneidigsten, weltgewandtesten und erfahrendsten Kavaliere seiner Zeit. Ähnlich wie der legendäre Giacomo Casanova hinterließ auch er in Gestalt des Buches ›Das galante Sachsen‹ bedeutende Memoiren, die in viele Sprachen übersetzt wurden und worin er seine Abenteuer an den Höfen von London, Warschau, Venedig, Wien, Rom und Madrid schilderte. Letztendlich fand er eine Anstellung am preußischen Hof und starb 1775 als dortiger Zeremonienmeister.[23]

Die Besitzer der Herrschaft Oppurg im 17. und 18. Jahrhundert

»Die Grafen Hoym erhielten nichtzuletzt in den Büchern Józef Kraszewskis über August den Starken, die Gräfin Cosel und den Grafen Brühl ein literarisches Denkmal.«

Ausgehend von seinem Stammgut Oppurg hatte der kursächsische Rat Esaias von Brandenstein [1567-1623] durch den Erwerb der drei Rittergüter Grünau, Kolba und Knau, der Vorwerke Döbritz und Krobitz sowie der herrschaftlichen Grundrechte in 7 vormaligen Amtsdörfern einen bedeutenden Rittergutsbezirk mit hunderten von Lehnbauern und Hintersassen geschaffen und an seinen zweiten Sohn Christoph Carl [geb. 1599] übergeben, der – anstatt dieses Erbe getreulich zu verwalten – sich zu Höherem berufen fühlte und sich später im 30-jährigen Krieg als Politiker, Kriegsfinanzierer, gar Abenteurer hervortat. Zur Erreichung seiner hochgesteckten politischen Ziele ließ er in seinen Wäldern nicht nur alles Holz schlagen und als Floßholz verkaufen; er verpfändete auch die Rittergüter seiner Familie gegen ein Darlehen von 100.000 Speziestalern. Nach seinem Tod [er starb 1640 in Haft] und dem Ableben seiner vier Söhne [sie verschieden sämtlich unvermählt, zum Teil im Jugendalter] bis zum Jahr 1661 war an eine Zufriedenstellung der zahlreichen Gläubiger nicht mehr zu denken und die Oppurger und Knauschen Güter kamen zur Zwangsversteigerung. Obwohl zunächst die Herren von Meusebach auf Braunsdorf, Gütterlitz, Sorna und Weltwitz die Meistbietenden waren, schaltete sich der Landesherr Herzog Moritz von Sachsen-Zeitz – der nicht wollte, dass die Meusebacher im Neustädter Kreis ein Rittergut nach dem anderen zusammenkauften – in die Verhandlungen ein und erteilte 1672 dem böhmischen Adligen, Graf Johann Albrecht von Ronow zu Biberstein, für 100.500 Taler den Zuschlag. Bestehend aus 6 Rittergütern und 2 Vorwerken sowie den herrschaftlichen Grund- und Gerichtsrechten über hunderte von Untertanen in insgesamt 23 Dörfern [davon in 10 Dörfern mehr als 75% der Bewohner] war die Herrschaft Oppurg der mit Abstand größte Patrimonialgerichtsbezirk weit und breit. Allein die im Rittergutsbetrieb bewirtschafteten Flächen umfassten [trotz des Verkaufs des ca. 400 ha LWN umfassenden Rittergutes Knau um 1790 und weiterer Liegenschaften] noch im Jahre 1841 Nutzflächen von 1.153,77 ha.[24]

Indem sich nach dem Konkurs der Brandensteiner kaum jemand um den Wiederaufbau der vom 30-jährigen Krieg stark beeinträchtigten Immobilien gekümmert hatte, oblag dem neuen Besitzer diese gewaltige Aufgabe. Obwohl Graf Ronow in erster Ehe mit der Erbtochter des Hauses Biberstein, und in zweiter seit 1686 mit Henriette Juliane Gräfin Reuß [1654-1726] verheiratet war, fehlte es ihm an geeigneten Erben und er verkaufte die Herrschaft 1703 an die Gemahlin Herzog Moritz Wilhelms von Sachsen-Zeitz, Marie Amalie, welche den Besitz kurze Zeit später für die gleiche Summe an die Geheimratswitwe Anna Sophie von Einsiedel [1671-1725], eine geborene von Ruhmor, weitergab. Die von Einsiedel gehörten damals zu den mächtigsten Geschlechtern Kursachsens. Ihre Herrschaft um die Burg Gnandstein, zwischen Altenburg und Rochlitz, umfasste zahlreiche Rittergüter und zählte zu den größten Herrschaften diesseits der Elbe. Anna Sophie war es, die zwischen 1705 und 1708 das heutige Schloss Oppurg, als eine Art steinernen Kalender erbauen ließ. Im Grundriss des imposanten Bauwerks sollen alle Zeitabschnitte des Jahres ihren baulichen Ausdruck gefunden haben: 365 Fenster, 52 Türen, 12 Essen und 4 Eingänge.

Nach ihrem Tod erbten ihre drei Söhne Cajus Rudolf Haubold, Johann Georg und Detlef Heinrich den Besitz.[25] »Aufgrund eines zwischen den Brüdern abgeschlossenen Erbteilungsvertrages und laut Lehnsrekognition vom 26. Juni 1726 gingen die Güter zunächst an den ältesten von ihnen, Cajus Rudolf Haubold, über. Nach dessen Tod [1730] besaßen die beiden jüngeren Brüder die Güter gemeinsam. Bei der bald darauf erfolgten Teilung erhielt der jüngere, Detlef Heinrich von Einsiedel, Oppurg mit Grünau und Krobitz. Er wurde 1745 in den Grafenstand erhoben und blieb nur kurze Zeit im Besitz der Güter.« Am 16. Februar 1745 verkaufte er die Herrschaften Knau und Oppurg an den Grafen Julius Gebhardt von Hoym [1721-1764].

Dessen Onkel Adolf Magnus von Hoym [1668-1723] hatte im ersten Jahrzehnt des 18. Jahrhunderts als Minister am Dresdner Hof Karriere gemacht. In die Geschichte eingegangen ist er als erster Ehemann der um 12 Jahre jüngeren adeligen Schönen Anna Constantia geb. von Brockdorff, der späteren Gräfin Cosel. Nachdem er bereits im Jahre 1703 versucht hatte, die Trennung von seiner ›bösartigen und herrschsüchtigen‹ Gemahlin zu erreichen, gelang ihm erst 1706 die Scheidung, nachdem sie ihm die Geburt eines unehelichen Kindes verheimlicht hatte. August der Starke – auf die geistreiche junge Dame aufmerksam geworden – holte sie an seinen Hof und machte sie 1705 zu seiner ›Maitresse en Titre‹. Adolf Magnus dagegen war am Ende der zahlreichen, um seine hohe Stellung gegen ihn gesponnenen Intrigen – vor allen jenen der Hofblase um die Gräfin Henriette Amalie von Reuß, der Witwe des Zenta-Helden Heinrich VI. von Obergreiz – am Ende nicht gewachsen und gab 1711 seine Stellung bei Hofe auf. »Dieserhalb vertauschte er 1716 seine Besitzungen Burg- und Kirchscheidungen [Unstrut] – Schkölen und Lichtenwalde hatte er früher schon verkauft – mit den, dem Grafen Flemming gehörigen Herrschaften Slawentzitz und Birawa, um seinen Aufenthalt nach dem damals noch österreichischen Oberschlesien verlegen zu können. Er war es, der aus diesen Besitzungen ein Familien-Fideikommiss für die Gräflich-Hoymsche Familie errichtete, welcher später den Grundstock für das Fürstlich Hohenlohesche Schlesisch-Sächsische Familien-Fideikommiss bilden sollte.
Nachdem Adolf Magnus vereinsamt und in Schwermut in Raribor gestorben war, beerbte ihn sein Bruder Graf Ludwig Gebhard II. [1678-1738], der von seinem Vater Ludwig Gebhard I. [1631-1711] schon die Herrschaft Droyßig übernommen hatte. Der dritte bedeutende Sohn Ludwig Gebhardts I. war der aus seiner dritten Ehen hervorgegangene Carl Heinrich von Hoym [1694-1736], dessen Entlassung als kursächsischer Finanzminister 1736 und anschließende Inhaftierung und Selbsttötung auf dem Königstein dem berühmt berüchtigten Grafen Heinrich von Brühl [1700-1763] den Weg zur Macht freiräumen sollte. Nach Ludwig Gebhards II. Ableben fielen seine zahlreichen Rittergüter an seine beiden Söhne, Julius Gebhard und Gotthelf Adolph [1731-1783]. Über Julius Gebhards Tochter, Amalie Louise Marianne, die sich 1782 mit dem Erbprinzen Friedrich Ludwig zu Hohenlohe vermählte, fiel ein Teil des Hoymschen Erbes [Slawentitz, Althammer, Kleinlasewitz, Jacobswalde, Oppurg, Krobitz, Grünau, Schönbach, Lauter] an das Fürstenhaus Hohenlohe, während der Droysiger Teil der Hoymschen Güter [24 Dörfer] über Gotthelf Adolphs Tochter, Louise Henriette, die 1791 den Grafen Heinrich LI. von Reuß-Ebersdorf heiratete, an die Reußen kam. 1799

bestimmten Amalie Louise Marianne und Friedrich Ludwig in einem Vertrag, dass sowohl die schlesischen Besitzungen derer von Hohenlohe wie auch die von der Braut in die Ehe mitgebrachte Herrschaft Oppurg [Knau war inzwischen verkauft] u.a. zu einem einigen und unveräußerlichen Familiengut mit dem Charakter der Unveräußerlichkeit erklärt wurden.[26]

Das Fürstentum Hohenlohe-Ingelfingen verlor seine Souveränität im Jahre 1806, als es von Napoleon dem neugebildeten Königreich Württemberg zugeschlagen wurde. Dass ihre Nebenlinie, das Haus Hohenlohe-Oehringen, ihren wirtschaftlichen Schwerpunkt in Oberschlesien hatte, drückte sich auch darin aus, dass Fürst Hugo [1816-1897] im Jahre 1861 vom preußischen König zum Herzog von Ujest erhoben wurde. Im Zuge der Industrialisierung und dem Aufstieg Oberschlesiens zu einem bedeutenden Zentrum der Montanindustrie steigerte auch die Familie von Hohenlohe-Oehringen ihre Macht noch einmal beträchtlich. Ihr Hausbesitz waren so umfassend, dass der Fürst persönlich nur einmal jährlich für etwa 14 Tage in Oppurg weilte, nämlich dann, wenn es in der Heide Zeit zur Auerhahnjagd war. Nach 1897 übernahm Hugos Sohn Christian Kraft [1848-1926] die Leitung des Imperiums, danach Johann Georg [geb. 1858], der am 24. April 1945 im Oppurg starb. Sein Sohn Hugo [1890-1962] folgte ihm nach, doch sollten ihm am Ende keine sechs Wochen Herrschaft über das Rittergut Oppurg als letztes Überbleibsel des ehedem riesigen schlesisch-sächsisch-thüringischen Familienbesitzes vergönnt bleiben. Er floh nach dem Stammsitz seines Hauses, nach Schloss Oehringen, nahe Heilbronn, wo die Familie noch heute zahlreiche Besitzungen – bekannt sind die Weinberge – ihr Eigen nennt und bis heute bemüht ist, wenigstens einen Teil ihrer 1945 enteigneten Oppurger Immobilien zurückzugewinnen.

DIE UNTERTANEN IN DEN STÄDTEN UND DÖRFERN

»Die Untertanenschaft – das war nicht etwa die allgemeine Bevölkerung und keinesfalls die Unterschicht der damaligen Gesellschaft. Am ehesten kann man sie mit dem unteren Mittelstand, mit den Selbstständigen, den Alleinhandwerksmeistern und kleinen Firmeninhabern von heute vergleichen.«

Die Hauptlast an Steuern und Abgaben in der frühneuzeitlichen Gesellschaft trugen die Kommunen und damit die ›Untertanen‹ in den Städten und Dörfern. Der Alltag der damaligen Bevölkerung sowie die Sitten und Gebräuche der einzelnen Berufsgruppen finden sich in unserem Doppelband ›Beiträge zur Wirtschafts, Sozial- und Alltagsgeschichte des Saale-, Orla- und Wisenta-Raumes‹ bereits eingehend dargestellt.

Die ›Untertanen‹, sprich: die ›gemeinen Leute‹, waren nicht etwa die allgemeine Bevölkerung und keinesfalls die Unterschicht der damaligen Gesellschaft. Am ehesten kann man sie mit dem unteren Mittelstand, mit den Selbstständigen und kleinen Firmeninhabern, von heute vergleichen. Als Personen, die der Herrschaft eines anderen unterstanden, waren die Untertanen [von ags.: Than → Gefolgsmann] nicht wie im heutigen Sinne persönlich völlig frei. In der Frühneuzeit galten als Untertanen in der Regel die Haushaltsvorstände, die Familienväter, der Haus-, Hof- bzw. herdbesitzenden Klasse, die als Besitzer von Bürgerhäusern, Bauern- oder Häusleranwesen, als städtische bzw. dörfliche Handwerker, Kaufleute, Müller, Manufaktur-, Hammer- oder Bergwerksbesitzer, Landwirte oder Tagelöhner, wenn nicht mehr oder mindergroße Wirtschaftseinheiten selbst besaßen, so doch Werte schöpften und darum steuerlich und abgabenmäßig angehbar waren. Alle anderen – so etwa Ehefrauen, Großeltern, die sich aufs Altenteil zurückgezogen hatten, Kinder und Heranwachsende, Mägde- und Knechte waren keine Untertanen, sondern im engeren Sinne nur Untertanen ihres jeweiligen Hausvaters/Hausherrn, der über sie paternalistisch gebieten konnte. Nach der besagten Definition konnten auch Ortsfremde und unbehauste Handwerker, Stadtarme und Obdachlose keine Untertanen sein, nicht einmal Mieter oder Beamte [vom Dorfhirten über den Stadttürmer bis hin zum Stadtschreiber], soweit sie nur in Dienstwohnungen hausten und keine eigenen Liegenschaften vor Ort besaßen.

Jedes Dorf, jedes Stadtviertel bildete in früheren Zeiten eine fest in sich geschlossene Gemeinschaft, die sogenannte ›Nachbarschaft‹. Diese setzte sich aus Menschen zusammen, deren jeder den anderen genau kannte und die räumlich auf Gedeih und Verderb beieinander, mancherorts sogar aufeinander wohnten, wie es heute noch in einigen Altstadt-Bereichen eindrucksvoll zu ersehen ist.

»Als Folge dieses Zusammenlebens war eine eigene Rechtsinstitution entstanden, die sich Statuten gab und Versammlungen abhielt. Sie fasste Beschlüsse und schuf sich Organe, die diese Beschlüsse ausführten. Der Einzelne konnte zwar die Dinge mitentscheiden, musste aber letztendlich dem Beschluss der Mehrheit folgen.[27]« Diese fest gefügte Bürgerschaft bzw. Dorfgemeinschaft hatte sich im Laufe des Mittelalters herausgebildet. Die Menschen waren aufeinander angewiesen. Die Handwerker sprachen sich bei ihrer Produktion ab, die Bauern bei der Bewirtschaftung ihrer Felder, die aufgrund des damals vorherrschenden Prinzips der Dreifelderwirtschaft nur nach gemeinschaftlich vereinbarter Fruchtfolge [Flurzwang] bestellt werden konnten, was individuelle Vorhaben des Einzelnen, auf seinen Flächen einmal etwas Neues auszuprobieren, ungemein erschwerte und in den meisten Fällen faktisch unmöglich machte,

wenn im Plenum der Besitzer keine Mehrheit dafür zustande kam.
Darüberhinaus war die gemeinsame Nutzung des Gemeindeeigentums [Dorfanger, Ratswald] zu organisieren und man musste sich gegen die Versuche des Landes-, Stadt- oder Grundherrn zur Wehr setzen, wenn dieser etwa Steuern, Abgaben oder Dienstleistungen erhöhen wollte. Das war nur möglich, wenn alle zusammenhielten. Die Stadt- bzw. Landgemeinde trat nach außen hin nur als geschlossener Personenverband auf. »Wohl abgewogen waren die Rechte und Pflichten jedes Gemeindemitgliedes. Die Selbstverwaltung der Städte und Dörfer – je nach dem Grad ihrer Abhängigkeit unterschiedlich – war eine Demokratie im Kleinen. Die Wahrung des Friedens in der Gemeinde und die Nachbarschaftshilfe galten als ihre Hauptgrundsätze. Nicht nur gemeinsame Feiern bzw. die Einbeziehung der Nachbarn in Familienfeierlichkeiten haben die Nachbarschaft frühzeitig über ein bloßes Rechtsgebilde hinausgehoben. Sie war über Jahrhunderte eine Schicksalsgemeinschaft aller Bewohner.[28]« Diener dieses Rechtskörpers waren neben dem Bürgermeister und den Ratsmitgliedern ferner Gemeindeangestellte wie Pfeifer, Büttel, Nachtwächter, Gemeindehirte oder Stadtschreiber.

Der Gemeindeverband konnte bei Versuchen Außenstehender wider Recht und Herkommen zu verstoßen, Geld für nötige Gutachten aufbringen und Gerichtsprozesse führen, wo dem Einzelnen längst die Mittel ausgegangen wären. Dass die Besetzung der Ratspositionen oder des Dorfschulzenamtes weitgehend oligarchische Züge trug, dass sich gerade die reichsten Händler, Gastwirte, Apotheker oder Manufakturbesitzer der Stadt bzw. die ›größten Bauern‹ des Dorfes in solche Ämtern drängten und manche von ihnen nicht uneigennützig handelten, ist die andere Seite der Medaille.

Zu den weiteren Nachteilen des gemeinschaftlichen Zusammenlebens zählte neben der nicht zu verachtenden Dynamik des Klatsches, die Tragik, dass Mitglieder – von denen man meinte, sie hielten sich nicht an die Normen oder die den Gemeindespitzen ein Dorn im Auge waren – gnadenlos geschnitten werden konnten. Doch wie dem auch sei, dort, wo sich diese Gemeinschaften nicht ausbildeten, ist es der Herrschaft gelungen, den Großteil aller Rechte in ihrer Hand zu behalten und die Bewohner des Landes mehr oder minder rechtlos zu halten.

Das Abhängigkeitsverhältnis des ›gemeinen Mannes‹ gegenüber der Herrschaft mag zeitweise bedrückend gewesen sein, doch wurde von der älteren Forschung vieles verallgemeinert. So gab es einen enormen Unterschied zwischen symbolischer Herrschaft [Grad der Ehrenbezeigung gegenüber der Obrigkeit] und ökonomischer Herrschaft [materielle Abgaben, Frondienste]. Die Untergebenen waren keine Sklaven. Sie blieben immer selbsthandelnde Subjekte mit eigenen Handlungsspielräumen, Hoffnungen und Bedürfnissen. Die Beziehungen zwischen Herrschaft und Untergebenen wurden in einem ständigen Prozess von Interaktion und Kommunikation konstruiert und ausgehandelt. Dabei rangen beide Parteien um den ihres Erachtens gerechten Anteil an Erträgen, Status und Rechten.

Zudem sei nicht vergessen, dass die Haushaltsvorstände der Haus-, Hof- bzw. herdbesitzenden Klasse auch wenn sie ihrer Herrschaft untertänig zu sein hatten, auf der anderen Seite auch im Stande waren, auf ihre Familienmitglieder und Gesindeleute und nichtzuletzt als Bürgermeister ihrer Gemeinden aktive Macht auszuüben.[29]

Die Belastung der Untertanen mit Steuern und Abgaben nach Grund und Vermögen ging nicht zwangsläufig von ›oben‹ aus. Indem die Wirtschaftskraft einer jeden Einheit oftmals auch den gesellschaftlichen Rang ihres Inhabers innerhalb der Gemeinde bestimmte, erübrigte sich zuzeiten die steuerliche Kontrolle der Vermögensangaben, sobald der eine Nachbar mit seinem Drang nach Ansehen über den anderen kommen wollte. Vereinzelt sind sogar Fälle überliefert, wo sich Steuerzahler aus solchen Gründen höher veranschlagen ließen. Noch in der ersten Hälfte des 19. Jahrhunderts war der gesellschaftliche Rangunterschied innerhalb der Bewohnerschaft einer Kommune schon davon bestimmt, ob jemand ständisch oder unterständisch geboren war, ob ein Stadbewohner Bürgerrecht besaß, ob ein Bürger von Beruf Bäcker oder Gerber war, ob ein Landwirt auf dem Dorf zur Gruppe der reinen Bauern zählte und nicht zu jener der Kleinbauern, die Nebenerwerb betrieben, weil sie von ihrem Land allein nicht leben konnten. Im Gegenzug kann man das, was das ›Ansehen‹ eines Menschen innerhalb der damaligen Gesellschaft ausmachte, nicht allein mit Zahlen ausdrücken. Ansehen konnte tausend Kleinigkeiten des Alltags beinhalten, konnte bedeuten den Platz in Kirche und Wirtshaus, die Hilfe des Nachbarn, die Art und Weise, wie man sich verhielt in der Gemeinde.[30] Dabei spielten nicht nur solche Dinge mit hinein, wie alt jemand war und ob jemand unehelich geboren war, sondern auch, inwieweit jemandes Eltern ehelich geborene, fleißige, fromme und ehrliche Untertanen gewesen waren oder ob sie sich einmal etwas zu schulden kommen hatten lassen, denn ›Mäuse‹ – dessen war man sich sicher – brächten ›immer Mäuse hervor.‹ Die Rechte und Pflichten der Mitglieder innerhalb der Gemeinde waren unterschiedlich verteilt. Dass die Oberhäupter der Kommunen oft besondere Privilegien genossen, brachte schon die Last ihres Amtes mit sich. Während auf den Dörfern der Grad der gemeindlichen Mitbestimmung des Einzelnen vom Anteil des von ihm bewirtschafteten Landes bestimmt wurde, war es in den Städten der Beruf und das Einkommen des Bürgers, aber auch die Lage und das Alter des betreffenden Bürgerhauses. Dabei spielte es eine große Rolle, inwieweit dieses Haus zur Altgemeinde oder zu einem später entstandenen Viertel, zu den Vorstädten oder gar zur Nachbarschaft des Schlosses gehörte. Die einzelnen Unterschiede resultierten nichtzuletzt aus der Entwicklung der städtischen Infrastruktur. Bei jüngeren Erschließungen oder angrenzenden Siedlungen, die erst später mit der Stadt vereinigt wurden, konnte es Jahrhunderte dauern, bis deren Bewohner mit denen der Altgemeinde rechtlich in allem Dingen gleichgestellt waren. Den Bürgerhäusern der Altstadt oblagen in der Regel besondere Privilegien, wie das Braurecht, während die Pflichten der Vorstädter, nichtzuletzt gegenüber dem Landesherrn, oftmals über das Maß der Dienste der Altstädter hinausgingen.

Im Gegenzug gab es insbesondere zu Beginn des 18. Jahrhunderts vom Landesherrn initiierte städtische Erschließungen, wie etwa in Gera und Schleiz [jeweils ›Heinrichstadt‹ genannt], wo die neuen Hausbesitzer – zum Ärger der Altbürger – von vornherein Markt-, Braurecht und andere städtische Privilegien erhielten.

Anders war die Belastung der landwirtschaftlichen Betriebe auf dem flachen Land. Diese orientierte sich stark am jeweiligen Abhängigkeitsverhältnis zum Lehnsherrn. Während die einen Höfe von vornherein weniger belastet waren, hatte sich für andere irgendwann einmal die Möglichkeit ergeben, bestimmte Fronleistungen in Geldzahlungen umzuwandeln oder diese [was der Lehnsherr aber meist nicht zuließ] mittels Einmalzahlung ganz abzulösen. Es gab Bauernhöfe, die ihr Lehngeld an einen, oft auch an mehrere Rittergutsbesitzer anteilmäßig zahlten bzw. auf deren Gütern fronten.

Andere Höfe waren ganz oder zu Teilen der Kirchgemeinde oder einer Stiftung untertan, während die Amtsbauern ausschließlich der Landesherrschaft unterstanden und neben dem Schulzen nur den Amtmann als nächste Obrigkeit hatten.

Auf der anderen Seite gab es auf dem Land auch so genannte ›Freigüter‹, die ähnlich den Rittergütern von Untertanenlasten weitgehend befreit waren. Deshalb kann man – wie in unseren Kapiteln über Frondienste und steuerliche Abgaben noch zu sehen sein wird – nicht pauschal sagen, die Belastung der Untertanen in alten Tagen sei extrem belastend oder kaum der Rede Wert gewesen. Es kam immer auf Ort, Zeit und Umstände an. Ruhige Jahre wurden von belebteren abgelöst, gute Ernten von schlechten. Auf bescheidende oder fürsorgliche Landesväter bzw. Grundherren konnten mitunter ungerechte und verschwenderische folgen.

Freilich hat es zu jeder Zeit unter den Herren skrupellose Menschenschinder gegeben. Doch konnten sich die Untergebenen in gewisser Weise dagegen wehren. So machten die Saalburger Bürger beim Bau des städtischen Residenzschlosses nur ›Dienst nach Vorschrift‹. Von den Weiraer Fronbauern, die nur noch die Felder des Vorwerkes Krobitz zu bestellen hatten, heißt es, sie hätten so flach wie möglich geackert, um Zugtiere und Gerät zu schonen.

Anderswo schafften Pferdehalter zeitweise ihre Tiere ab, um der Pferdefron zu entgehen oder sie legten auf ihren Wiesen Teiche an, damit das Rittergut sein Mithüterecht nicht wahrnehmen konnte. Die Kammerfrau ließ, wenn sie sich ungerecht behandelt fühlte, schon einmal das Lieblingsporzellan der Herrschaft ›versehentlich‹ fallen oder dem Stallknecht ging der undichte Getreidesack ausgerechnet über einer Mistpfützen auf, wenn man ihn zuvor allzusehr zur Eile gemahnt hatte. Auf diese Weise ging vieles, was der ungerechte Herr auf der einen Seite errang, auf der anderen wieder verloren. Mit unserer heutigen Vorstellung von ›Freiheit‹ hätten die Altvorderen höchstwahrscheinlich wenig anzufangen gewusst. Für sie gab es keine ›Freiheit an sich‹, sondern nur eine ›Freiheit von irgendetwas‹, beispielsweise von gewissen Frondiensten. Wirklich frei war damals kaum jemand. Inwieweit sich das heute geändert hat, mag jeder für sich entscheiden. Irgendeinem Herrn musste man damals immer dienen, der Geselle dem Meister, der Bauer dem Grundherrn, der Grundherr als Vasall dem Fürsten, der Fürst dem Kaiser und der Kaiser seinen Kreditgebern, die im Grunde nichtadelige Großkaufleute und Bankiers waren. Diese verbeugten sich dann tief vor den kleinen Grundherren und Gemeinderäten, deren Gebiet sie durchzogen. Dieses Beispiel mag verdeutlichen, wie relativ Herrschaft und Freiheit in Wirklichkeit sein können.

EIN ›BAUERNZEUG‹ IN RAMSDORF/KURSACHSEN IM JAHRE 1759

»Abgaben von 25 Prozent des Feldertrages erscheinen bei solchen Ernten zwar beträchtlich, doch erzielten die Bauern noch auf anderen Gebieten Einkünfte, die – obwohl es an derartigen Versuchen nie gemangelt hat – wenig oder überhaupt nicht besteuert wurden.«

Einen interessanten Einblick in die Wirtschaftsstruktur eines frühneuzeitlichen Bauernhofes in Ramsdorf liefert ein von dem Historiker Uwe Schirmer recherchiertes Beispiel aus dem Jahr 1759. Die Vorgeschichte ist schnell erzählt: In einem 9-köpfigen bäuerlichen Haushalt war der Familienvater verstorben. Für seine beiden unmündigen Söhne musste eine Vormundschaftsrechnung gemacht werden, mit allen Einnahmen, Ausgaben und Wirtschaftsverhältnissen das laufende Jahr betreffend. Neben der Witwe und den

Söhnen lebten noch die beiden Eltern des Verstorbenen als Auszügler auf dem Hof. Dazu kamen ferner eine weitere Verwandte sowie ein Knecht und ein Kindermädchen. Zum Hof gehörten etwa 8 Hektar landwirtschaftliche Nutzfläche mit sehr guten Böden sowie zwei Wiesen, die zusammen nicht einmal eine Hufe maßen. Von den Erträgen des Ackerbaus allein konnte die Familie nicht leben. Das ist auch der Grund für die relativ hohe Verschuldung von 1.224 Talern, obwohl die Ehefrau bei ihrer Heirat 350 Taler mit in die Ehe gebracht hatte. Als Zugtiere führte man zwei Pferde. Der Rinderbesatz umfasste 6 Kühe und 2 Kälber, zudem gab es noch 2 Schweine, 3 Gänse und 11 Hühner. Die jährliche Geld- und Naturalrente an den Grundherrn war mit 1 Taler 10 Groschen, zwei jungen Hühnern und drei Kapaunen überaus gering. Als Fronleistung mussten im Jahr 11 Acker [6 ha] Rittergutsland umgeackert werden, was einer Arbeitsleistung von 8 Tagen entsprach. Bedeutend schwerer drückten allerdings die staatlichen Abgaben, zumal Kursachsen im Laufe des 18. Jahrhunderts die Steuerschraube mit äußerster Vehemenz angezogen hatte und sich das Land zudem mitten im Siebenjährigen Krieg [1756-1763] befand. Die Schock-, Quartem-, Kopf- und Fleischsteuer, Erbgeschoss und Akzise, Lasche [eine Art Kriegskontribution] sowie unterschiedliche Ausgaben und Leistungen für den Staat betrugen 24¹/₂ gangbare Schock [Aßo] und sollten im weiteren Verlauf des Krieges auf mehr als 30 Schock ansteigen.

Die finanzielle Situation war nach dem Tod des Haupternährers so angespannt, dass der Besitz zur Versteigerung ausgeschrieben wurde. Infolge der hohen Summe mit der der Hof belastet war, gab es nur einen Bieter, nämlich den im Haus wohnenden Großvater, der wohl unter Ausbieten seiner ganzen Lebensersparnisse den Hof für 1.225 Taler ›zurückerwarb‹.

Die Gesamteinnahmen des Anwesens beliefen sich in diesem Jahr auf 159 Taler 18 Groschen 4 Pfennige. Dieses Ergebnis wurde vornehmlich durch den Getreideverkauf erzielt, der mit 108 Talern 20 Groschen 68 Prozent aller Einnahmen ausmachte. 17 Altenburger Scheffel Roggen und 28 Scheffel Hafer verkaufte man auf dem rund 13 Kilometer entfernten Markt in Altenburg. Im Wohnort selbst veräußerte man 1³/₄ Scheffel Weizen, 3³/₄ Scheffel Roggen, 1 Scheffel Gerste und 0,625 Scheffel Erbsen sowie 19 Bund Stroh. Dabei ist zu bedenken, dass diese Ernte und der dafür erzielte Erlös den optimalen Bedingungen entsprach und der Ertrag auch geringer hätte sein können. Der Verkauf von Geflügel-, Rinder- und Schweinefleisch, sowie von Butter und Eiern erbrachte 40 Taler 22 Groschen 4 Pfennige und damit 25 Prozent der Einnahmen. Gesamt gesehen deckten der Verkauf von landwirtschaftlichen Produkten 93 Pro-

zent der Einnahmen ab. Die übrigen Einnahmen kamen von Fuhr-
löhnen [9 Taler 22 Groschen] und vom Verleihen eines Pferdes [4
Groschen]. Diesen Einnahmen von knapp 160 Talern standen Ausgaben von 153 Talern 5 Groschen 4 Pfennigen gegenüber.

Wie hoch die Betriebskosten für den Hof waren und wie sparsam man damals gelebt hat, zeigt ein Blick auf die Ausgaben: Nur
weil viele Dinge des täglichen Bedarfs selbst erzeugt werden konnten, war die Versorgung eines so großen Haushalts überhaupt möglich. Jeder Esser im Haus verbrauchte einen Jahresbedarf an Korn
von 182 Kilogramm. Dazu kamen etwa 90 kg zum Brauen, was 180
Liter bestes Bier erbrachte. Der Bedarf der beiden Pferde an Hafer
betrug am Tag 5 kg, Grün- und Raufutter nicht mitgerechnet. An
Aussaatmenge für das folgende Jahr mussten von der Ernte 358 kg
[jedes 4. Korn] zurückgehalten werden, was hinsichtlich des Ertra-
ges über dem damaligen Reichsdurchschnitt lag.

Dafür dass der Bauer seine Brache Besommern durfte, verlangte
der Grundherr einen Zins von 3 Talern. Während der seit Jahrhunderten vom Rittergut verlangte Michaeliszins [1 Taler 12 Groschen]
für den Hof kaum ins Gewicht fiel, drückten Staatssteuern und
nicht fixierte Staats- und Grundherrndienste wie Bau-, Jagd- und
Fuhrdienste die Bauern des 18. Jahrhunderts am meisten. Zahlungen
an den Pfarrer sowie an den Schulmeister [2 Taler 5 Groschen 1
Pfennig] haben ihren Ursprung in Feld- und Wiesenstücken, welche
›von der Kirche zu Lehen gingen‹, aber auch von Beichtgeldern,
Opfergeldern und den Kosten für das Begräbnis des Hausvaters, für
Grabstätte und Leichentuch [1 Taler 2 Groschen].³¹ »Als relativ
günstig müssen die Kosten für die Nahrungsmittel [4 Taler 1 Groschen 7 Pfennige] angesehen werden. Hier, wie auch bei den Ausgaben für Kleidung und Arbeitsgeräte und Gegenständen für den
Haushalt, wird allerdings deutlich, dass dieser Ramsdorfer Bauernhof bei weitem nicht autark wirtschaftete und trotz aller finanziellen Probleme auch als Konsument hervortrat.

Obgleich die Haushaltsrechnung nicht bis ins Detail spezifiziert
war, ist ein Großteil des Geldes für Fleisch ausgegeben worden, erst
danach folgen Produkte, die aus den unterschiedlichsten Gründen
die bäuerliche Wirtschaft nicht selbst erzeugen konnte bzw. nicht
hergestellt hat, so z.B. Gewürze, Hopfen, Kümmel [zusammen 31
Prozent der Lebensmittelausgaben], Essig 12 Prozent, Salz 10 Prozent und drei Schock grüne Gurken 6 Prozent, Semmeln und Zwirn.
Konfent [Dünnbier] ist offenbar zur Erntezeit gekauft worden.
Würze, Hopfen und Fleisch bezog man fast nur vor Fest- und
Feiertagen vom Markt. Außer vor der Kirmes [mehr als 1 Taler für
Gewürze Hopfen und Fleisch] waren die Lebensmittelausgaben auch

vor den drei wichtigsten kirchlichen Feiertagen [Ostern, Pfingsten, Christfest] sehr bescheiden [ca. 5 Groschen]. Regelmäßig war nur der Bezug von Essig. Auch das ist ein Indikator dafür, dass man insgesamt auf dem Hof recht spartanisch gegessen und gelebt hat.[32]«

An Kleidung und Textilien [9¹/₂ Taler] benötigte man Leinwand für Milchtücher, Säcke, Hosen und Hemden, Zwillich für ein Deckbett und Pfühle, ein Alltagsmieder für die Witwe, einen Barchenwams, verschiedene Schürzen, einen Brustlatz und natürlich Zwirn. Für die Reparatur von Schuhen wurden 1 Taler 14 Groschen ausgegeben, für die Witwe ein preisgünstiger Pelz für 2 Taler 16 Groschen angeschafft. Wirtschaft und Haushalt erforderten Zuwendungen von 4 Talern für Seife, Butterfässer, Öl, Schmiere, Schwefel, Keramik, Wachs, Arbeitsgeräte, Stricke, Körbe etc. Die Lohnkosten [13 Taler 12 Pfennige] sind zu beziehen auf Zahlungen für das Kindermädchen, für den Knecht, für die Schwiegermutter [für deren Arbeitshilfe für ein ganzes Jahr] und an verschiedene Tagelöhner für Drusch, Mäharbeiten und Häcksel schneiden. 5 Taler waren aufzubringen für verschiedene Handwerkerarbeiten [Glaser, Zimmerer Schmied und Fleischer] ferner für Getreidemahlen, Gänsehut, Kastration junger Hähne und Fekundation der Kühe. Ferner waren Ausgaben angefallen für Geleit, Messgeld, Stallgeld und Wegzehrung bei Transporten [5 Taler 1 Groschen], für die dörfliche Brandkasse, den Gemeindeteich, Gaben für Kindtaufe und Erntebier.

An der Spitze der Aufwendungen standen Zahlungen zur Schuldentilgung 26 Taler 5 Groschen [27 Prozent], staatliche Abgaben [19 Prozent], Kleidung und Haushalt [18 Prozent], Lohnaufwendungen [13 Prozent], Grundherr, Kirche und Schulgeld [jeweils 4 Prozent].

Stellt man den Ausgaben die Einnahmen gegenüber bleibt nur ein Plus von 6 Talern 13 Groschen. Dieser jährliche Reingewinn wäre weit höher ausgefallen, wenn nicht infolge des Besitzerwechsels das hohe Sterbegeld [Lehngeld] an den Grundherrn [43 Taler 18 Groschen] und die damit verbundenen Notar- und Amtsgebühren [über 4 Taler] angefallen wären.[33]

BÜNDISCHE SYSTEME ALS MACHTBASIS DES ANCIÉN REGIME?

»Nicht allein Behördenapparat und Militär, auch der hohe Kohäsionsgrad der hochadeligen Herrschaftskaste untereinander – wenn es um die Niederschlagung von Aufständen ging – sowie die Ausnutzung der Gruppendynamik innerhalb der Stände ermöglichten es lange Zeit, unter recht geringem Aufwand, große Menschenmassen untertänig zu halten.«

Wenn man einmal bedenkt, dass die landesherrliche Verwaltung der aus einem dutzend Dörfer und einigen Mühlen bestehenden Exklave Burgk der älteren reußischen Linie nur aus dem Amtmann, dessen Schreiber, dem Hofmeister des Schlosses, dem Vorwerksverwalter, dem fürstlichen Jägermeister und den beiden Landknechten [Gendarmen] bestand, stellt sich die Frage, wie diese 7 Personen einem geschlossenen Aufruhr aller etwa 3.000 um das Jahr 1790 im Amt lebenden Menschen wohl begegnet wären. Zwar ist leicht zu ersehen, mit welchen Mechanismen der Gunstbezeugung wie auch der Angsterzeugung [die Drohung bewirkt bekanntlich mehr als die Tat] die Landesherren etwaigen Unruhen unter den Untertanen begegneten, wenn diese durch ihre Renitenz nur wenig gewinnen, wohl aber alles verlieren konnten. Dennoch ist es selbst für manche Historiker noch immer verwunderlich, warum sich das Ancién Regime trotz dem faktischen Ausschluss des Volkes an der Mitbestimmung im Land so lange und kaum angefochten an der Macht halten konnte. Für Makrosoziologen, also Sozialwissenschaftler, die sich mit den Strukturen und der Dynamik von Gruppen beschäftigen, ist das so ungewöhnlich nicht. Neben der pyramidialen Struktur des damaligen [wie auch heutigen] Gesellschaftssystems war es vor allem das ständische Prinzip, verbunden mit der gestuften Eingliederung weiter Bevölkerungsteile in Gruppen – zementiert durch das Konzessions- und Privilegienwesen – welches es ermöglichte, unter recht geringem Aufwand relativ große Menschenmassen untertänig zu halten. So waren die Junggesellen von ihren Vätern und Lehrmeistern dominiert und diese wiederum über ihren Gemeindeverband und – soweit sie auch Handwerker oder Kaufleute waren – über ihre Innungen und Gilden, in das ständische System eingebunden. Die Spitzen dieser Verbände wurden von der Landesherrschaft gezielt abhängig gehalten, wobei jede Neubesetzung von Rats- bzw. Innungspositionen von deren Bestätigung abhängig gemacht ward, bis hin zur jährlichen Überprüfung der Gemeinde- bzw. Innungskassen. Nie und nimmer hätte die Regierung einen neuen Bürgermeister oder Obermeister im Amt bestätigt, der jemals durch aufrührerisches Verhalten aufgefallen wäre oder das Bürgerrecht bzw. einen Meisterbrief an jemanden vergeben, der sich in der Vergangenheit wiederholt ungehorsam oder renitent gezeigt hätte. Für die Ausübung des Handels, selbst für das fahrende Kleingewerbe [etwa Messerschleifer] waren gleichfalls landesherrliche Konzessionen erforderlich, bei deren Erteilung – genauso wie beim Untertanen- oder Innungseid ausdrücklich auf die Hand versprochen werden musste, sich gegenüber der Herrschaft stets wohl und untertänig zu verhalten und wehe, jemand bracht diesen heiligen Eid.[34] »Die Übernahme des 1731 beschlossenen Reichszunftgesetzes durch die Landesverwaltungen brachte noch einmal eine Ausweitung landesherrlicher Kontrollmöglichkeiten gegenüber dem Innungswesen.[35]«

Auch wenn die Gemeindevorstände bzw. die Innungen dadurch je länger, je mehr von der Herrschaft abhängig blieben, so sicherte diese sie gleichfalls gegenüber der Basis nach unten ab und gerade die Innungen und Gilden erreichten dadurch – auch wenn sie dafür Privilegiengelder und andere Abgaben zu entrichten hatten – doch Schutz gegen jede unzünftige bzw. jede fremdländische Konkurrenz. Eide und Konzessionen waren für die Landesherren jedoch nicht die einzige Möglichkeit, die Treue ihrer Untertanen zu erhalten. Besonders die Reußen suchten zudem durch persönliche Präsenz bis hin zu ›Audienzstunden für Jedermann‹ sowie der persönlichen Bearbeitung sämtlicher Petitionen, sich eine gewisse Volksnähe zu erhalten und oft nicht ohne Erfolg bei ihren Untertanen Identifikation mit der Sache ihres Herrscherhauses zu schaffen.

Mit der Etablierung parlamentarischer Systeme in der zweiten Hälfte des 19. Jahrhunderts wurden in jedem Bundesland regelrechte Fürstenparteien etabliert und oftmals künstlich am Leben erhalten, deren Agitation der der damals aufkommenden reichsweit vernetzt agierenden Massenparteien wie Sozialdemokraten und Liberalen argumentativ wie strukturell nur selten gewachsen war.

3. THÜRINGER FÜRSTEN UND IHRE RESIDENZEN

»Begründet in der privatrechtlichen Betrachtung des Staatsgebietes, das man veräußern und auch aufteilen konnte, kam es zu regelrechten Auswüchsen des Partikularismus. Es entstanden so genannte ›Duodezfürstentümer‹, die man vom Kirchturm der ›Residenz‹ aus überblicken konnte. Für die Ironie der Untertanen und auch landfremder Betrachter gab dies freilich goldenen Boden, wenn es etwa in den Tagen des Vormärz über die drei kleinen reußischen Staaten hieß: ›Fällt in der Stub´ die Lampe um, riecht's ganze Land nach Petroleum‹[36]«

Um das Jahr 1700 stand die Ausbildung von Kleinstaaten innerhalb von Kleinstaaten – meist in Gestalt so genannter ›Sekundogenituren‹ [Teilstaaten mit begrenzter Souveränität] – in Thüringen auf ihrem Höhepunkt. Besonders die Zweige der über Sachsen und Thüringen herrschenden Wettiner, die Albertiner und die Ernestiner, aber auch die Grafen von Schwarzburg-Sondershausen und die Reußen hatten für ihre zahlreichen Nachkommen zusätzliche Territorien geschaffen. Allein im Saale-Orla-Gebiet, also auf einer Fläche von knapp 1.150 km²·, drängten sich im Jahre 1680/81 über 30 [!] größere bis kleinste Gebietsanteile von 12 [!] Staaten, so der Herzogtümer Sachsen-Naumburg-Zeitz, Sachsen-Saalfeld, der Markgrafschaft Brandenburg-Bayreuth, der Grafschaften Schwarzburg-Rudolstadt, Reuß-Burgk, Reuß-Obergreiz, Reuß-Rothenthal, Reuß-Ebersdorf, Reuß-Gera, Reuß-Hirschberg, Reuß-Lobenstein und Reuß-Schleiz.[37]

Beinahe »jede dieser Kleinmonarchien umfasste nicht nur ein mehrteiliges Territorium, sondern wies in Gestalt von entlegenem

Zubehör oder fremden Gebietseinschlüssen, die noch mit diesem
oder jenem Sonderrecht ausgestattet waren, mancherlei Absonderlichkeiten auf. Unter ihnen ragte das coburgische Fürstentum
Lichtenberg mit der Hauptstadt St. Wendel vermöge seiner Lage im
äußersten linksrheinischen Westen[38]« besonders heraus. Indem
diese Staaten über eine zuweilen sehr schmale wirtschaftliche und
politische Basis verfügten und teils von den Oberhäuptern ihres
jeweiligen Gesamthauses abhängig blieben, bestanden die meisten
von ihnen nur wenige Generationen, oft sogar nur eine einzige.

Neben ihrer wirtschaftlichen Kleinräumigkeit waren diese Territorien gleichermaßen von den Mängeln altmodischer und rück-
ständiger Verwaltung betroffen. Spezialisten für bestimmte Res-
sorts wie Landwirtschaft, Bildung oder Finanzwesen gab es um
diese Zeit kaum. »Auch in untergeordneten Positionen waren überall Verwaltungsreformen bitter nötig, um die landesherrlichen Kas-
sen [in den Jahren nach dem 30-jährigen Krieg] allmählich wieder zu
füllen. In Ämtern und Zollstationen war man bisher nicht daran
gewöhnt, über Einnahmen und Ausgaben auch Buch zu führen.

Abrechnungen mit höheren Stellen, Kontrollen und zentrale Kas-
sen waren weitgehend unbekannt. … In den kleineren Territorien
musste man angesichts der vielseitigen und kostenaufwendigen
Probleme meist kapitulieren. Selbst Kurfürst Ludwig von der Pfalz
beispielsweise und Herzog Ernst der Fromme von Sachsen-Gotha
konnten, obwohl sie beide dynamische Persönlichkeiten waren, in
den engen Grenzen ihrer Kleinstaaten wenig langfristig fruchtbare
Arbeit leisten. Meist galt die Hauptsorge der Fürsten dem Aufbes-
sern der zerrütteten Finanzen insbesondere mit dem Ziel, durch Repräsentation und zur Schau gestellte Machtentfaltung, den matten
Glanz ihres Ansehens aufzupolieren.[39]« Auch manche der neugebildeten Sekundogenituren sollten – wie wir noch hören werden – die
Wirtschaftskraft ihrer Untertanen zuweilen arg strapazieren.

Überzogene Schlossbauten, die Unterhaltung eines eigenen, viel
zu großen Hofstaates sowie allerhand kuriose Steckenpferde der
Landesherren waren in diesen oft nur aus wenigen Ämtern bestehenden Territorien zwar nicht die Regel, aber auch keine Seltenheit.
So wundert es nicht, dass das Finanzwesen des Herzogtums Sachsen-Eisenberg trotz einer künstlerisch auf höchstem Niveau gestalteten Umlaufwährung 1707 im Staatsbankrott endete. Die Schuldenlast des Herzogtums Sachsen-Hildburghausen betrug bis zum Jahre
1769 über 4 Millionen Gulden, denen jährliche Einkünfte von 72.000
Gulden gegenüberstanden. Nicht viel besser war die Situation im
Herzogtum Sachsen-Coburg-Saalfeld, wo die Finanzen ab 1773 durch
eine kaiserliche Kommission zwangsverwaltet wurden. Im Gegen-

zug konnten die reußischen Länder Greiz, Ebersdorf und Lobenstein ihren Konkurs gerade noch abwenden. Selbst der sächsische Kurstaat nahm z.B. im Jahr 1804 12 Mio. Taler ein, gab im selben Zeitraum beinahe dieselbe Summe wieder aus und hatte dennoch Staatsschulden von 27 Mio. Talern.

Besonders teuer kamen den Staatshaushalt die illustren Steckenpferde mancher [bei weitem aber nicht aller] Souveräne wie jene 10.000 Soldaten, die sich Herzog Friedrich II. von Gotha um das Jahr 1700 leistete oder die teils wissenschaftlichen, teils okkultistischen Forschungen der Herzöge Christian von Eisenberg [†1707], Moritz Wilhelm von Zeitz [†1718] und Friedrich Heinrich von Neustadt [†1713].

Das Nichtbezahlenkönnen von Lieferanten- und Handwerker-Rechnungen war in manchem hochadeligen Haus Gang und Gebe und die Rede: »Er kann sich geehrt fühlen, dass Seine Durchlaucht ihm Geld schulden!« wurde zum geflügelten Wort. Im Gegenzug profitierten die vertrösteten Dienstleister aber auch vom wirtschaftlichen Aufschwung ihrer zu Residenzen erhobenen Städte. Denn trotz allem wurden die fürstlichen Residenzen zu Keimzellen neuen Wohlstandes. »Da aus technischen Gründen die volle Zentralisierung der Verwaltung noch nicht möglich war, entstanden in den meisten Territorien Nebenresidenzen. So wurde Deutschland mit einem Netz von Klein- und Mittelzentren überzogen, denen wir bis heute den großen kulturellen Reichtum unseres Landes verdanken.[40]« Während das urbane Bild Thüringens eher von Kleinstädten geprägt war und hinsichtlich von Bevölkerungszahl und Wirtschaftsleistung nur wenige Städte, wie etwa Altenburg und Gotha, Gera, Weimar und Eisenach hervorragten, so waren es die Residenzstädte und sogar die kleinen Nebenresidenzen, die politisch und kulturell ausstrahlten: »Eine stattliche Reihe ortsgebundener Institutionen beeinflusste ständig das haupt- und residenzstädtische Leben und schuf eine eigentümliche Atmosphäre, einen bestimmten Wesenszug in der kleinstaatlichen Welt: Hofhaltung im Schloss, Landesverwaltung, Landtag, Hoftheater, Hofkapelle, Landesbibliothek, Kunstsammlungen, Gymnasium bzw. Lyceum, Lehrerseminar, Offizierskorps und Garnision, öffentliche Gartenanlagen. Zu dieser zentralen Funktion im Staatsganzen trat meist ein regsames Wirtschaftsleben öfter im verfeinerten spezialisierten Gewerben, die von Hofhandwerkern betrieben, von Hoflieferanten gefördert wurden.[41]«

Indem jeder Hof eigene Beamte, Kapellmeister oder Bibliothekare beschäftigte, entstand eine breite kulturelle, künstlerische und teilweise auch para-akademische Infrastruktur, in welcher zwar viele Entwicklungen parallel stattfanden, wo aber die Kultur und die Musen gepflegt und unzählige Neuerungen gemacht werden konnten. Die später so viel gerühmten ›Früchte deutscher Geisteskultur‹ hätten sich ohne die Entwicklungsmöglichkeiten an den zahlreichen kleinen Fürstenhöfen sicherlich kaum ausbilden können.

Innerhalb der höfischen Gesellschaft umgaben sich nicht nur die Fürsten, sondern auch ihre Gattinnen und Personen ähnlichen Standes mit einem eigenen begrenzten Personenkreis, mit einem Hofstaat innerhalb des Hofstaates. Daneben betreuten einzelne Amtsträger bestimmte Aufgabenbereiche, etwa Hofprediger, Hofgärtner, Jägermeister, Stallmeister, Leibärzte, Leibgardisten, Hofkünstler und Hofbeamte. Zudem existierten weitgehend funktionslose Hofehrenämter, wie Kämmerer und Ehrendamen. Während die Fürstenhöfe von Jena und Eisenberg vom Hofmarschall bis zum Hofalchemisten, je etwa 80-100 Personen umfassten, wirkten am Rudolstädter Grafenhof im Jahre 1690 sogar mehr als 150 Personen.

In einer dermaßen immobilen Gesellschaft wie der frühneuzeitlichen zeigte sich der Hof als einziger Ort, wo Karriere gemacht werden konnte. »Daher strömten Aufsteiger, Abenteurer, Künstler, Mätressen und Günstlinge jeder Coleur hier zusammen. ... Sie profitierten von der Geltungssucht des Adels und die Landesherren spielten sie gezielt gegeneinander aus. Korruption und Ämterkauf waren dabei an der Tagesordnung.[42]« Dass auch die Günstlinge bei Hofe es verstanden, ihrer Bevorzugung durch den Landesherrn baulichen Ausdruck zu verleihen, zeigen die Entstehungshintergründe niederadeliger Repräsentationsbauten, wie des Barockschlosses Krölpa durch Carl August von Brandenstein im Jahre 1730, sehr eindrucksvoll. Während besondere Günstlinge in der Residenzstadt vom Landesherrn persönlich eines seiner Palais zur Nutzung zugewiesen bekamen, errichteten andere Hofadlige sich eigene Paläste bzw. erwarben geräumige Bürgerhäuser, die sie dann ihren Bedürfnissen entsprechend baulich überformten. Andere lebten in so genannten Adels-Hotéls, das waren große Appartements mit 6 Zimmern und mehr. In Fürstentum Reuß jüngere Linie kosteten solche Unterkünfte um 1844 etwa 140 Taler im Jahr, ein gutbezahlter Diener – bei freier Logis und Kost für den gleichen Zeitraum 100 Taler.[43]

Um sich eine loyale Untertanenschaft zu schaffen bzw. zu erhalten, vergaben die Landesherren gern Titel, Orden und Prädikate. Während Orden zumeist an Staatsbeamte gingen, vergab man Prädikate meist auf Vorschlag einer Institution, z.B. des Amtes. Als Anerkennung für besondere Leistungen im Schuldienst wurden manche Lehrer des Gymnasiums und des Seminars zu Professoren ernannt. »Das Prädikat des Hoflieferanten wurde auf Antrag des betreffenden Händlers oder Handwerkers vergeben. Meist war die

Vergabe des Prädikats mit der Zahlung eines bestimmten Betrages an die Staatskasse verbunden. Um 1900 betrug diese Summe 100 Mark. … Doch nicht immer wurde ein beantragtes Prädikat auch wirklich erteilt. Für die nach 1902 ernannte [Schleizer] ›Hof-Conditorei Riedl‹ stellte Carl Riedl bereits 1861 einen Antrag auf Erteilung dieses Prädikates. Es wurde seinerzeit vom Fürstlisch-Reußischen Ministerium wegen der Tatsache, dass hier auch ›Schnapstrinker aus den niedrigsten Klassen der Bevölkerung‹ verkehrten, nicht befürwortet und der Antrag abfällig beschieden.[44]

⌘

»Der Leser darf sich jedoch nicht verleiten lassen, sich den Alltag bei Hofe allzu angenehm vorzustellen. Die adeligen Herrschaften, die täglich in Karossen vorfuhren und ihre Aufwartung machten, mussten peinlich genau die Etikette einhalten. Sie schrieb bis ins kleinste jede Handlung vor, bis hinein in die Art, wie man Gespräche zu führen hatte, was man zu tragen, wie man sich zu bewegen hatte. In den weitläufigen Schlossanlagen herrschte eine geschäftige Atmosphäre, stetiges Kommen und Gehen von Gästen und Bediensteten. Der höfische Rahmen verlangte die Anwesenheit möglichst vieler hochstehender adeliger Personen, die als Gäste meist in den Schlössern wohnten. … Versuchten im Reich gar unbedeutende und provinzielle Reichsritter dies nachzustellen, mussten mitunter aus Mangel an Hofstaat der herrschaftliche Forstmeister und ein Kammerherr als Kulisse dienen. … An kühlen Tagen litt man darunter, dass die wenigsten Höfe beheizbar waren und es allenthalben in den viel zu weitläufigen Gängen und Sälen spürbar zog. …

Als gastfreundliche Stätten boten die meisten Höfe reich bestückte Tafeln mit einer überbordenden Vielfalt an Speisen.[45]« – »Wie eine Art Speisekarte wurde dem Fürsten vor dem Auftragen der Speisen auf die Tafel der so genannte ›Küchenzettel‹ mit den einzelnen Speisefolgen gereicht, den der Mundkoch unter Abstimmung mit dem Oberküchenmeister entwarf. Im Allgemeinen speisten die hohen Herrschaften in zwei Hauptgängen und einem dritten Gang als Nachtisch, welcher aber oftmals gleich am Anfang auf die Tafelmitte gesetzt wurde.[46]« Folgende Speisen waren damals üblich: »1. Gang: Schmorfleisch von Geflügel, Fleisch oder Wildpret, Pasteten, Würste, Kottelets, Fisch, Räucherfisch, Pökelfleisch, Fricadellen, Fricassee, Gegrilltes, Haschee, Marinaden, Suppen, Gemüse u.a.; 2. Gang: Austern, Cremes, Geflügelfleisch, Wildpret, Fleisch, marinierte Sachen, Pasteten, Rouladen, Ragouts, Salate, Schinken, Räucherfleisch, Sülze, Würste, Vogelnester, Räucherzungen u.a.;

3. Gang: Backwerk, Pasteten, Kuchen, kandierte Früchte, Konfekt, Zuckerwerk, Marmeladen, Obst, Marzipan, Eis.[47]«
Die Alltagskost der einfachen Bevölkerung hingegen war bis zum Aufkommen der Kartoffeln ab der zweiten Hälfte des 17. Jahrhunderts weitgehend von Getreidebrei bzw. vom Brot, das jedoch nicht frisch gegessen, sondern erst nach 10-14 Tagen hart in die Suppe oder ins Bier gebrockt wurde, geprägt. Fleisch und Fisch gab es eher selten. Sie waren bestenfalls Zukost und kamen wenn überhaupt nur an Sonntagen oder bei Festlichkeiten auf den Tisch. Demzufolge genügsam war auch der Sommerspeiseplan der Gesindeleute des Rittergutes Schleißheim bei München mit folgenden, über die Woche verteilten Speisen: »Sonntag: Mittag; Hirschprein [Hirsebrei] oder Grießmues, Spöckh, Knödl, und Khraut. Nachts; Khraut, dikhe Schnicz, Sieße Mülch. Montag: Morgens; Waizen Mues, Saure Mülch Suppen. Mittag; Khraut, Neue Gersten [zerquetschte Gerste], Khersch Röczl [Brei aus zerkochten Kirschen, meist mit Brotschnitten hergestellt]. Nachts; Khraut, Arbes [Erbsen], Milch. Erchtag: Morgens; Mues und Wasser Suppen. Mittag; Khraut, Prende Supen [eingebrannte, also Brennsuppe], Dampf Nudl. Nachts; Khraut, Rueben, Milch. Mittwoch: Morgens; Waizen Mues, Saure Milch Suppen. Mittag; Khraut, digge Schnicz, Gsodthaabern [abgebrühte Getreidekörner gedörrt und zu Grütze vermahlen]. Nachts; Khraut, Gersten, Milch. Pfinztag: Morgens; Waizenmues und Wasser Suppen. Mittag; Khraut Arbes, Küechl oder Striczl. Nachts; Khraut, Rueben, Milch. Freytag: Morgens; Waizen mues, Saure Mülch Suppen. Mittag; Khraut, dickhe Schnicz, Zelten Röczl [Obstbrei mit gebackenen, Obstkuchen?]. Sambstag: Morgens Waizenmues und Wasser Suppen. Mittag; Khraut, Arbes, Rueben. Nachts; Khraut, aufgangne oder Dampfnudel.[48]« Auf geschmackvolles Essen wurde in alter Zeit in den unteren Bevölkerungsschichten weit weniger Wert gelegt. Oft war das Essen in den Mustöpfen angebrannt, fremdländische Gewürze wie Ingwer und Safran fand man häufiger nur beim Adel.

Dieser hatte seit dem späten Mittelalter europaweite Rituale für die Tafelkultur herausgebildet, die in Frankreich unter dem Sonnenkönig Ludwig XIV. ihren Höhepunkt fanden und auch auf den Hof Augusts des Starken abfärbten. »Investitionen in teures Tafelgerät wie Silberbestecke, vergoldete Services und aufwendige Trinkgefäße waren fester Bestandteil des Staatsschatzes, auf den man in Notsituationen zurückgreifen konnte. ... Vor allem die öffentlichen Tafeln zu besonderen Festlichkeiten oder Staatsbesuchen [deren kärgliche Nachfahren die heutigen Staatsessen darstellen] waren mit einem komplizierten Reglement verbunden.[49]«

So beschreibt Lünig [1716] das ›Ceremoniel bey einer königl. Tafel en majesté«: »Wann der König en majesté speiset, so werden die Speisen durch Cadets aufgetragen, welche aber nicht bey der Tafel, sondern nur die Pagen aufwarten, und gehet voran der Küchen= Meister und Cammer=Fourier; hernach von der Treppe an biß ins Gemach der Hof=Marschall; nach diesem die zwey vornehmsten Hof= Minister und alle drey mit Marschalls=Stäben. Der Küchen=Meister setzet die Speisen auf, und hebt solche auch wieder ab – Ein Cammer=Juncker schneidet vor, und der vornehmste anwesende Hof= Ministre praesentieret dem Könige den ersten Trunck auf dem Credenz=Teller, so ihme von dem aufwartenden Cammer=Herr zugebracht wird.[50]« Bei den öffentlichen Tafeln der Herrscherfamilie speisten die Edlen des Landes sowie die auswärtigen Gäste persönlich nicht mit, sondern sahen – in Vertretung der übrigen Bevölkerung sowie des Auslandes – lediglich dabei zu, galt es doch den Wohlstand des Landes zu bezeugen. Für sie standen aber besondere Speisetische im Nachbarraum bereit, an die sie sich zwischenzeitlich zur Stärkung zurückziehen konnten, bis sie bei der Eröffnung des nächsten Hauptganges wieder erscheinen mussten. Indem die öffentlichen Essen Staatsakte waren, durfte selbst in Krisenzeiten nicht daran gespart werden. So bestand das Weihnachtsmenü der Familie des sächsischen Kurfürsten Friedrich August III. [1750-1827] im Kriegsjahr 1764 aus etwa 160 Einzelgerichten – ein jedes exquisit zugerichtet –, bei denen es den Appetit freilich zu zügeln galt, musste man doch von jedem wenigstens einen Bissen probieren.[51]

Besondere Aufmerksamkeit bei Tische widmete man zunächst dem Tranchieren des Bratens, »wobei der Kavalier vor aller Augen zu beweisen hatte, wie weit er diese zunächst in französischen Tranchierbüchern wortreich dargelegte Meisterschaft beherrschte. Die Gäste speisten anschließend nicht mehr nur mit einem Messer, sondern bedienten sich der Gabel, die seit ihrer Einführung in Versailles einen Siegeszug in den Höfen Europas hielt.

Gewandelt hatten sich ebenfalls die Trinksitten, obwohl die Feste noch immer ausschweifend abliefen. Galt es früher als entscheidend, ›wie viel‹ man an Wein heruntergießen konnte, so kam es nun darauf an, ›wie‹ man trank.[52]«

Der Soziologe Norbert Elias hat in seiner ›Theorie der Zivilisation‹ nachzuweisen versucht, wie sich die heute üblichen Umgangsformen, bis hin zu Sprachjargon, Tischsitten und Speisegerichten in einem Jahrhunderte währenden Prozess zunächst vom Adel zum gehobenen Bürgertum und von diesem schließlich hinein in die Haushaltungen der einfachen Leute ausgebreitet haben.[53]

»Um die drohende Langeweile einer im Grunde beschäftigungslosen [Hof-]Gesellschaft abzuwenden, inszenierte man neben dem zeitaufwendigen täglichen Zeremoniell, das der Selbstdarstellung diente, eine nicht enden wollende Kette gesellschaftlicher Ereignisse wie Opern und Jagden, Ballette, Festzüge, Bankette, Turniere, Maskenbälle. ... 1721 ließ August der Starke von Sachsen von 300 Bauern Schnee anfahren, weil er trotz Tauwetters Lust auf eine Schlittenpartie verspürte. Er verprasste in einem Jahr 4 Millionen Taler für Vergnügungen, während sein Land gleichzeitig eine Hungersnot durchzustehen hatte.[54]« Eine Auswertung von Rechnungen und Bestandslisten des Dresdner Hofes aus dieser Zeit ergab dennoch, dass man – trotz aller Prachtentfaltung — mit der Requisite nachhaltig umzugehen wusste und das jedes einmal teuer erkaufte Stück so oft in ständig wechselndem Rahmen wiederverwandt wurde, bis es absolut nicht mehr zu gebrauchen war.

»Die genannten Beschäftigungen füllten das Leben des hohen Adels bei weitem nicht aus, denn nach Aussage Friedrichs des Großen verbrachten ›die meisten Könige und Fürsten ... dreiviertel ihrer Lebenszeit auf der Jagd‹. Dabei zog in der Regel der gesamte Hofstaat mit und man quartierte sich in einem Jagdschloss ein, das jeder Landesherr als Prestigeobjekt vorweisen musste.[55]« Indem die Hohe Jagd in weiten Teilen des Reiches das alleinige Privileg der Landesherren blieb, hatten diese entsprechend zu tun. So erlegte der Kurfürst Johann Georg von Sachsen während seiner Regierungszeit von 1611 bis 1652 allein 33.681 Stück Rotwild. Rechnet man ab, was höfische Schmeichler dem hinzugefügt haben, so bleibt trotzdem noch unheimlich viel übrig. Dass so eine Jagd nicht mit rechten Dingen zugehen konnte, zeigt die heute noch erhaltene barocke Jagdanlage ›Rieseneck‹ bei Hummelshain. Der im Jahre 1586 erstmals erwähnte Brunftplatz war 1620 mit einer hölzernen Pirschanlage umgeben worden, die man bis 1751 in Stein ausbaute. Mit einer ganzjährigen Wildfütterung, mit Salzlecke und Tränke gewöhnte man die Tiere an den Platz. Durch unterirdische Gänge waren dann schießschartenbesetzte Pirschhäuser zu erreichen, von denen das Wild bei der Fütterung beobachtet und leicht erlegt werden konnte. Über seinen Besitzer, den Herzog Friedrich II. von Sachsen-Gotha-Altenburg, heißt es, er habe nichtzuletzt, um die Unterhaltung und den Ausbau dieses Jagdparadieses zu finanzieren, im Spanischen Erbfolgekrieg [1700-1714] Tausende seiner Landeskinder als Soldaten an den Kaiser verkauft.[56]

Besonders vergnügte man sich bei so genannten ›eingerichteten Jagden‹, wobei bis zu 8.000 Tiere am geschmückten Jagdstand der Jagdgesellschaft vorbeigetrieben wurden. »Bei einer Gelegenheit mehrere hundert Tiere so zu erlegen, war zum Beispiel in Sachsen nicht außergewöhnlich.[57]« Viele Herren hielten sich in ihren Jagdschlössern wie Wolfersdorf, Hummelshain oder Burgk oder auf Jagdhöfen wie Positz und Langenbuch nur wenige Wochen, gar Wochenenden im Jahr auf, unterhielten dagegen aber große Jagdmannschaften, die das ganze Jahr über damit beschäftigt waren, den Wildbestand für einen kurzen Spaß schussreif zu hegen. Das konnte zuweilen mehrere Jahre dauern. Die Jagdbegeisterten unter Hochadel und Adel störte das wenig. Am nächsten Wochenende verweilten sie auf einem anderen Schloss, von denen die wirklich Vermögenden unter ihnen manchmal zwanzig und mehr besaßen, von den unzähligen Schlössern bzw. repräsentativen Räumlichkeiten in Amts- oder Ratsgebäuden, die allein den Angehörigen des Familienverbandes der Albertiner und ihren Freunden und Günstlingen in jedem ihrer knapp 200 [!] Ämter bereitgehalten werden mussten, ganz zu schweigen.[58]

Eine im Hoftagebuch Fürst Friedrich Antons von Schwarzburg-Rudolstadt überlieferte ›eingerichtete‹ Jagd in den Sachsen-Weimarischen Forsten zu Ilmenau am 6. November 1737 gestaltete sich folgendermaßen: Zum Empfang der Jagdgäste aus Rudolstadt vor der Treppe des Ilmenauer Schlosses ließ der von seinen Familienmitgliedern, Hofdamen und Kavalieren umgebene Weimarer Herzog Ernst August seine Reitergarde, sein Husarenkorps nebst seiner Kompanie Nobel-Infanterie aufmarschieren. Nachdem bald darauf auch der zweite bedeutende Jagdgast, Fürst Günther von Schwarzburg-Sondershausen, samt Familie und Gefolge eingetroffen und auf dieselbe Weise empfangen wurde, stärkt man sich bei einem gemeinsamen Fürstenfrühstück im Saal des Schlosses. Danach marschieren die Soldaten zum Treiben ab. »Die Gesellschaft folgt in Wagen, wird vom Jägermeister, beiden Oberforstmeistern und der Jägerei zu Pferde vor dem Jagdschirm empfangen und steigt unweit des Jagens ab. Sogleich wird mit dem Abjagen begonnen, bei dem 103 Stück Wildbret gelegt werden. Die Gesellschaft fährt zurück nach Ilmenau, wo man im Schloss an die Tafel geht. Die Jagdteilnehmer sitzen nach Verlosung in bunter Reihe, der Rudolstädter Fürst neben der Weimarer Herzogin. Beim Gesundtrinken werden Stücke [Kanonen] gelöst, begleitet von Posaunen und Trompeten. Die Namen des Herzogs und der beiden Fürsten sind auf der Tafel in Konfekt dekoriert. Dazu gibt es eine kleine Musik mit allerlei Instrumenten, von Bergsängern unterstützt. Zum Abschied wird die Rudolstädter Gesellschaft vom Hauptmann von Heydebrand, einem Trompeter und einigen Husaren bis zum Ende des Tiergartens geleitet. Im Tiergarten sieht man verschiedene Ehrenpforten. An einer liest man in goldenen Buchstaben eine Inschrift, die auf gute Freundschaft Bezug nimmt, umgeben vom herzoglichen Wappen und den Namen der beiden schwarzburgischen Fürsten.[59]«

Dass die großen Mengen an erlegtem Wildprett durchaus Verwendung fanden, ja die Versorgung des Hofes von diesen großen Strecken geradezu abhängig war, zeigt ein Blick in die Bedarfsaufstellung für das Sommerfest Augusts des Starken im Jahre 1718, bei dem für die Tafel täglich [!] allein an Wildbret benötigt wurden: 8 feiste Hirsche, 8 Wildkälber, 8 Rehe, 24 Hasen, 30 Fasanen, 50 Rebhühner. Die Gästeliste für das Sommerfest von 1719 war wohl ein wenig kürzer, denn die Küche bedurfte an Wildbret nur 3 Hirsche, 4 Wildkälber, 6 Rehe, 8 Hasen, 2 Wildschweine, 16 Fasanen und 40 Rebhühner.[60] An ruhigeren Tagen, wenn der Kurfürst auf seinem Jagdschloss Moritzburg nur im Kreise seiner Familie oder mit einigen Jagdfreunden speiste, wurden dementsprechend weniger Speisen serviert. So bestand etwa das am 10. April 1705 an der königlichen Tafel aufgetragene Menü aus folgenden Gängen: »1. Gang: Pastete von 4 Pfund Hecht, Suppe von Kräutern und einer Suppe von 3 Pfund Karpfen, Ragout von 1½ Pfund Krebse, 3 Pfund Kabeljau, 2 Pfund Lachs, 3 Rebhühner und 4 Tauben gebraten. 2. Gang: Entremet (Zwischengericht von Salaten), 2 Pfund Lachsschwanz, 7½ Pfund Kalbskeule, 1 Cappaun und 1 Fasan gebraten, 42 Pfund Austern gebraten, 1½ Pfund Krebse gesotten, Eierkuchen, 14 Pfund Kälbermilch mit Trüffeln (Thymus- oder Brustdrüse des Kalbes)« und als 3. Gang wahrscheinlich Backwerk und Süßspeisen.

Einfach weggeworfen, wurde nach der Tafel natürlich nichts. Der Oberküchenmeister entschied, welche Speise wie lange haltbar war und eventuell zu einer späteren Mahlzeit noch einmal aufgetischt werden konnte. Das Übrige überließ man den niedrigeren Angehörigen des Hofes, Kostgängern sowie Bediensteten als den sogenannten ›Nachzehrern‹.

Solange die Landesherren auf der Jagd waren oder anderen Sinnbefriedigungen frönten, waren sie in der Regel ›unpässlich‹. Das bedeutete, alle Entscheidungen mussten warten. Das konnte insbesondere an den Höfen erklärter Selbstherrscher dazu führen, dass gleichfalls auch die Regierung während dieser Zeit regelrecht zum Erliegen kam. Wer als Regierungsbote oder Besucher dann das Unglück hatte, ausgerechnet während einer solchen Unpässlichkeit an den Hof zu kommen, musste – soweit keine besonderen Regelements für diese Fälle getroffen waren – solange in einem Gasthaus unterkommen. Längere Wartezeiten strapazierten natürlich deren Barreserven und es ist oft genug vorgekommen, dass der Hof sie hinterher von den Wirten auslösen musste.

Um ein differenziertes Bild dieser schillernden Ära aufzuzeigen, sollen im nachfolgenden einige ›absolutistische‹ Herrscher Thüringens nebst ihren Höfen kurz vorgestellt werden:

DAS ALBERTINISCHE HERZOGTUM SACHSEN-NAUMBURG-ZEITZ

»Die albertinische Landesteilung von 1657 führte zur Schwächung der wirtschaftlichen und finanziellen Kräfte des sächsischen Kurfürstentums, ›wenngleich die eigenen Hofhaltungen der drei Nebenlinien neue Zentren mit Schlossbauten und einer Pflege von Kultur und Wissenschaft ermöglichten‹.[61]«

Die drei albertinischen Herzogtümer Sachsen-Zeitz, Sachsen-Merseburg und Sachsen-Weißenfels verdankten ihre Entstehung einer Festlegung im Testament des sächsischen Kurfürsten Johann Georg I. [1586-1656] aus dem Jahre 1652, die besagte, dass sein ältester Sohn »die Kurwürde und den größten Teil des Kurfürstentums erben sollte, die drei jüngeren Brüder aber Besitz und Rechte von Sekundogenituren (von zweitgeborenen) erhalten würden.

Mit Besitz und Rechten dieser Art meinte Johann Georg I. die Bildung von kleineren Fürstentümern mit eingeschränkter Selbstständigkeit. Ein solcher Beschluss kam einer Aufteilung des Landes nahe, obwohl der älteste Bruder als Kurfürst die Oberhoheit ausüben sollte, während seine Brüder politisch und militärisch von ihm abhängig blieben. Würden jedoch die Sekundogenitur-Nebenlinien durch Fehlen männlicher Nachkommen aussterben, fielen ihre Fürstentümer wieder an den Kurstaat zurück.[62]« Diese Regelungen standen nicht nur den Familiengesetzen der ›Albertiner‹, so der Väterlichen Ordnung von 1499, entgegen, sondern bargen zugleich auch ein Potential zukünftiger Uneinigkeit, Intrigen und Machtkämpfe zwischen den Erben, welche am Ende zur Schwächung des albertinischen Gesamthauses führen sollten. Der im Jahr nach dem Tod des Vaters am 22. April 1657 im Dresden verabschiedete ›Freundbrüderliche Hauptvergleich‹ führte, obwohl gemeinsame Zentralbehörden wie Oberhofgericht und Konsistorium beibehalten werden sollten, endlich zur Landesteilung:

Johann Georg II. [1613-1680] als der Älteste erhielt den Hauptteil des Landes mit dem Kurfürstentitel. Als solcher behielt er sich als Senior des Gesamthauses das Recht über Krieg und Frieden, die Beschickung der Reichs- und Kreistage, die letzte Appellationsinstanz sowie verschiedene Privilegien wie etwa die Abgabe von den Holzflößen auf der Saale vor. Für seine jüngeren Brüder August [1614-1680], Christian [1615-1691] und Moritz [1619-1681] dagegen wurden die Teil-Herzogtümer Sachsen-Weißenfels, Sachsen-Merseburg und Sachsen-Zeitz geschaffen.[63] Letzteres bestand teilweise aus schwer zu verwaltenden Streubesitz, war also territorial nicht nur stark zerrissen, sondern einige Landesteile behielten – je nach jeweiligem Recht und Herkommen – zudem noch bestimmte verwaltungstechnische Eigenheiten, die kaum abgeschafft oder verändert werden konnten. Erschwerend kam der Umstand hinzu, dass bei der Übergabe des Herzogtums an Moritz alle altschriftsässigen Rittergüter und Kommunen weiterhin beim Kurfürsten verblieben und dort ihr Recht nahmen, wodurch das Land von kurfürstlichen Exklaven geradezu übersät war. Im großen und ganzen bestand das Territorium des neuen Herzogtums Sachsen-Zeitz aus 6 Besitzkomplexen:

[I] Der osterländische Landesteil umfasste die beiden, zum Bestand des ehemaligen Bistums Naumburg gehörenden Stiftsgebiete Naumburg und Zeitz – dessen Administration Moritz bereits seit dem Jahr 1653 ausübte – mit den Städten Naumburg, Zeitz, Osterfeld und Pegau sowie den Ämtern Naumburg [mit dem dortigen Klosteramt St. Georg] und Schönburg, Zeitz und Posau, [Regis-]Breitingen, Crossen an der Elster und Saaleck.

[II] Der kleine tautenburgische Landesteil mit den Ämtern Tautenburg, Frauenprießnitz und Niedertrebra war territorial extrem zerpflückt und erst 1640 nach dem Aussterben des letzten Schenken von Tautenburg an Kursachsen gekommen.

[III] Der Vogtländische Kreis mit den Ämtern und Städten Plauen, Pausa und Voigtsberg besaß zudem einige Exklaven im Oberland, so die Stadt Gefell und die Gemeinden Blintendorf, Blankenberg und Sparnberg.

[IV] Die 1567/71 an Kursachsen verpfändeten und 1660 dann endgültig in dessen Besitz übergegangenen Ämter Arnshaugk, Ziegenrück und Weida [mit dem Klosteramt Mildenfurt] umfassten an Städten Auma, Berga, Neustadt an der Orla, Ranis, Triptis, Weida und Ziegenrück sowie an Exklaven Kamsdorf, Läwitz, Thränitz [bei Gera], Hilbersdorf, Rückersdorf [bei Ronneburg], Teichwolframsdorf und Rußdorf.

[V] Zum albertinischen Anteil der Grafschaft Henneberg [in Südthüringen] gehörten Stadt und Amt Schleusingen, Stadt und Amt Suhl, die Ämter Kühndorf und Benshausen sowie die Stiftsgebiete der Klöster Rohr und Veßra.

[VI] Zu guter Letzt erhielt der Herzog noch die Stadthalterschaft über ein weiteres Stiftsgebiet, nämlich die in ganz Thüringen verstreuten Liegenschaften der ehemaligen Deutschordensballei Thüringen.

Moritz, der seit 1653 in einem Haus am Naumburger Markt amtierte, hatte als neue Hauptresidenz Zeitz ausersehen, wo er ab 1657 von den beiden Baumeistern Johann Moritz Richter [Vater und Sohn] das im 30-jährigen Krieg arg beschädigte ehemalige Bischofsschloss zu seiner Moritzburg, einer dreiflügeligen frühbarocken Anlage mit stuckierten Prunkräumen und einem im Kern noch romanischen Dom als Schlosskirche umbauen ließ. Schon 1663 konnte er in einen fertiggestellten Seitenflügel einziehen. 1667 verlegte er endlich seinen Amtssitz und die Regierung hierher. Erst 1678 war das Moritzburg-Ensemble vollendet. Aufgrund der beträchtlichen Kosten, die der Bau verschlungen hatte, fielen seine beiden Nebenresidenzen Plauen [von 1670 bis 1675 auf den Grundmauern des 1548 abgebrannten Burggrafenschlosses] und Neustadt an der Orla [von 1674 bis 1679 auf dem Grundriss des ehemaligen Klosterkomplexes] entsprechend bescheidener aus, wobei im letzteren Fall ein Teil der Innenausgestaltung nicht vollendet wurde sowie der Umbau der ehemaligen Klosterkirche unterblieb und diese durch ein Torhaus unterbrochen wurde.[64]

Dreimal war der Begründer des Hauses Sachsen-Zeitz verheiratet. Seine erste Ehe mit Hedwig, einer geborenen Prinzessin von Holstein-Sonderburg-Glücksburg [oo 1650], war sehr unglücklich. Zunächst starben die beiden Söhne, 1652 schließlich die Gattin selbst. Am 3. Juli 1656 heiratete Moritz dann die gerade 15-jährige Prinzessin Dorothea Maria von Sachsen-Weimar [geb. 1641]. Sie gebahr ihm zehn Kinder, sechs Töchter und vier Söhne. Nach ihrem Tod 1675 vermählte sich der Herzog schließlich noch ein drittes Mal und zwar mit der Prinzessin Sophie Elisabeth von Holstein-Sonderburg-Wiesenburg [1653-1684]. Die Ehe blieb kinderlos.[65] Wie der Forscher Rudolf Drößler ausführt, nahm Moritz seine Regierungsaufgaben sehr ernst und bemühte sich, in dem vom 30-jährigen Krieg arg verwüsteten Territorien »Landwirtschaft, Handel, Gewerbe und Innungswesen zu fördern, die Kriegsschäden zu beseitigen, den Haushalt sparsam zu führen und sich um Schulen, Lehrer, Pfarrer, Kirchendiener und Waisen zu kümmern.[66]« Die oberste Spitze seiner Behörden bildete ein geheimes Ratskollegium und eine geheime, sprich: allgemeine Kanzlei. Deren Vorsitzender, der Kanzler, führte nicht nur die Regierung, sondern war zugleich geheimer Rat und Konsistorialpräsident. »Der Vorstand dieser sehr kleinen obersten Kirchenbehörde hatte in dieser Stellung nur einen Konsistorialrat – der zugleich Stiftssuperintendent und Hofprediger war – und einen Beamten zur Seite. Von den vier Hofräten des Regierungskollegiums war einer zugleich Stiftsständedirektor. ... Eine Besonderheit unter den Zeitzer Behörden stellte das Prokuratsamt dar, das die Einkünfte aus dem Zeitzer Domkapitel [bis 1660 sowie ab 1667] verwaltete sowie eine besondere Regierung für den Schleusinger Landesteil.[67]« Am 10. Juni 1660 erhielt Herzog Moritz »von Kaiser Leopold I. das Stift Naumburg-Zeitz als Reichslehen zugesprochen. ... Schon in Naumburg hatte er die Regierung des Stifts und die seiner Erblande miteinander vereinigt.[68]« Den lange gehegten Plan der Wettiner, die beiden Stiftskapitel Naumburg und Zeitz endlich aufzuheben und deren Gebiete ihren Erblanden einzuverleiben, glückte auch unter Herzog Moritz nicht. Ihm gelang lediglich, die Mitgliederzahl des aus protestantischen Geistlichen bestehenden Zeitzer Domkapitals zu verringern und damit auch einen Teil der zu deren Besoldung bestimmt gewesenen Pfünde einzuziehen. Die damit verbundenen Zinseinnahmen wurden allerdings nicht dem Staatshaushalt zugeeignet, sondern flossen in eine geistliche Stiftung, die dem Unterhalt von Kirche und Schule diente.

Im Jahre 1664 gelang es Herzog Moritz, mit Veit Ludwig von Seckendorf [1626-1692] einen der hervorragendsten Staatsmänner seiner Zeit zum Kanzler zu gewinnen. Gebürtig in Herzogenaurach in Oberfranken war dieser zunächst am Gothaer Hof Ernsts des Frommen Kanzler gewesen. »Die Erfahrungen, die er im Laufe seiner gothaischen Behördenlaufbahn gesammelt hatte, brachte er 1656 in seinem ›Teutschen Füstenstaat‹, einem Musterbuch des früheren deutschen Absolutismus zur Verarbeitung,[69]« wo er seinen Rezipienten den Gothaer Staat als idealtypisches Konstrukt vor Augen stellte. Wenn die Aussagekraft dieses Werkes auch 1755 durch Justis Staatswirtschaft überholt wurde, hat Seckendorf doch zum ersten Mal die Wirklichkeit der landesherrlichen Innenverwaltung als Gegenstand wissenschaftlicher Betrachtung dargestellt und damit ein bedeutendes Stück Wissenschaftsgeschichte geprägt. Daneben verfasste er auch weitere rechtsphilosophische, historische und theologische Abhandlungen, wie etwa die ›Geschichte des Luthertums‹. Auf seinem Rittergut Meuselwitz unterhielt er einen kleinen Musenhof, der sowohl den sächsischen als auch den preußischen Kurfürsten zu seinen Gästen zählen konnte.[70]

Nicht allein das Wirken Seckendorfs machte den Zeitzer Hof zu einem nicht unbedeutenden Zentrum von Kunst und Wissenschaft. Weitere bedeutende Persönlichkeiten des Geisteslebens dort waren neben Johann Sebastian Mitternacht [1613-1679] und Christoph Cellarius [1637-1703] der vorerwähnte Baumeister Johann Moritz Richter [1620-1667] und zeitweise sogar der Komponist und Musiklehrer Heinrich Schütz bzw. einige seiner Meisterschüler. Mitternacht war zunächst Schulrektor in Naumburg und Gera gewesen, bevor man ihn 1667 zum Oberhofprediger nach Zeitz berief. Neben geistlicher Lyrik verfasste er auch zeitkritische Prosadramen, wie ›der unglückselige Soldat‹ [1662] und inszenierte alljährlich Schulkomödien.

Wissenschaftlich höchst bedeutsam war das Wirken des Cellarius, der seine Laufbahn als Rektor verschiedener Schulen im Herzogtum Zeitz zwar begonnen hatte, 1693 aber eine Professur an der Universität Halle übernahm, wo er zu einem der Gründerväter des modernen Wissenschaftsbetriebes avancierte. Neben Lehrbüchern der alten und orientalischen Sprachen und Werken zur Römischen

Geschichte und antiken Geographie, führte er erstmals das Lehrfach Geographie ein und setzte – wie der Forscher Andreas Raithel schreibt – in seiner postum erschienenen ›Historica universalis‹ die Periodisierung der Geschichte in ›Altertum – Mittelalter – Neuzeit‹ durch.[71]

Als Herzog Moritz im Februar 1681 sein Testament verfasste, stiftete er darin 10.000 Gulden für den Bau und den Unterhalt eines Waisenhauses sowie die dafür erforderlichen Baumaterialien.
Seinem Nachfolger schärfte er ein, »daß Gott den obrigkeitlichen Stand nicht um Müßiggangs, Gewalt und Wollust willen, sondern den Unterthanen zu Trost noch Schutz gestiftet, und daß daher ein Löblicher Regent ein Väterlich Hertz gegen Seine Unterthanen haben, und auf derselben Wohlfahrt in geist- und weltlichen Stande mit allem Fleiß bedacht seyn solle.« Vor allem ermahnte er seine Söhne Moritz Wilhelm [1664-1718], Friedrich Heinrich [1668-1713] und Christian August [1666-1725] »sammt und sonders, auch ihre Kinder und Posterität, um Ihrer eigenen ewigen Seeligkeit und zeitlichen Wohlfahrt willen, da sie den theuren Schatz Unserer Christlichen Evangelischen Religion, wie sie in der Heiligen Schrift, der Augspurgischen ungeänderten Confesson erkennen und diesem zeitlebens zugetan sein sollten.[72]«
Indem der älteste Sohn des verstorbenen Herzogs, der nach seinem Großvater Herzog Wilhelm von Weimar benannte Moritz Wilhelm, bei Tode des Vaters im Dezember 1681 noch nicht ganz 18 Jahre alt war, konnte er zunächst nur Domprobst des Direktoriums der Stiftsregierung werden. Bis 1682 [für das Stiftsgebiet] und 1685 [für die Erblande] übernahm sein Vetter Kurfürst Johann Georg III. von Sachsen [1647-1691] für ihn die Vormundschaft und zog sich auch danach aus der obersten Verwaltung und Gerichtsbarkeit in seinen Erblanden nie wieder ganz zurück. Er ließ sich sogar von den Untertanen dort huldigen, was Moritz Wilhelms schärfsten Protest hervorrief, was wiederum Johann Georg verstimmte. Als der junge Herzog einmal auf Befehl des Kaisers einen seiner Räte wegen Unregelmäßigkeiten im Münzwesen festnehmen ließ, beharrte der Kurfürst auf seiner obersten Gerichtsbarkeit und schickte ein Bataillon Soldaten nach Zeitz, die dort mit Gewalt das Wendische Tor erbrachen, das Gefängnis erstürmten, den Delinquenten daraus entführten und diesen in einen Leipziger Kerker verbrachten.

Auf der anderen Seite erwarb Moritz Wilhelm im Jahre 1700 für den Henneberger Landesteil für 45.000 Taler von Kursachsen die volle Landeshoheit. 1707 erhielt er von Kaiser Joseph I. [reg. 1705-1711] das Reichslehn und die Investitur über das Stiftsgebiet und wurde 1708 mit Sitz und Stimme in den Reichsfürstenrat berufen.

Seine 1689 eingegangene Ehe mit Maria Amalia [†1739], der Tochter des ›großen‹ Kurfürsten Friedrich Wilhelm von Brandenburg [1620-1688], war von Höhen und Tiefen gezeichnet. Von den 2 Söhnen und 3 Töchtern des Paares starb die Mehrzahl schon im Kindesalter. Nachdem der Erbprinz Friedrich August, der den Zeitgenossen seiner vielfältigen Begabungen wegen als Wunderkind galt, mit 9½ Jahren verstorben war, blieb nur noch eine Tochter, Dorothea Wilhelmine [1691-1743], übrig, die 1717 den Landgrafen Wilhelm VIII. von Hessen-Kassel heiratete.[73]

Herzog Moritz Wilhelm war ein wohlbewanderter Historiker und galt als einer der gebildetsten Fürsten seiner Zeit, der die Wissenschaften und Künste sehr schätzte. Gleichfalls war er auch der Esoterik und dem Okkultismus zugetan und glaubte an die magischen Künste jener Tage. Er besaß nicht nur eine große und seltene Bibliothek, sondern sammelte auch allerhand Raritäten, so ›Sigilla mit innewohnenden geheimen Kräften‹ [meist kostbare Steine, die als Amulette getragen wurden]. So erfahren wir aus dem Jahr 1706, dass er mit dem polnischen geheimen Sekretär und Bibliothekar Alexander Raphaeli wegen magischer Steine verhandelte, die Geheimnisse offenbaren und gegen Gift und Krankheiten schützen sollten.[74] Nicht allein ›solche Sachen kosteten Geld‹, auch die Belastung seiner Länder im Zuge des Nordischen Krieges nötigten ihn wiederholt, seinen Untertanen neue Umlagen auszuschreiben und die rückständigen Steuern mit Nachdruck einzufordern. Zudem nahm er von seinen Städten und Ämtern Anleihen gegen Pfandscheine auf, wenn er diese nicht gar selbst verpfändete. So befand sich etwa die Stadt Triptis jahrelang im Pfandbesitz der Herren von Meusebach auf Braunsdorf, während die Exklave Förthen-Läwitz zusammen mit allen Herrschaftsrechten über die dortigen Untertanen 1713 an den Obristlieutenant Röder auf Pöhl [bei Plauen] auf Wiederkauf veräußert werden musste. Röder gab das Pfandgut 1716 an den Weidaer Amtsverwalter Barthel weiter, bis sie August der Starke nach dem Tod Moritz Wilhelms 1718 diesem wieder abnahm, wobei der dem Amtmann zustehende Gegenwert 1723 noch immer nicht zurückgezahlt war.[75]

Um den angespannten Finanzen seines Hauses abzuhelfen, veranstaltete Moritz Wilhelm mehrfach groß angelegte Schatzgräbereien. 1699 schloss er mit dem Astrologen und Geomantiker [Erdwahrsager] Georg Holzmann eine Vertrag, wonach ihm der Rutengänger mit seiner geheimen Kunst dabei helfen sollte, in den Ruinen der Wettaburg bei Naumburg sowie in Schlossbereich von Zeitz selbst größere Mengen antiker Schätze zu finden.[76]

Selbiges geschah auch in Zusammenarbeit mit seinem in Neustadt/Orla residierenden Bruder Friedrich Heinrich 1711 bis 1713 im Schlossbereich von Arnshaugk, von Neustadt und von Ziegenrück [wo vor einigen Jahren beim Neubau der den Schlossberg hinaufführenden Serpentinen-Straße Hohlräume zutage kamen, die mit großen Mengen Beton verfüllt werden mussten]. Bereits im Jahre 1709 hatte Friedrich Heinrich einen Mann ausfindig gemacht, der ›durch natürliche und gute Künste sich getraute, verborgene Schätze aus dem Boden zu heben‹ und der in Vorbetracht des großen Reichtums, den man unzweifelhaft daraus schöpfen würde, einen Vorschuss von 400 Talern erhielt. Als sich die herzoglichen Brüder dann an die verborgenen Schätze unter dem Schloss Arnshaugk heranwagten, ist auch noch von einem Traumdeuter die Rede, der einen Erdspiegel besaß, mit dem verborgene Dinge erblickt werden konnten.

Zunächst gingen die Grabungen gut an. Es wurden ›große Steine von vielen Zentnern, so übereinander liegen‹, durchbrochen. Dann ist ein schmaler Gang zum Vorschein gekommen. In der Hoffnung des nahen Erfolgs schrieb Friedrich Heinrich an seinen Traumdeuter: ›Es hat mich heute früh geträumt, als wenn ich in seinem [Erd-] Spiegel da sehe ich denn sechs weiße Münche am Altar sitzen auf solchen Stühlen, wie sie im Chor zu sitzen pflegen, welche das dann zu mir sagten, was er mir gestern gesagt hat!‹ Der Traumdeuter war nicht im Zweifel über die Deutung des Traumes, er antwortete umgehend: ›Das dieses nochmal gewisse Anzeigungen unseres vorhabenden Werkes sei.‹ Der Herzog ließ nun Tag und Nacht fortarbeiten. Zunächst konnte noch jede Nacht eine Viertelelle in den Fels gehauen werden, dann nur noch zwei Querfinger, ›weil es sehr feste ward‹. Ob sich letztlich in den Felsen unter Arnshaugk, an dem so viele Bergeisen zerschlagen wurden, tatsächlich ein Schatz gefunden hat, darüber schweigen die Akten.[77]

Friedrich Heinrich, der Begründer und einzige Vertreter der Nebenlinie Sachsen-Pegau-Neustadt, hatte zunächst in Pegau residiert, war aber dann nach Neustadt an der Orla übergesiedelt. Erst unter seiner Regie konnte der Innenausbau und die Möblierung des Schlosses 1705 abgeschlossen werden. Zwar besaß der Neustädter Hof im Gegensatz zu Zeitz einen weit geringeren Maßstab, hatte aber – wie der Forscher Harry Wünscher herausstreicht – für die Stadt selbst großen wirtschaftlichen Nutzen und übte auch Einfluss auf Bildung und Gesittung der Einwohner aus.

Herzog Friedrich Heinrich wurde nur 35 Jahre alt. Nach seinem Tod 1713 überführte man seinen Leichnam nach Zeitz, wo sein Prunksarg in der Hallenkrypta des Domes St. Peter und Paul noch heute zu sehen ist. Seine Witwe Anna Friederike Philippine, eine geborene Prinzessin von Holstein-Wiesenburg, lebte danach noch 35

Jahre bis zu ihrem Tod 1748 im Neustädter Schloss. Sie liegt in der Neustädter Stadtkirche begraben. Ein Gemälde von ihr aus späteren Jahren in der reichen Zeittracht des Rokoko hing jahrzehntelang im alten Neustädter Stadtmuseum, gilt aber inzwischen als verschollen. Der einzige Sohn Friedrich Heinrichs, Moritz Adolph [geb. 1702], entstammte der ersten Ehe des Herzogs mit Sophia Angelica von Württemberg-Bernstadt [1677-1700], die bereits im dritten Ehejahr verstorben war. Nach dem Tod des Vaters gelang es dessen Bruder Christian August, die Erziehung des damals 13-jährigen zu übernehmen.[78]

Dieser dritte Sohn des Moritz war Administrator der Deutschordensballei Thüringen. Er residierte von 1692 bis 1694 in Plauen und hätte vielleicht die Nebenlinie Sachsen-Plauen begründet, wenn er 1689 nicht heimlich zum katholischen Glauben übergetreten und eine Laufbahn als katholischer Geistlicher angestrebt hätte. Schon beim Übertritt seines Vetters Kurfürst Friedrich August I. zum Katholizismus hatte er eine wichtige Rolle gespielt und war in der Folge bemüht, weitere Mitglieder des albertinischen Hauses zum Katholizismus zu bekehren. Auch einige Ernestiner – so etwa Johann Ernsts von Sachsen-Saalfeld frühverstorbener Sohn Carl Ernst, der den Katholizismus als kaiserlicher Offizier in Italien kennen und schätzen gelernt hatte – lösten sich damals vom Glauben ihrer Vorfahren. Zwar hatte August der Starke Moritz Adolph 1707 zu seinem Großkanzler ernannt, allerdings bekam dieser seitens der Römischen Kurie die Erzbischofswürde über Grain in Ungarn übertragen, wohin er den jungen Neustädter Prinzen zur Erziehung mitnahm und wo dieser im Jahre 1716 – unter ausdrücklicher Erlaubnis Moritz Wilhelms – ebenfalls zum Katholizismus konvertierte und daraufhin wie sein Onkel ebenfalls Geistlicher werden wollte.[79]
Bei Konfessionswechseln dieser Art waren – anders als bei August dem Starken, der als Protestant ansonsten nicht polnischer König hätte werden können – nicht unbedingt machtpolitische Fragen entscheidend. Oft genug spielte dabei die bohrende Gewissensfrage, welches nun der rechte und allein selig machende Glaube sei, eine große Rolle. Die Konvertiten waren nicht unbedingt jene, denen der evangelische Kirchenbetrieb zu nüchtern geworden war oder denen die Heilige Schrift als allein zureichendes und in sich umfassend sein müssendes Zeugnis vom Evangelium Jesus Christi [sola scriptura] nicht mehr zureichte, sondern gerade Persönlichkeiten, die entsprechende Auslandserfahrung oder Zugang zu Informationsquellen besaßen, die über das, was gewöhnlich in den Regalen der Bibliotheken der protestantischen Welt zu finden war, weit hinausging.
Das bot der Römischen Kurie, welche die Rekatholisierung des protestantischen Mitteldeutschlands bekanntlich zu keiner Zeit –

bis heute nicht [!] – aus den Augen verloren hat, natürlich die willkommene Gelegenheit, nichtzuletzt mittels der Entsendung von missionarisch und natürlich auch diplomatisch hervorragend geschulten Jesuitenpatres an ausgewählte protestantische Höfe ›Überzeugungsarbeit‹ dort zu leisten. So hatten die auch Moritz Wilhelm bedrängenden Sinnfragen seinem Bruder Christian August die Möglichkeit geboten, den geheimen Rat von Rödern und den Jesuitenpater Franz Heinrich von Schmelzer zur Diskussion über religiöse Fragen nach Zeitz zu entsenden, bis der Herzog ihrem Drängen nachgab und sich im Dezember 1715 in Prag heimlich katholisch taufen ließ. Indem er im April 1717 seine streng protestantische Gemahlin Maria Amalia von diesem Übertritt in Kenntnis setzte, machte er den vielleicht größten Fehler seines Lebens. Für die Herzogin brach eine Welt zusammen. Die Sache wurde an die große Glocke gehängt und ein Aufschrei ging durchs ganze Land, saß doch den treu lutherischen Untertanen sicher die Furcht des nicht völlig überwundenen Konfessionalisierungszeitalters noch im Nacken, nun entweder die Religion des Landesherrn annehmen oder aber auswandern zu müssen. Selbst in die Sagenwelt hat dieses Ringen Eingang gefunden. So berichtet der Geschichtsschreiber Krebs in seiner Zeitzer Chronik, dass vor der Wegführung des Prinzen Moritz Adolph von Neustadt nach Raab, sich dessen selige fürstliche Großmutter in ihren Schleier gehüllt in den Schlosskirchenstühlen gezeigt habe. »Als man hinaufging, war der Stuhl leer. Die Erscheinung blickte jedoch über demselben zum Fenster heraus und warf einen Bund Schlüssel auf die Erde herunter – was alles am hellen lichten Tage geschehen ist.[80]« Ebenso sei nach dem Übertritt von Moritz Wilhelm zum Katholizismus ein gespenstischer Trauerzug aus dem Zeitzer Marschallsamt herausgetreten und nach einem Umgang am Ende dort wieder verschwunden.

Die politischen Folgen dieses Übertritts waren natürlich fatal. Mitnichten wurden nun im Naumburger Stiftsgebiet die vorreformatorischen Zustände wieder hergestellt, ganz im Gegenteil: Die protestantischen Domherren kündigten dem katholisch gewordenen Herzog den Gehorsam und begaben sich unter den Schutz des [ebenfalls katholischen] Kurfürsten August dem Starken von Sachsen, der – um die bedrohten evangelischen Glaubensstände zu schützen, sogleich seine Truppen in den Stiftsländern einmarschieren ließ, worauf Moritz Wilhelm diese verlassen musste. »Die Regierung des Stiftslandes Naumburg wurde von der der vogtländischen Erbämter getrennt und 1717 in Weida eine eigene Regierung eingerichtet. Die Kanzlei in Weida wurde am 10. Januar 1718 eröffnet.[81]« Als Residenz bezog der Herzog die dortige Osterburg, die er ausbauen und darin auch eine besondere Kapelle für den katholischen Gottesdienst herrichten ließ. Auch die heute noch erhaltene Schlosswache entstammt dieser Zeit. Am 14. April 1718 empfing Moritz Wilhelm zwölf honorige Männer aus der Weidaer Bürgerschaft, um an ihnen das in der Bibel erwähnte Fußwaschritual durchzuführen.[82]

Die Herzogin opponierte in der Folge natürlich heftig gegen den Konfessionswechsel ihres Gatten und auch den Herzog selbst befielen immer größere Zweifel, richtig gehandelt zu haben. Maria Amalia lud den berühmten Pietisten August Hermann Francke aus Halle zu einem Religionsgespräch nach Weida ein, wo er sowohl mit dem Konvertiten allein als auch im Beisein Pater Schmelzers diskutierte. Am Ende bewog er ihn zur Rückkehr zum evangelischen Glauben, die am 18. Oktober 1718 in der Kirche zu Pegau öffentlich vollzogen wurde. Das löste wiederum überall Staunen aus und schuf dem Herzog wiederum neue Feinde, ohne das er im Gegenzug hoffen durfte, die Administration über das Stiftsgebiet – für dessen Verlust man ihm eine jährliche Entschädigung von 35.000 Gulden zubilligte – je wiedererlangen zu können.[83] »Wieder auf der Osterburg erhielt Moritz Wilhelm ein Schreiben seines Bruders Christian August, das ihn in große Erregung versetzte. Unmittelbar danach wurde er bettlägerig, erkrankte an den Blattern (Pocken) und starb am 15. November 1718. Sein unerwarteter Tod weckte Argwohn.[84]« Es ging das Gerücht um, die Jesuiten hätten bei seinem Tod heimlich die Finger mit im Spiel gehabt. Die Obduktion des Leichnams ergab jedoch keinen verdächtigen Befund, so dass man den Herzog am 23. Dezember 1718 vor dem Altar der Weidaer Stadtkirche beisetzen konnte.[85]

Christian August dagegen starb sieben Jahre später. Der letzter männliche Nachkomme des Herzogshauses, Moritz Adolph, aber brachte es in der Folge bis zum Titular-Erzbischof von Pharsalos [1730] und 1732 endlich zum Bischof von Königgrätz in Böhmen.
Durch seinen aufwendigen Lebensstil brachte er das Bistum 1746 dermaßen in Konkurs, dass er sich 1757 in eine Mährische Propstei zurückziehen musste, wo er zwei Jahre später starb. Für die von ihm gemachten Schulden haftete am Ende der kursächsische Steuerzahler.

Indem sowohl der Bruder als auch der Neffe Moritz Wilhelms katholische Geistliche geworden waren, stand das Fürstentum am Ende ohne Erben da und fiel an Kursachsen zurück. Bereits während der Krankheit des Herzogs hatte August der Starke seinen Beamten, den Generalsteuerinspektor J. Chr. Hennicke, der damals in Weida lebte, angewiesen, beim Tode des Regenten unverzüglich Meldung zu machen. Unmittelbar nachdem Hennicke durch einen

Kammerdiener von dessen Ableben erfahren hatte, eilte er nach Zeitz und überbrachte dem dort stationierten Militär Weisungen des Kurfüsten, wodurch der Herrschaftswechsel in den Erblanden relativ reibungslos vonstatten ging. Nur im Stiftsgebiet selbst gab es Probleme, weil die Naumburger Kapitelherren gern den protestantischen Herzog Christian von Sachsen-Weißenfels und nicht den katholischen Kurfursten von Sachsen als neuen Stiftsadministrator gesehen hätten. Letzterer allerdings drohte mit militärischem Eingreifen, sollte der erstere gewählt werden. Aus diesem Grund zögerte man die Neuwahl hinaus, bis der Reichstag 1726 den Streitfall dahingehend entschied, dass der Kurfürst als neuer Administrator nur für die weltlichen Belange des Stifts zuständig sein sollte, während man die geistlichen einen evangelischen geheimen Konzilium anvertrauen wollte. Das Stiftsgebiet mit Regierung in Zeitz blieb in der Folge unter kursächsischer Verwaltung, bis es 1815/16 in den Kreisen Naumburg und Zeitz der neugebildeten preußischen Provinz Sachsen aufging,[86] der auch der westliche Teil des Neustädter Kreises [als Kreis Ziegenrück] und der albertinische Teil des Henneberger Landes [als Kreis Schleusingen] zugeschlagen wurden.

Nach dem Tod der Witwe Friedrich Heinrichs [1748] hielten dann neue Bewohner im Neustädter Schloss Hof. Die Witwe des kursächsischen General=Lieutenants Fürst Christian von Schwarzburg-Sondershausen, Eberhardina Sophie Christiana Franziska Antoinette, eine geborene Prinzessin von Anhalt-Bernburg-Schaumburg-Hoym sowie ihre Töchter Güntherine Albertine, Elisabeth Christine Rudolfine und Josephine Eberhardine Wilhelmine nutzten das Schloss zu Wohn- und Repräsentationszwecken und erhoben verschiedene Neustädter Gewerbetreibende zu Hoflieferanten bzw. Hofhandwerkern.[87] In einer erhalten gebliebenen Ernennungsurkunde heißt es, dass seine Durchlaucht, die Fürstin, den Schuhmachermeister Johann Christoph Freund ›mit fürstlicher Gnade zum Hofschuhmacher in Unsern fürstlichen Dienste angenommen‹ habe, ›gleichwie Wir nun versichert sind, daß dieser Meister Freund sich jederzeit treu, hold und gehorsam Uns gegenüber bezeugen und Unseren fürstlichen Respekt, Nutz und Wohlfahrt alle Wege suchen, auch die von ihm zu fertigende Arbeit gut, richtig und zu billigen Preisen machen, maßen er solches alles an Eidestatt an gelobet‹ habe.[88]

Im Jahre 1752 fand in Neustadt die Vermählung der Fürstentochter Eberhardine Wilhelmine mit dem Grafen Georg Albrecht von Erbach-Fürstenau statt. Nicht nur der durchreisende Hochadel machte in Neustadt Station. Vor allem regelmäßige Besuche der umwohnenden Souveräne sowie von Verwandten sind überliefert. So reiste am 3. Mai 1755 die Prinzessin Charlotte von Sachsen-Coburg-

Saalfeld von Rudolstadt, wo sie ihre Tante und ihren Onkel besucht
hatte, nach Neustadt, wo sie mit großer Suite, also mit einem Gefolge von 23 Personen [darunter 3 Jungfern, 2 Pagen, 1 Kammerdiener, 1 Musikus und 9 Lakaien] erschien. Im Gegenzug bestand
das Gefolge des Kaiserlichen Generalfeldmarschals Graf von Seckendorf, der sich in der Nacht vom 3. auf den 4 Juni desselben
Jahres im Rudolstädter Gasthof ›Adler‹ einlogierte, ›nur‹ aus 10 Personen.

Wie sich die Neustädter Hofgesellschaft so die Zeit vertrieben
hat, deutet ein Tagebucheintrag des Grafen Heinrich XII. von Reuß-
Schleiz [1716-1784] an, wonach der Schleizer Hof am 2. Oktober 1751 im
Neustädter Schloss nicht nur ›wohl aufgenommen und gut bewirtet‹
wurde, sondern man den mit anwesenden Grafen Heinrich XXIV.
von Reuß-Ebersdorf [1724-1779] samt Gemahlin sowie den Verlobten
der Prinzessin Eberhardine Wilhelmine, Graf Albrecht, in den Mops-
orden rezipierte.[89]

Die Geheimgesellschaft ›Zum Mops-Orden‹ war eine weniger ernst-
hafte, ja geradezu seichte Kopie des Freimaurerverbundes, die – im
Gegensatz zu diesem – auch Frauen aufnahm und ihr Hauptaugen-
merk auf den geselligen Charakter der Zusammenkünfte legte.
Ursprünglich gegründet, um die von Papst Clemens VII. 1738 verhängte Ächtung der Freimaurerei zu unterlaufen, verbreitete sich
die ursprünglich von Katholiken geformte Loge schnell auch an den
protestantischen Höfen Deutschlands [so 1740 in Bayreuth] und bildete selbst in gut betuchten Studentenkreisen ihre Ableger aus.

Mit ihren Geheimsymbolen, Schmausereien und geheimen Zere-
monien, die zum Teil ganz im Sinne des Rokoko von galanter Laszi-
vität geprägt waren, bot diese Art des Logenwesens eine willkommene Gelegenheit, das Hofleben insbesondere an den kleineren Höfen nicht nur interessanter und kurzweiliger zu gestalten, sondern
auch ›im Verborgenen unstandesgemäß und ungezwungen Umgang
zu pflegen; denn durch Geheimniskrämerei und Zeremoniell ge-
schützt, war ein Mops dem anderen gleich.[90]‹
Die Herren nannten sich ›Möpse‹, die Damen ›Möpsinnen‹, der Logen-
meister ›Obermops‹. Schon das Aufnahmeritual war wie eine Persi-
flage auf entsprechende Rituale im Freimaurerorden. Gleich Hunden
wurden die Novizen an Halsbändern zum geheimen Versammlungs-
ort geführt, um mittels Kratzen an der Tür Einlass zu erlangen.
Sodann wurden sie mit verbundenen Augen neunmal um bestimmte
Ordenssymbole herumgeführt, wobei alle anderen Möpse so laut
wie möglich bellten und jaulten. Am Ende des Rituals musste der
Neuling als Sinnbild der vollkommenen Unterwerfung eine Mops-
figur unter den Schwanz küssen. Erst dann war er in den Orden

aufgenommen. Der Ausstand den sich die Möpsinnen und Möpse auf diese Weise von der Hofettikette nahmen, führte mitunter zu allerhand Roheiten. So ist von einem der geheimen Zusammentreffen der Neustädter Loge am 23. Januar 1753 überliefert, dass die Kavaliere nach Tische kräftig gesoffen hätten: »Der älteste Schönfels, der war besoffen wie ein Vieh, fing mit dem Lieutenant Spiegel Händel an, gab dem jüngsten Pflug Ohrfeigen, hieb dem Oelsnitz über die Hand ... und nachdem er im Stalle niedergefallen, wurde er zu Bette gebracht.[91]« – »Aber auch die Damen der Gesellschaft hatten nicht immer ein gutes Auskommen miteinander und so sind einige Beispiele für böses Blut zwischen den oben genannten Schwestern und ihrer Mutter überliefert.[92]«

Nach dem Tod der Fürstin Sophia Eberhardina und der Verheiratung bzw. des Wegzuges ihrer jüngeren Töchter residierte zuletzt nur noch die Prinzessin Güntherine Albertine im Neustädter Schloss und zwar bis zu ihrem Tod in Jahre 1794. Es würde interessieren, ob sie jemals geheiratet hat bzw. verheiratet werden konnte. Es lebte von ihr nämlich »lange Zeit hindurch manches humorvolle Stücklein im Volksmunde fort, sie hörte gern und gab selbst treffende, ja derbe Antworten. Herr Kirchenrat Schubert in Oppurg wusste davon manch ergötzlich Pröblein zu erzählen.

Nachdem die Hofhaltung wieder aufgelöst war, bot das Schloss dem aus dem immer mehr verfallenden Schloss Arnshaugk verlegten Amt eine willkommene Zufluchtsstätte. Brachten auch die Amtsherren gerade keinen neuen Glanz und keine neue Pracht mit an die alte Stätte, so ging dafür nun Recht und Gerechtigkeit in ihm aus und ein.[93]« Im südlichen Flügel bestand von 1764 bis 1810 eine kleine kursächsische Garnision, ein dritter Gebäudeteil wurde als Absteigemöglichkeit für die Mitglieder des fürstlichen Hauses, die – insbesondere in der großherzoglichen Ära nach 1815 – »wenn auch nicht gerade oft, doch ab und zu hier zu kurzem Aufenthalt« verweilten. Einzig die Großherzogin Sophie [1824-1897], die Gemahlin Carl Alexanders von Sachsen-Weimar-Eisenach, fand etwas mehr Gefallen an dem Schloss. Sie ließ den Wohntrakt sanieren und neu möblieren, bis dieser nach ihrem Tod wiederum verwaiste und dem Ende der ständischen Zeit 1918 beinahe ungenutzt entgegenträumte.[94]

An die einstige Zugehörigkeit Neustadts zum Herzogtum Sachsen-Zeitz erinnern – abgesehen vom Schloss – in den umliegenden Wäldern noch die beiden so genannten ›Schlüsselsteine‹, zwei ehemalige stiftzeitzsche Grenzsteine mit darauf abgebildeten Schlüsseln: einer auf dem Eichleitberg zwischen Moderwitz und Köthnitz, der andere – inzwischen ersetzt durch eine Betonkopie – auf dem kleine Taubenberg bei Stanau.[95]

Die Ernestinischen Herzogtümer

»Gegen die vorherrschenden politischen Tendenzen ihrer Zeit – die Bildung größerer Territorialstaaten bei Stärkung einer einheitlichen Staatlichkeit in den Territorien – und wider aller politischen Vernunft schritten die beiden wettinischen Herzöge Ernst und Albert im Jahre 1485 zur Teilung ihrer Lande.[96]«

Die nach ihrer Stammburg Wettin nördlich von Halle an der unteren Saale benannte Dynastie der Wettiner war im Verlauf des 11. bis 14. Jahrhunderts nichtzuletzt mittels ihrer Verwandtschaft mit altsächsischen Familien, antiköniglicher Opposition, der Beerbung der Nachfahren Wiprechts von Groitzsch, der Erlangung der Markgrafenwürde über Meißen [1124] sowie der Landgrafenwürde über Thüringen [1247] zur bedeutendsten politischen Kraft im Land zwischen Werra und Elbe aufgestiegen.

Gegen die allgemeinen Tendenzen der damaligen Zeit und wider aller politischer Vernunft teilten die beiden Wettinbrüder Ernst und Albert im Jahre 1485 jedoch ihre gewaltige Ländermasse und begründeten die beiden, bis heute in mehreren Linien und Zweigen blühenden Geschlechter der Ernestiner und der Albertiner.

Das Gros des Landes mit dem sächsischen Kurfürstentitel verblieb bei Ernst [†1486] als dem älteren. Seine Söhne Friedrich III. der Weise [†1525] und Johann der Beständige [†1532] hatten die Reformation zunächst in Kursachsen, und meist gegen den Willen der jeweiligen Landesherren auch in ihren Einflussgebieten – so im Herzogtum Sachsen der Albertiner, in den Schönburger, Stolberger, Mansfelder, Schwarzburger und vögtischen Herrschaften, wie auch in den ehemaligen Stiftsgebieten Merseburg und Naumburg-Zeitz – eingeführt. Als aber Johanns Sohn, Johann Friedrich I. der Großmütige [1503-1554], der die Nachfolge seines Vaters als Haupt der protestantischen Partei im Reich angetreten hatte, 1547 gegen den erzkatholischen Kaiser Karl V. den Schmalkaldischen Krieg verloren hatte, musste er den Kurfürstentitel und einen großen Teil seines Landes an Herzog Moritz von Sachsen [1521-1553] aus der albertinischen Linie abgeben. Sein Sohn, Herzog Johann Friedrich II. der Mittlere [1529-1595], wollte den Machtverlust seines Hauses nicht hinnehmen und versuchte – allerdings auf äußerst dilletantische Weise – die verlorene Kurwürde zurückzugewinnen. Die Sache misslang. Über Johann Friedrich II. wurde die Reichsacht verhängt, die der von Kaiser Maximilian II. zu ihrer Vollstreckung beauftragte Kurfürst August I. [1526-1581] nur allzugern vollzog.

Der Herzog kam in Gefangenschaft, die er Zeit seines Lebens nicht verlassen durfte. Sein Bruder Johann Wilhelm [†1573], der sich rechtzeitig von ihm losgesagt hatte, wurde zum neuen Regenten eingesetzt und hatte neben der Kriegsschuld alle mit dem Vollzug der Reichsacht verbundenen Kosten in Höhe von insgesamt 800.000

Gulden zu tragen. Indem dies dem Ernestiner unmöglich war, musste er im Jahre 1567 die Ämter Arnshaugk, Ziegenrück, Weida und Sachsenburg [in Nordthüringen] an Kursachsen verpfänden. Bei der Landesteilung von 1572 behielt er nur die östlichen Landesteile mit den Städten Weimar, Buttstedt, Magdala, Dornburg, Camburg, Jena, Kahla, Orlamünde, Saalfeld, [Stadt]Roda, Bürgel, Eisenberg, Ronneburg, Schmölln, Altenburg, Lucka u.a. Die westlichen und südlichen Gebiete dagegen erhielten die Söhne des unglücklichen Johann Friedrich II. des Mittleren, Johann Casimir [1564-1633] und Johann Ernst [1566-1538]. Ihr Gebiet umfasste 19 Ämter u.a. mit den Städten Coburg, Hildburghausen, Rodach, Eisfeld, Römhild, Sonneberg, Heldburg, Neustadt an der Haide, Ummerstadt, Schalkau, Salzungen, Kreuzburg, Eisenach, Waltershausen, Gotha, Pößneck, dazu die Collektur zu Langensalza. 1596 schritten die Brüder zu einer Landesteilung, in der Johann Casimir den Coburgischen und Johann Ernst den Eisenachischen Landesteil erhielt. Da beide keine Kinder hatten, fielen ihre Länder nach dem Tod des letzten überlebenden Bruders 1638 an das Haus Weimar. Hier, in den östlichen ernestinischen Landen, hatten die Söhne Johann Wilhelms, Friedrich Wilhelm I. [1562-1602] und Johann [1570-1605] regiert. Nach dem Tod des ersteren war es 1603 zu einer Landesteilung gekommen, in der Johann den Söhnen Friedrich Wilhelms I. den Altenburgischen Landesteil übergeben, die Herrschaft Weimar aber behalten hatte. Sein so entstandenes Herzogtum Sachsen-Weimar umfasste die Ämter Weimar, Jena, Burgau, Kapellendorf, Ringleben, Ichtershausen, Wachsenburg, Reinhardsbrunn, Georgenthal, Schwarzwald, Königsberg [Exklave im Bambergischen], Oldisleben und Allstedt. Dagegen bestand das neugebildete Herzogtum Sachsen-Altenburg aus den Ämtern Altenburg, Ronneburg, Eisenberg, Dornburg, Camburg, Heusdorf, [Nieder-] Roßla, Bürgel, Roda, Leuchtenburg [mit Kahla und Orlamünde], Saalfeld, [Probst]Zella und Hardisleben. Weil die Söhne Friedrich Wilhelms I. noch minderjährig waren, übte der sächsische Kurfürst Christian II. [1583-1611] sowie sein Nachfolger Johann Georg I. bis 1618 die Vormundschaft über sie aus, bis der älteste Sohn, Johann Philipp [1597-1639], die Regierung antreten konnte. Nach seinem Tode folgte ihm sein Bruder Friedrich Wilhelm II. Posthumus [1603-1669] in der Regierung. Dessen Sohn Friedrich Wilhelm III. [geb. 1657] allerdings erreichte das Jahr seiner Volljährigkeit nicht mehr. So starb das [ältere] Haus Altenburg mit seinem Tod 1672 aus und das Land gelangte zu drei Vierteln an die Gothaer und zu einem Viertel an die Weimarer Linie der Ernestiner, welcher die Ämter Dornburg, Allstedt, Roßla mit der Stadt Sulza [doch ohne das Salzwerk], Bürgel, Heusdorf, Hardisleben sowie die Oberhoheit über das Amt Remda und das Schlossgericht Apolda zufielen.

Auch das Herzogtum Sachsen-Weimar war nach dem Tod Johanns [1605] in Vormundschaft für dessen 7 Söhne vom sächsischen Kurfürsten regiert worden. Erst 1615 entließ er den ältesten Sohn Johanns, Herzog Johann Ernst, aus der Vormundschaft, nicht ohne ihm vorher das Versprechen abgerungen zu haben, sich in seiner auswärtigen Politik, stets eng an den Kurfürsten als dessen ›Familienoberhaupt‹ zu halten.

Während sich die Herzöge von Altenburg, Coburg und Eisenach von ihren albertinischen Vettern regelrecht gängeln ließen, betrieben Johann Ernst I. [1594-1626] und seine Brüder Wilhelm [1598-1662, reg. ab 1626], Albrecht [1599-1644], Johann Friedrich [1600-1628], Ernst [1601-1675], Friedrich Wilhelm [1603-1619] und Bernhard [1604-1639], im Verlauf des 30-jährigen Krieges an eine eigene, mitunter sehr progressive Politik, die ihnen kurzeitig die Herrschaft über das Eichsfeld, dann über das Herzogtum Franken [1632-1634] und schließlich über das Elsaß [ab 1636-1639] einbrachte. Nach dem Tod Bernhards [1639] schritten die drei überlebenden Brüder Wilhelm, Ernst und Albrecht, denen 1638 per Erbschaft noch die Landesteile Coburg, Eisenach und Gotha zugefallen waren, 1640 zu einer Teilung, in der Wilhelm das Fürstentum Sachsen-Weimar, Ernst das Fürstentum Sachsen-Gotha und Albrecht das Fürstentum Sachsen-Eisenach begründeten. Herzog Albrecht starb 1644 und sein Land wurden zwischen den Brüdern aufgeteilt.[97]

DAS HERZOGTUM SACHSEN-WEIMAR UND EISENACH

»Ernst August I. galt als einer der originellsten deutschen Kleinfürsten des 18. Jahrhunderts und beinahe schon als klassisches Beispiel für versuchten Absolutismus in Thüringen.«

Nachdem Herzog Wilhelm 1662 gestorben war, schritten seine drei Söhne Johann Ernst II. [1627-1683], Johann Georg [1634-1686] und Bernhard [1638-1678] im Jahre 1672 zur Teilung und bildeten die drei Herzogtümer Sachsen-Weimar, Sachsen-Eisenach [bis 1741] und Sachsen-Jena. Nach dem Aussterben der jenaischen Linie 1690 fielen dessen Ämter Dornburg, Bürgel und Kapellendorf, die Vogteien Magdala und Gebstedt, die Stadt Buttelstedt, die Dörfer Döbritzschen und Wiegendorf sowie die Oberhoheit über Apolda an das Haus Weimar, während das Haus Eisenach die Ämter Allstedt und Jena, den großen Forstbezirk Zilbach, [den Weimar zum Ausgleich dafür abtrat] sowie u.a. die Hoheit über Remda erhielt.[98]

Johann Ernsts II. Sohn, Wilhelm Ernst [1662-1728], der zusammen mit seinem Bruder Johann Ernst III. [1664-1707] regierte, sorgte dafür, dass der Weimarer Hof genauso eifrig lutherisch wurde wie der Herzog selbst. Jeden Tag hielt Wilhelm Ernst Betstunden ab, an denen alle Hofleute und Diener teilzunehmen hatten. Nach angehörter

Predigt pflegte er sie über deren Inhalt genau zu examinieren. Am Hof – so damalige Betrachter – sei es damals dermaßen still gewesen, dass sommers um neun, im Winter um acht Uhr Küche und Keller geschlossen, sämtliche Dienerschaft nach Hause geschickt wurde. Von vollkommen gegensätzlichem Naturell war sein Neffe, späterer Mitregent und Nachfolger Ernst August I. [1688-1748].

Er galt als einer der originellsten deutschen Kleinfürsten des 18. Jahrhunderts und beinahe schon als klassisches Beispiel für versuchten Absolutismus in Thüringen unter dessen autoritären, mitunter sehr konfusen und widersprüchlichen Anordnungen seine Beamten mitunter sehr zu leiden hatten und dessen ›Selbstherrschaft‹ auch den Landständen und Untertanen stark zusetzte.

Seinen Bauern verbot er bei halbjähriger Zuchthausstrafe das ›Räsonieren‹, maßen ›das Regiment von Uns und nicht von denen Bauern‹ abhinge. Von keinem ›Minister, Rat oder Dames‹ und schon gar nicht von der Frau seines Oberhofmeisters wollte er sich etwas sagen lassen, damit ›die Frauenzimmerseuche‹ nach seinem Tode nicht einwurzele, wo doch allermaßen bekannt sei, ›dass die meisten Höfe durch die Reifröcke die größten und geheimsten Affären, dem Fürsten zum Schaden und zum Verderb des Landes zu dirigieren gesuchet.[99]‹ Wohl in Anregung dessen erließ sein Amtskollege Herzog Ernst Friedrich II. von Hildburghausen 1737 eine ähnliche Verfügung, die wörtlich lautete: ›Das vielfache Raisonieren der Unterthanen wird hiermit bei halbjährlicher Zuchthausstrafe verboten und haben die Beamten solches anzuzeigen. Maßen das Regiment von Uns und nicht von den Bürgern und Bauern abhängt und Wir keine Raisonneurs zu Unterthanen haben wollen.[100]‹

Um den Glanz seines kleinen Hofes zu erhöhen, stiftete Ernst August I. im Jahre 1732 sogar einen Ritterorden, den Falkenorden oder ›Orden der Wachsamkeit‹. Seinem Vorbild, dem gestrengen Preußenkönig Friedrich Wilhelm I. nachahmend, unterhielt er ein Bataillon Infanterie von 700 Mann und eine Reiterschwadron von 180 Mann, die er in polnisch-kursächsischen Sold gab. Zudem leistete sich der Herzog noch eine Kompanie Nobelgardisten, bestehend aus jungen Edelleuten zu Pferd und eine Schwadron Husaren. »Im Jahre 1732 schloss er mit Kaiser Karl VI. [reg. 1711-1740] einen Vertrag ab, nachdem er ihm in dem damaligen polnischen Sukzessionskriege gegen Frankreich zwei starke Regimenter gestellt hatte, die teils am Rhein, teils in Italien verwendet wurden.

Zur Belohnung ernannte ihn der Kaiser 1733 zum kommandierenden General der Kavallerie. Ein Tourist, der Weimar zwei Jahre nach dem Tod des Herzogs sah, berichtet wieder eine gehörige Wunderlichkeit dieses durchaus barocken Selbstherrschers von Weimar.

Er merkt nämlich an, dass er den großen Saal im zweiten Stock der Wilhelmsburg zu Weimar [bis 1774] gesehen habe, darauf der Herzog ›seine Pferde gemustert und Kanonen heraufbringen lassen, davon er zu sinken angefangen‹. Für die Pferde habe er eine eigene Treppe von Pflastersteinen bauen lassen.[101]«

Umgeben von zwei adeligen Ehrendamen, drei bürgerlichen Kammerfrauen und zwei Gardeoffizieren lebte Ernst August I. zurückgezogen in seinem Lustschloss Belvedere bei Weimar. Nur alle Montage war es Bittstellern aus den niedrigen Ständen erlaubt, ihre Postulate dem diensttuenden Sekretär zu übergeben. Eduard Vehse schreibt über den Alltag des Fürsten: »Er ist frühzeitig wach, steht aber erst spät auf. Er nimmt seinen Tee im Bett und spielt darin bisweilen Violine, manchmal lässt er seine Architekten und Gärtner kommen, mit denen er sich beschäftigt zu zeichnen. Auch kommen seine Minister, um mit ihm über die Geschäfte zu reden. Um Mittag steht er auf. Sobald er angekleidet ist, sieht er die Wachparade aufziehen, die aus dreiunddreißig Mann besteht und die ein Lieutenant oder Fähnrich kommandiert. Er lässt die Soldaten exerzieren und korrigiert sie selbst, wenn sie einen Fehler machen. Darauf macht er einen Spaziergang und um zwei oder drei Uhr setzt er sich zur Tafel. Die beiden Ehrenfräulein, der Stallmeister, der Major, der Gardeoffizier und die Fremden, wenn deren da sind, werden zur Tafel gezogen. Das Dinner dauert lange, manchmal vier bis fünf Stunden. Man trinkt dabei sehr stark, und der Herzog spricht viel, aber die Unterhaltung erstreckt sich gewöhnlich über wenig angenehme Gegenstände. Nach dem Dinner wird der Kaffee genommen, der Herzog zieht sich einige Augenblicke zurück, dann spielt er mit den beiden Ehrenfräulein und dem Major Quadrille, manchmal raucht er auch bloß, und öfters zieht er sich in sein Zimmer zurück, wo er sich bis zum Schlafengehen mit Zeichnen und Violinespielen unterhält. Wenige Wochen vergehen, wo der Herzog nicht wenigstens ein- oder zweimal die Standespersonen seines Hofes und alle Offiziere der Armee einladen lässt. Es werden da zwei große Tafeln gehalten. Man diniert, spielt, soupiert und zuletzt tanzt man bis zum Morgen.[102]« Die Markgräfin von Bayreuth schildert in ihren Memoiren Ernst August als närrischen Lügner, der an ihrer Tafel aufgesprungen, die Pauken des Orchesters geschlagen und alle möglichen Torheiten begangen habe.

Gleich anderen Fürsten seiner Zeit betrieb auch er geheime Naturstudien und glaubte ›das wahre Philosophenlicht der Natur‹ erkannt zu haben. »Auf die barockste Weise trieb er namentlich Chemie und Bergbaukunst. Er erbaute sich ein großes Laboratorium und suchte besonders dem Ilmenauer Bergbau ›durch wahre Rutengänger, die ohntrüglich alles, was in der Erde vergraben ist, anzeigen und finden‹, aufzuhelfen. Unterm 22. Januar 1742 schreibt der Herzog enttäuscht: ›Ich habe bereits wohl mehr als 100 Rutengänger gehabt, es sind aber lauter Betrüger und Windmacher gewesen.[103]«

›Als untrügliches Mittel zum Löschen der Feuerbrände‹ befahl er seinen Städten und Dörfern, sich hölzerne Teller anzuschaffen und mit einem Feuerpfeil nach beigelegter Zeichnung zu versehen und »diese Teller freitags bei abnehmendem Monde zwischen 11 und 12 Uhr mit frischer Dinte und neuer Feder mit den Worten beschrieben: ›An Gottes Allmacht liegt's. Consummatum est [Es ist vollbracht]‹ bei jeder vorfallenden Feuersbrunst im Namen Gottes ins Feuer zu werfen.[104]«

Oft wider Recht und Herkommen erhobt der Herzog Ansprüche auf fremde Besitztümer und Nutzungsrechte. Als im Jahre 1737 in Apolda Heilquellen entdeckt wurden, scheute er sich nicht, der Universität Jena, der die Einnahmen des dortigen Schloss-Rittergutes zur Versorgung dienten und die damals die Herrschaft über die Stadt ausübte, widerrechtlich 25 Acker besten Landes wegzunehmen und verschiedene Kurgebäude sowie ein Lustschloss für sich darauf errichten zu lassen. Mehrere Klagen der Akademie beim Kaiser hatten Erfolg. Im Jahre 1740 wurden drei kaiserliche Mandate verabschiedet, welche dem Herzog dieses eigenmächtige Vorgehen streng untersagten, wobei ihm anbefohlen wurde, die Gebäude vornehmlich aber das Schloss wieder abreißen zu lassen, alles wieder in vorherigen Stand zu bringen und die Akademie für die entgangene Pacht sowie die Stadt Apolda für die geleisteten Mühen gebührend zu entschädigen. Freilich ignorierte der Herzog das Urteil. Selbst das gemeinsame Vorgehen der anderen ernestinischen Herzöge als Mitbetreiber der Universität gegen den ungeliebten Weimarer Vetter fruchtete nicht.[105]

Im Jahre war 1741 die Erledigung des Eisenachischen Landesteils eingetreten, zu dem seit 1690 auch Jena gehörte und Ernst August erbte denselben dergestalt, dass nun das gesamte ursprüngliche Besitztum Wilhelms von Weimar wieder unter einer Hand vereinigt war. Die Zusammenarbeit der Eisenacher Regierung mit ihrem neuen Landesherrn gestaltete sich überaus schwierig. Mehrfach warf der Herzog den dortigen Räten vor, seine Anweisungen nicht weiterzuleiten, sondern monatelang in der Tasche herumzutragen, weswegen er die ›unter den großen Allongeperücken und großen pharisäischen Narrenkrausen steckenden Eisenachische Hochmutsseuche, daran auch sogar die dii minorum gentium [die Götter der kleinen Völker] laborieh, schon zu kurieren suchen werden, … indem Wir selbsten wohl wissen, was Justiz sei und ein großer Herr in seinen Landen tun könne … Wir sind gewohnt, daß in Unseren Landen nicht die Uhrmachergesellen, sondern die Meister die Uhr stellen; … Dies befehlen Wir euch auf Pflicht und Gewissen ad acta zu heften, damit es heut oder morgen wieder zu finden sei.[106]«

Ernst August I. starb 1748. Die einzigen heute noch erhaltenen Bauten von ihm, sind die beiden Lustschlösser Belvedere und Dornburg. Seine umstrittenen Kuranlagen in Apolda wurden bereits 2 Jahre nach seinem Tod wieder abgerissen. Solange hatte es letztendlich gedauert, bis das kaiserliche Urteil von 1740 vollstreckt war und die Apoldaer für die damals erlittenen Schäden und Ausfälle wenigstens teilweise Entschädigung erlangt hatten. Leider konnte man die damals mit verschütteten Quellen später nicht wiederfinden und die Aufwertung der Stadt zum Kurort unterblieb.

Für den Sohn des Verstorbenen, Ernst August II. Constantin [1737-1758] übernahm der Herzog von Gotha bis 1755 die Regentschaft. Er selbst herrschte nur drei Jahre lang. Die bedeutendste Errungenschaft seines kurzen Lebens war die Ehe mit der legendären Braunschweigischen Prinzessin Anna Amalia, die während ihrer darauf folgenden 17-jährigen Vormundschaftsregierung für ihren Sohn, den späteren Goethefreund Carl August [1757-1828], die Residenzstadt Weimar zum Hort der Musen und des Wissens machte und damit gewissermaßen den Grundstein für die Weimarer Klassik legte.

DAS HERZOGTUM SACHSEN-GOTHA UND ALTENBURG

»Das von 1643-1646 auf den Grundfesten des nach 1567 geschliffenen Grimmenstein errichtete Gothaer Schloss Friedensburg – eine schwerfällige, fast noch zitadellenartige frühbarocke ›Hufeisenanlage‹ ohne besondere künstlerische Akzente – zählt zusammen mit dem Schloss von Weimar zu den ersten großen Bauten im bzw. nach dem 30-jährigen Krieg und hat besonders im mitteldeutschen Raum viele künstlerische Nachfolger – so die Residenzschlösser von Eisenberg, Saalfeld und Zeitz – gefunden.[107]«

Wie wir schon hörten, war das 1640 aus einer Landesteilung des Hauses Weimar hervorgegangene Herzogtum Sachsen-Gotha dem Bruder Wilhelms von Weimar, Ernst [1601-1675], anvertraut worden, einem in Sachen Landesregierung erfahrenen und über dem verwaltungstechnischen Niveau seiner Zeit agierenden Reformer, der sein Land zu einem frühabsolutistischen Musterstaat umgestalten sollte. Das Rückrat seiner Regierung bildeten – wie der Historiker Peter Mast schreibt – drei Kollegien, »deren Geschäftsgang durch Ordnungen und Instruktionen geregelt war. Es war das zum einem das Konsistorium, jene Behörde, die das landesherrliche Kirchenregiment ausübte. … Zum anderen handelte es sich dabei um die Regierung, in der so gut wie alle politischen Angelegenheiten sowie die wichtigsten Rechtsfragen zur Beratung kamen, um dann zur Beschlussfassung gebracht zu werden, der die endgültige Entscheidung des Landesherrn folgte. Zudem fungierte die Regierung als Gericht in höchster Instanz – und zwar in vollem Unfange, da den gesamten Landen des früheren Kurfürstentums Sachsen das Privilegium ›de non appelando‹ verliehen worden war, demnach also nicht an das Reichskammergericht oder den Reichshofrat in Wien appelliert werden konnte. Als drittes kam eine Kammer hinzu, die den Grundbesitz des Fürsten sowie die Einkünfte aus den Regalien, vor allem aus den auf Land- und Wasserstraßen erhobenen Zöllen verwaltete. Über diese drei Kollegien wurde 1651 ein geheimer Rat gesetzt.[108]« Das Amt des Kanzlers übte – wie wir schon hörten – bis 1664 der bekannte Staatswissenschaftler Veit Ludwig von Seckendorf aus.

Zur Erfüllung seines selbst gewählten Regierungsauftrages als protestantischer Landesfürst auch für das geistliche Wohl der ihm anvertrauten Landeskinder sorgen zu wollen, nutzte Herzog Ernst die von ihm entwickelte Bürokratie, um die in der langen Kriegszeit eingerissenen Missstände in Sitte und Moral zu beseitigen und seine Untertanen zum rechten evangelischen Glauben zurückzuführen bzw. sie darin zu halten.

Er ließ nicht nur Kirchenvisitationen veranstalten und Seelenregister führen, sondern richtete auch so genannte ›Informationen‹ ein, in denen die Pfarrer »in regelmäßiger Folge ›alle und jede Christen, jung und alt‹ in der Katechismuserklärung und Bibelkunde unterwiesen. Er selbst fragte an der Kirchentüre zuweilen den Katechismus ab,[109]« weswegen ihn dieses Eifers wegen manche spöttisch ›Bet-Ernst‹ oder ›Ernst den Frommen‹ nannten. Aber mag es sein, wie es will: Noch zu seinen Lebzeiten »ging im Reiche die Rede, seine Bauern seien frömmer und gelehrter als in anderen deutschen Landen die Edelleute. Er ließ eine ernestinische Bibelausgabe herausgeben und volksbildende Bücher zu geringen Preisen vertreiben. In diesem Sinne hat sich Ernst der Fromme auch um das Schulwesen gekümmert und damit einen wesentlichen Beitrag zur Grundlegung der deutschen Volksschule geleistet. Der aus dem Friedensjahr 1648 stammende ›Schulmodus‹ seines Pädagogen Andreas Reyher, eines aus der Gegend von Suhl stammenden Gymnasiallehrers, war die erste selbstständige staatliche Volkschulordnung, die strikte Schulpflicht festlegte und bibelfeste Gläubigkeit zum vornehmsten Ziel des Unterrichts erklärte. Die Gothaer Volksschule zeichnete im übrigen ein praktisch-realistischer Bezug aus. ... Ernsts Ideal eines in der irdischen Welt tätigen evangelischen Christen hat im Halleschen Pietismus August Hermann Franckes fortgewirkt, der der Sohn eines seiner Hofräte gewesen war.[110]«

»Von Ernsts 18 Kindern überlebten 7 Söhne und 2 Töchter. Im Testament verlangte er, dass die Söhne das Land gemeinschaftlich besitzen und regieren und nur in dem Fall unter sich teilen sollten, wenn auf jeden Teil auch ein Reichsvotum erlangt werden könne.'''« Tatsächlich handelten die Söhne eine Zeit lang nach dem Willen ihres 1675 verstorbenen Vaters, doch die Unbequemlichkeit der verschiedenen nebeneinander bestehenden Hofhaltungen bewog die Brüder am 14. Februar 1680 zur Landesteilung:

Für Friedrich I. [1648-1691], als dem ältesten Sohn, entstand das Herzogtum Sachsen-Gotha-Altenburg, während für Bernhard I. [†1706] das Herzogtum Sachsen-Meiningen, für Heinrich das Herzogtum Sachsen-Römhild [bis 1710], für Christian das Herzogtum Sachsen-Eisenberg [bis 1707], für Ernst II. [†1715] das Herzogtum Sachsen-Hildburghausen, für Albrecht das Herzogtum Sachsen-Coburg [bis 1699] und für Johann Ernst [†1729] im Jahre 1681 schließlich das Herzogtum Sachsen-Saalfeld [bis 1735] geschaffen wurde. Friedrich I. als Senior übte dabei nicht nur eine gewisse Oberherrschaft über die Länder seiner Brüder aus, sondern führte auch die von seinem Vater aufgebaute Hegemonie Gotha-Altenburgs über die anderen ernestinischen Länder weiter, welche später das Herzogtum Sachsen-Weimar-Eisenach an sich zog.

Die Teilung von 1680 erhöhte die Zahl der ernestinischen Herzogtümer auf insgesamt zehn, auch wenn nach kaum zwei Generationen vier von ihnen wieder ausgestorben sein sollten.

Als Friedrich I. 1691 starb, waren seine beiden Söhne Friedrich II. [1676-1732] und Johann Wilhelm [1677-1707] noch unmündig und ihre Onkel Bernhard von Sachsen-Meiningen und Heinrich von Sachsen-Römhild regierten für sie vormundschaftlich bis 1693. An der Spitze des Hofes Friedrichs II. standen neben dem Hofmarschall noch ein Oberstallmeister, ein Oberjägermeister und ein Schlosskommandant. Für die Herzogin Magdalene Augustine, einer geborenen Prinzessin von Anhalt-Zerbst, waren ferner ein eigener Oberhofmeister und eine Oberhofmeisterin – allesamt aus altem Adel – bestellt.

Die Tagesordnung am Gothaer Hof war sehr regelmäßig.
»Friedrich stand um sieben Uhr auf und widmete die erste Morgenstunde dem Gebet und dem Lesen aus dem Erbauungsbuche. Dann ließ er sich ankleiden und gab den Ministern und den Personen, die ihn zu sprechen wünschten, Audienz. Um Mittag speiste der Herzog mit seiner Gemahlin, seinen Prinzen und einigen Standespersonen. Die Tafel dauerte anderthalb Stunden. Nach dem Dinner ward ein Spaziergang im Schlossgarten gemacht. Wenn es das Wetter nicht erlaubte, zog der Herzog sich in sein Kabinett zurück und arbeitete oder las hier bis fünf Uhr. Sodann fuhr er regelmäßig

zu einem der vornehmsten Hofbeamten, wo sich die gesamte Noblesse einfand, um seine Partie L´hombre zu spielen. Darauf kehrte er nach dem Schlosse zurück, soupierte wie zu Mittag mit seiner Familie und zog sich um neun Uhr zurück. Allwöchendlich dreimal war Apartement [Gesellschaft] am Hofe. Es fand in einem der großen Säle des Schlosses statt. Hier wurden L´hombre und Piquet gespielt, jedermann machte seine Partie, wie er konnte. Um sieben Uhr ward eine Tafel serviert, zu der man sich aber nicht niedersetzte, sondern die Erfrischungen wurden an die Spieltische herumgegeben. Während des Soupers war Konzert. Um neun Uhr zog sich alles zurück.[112]«

Die Stadt Altenburg, wo die Zentralbehörden des 1672 ausgestorbenen Herzogtums, in etwas modifizierterer Form fortbestanden und auch Verwaltungsaufgaben für die in ihrer Souveränität eingeschränkten Herzogtümer Sachsen-Eisenberg und Sachsen-Saalfeld mit übernahmen, diente dem Gothaer Haus fortan als zweite Hauptresidenz, wobei unter Friedrich II. das Schloss grundlegend umgebaut und erweitert, der Schlosspark neu gestaltet und auch weitere große städtische Barockbauten errichtetet wurden.[113]

Die Stadt Gotha dagegen entwickelte sich unter der Ägide von Friedrichs Enkel Ernst II. [reg. 1772-1804] zu einem Ort der Künste und der Wissenschaften. Zu dieser Zeit wirkten dort neben anderen der Begründer der Paläontologie F. von Schlotheim, der Geologe K.E.A. von Hoff, der Mathematiker F.C. Kries, der Philologe F. Jakobs, der Historiker A. Galetti, der Komponist G. Benda, der Maler J.H.W. Tischbein, der Houdon-Schüler und Bildhauer F.W.E. Doell u.a. »1775 begründete Conrad Ekhof im Schloss Friedenstein das erste deutsche Theater. Die stagnierende Wirtschaft Gothas erhielt in der ersten Hälfte des 18. Jahrhunderts neue Impulse durch den Bau einer Porzellanmanufaktur, der ersten in Thüringen, sowie durch Buchverlage. Aus der in den 1780er-Jahren von Justus Perthes begründeten Verlagsbuchhandlung ging später die Geographisch-Kartographische Anstalt hervor, die bei der Herstellung von Karten und Atlanten im 19. Jahrhundert Weltruf erlangte.[114]«

Als mit dem Tod von Ernsts II. Enkel, Friedrich IV. [geb. 1774, reg. 1822], im Jahre 1825 die Linie Sachsen-Gotha-Altenburg erloschen war, schritten die Ernestiner 1826 zu ihrer letzten großen Landesteilung. Der Herzog von Sachsen-Hildburghausen ließ sich auf einen Gebietstausch ein, wobei er gegen die Herrschaft Altenburg und die vordem zu Sachsen-Eisenberg gehörenden holzländischen Gebiete sein bisheriges Fürstentum zur Teilung hergab und dafür das neugebildete Herzogtum Sachsen-Altenburg übernahm. Die Häuser Sachsen-Meiningen und Sachsen-Coburg arrangierten sich dahingehend, dass Coburg Gotha und den größeren Teil von Sachsen-Hildburghausen und Sachsen-Meiningen zum Ausgleich für seinen kleineren Teil an Hildburghausen den Saalfelder Teil von Coburg mit den Ämtern Saalfeld, Pößneck, Gräfenthal und der Exklave Großkochberg erhielt.[115]

Das Herzogtum Sachsen-Eisenberg

»Herzog Christian war ein hochgebildeter Mann, dem man nicht absprechen konnte, durchaus um das Wohl seiner Untertanen bemüht gewesen zu sein. Allerdings hatten ihn prachtvolle Hofhaltung und reiche Bautätigkeit so ruiniert, dass er zuletzt einzig in Alchemie und Geisterbeschwörungen seine Rettung suchte.«

Das Leben von Herzog Christian, dem fünften Sohn Ernsts des Frommen, ist eine schillernde, am Ende aber traurige Geschichte. Geboren 1653 in Gotha, wählte er im Jahre 1676 Eisenberg, aus dessen Amt er seine Revennen bezog, zu seiner Residenz und bezog mit seiner Gemahlin Christiane, einer Tochter des Herzogs Christian zu Sachsen-Merseburg [oo 1677], das Eisenberger Stadtschloss, welchem er den Namen ›Christiansburg‹ beilegte. Ein erster Erbvergleich brachte ihm 1678 den Besitz der Städte und Ämter Camburg, Eisenberg, Roda und Ronneburg [mit der Exklave Roschütz] ein,[116] während die dem Altenburger Westkreis ehedem ebenfalls zugehörigen Ämter – man denke an Saalfeld und Leuchtenburg beim Gesamthaus verblieben. Hatte das väterliche Testament dem jungen Herzog aus seinen Ämtern zunächst jährliche Einnahmen von 12.142 Talern gewährt, wurden diese durch den Erbvergleich von 1680 durch die Nachschussgelder seines ältesten Bruders Friedrich I. von Sachsen-Gotha-Altenburg auf 23.685 Taler erhöht. Die wirtschaftliche Basis des Herzogtums Sachsen-Eisenberg war also minimal. Während die Stadt Eisenberg 1691 aus 319 Bürgerhäusern bestand und nur Tuchmacherei und Bierbrauerei zu ihren Hauptgewerken zählte, lebten in Roda lediglich 1.097 [1684] und in Camburg sogar nur 487 Menschen [1674]. Einzig die Stadt Ronneburg mit ihren ca. 2.000 Einwohnern [1700] besaß überörtliche Bedeutung, weil sich hier – ähnlich wie im benachbarten Gera niederländische Zeug- und Wollweber niedergelassen hatten.[117] Nach dem Tode seiner ersten Gemahlin bei der Geburt ihrer gleichnamigen Tochter Christiane [1679-1722], die später mit dem Herzog Philipp Ernst von Holstein-Glücksburg vermählt wurde, heiratete Christian 1681 die Prinzessin Sophie Marie von Hessen-Darmstadt.

Dass man von einer Herrschaft und Regierungstätigkeit Christians nur eingeschränkt sprechen konnte, lag nicht allein darin begründet, dass wichtige Hoheitsrechte bei seinem ältesten Bruder Friedrich I. verblieben waren, sondern auch in der Persönlichkeit und Erziehung des Herzogs selbst. So stellt der Historiker Wolfgang

Huschke die Frage, inwiewie die ungeheuren Anstrengungen von Pädagogik, Ausbildung und Bildung, die ihn sein Vater ausgesetzt hat, am Ende von Erfolg gekrönt waren. Das von Frömmigkeit und lutherischem Bildungseifer geprägte Erziehungsprogramm, das Herzog Ernst I. seinen Kindern zumutete, war von einem für heutige Maßstäbe zeitlich wie inhaltlich völlig überfrachteten Stundenplan geprägt: »Von der Religion über Latein, das in 10-12 Wochenstunden und auch bei Spaziergängen verabreicht wurde, über Geschichte, Mathematik, Physik, bis hin zu Logik und Ethik wurden alle Fächer gelehrt,[118]« ab 1669 sogar noch Astronomie, Geographie und Geodäsie. Zudem sollten vier Bildungsreisen u.a. nach Straßburg, Utrecht, Stuttgart, Tübingen, Genf, Wien, Preßburg, Raab, Venedig, Rom, Neapel, Florenz und Insbruck der Weltkenntnis Christians dienen. Am Ende war der junge Mann dermaßen mit Wissen und Bildungserlebnissen aufgeladen worden, als müsste er ein großes Reich regieren.

Dabei beschränkte sich seine Regierung de facto nur auf »die Gerichtsbarkeit in geistlichen und weltlichen Sachen, die Anstellung von Geistlichen und Beamten, die Bestätigung von Innungen und anderen Rechten.[119]« Für alle anderen Regierungs- und Konsistorialgeschäfte waren die entsprechenden Gothaischen Behörden in Altenburg zuständig. So umfasste der Eisenberger ›Regierungsapparat‹ lediglich eine Kammer, die von einem kleinen Kollegium gebildet war, die der Amtmann von Roda leitete und eine Ratsstube für Justiz- und Polizeiaufgaben, der ein Rat und geheimer, sprich: allgemeiner Sekretär vorstand.

Weit höher als seine Souveränität war Christians Selbstbewusstsein: »Als der Kurfürst Friedrich III. von Brandenburg, den er als König von Preußen anerkannt hatte, ihn nur als ›Hochgeborener Fürst‹ anredete, bestand er auf dem Titel ›Durchlaucht‹, weil er kein apanagierter Herr sei.[120]« Unbeirrt war er des Glaubens, die Einnahmen aus den vier Ämtern seines Fürstentums reichten nicht nur für seinen übertriebenen persönlichen Luxus und den infrastrukturellen Ausbau seiner Residenzstadt, sondern auch noch für Wohltätigkeiten verschiedener Art aus. 1699 beabsichtigte er – ohne überhaupt annähernd die Mittel dafür zu besitzen – »400.000 Taler für die Errichtung eines adeligen Fräuleinstifts, 240.000 Taler für ein Armen- und Waisenhaus und 320.000 Taler für die Gründung eines Zuchthauses aufzuwenden. In einem ›Orden zur Dankbarkeit‹ sollten je 24 junge Adlige und Bürgerliche, jene mit Jahresstipendien von 400, diese mit 150 Talern ihren Studien obliegen. Die Kosten, einschließlich des Ordenskapitels (je ein Ordensmeister, Senior, Dekan sowie 12 Ritter), wurden auf jährlich 600.000 Taler veranschlagt. Die Pläne blieben Illusion.[121]« Realisiert werden konnte immerhin die Erweiterung der Eisenberger Stadtschule um eine höhere Lehreinrichtung, das Lyceum.

Große Summen verwandte der Herzog für den Ausbau seiner Residenzstadt. 1702 bewilligte er den Eisenberger Bürgern für den Bau ihres neuen Rathauses abgesehen vom Bauholz noch zusätzlich 300 Taler. Für die städtische Wasserleitung, die er natürlich mit teuren Bleirohren ausführen ließ, beauftragte Christian keinen geringeren als den berühmten Nürnberger Brunnenbaumeister Martin Conradi. Natürlich vermahnte der Herzog seine Bürger dazu, auf Sauberkeit zu achten. So sollten sie schon 1681 vor ihren Türen und Häusern fleißig kehren und ihr Vieh nicht mehr durch den Steinweg, sondern zum Hirtentor hinaus auf die Weide treiben lassen, ›damit die Steinstraße nicht verunreinigt und für Gäste der Stadt nicht unbequem gemacht werde.‹[122]

Für den Bau seiner neuen Residenz an der Stelle des alten Eisenberger Stadtschlosses hatte Christian bereits 1677 die beiden namhaften Baumeister Johann Moritz Richter den Jüngeren aus Weißenfels und Johann Wilhelm Gundermann aus Altenburg in Dienst genommen. Sie konzipierten eine vierflügelige, um zwei enge Höfe herumgruppierte Anlage, deren Nüchternheit auch den anderen Bauten Richters entspricht. Wenn auch der Versuch – einen Mittelrisaliten in Gestalt einer Kolossalordnung mit einem flachen segmentbogig bekrönten Giebel vor eine der Fassaden zu setzen – sich merkwürdig ausnimmt, so macht doch die künstlerisch eindrucksvolle Innengestaltung der Schlosskapelle St. Trinitatis mit ihrem Deckengemälde der apokalyptischen Erscheinung Christi diesen progressiven Ausfall bei weitem wieder wett.[123]

Bevölkert wurde das Schloss von einem Hofstaat, der aus allen nach dem Verständnis der damaligen Zeit unentbehrlichen Chargen bestand, dessen Kosten allein schon ausgereicht hätte, um das kleine Herzogtum in den Ruin zu treiben. Bereits 1685 war Christian gezwungen, die Schar seiner Hofleute von 124 auf 83 zu reduzieren und die Verbliebenen auf geringeres Salär zu setzen. Auch der herzogliche Marstall, in dem zu Zeiten 40 Pferde standen, wurde halbiert.[124] Verhängnisvoll für die Staatskasse waren auch die häufigen Besuche des Herzogs auf der Leipziger Messe, wo er in den Gewölben der Putz-, Mode-, Gold- und Silberhändler mitunter zweimal im Jahr einkaufte. Auf eine Hofkapelle mit namhaften Künstlern wurde ebenfalls nicht verzichtet: »Opern wurden aufgeführt. Im Jahre 1683 beging man den Geburtstag des Herzogs mit einem Ballett, in dem die Herzogin die Minerva spielte und Hofbeamte als griechische Götter agierten. ... Häufige Besuche zwischen den fürstlichen Brüdern hielten den Hofstaat in Gang und schufen eine illusionäre

Betriebsamkeit.[125]« Dazu kamen die Korrespondenzen, die Christian mit Persönlichkeiten aus dem Reich, aber auch aus Straßburg, Paris und London zu führen pflegte.

»Dem schnell drohenden Zusammenbruch der Finanzen glaubte auch Christian mit alchemistischen Versuchen, die er selbst betrieb, steuern zu können. Sein Glaube, Gold synthetisch herstellen zu können, schien unerschütterlich gewesen zu sein.[126]«

»Sein alchemistisches Laboratorium stand im Schlosspark am Ostrand des Bogengartens auf den Grundmauern der alten Stadtbefestigung, wo heute noch als Teil eines Hauses vermauerte Tür- und Fensteröffnungen zu sehen sind.[127]« Hier verbrauchte er – ermutigt von dem Zureden seiner Hofleute – weitere Geldsummen. Anstatt Gold soll er immerhin eine neue Rezeptur zur Herstellung von Lack gefunden haben.

Auch bergbaulichen Prestigeobjekten war der Herzog nicht abgeneigt. Als in der Nähe von Kursdorf und Rauda geringe Vorkommen an Gold und Silber gemutet wurden, begründete Christian in Vorfreude erwarteter Reichtümer gleich ein eigenes Bergamt und ließ mit großem Aufwand ein Amtsgebäude mit Glockenturm und Zeigeruhr sowie Wohnhäuser für die herbeigerufenen Bergleute errichten. Auch am Silberberg südlich von Eisenberg und am Weißen Berg bei Bobeck, der ›Krone des Holzlandes‹, wurde damals geschürft. Hier wie da blieb der Erfolg aus.[128]

Ihre drohende Entlassung vor Augen, verstanden es seine Berater, unter denen sich namhafte Hofleute befanden, das Augenmerk des Herzogs auf ein weiteres Interessengebiet zu lenken. Sie redeten ihm ein, hellseherische Fähigkeiten zu besitzen und überzeugten ihn, zu Geistern, die ihm helfen würden, den drohenden Ruin seines Hauses abzuwenden, einen besonderen Draht zu haben. Schon 1699 hatten ihm diese unsichtbaren Wesen »nicht nur den Besitz beträchtlicher unterirdischer Schätze (z.B. einen massiv goldenen Sarg, einen Diamanten von 1 Pfund, den Lausnitzer Klosterschatz von 10 Millionen und die wahre Goldtinctur) zugesichert, sondern der König von Waldeck, der aber leider im Jahre 1704 nach Jerusalem gereist war, sollte ihn noch mehr bereichern (!).[129]« In seinem Schloss gab es unglaubliche Spukerscheinungen. »Wie die Heimatforschung ergab, hatten sich gewissenlose Bedienstete und ihre Helfershelfer durch das Vortäuschen von Geistererscheinungen beim Herzog Einfluss verschafft.
Marie Guthmann gehörte zu ihnen und war am herzoglichen Hof gut bekannt. Dank ihres Einflusses konnte sie für Klosterlausnitz die Braugerechtsame erwirken und hat einmal etwas Gutes für die Allgemeinheit getan.[130]« Unmittelbar neben der Schlosskirche befand

sich Christians – heute zu Teilen im Eisenberger Stadtmuseum ausgestelltes – unheimlich düsteres Betzimmer: »Auf dem an der einen Wand stehenden schwarz behangenen Betpult liegt unterhalb eines den Tod darstellenden, sensenschwingenden Gerippes die Heilige Schrift aufgeschlagen. Die Wände sind voller gewirkter Bilder mit toten, bleichen Gesichtern in schwarzen, düsteren Särgen, ernsten Predigergestalten in langen, dunklen Talaren.
Inmitten all des Grauens prunkt in heller Strahlenkrone das glitzernde Antlitz Christi.[131]« Im Jahre 1705 fand in diesem abenteuerlich ausgeschmückten Gemach eine Geisterbeschwörung statt, in der Christian selbst den Versuch unternahm, den 1633 verstorbenen Herzog Johann Casimir von Coburg mit dessen geschiedener Gemahlin Anna [†1613], deren unglückliches Schicksal ihn sehr belastete, wenigstens nach ihrem Tode wieder miteinander zu versöhnen. »Nachdem die Zeit verabredet war, ließ Herzog Christian die Wachen vor seinem Zimmer verdoppeln und bereitete dann Wachskerzen vor zum Empfange der zu Versöhnenden, ebenso wurden auf Rat des Superintendenten Bibel und Gesangbuch auf den Tisch gelegt. Nachts 11 Uhr erschienen wirklich beide Verstorbene und Herzog Christian legte ihre Hände ineinander, wobei er bemerkte, dass die Hand Casimirs eiskalt war, ganz warm aber die der Herzogin. Hierauf sprach er zur Sühne und nachdem Casimir erklärt hatte, dass er weise und gerecht gesprochen – erfolgte die Versöhnung und alle drei stimmten das Lied an: ›Herr Gott Dich loben wir!‹.
Die Schildwachen haben indes nur des Herzogs Stimme hören können. Mit den Worten: ›Den Lohn für Deine Güte wirst Du von Gott erhalten und bald bei uns sein!‹, empfahlen sich die Versöhnten.[132]« Ausschlaggebend für diese Beschwörungen war wohl Christians eigene Todesfurcht. Zu diesem Zeitpunkt war er – wohl infolge von Auszehrungen, die er sich bei seiner Lieblingsbeschäftigung, der Alchemie, zugezogen hatte – schon sehr krank. Er machte sein Testament und bedachte darin u.a. zahlreiche seiner Hofdiener, bis hinab zum Küchenmädchen mit beträchtlichen Summen, die sicherlich in diesem Maß nicht zur Auszahlung gekommen sein können, denn trotz seiner künstlerisch auf höchstem Niveau gestalteten Umlaufwährung endet das Finanzwesen des Herzogtums 1707 im Staatsbankrott.[133] Merkwürdig aber bleibt es, dass der Herzog noch »vier Wochen vor seinem Tode allen seinen Untertanen die Steuern auf drei Jahre erließ und die Besoldungen seiner Diener wieder erhöhte, weil ihm ›die Gnade Gottes nunmehro Gelegenheit gezeigt habe, freigiebig sein zu können‹.[134]«
»Darüberhinaus glaubte er, in Jahresfrist über 145.000 Taler Schulden abzahlen zu können und für den Hof jährlich noch 22.000 Taler

ausgeben zu können. ... Am 28. April 1707 wurde Christian nach schweren Leiden – offenbar Magenkrebs – erlöst.[135] Indem seine zweite Ehe kinderlos geblieben war, endete damit die Linie Sachsen-Eisenberg. Seine Witwe überlebte ihren Gemahl um 5 Jahre und liegt neben ihm unter dem Altar der Schlosskirche begraben. Christians Nachlass dagegen nahm der Herzog von Sachsen-Gotha-Altenburg in Besitz, ohne seine regierenden Verwandten zum Mitbesitz oder zur Inventur einzuladen. »Der deswegen geführte Prozess wurde vom Kaiser zugunsten des Gothaischen Hauses entschieden und Friedrich II. ließ sich demnach am 1. Juni 1714 durch seinen Kanzler den Eid der Treue leisten.[136]«

DAS HERZOGTUM SACHSEN-SAALFELD BZW. SACHSEN-COBURG-SAALFELD

»Das Herzogtum Sachsen-Saalfeld [bis 1735] umfasste eine Gesamtfläche von ca. 450 km² und damit im wesentlichen die Ausdehnung des bis 1920 bestehenden Sachsen-Meiningischen Landkreises Saalfeld.[137]«

Der Landesteil Saalfeld mit dem Ämtern Saalfeld, Gräfenthal und Probstzella und den Städten Saalfeld und Lehesten war erst nach dem Aussterben des älteren Hauses Sachsen-Altenburg im Jahre 1672 in den Besitz Ernsts des Frommen von Gotha gelangt und nach seinem Tod zunächst dessen Sohn Albrecht [1648-1699] zugewiesen worden. Ihm ist der Bau des Saalfelder Residenzschlosses und heutigen Landratsamtes [1675-1679] anstelle der ehemaligen Benediktiner-abtei St. Peter und Paul zu verdanken. Als Albrecht im Zuge der er-nestinischen Teilung von 1680 jedoch den Landesteil Coburg über-nahm, rückte sein jüngerer Bruder Johann Ernst [1658-1729] an seine Stelle, allerdings ohne für sein Herzogtum auch die landesherrlichen Rechte in Anspruch nehmen zu können, die bei seinem ältesten Bruder Friedrich I. von Gotha verblieben.[138] Johann Ernst war damit »sehr unzufrieden und machte daher schon im März 1680 rechtliche Bedenken dagegen geltend. ... Es kam zu Verhandlungen mit Fried-rich, der ihm, um ihn von weiterem Widerspruch abzubringen, 1682 noch die Stadt Pößneck, ein Drittel der Land- und Tranksteuerein-nahmen in den zum saalfeldischen Territorium gehörigen Ämtern und die Hälfte der Einkünfte der Saalfelder Bergwerke überließ.[139]«

Johann Ernst bezog das mit der Front nach Nord-Ost ausgerich-tete Saalfelder Schloss und fügte diesem die beiden Nebenflügel hin-zu, worin er hier die Schlosskapelle und dort den Ballsaal unterbrin-gen ließ. Im Gesamtbild macht die Inneneinrichtung den Eindruck, als ob der Prunkliebe seines Bauherren ein leerer Beutel oft be-schwichtigend zur Seite gestanden hätte.[140] Auch sein Hofstaat war – wie Wolfgang Huschke beschreibt – im Vergleich zu denen seiner älteren Brüder von großer Einfachheit:

»Der Repräsentation dienendes Militär gab es in Saalfeld nicht, sondern lediglich eine Schlosswache, die zunächst aus Angehörigen des Landesaufgebots bestand und 1697 durch eine 28-köpfige Saalfelder Bürgerwehr ersetzt wurde. Sehr einfach organisiert war auch die vom Herzog neugeschaffene Zentralbehörde, die nötig wurde, weil Saalfeld bis dahin noch nie Residenzstadt gewesen war. Da für die Wahrnehmung der dem gothaischen Herzogshaus vorbehaltenen landeshoheitlichen Rechte laut Teilungsvertrag die Regierung und das Konsistorium in Altenburg zuständig blieben, wo Johann Ernsts eigene Interessen als Mitregent lediglich durch einen nach dorthin abgeordneten Rat vertreten wurden ... und die in seinem Land ansässigen Mitglieder der Landstände nach wie vor auf den Altenburger Landtagen zu erscheinen hatten, es also keine speziell saalfeldischen Landtage gab, waren des Herzogs Herrschaftsbefugnisse im wesentlichen auf die Wahrnehmung grundherrlicher Rechte beschränkt, auf Gerichtsbarkeit, Polizeiaufgaben und die Verwaltung der zumeist aus dem Ämtern anfallenden Einkünfte. All diese wurden einer Zentralbehörde mit bescheidener personeller Ausstattung übertragen, die zunächst die Bezeichnung ›Ratsstube und Kammer‹, später den Namen ›Geheime Kanzlei‹ führte und von einem Präsidenten, drei Hofräten und einen Rentmeister geleitet wurde.[141]« –

»Das Leben Johann Ernsts bestand in einem fortwährenden Kampf gegen die ihn übervorteilenden Vettern. Über das 1699 durch den Tod Herzog Albrechts frei gewordene Erbe Coburgs kam es mit Meiningen, welches sich dieses Besitzes sofort bemächtigt hatte, zu einem jahrzehntelangen, erst 1735 beigelegten Rechtsstreit,[142]« den der Herzog nicht überlebte, der aber seinen beiden Söhnen den größten Teil des Fürstentums Sachsen-Coburg einbringen und sie so zu Begründern des Hauses Sachsen-Coburg-Saalfeld werden lassen sollte.

Schon zu Johann Ernsts Zeiten wurde der Saalfelder Hof zu einem Hort des Pietismus, ja war zuzeiten als einziger ernestinischer Hof völlig von ihm beherrscht, auch wenn dieser in Land selbst keine allgemeine Zustimmung, ja sogar zahlreiche Gegner, wie etwa die Mehrheit der Bürger von Pößneck fand. Aufgrund der bescheidenen Verhältnisse, in denen der Herzog lebte, konnte sich auch kein blühendes höfisches Musikleben entfalten. So hören wir – etwa im Jahr 1683 – lediglich von einem Sänger aus Frankfurt/Oder, der Musikunterricht geben und daneben noch allgemeine Schreibarbeiten zu erledigen hatte. Gar von Theaterspiel – mit Angehörigen der herzoglichen Familie und Hofleuten als Protagonisten ist nicht vor 1712 die Rede. Erst 1720 existierte ein besonderer Theatersaal.

Dass auch der niedere Adel unserer Region im 18. Jahrhundert mitunter leidenschaftlich gern Theater spielte, zeigt das noch heute erhaltene Salontheater des Christoph Adam von Breitenbauch auf Schloss Brandenstein bei Ranis aus den Jahren 1698-1705 mit ca. 50 Sitzplätzen und zwei angrenzenden Garderoben.[143]

Johann Ernst starb 1729. Ihm folgten zwei charakterlich ungleiche Söhne aus seinen Ehen mit Sophie von Sachsen-Merseburg und Charlotta von Waldeck, die auch zwei völlig gegensätzliche Ideale vertraten. Zumindest in Bezug auf das Saalfelder Schloss hatten die beiden Brüder Christian Ernst [1683-1745] und Franz Josias [1697-1764] den Sparsamkeitssinn ihres Vaters nicht geerbt. Sie errichteten einen prunkvollen Treppenaufgang und ließen die Schlosskirche, den Festsaal und einige Gemächer teils mit allegorischen Deckengemälden auf das Herrschaftlichste ausstaffieren. Man sieht dabei aber genau, an welcher Stelle die Brüder von ihren Finanzen verlassen wurden, denn die übrigen Räume sind geradezu in bürgerlicher Nüchternheit ausgeführt.[144]

Gemäß der Regimentsverfassung ihres Großvaters, Ernsts des Frommen, übernahm Christian Ernst als der ältere Bruder das Direktorium der gemeinschaftlichen Regierung. Alle Regierungsmaßnahmen wurden von ihm in Namen beider Regenten angeordnet. Christian Ernst hatte als Offizier am Spanischen Erbfolgekrieg teilgenommen, sich später aber dem Pietismus zugewandt, in dem er, wie auch seine Hofgesellschaft am Ende vollends aufgingen. Der Pietismus war eine im letzten Viertel des 17. Jahrhunderts aufgekommene kirchliche Erneuerungsbewegung, die sich gegen den, im Zuge der protestantischen Orthodoxie inzwischen recht nüchtern gewordenen Kirchenbetrieb wandte und ein in der Welt tätiges Christentum verwirklichen wollte. Seine Anhänger »forderten ein persönliches, das gesamte Gemüt und Gefühl umfassendes Christentum, eine echte, von einer starken Erlösungssehnsucht geprägte Frömmigkeit, in der das Charisma des Predigers und seine Fähigkeit, den Einzelnen immer wieder neu zu erwecken und zu bekehren eine große Rolle spielte.[145]«

Christian Ernst galt als Feingeist. Er war ein »gutmütiger, aber leicht beeinflussbarer Landesherr, der – weil er zudem unter Entschlusslosigkeit und Minderwertigkeitsgefühlen litt, dem Regierungsamt im Grunde nicht gewachsen war. Zumal er meinte, sein Amt könnte für ein gottseliges Leben eher hinderlich sein.[146]«

Im Gegenzug war der um 14 Jahre jüngere Franz Josias viel dynamischer und weltorientierter. Er hätte lieber selbst die Regentschaft geführt und das Land verwaltet und ist dann aus dem Schatten des älteren Bruders mehr und mehr herausgetreten.

»Gegen den Willen des Vaters hatte sich Christian Ernst 1709 in Greiz mit Christiane Friederike von Koß [1686-1743] verlobt, der Tochter eines reußischen Oberforstmeisters, die seine pietistischen Neigungen teilte und für die er das Schlösschen Kitzstein bei Saalfeld als Wohnsitz gekauft hatte. Als er sich mit ihr am 18. August 1724 in Greiz hatte trauen lassen, war es, weil sie nicht ebenbürtig war, zu einem Rangstreit mit Franz Josias gekommen, der im Jahr zuvor eine Schwarzburgisch-Rudolstädtische Fürstentochter geheiratet hatte und sich nun Sorgen um die Erbfolge machte.[147]« Da nach den Familiengesetzen der Ernestiner, Erben aus unebenbürtigen Ehen von der Thronfolge ausgeschlossen bleiben sollten, einigten sich die Brüder am Ende darauf, dass die Kinder Franz Josias denen Christian Ernsts in der Erbfolge vorangehen sollten, doch die Sorge blieb unbegründet, die Ehe des Regenten blieb kinderlos.[148]

Bestärkt durch seinen geradezu fanatisch pietistischen Superintendenten Johann Gottlieb Hillinger [1698-1732] und dessen Amtsnachfolger Benjamin Lindner [1694-1754] duldete der Herzog nach und nach nur noch pietistisch gesinnte Personen in seiner Umgebung. Das schuf einen Nährboden für Selbsttäuschung und Heuchelei und mancher Zeitgenosse argwöhnte, die religiöse Schwärmerei des Herzogs werde von seiner Umgebung weitlich missbraucht. Um einen frommen und andächtigen Hof zu schaffen, ließ Christian Ernst alle Sonntagabende nach der Früh-, Vormittags- und Nachmittagspredigt sowie nach der Betstunde für seine Hofleute christliche Erbauungsstunden abhalten. »Der herzogliche Speisesaal war eigens zu den Erbauungsstunden hergerichtet worden, mit Kanapees, Stühlen und Bänken versehen, eine kleine Orgel begleitete die neuen, schönen Lieder, die gesungen wurden. Der Zulauf war stark, weil Ehrenstellen, Ämter, Kundschaft für Kaufleute und Professionisten dabei zu erlangen waren. Das weibliche Geschlecht nahm lebhaften Anteil. Man fand, dass bei den Erbauungsstunden leicht Heiraten zu machen waren. Trotz der geistlichen Vereinigung, die erzielt werden sollte, wurde fürstlicher Etikette nichts vergeben. Der Hof saß auf Kanapees, Standespersonen nahmen auf Stühlen und Bänken rechts und links Platz, ›schlechtere‹ Personen standen. ... In engeren Erbauungsstunden mit den engstverbundenen Vertrauten, den so genannten ›Herzensstunden‹, beteten Herzog und Herzogin gleich den übrigen kräftig und eindringlich aus ihren Herzen.[149]«

Auch im Herzogtum Sachsen-Saalfeld hatten die Pfarrer Register über den aktuellen Seelenzustand ihrer Beichtkinder zu führen. »Ebensolche Register wurden noch besonders von den Vorstehern der einzelnen Erbauungsstunden geführt. ›Die Saalfelder Frommen‹ – so berichtet der in Saalfeld gebürtige streitbare Aufklärer Dr. Johann Salomo Semler,[150] den Theodor Fontane im übrigen den ›Vater des Rationalismus‹ nannte – ›liefen Tag und Nacht im Walde umher, hielten Andacht im Mondenlicht, sangen die neuen Liederchen.‹ Der Herzog gab dazu seine Wagen und fürstliche Kellerei und Küche die Bewirtung, ›war auch wohl selbst der Kutscher, um etliche fromme Schusterweiber, die viel Glaubenskraft hatten, um des Heilands Willen öffentlich zu ehren‹. Man stellte auch jährliche Wallfahrten an Orte an, ›wo die Gnade fast sichtbar wohnte, namentlich nach dem benachbarten Ebersdorf im Reußischen, dessen Bibel in Saalfeld am stärksten gelesen war, dessen Lieder hier am erbaulichsten gesungen wurden‹. Die halbe Stadt, … in die begreiflich aber auch eine Menge schein=heilige Kandidaten von der verheißlichen Aussicht auf sicheres Brot gelockt, sich einschlichen, war in einer Art von Verzückungszustand. In den ›Herzensstunden‹ beteten reihenweise Männer und Frauen, Knaben und Mädchen ›laut aus dem Herzen‹, wobei Semler fand, dass das weibliche Geschlecht viel feiner, unbefangener, also beredter war als die Männer, unter denen die in große Verlegenheit kamen, ›welchen die Gabe sprudelnder, religiöser Gefühle oder Wörter fehlte‹. … Die Auswüchse blieben bei dieser Saalfelder Andachtsblüte nicht aus.[151]«

Bei solch konfessionellen Druck verfielen selbst schlichte Bürger in Teufelsanfechtungen und neben der Frömmigkeit schlich sich auch der Aberglauben ein. »Der Hof, der Superintendent und andere ›Standespersonen‹ stellten sich sogar einmal ganz ernsthaft ein, um Zeugen eines Koboldspuks zu sein, der bei hellem Tage sein Wesen in der großen Stube der Mädchenschule trieb. Schatzgräberei ward getrieben, der Stein der Weisen gesucht und an der Erzeugung von Lebensbalsam laboriert. Im Schlosse trieb ein Kammerdiener auf fürstliche Kosten in einem besonderen Gewölbe die große Kunst, ebenso gab es unter den Bürgern manchen treufleißigen Laboranten. Noch 20 Jahre später traf Semler [er war inzwischen Universitätsprofessor in Halle geworden] bei dem Besuche einer alten Franziskaner-Klosterkirche seiner Vaterstadt im Inneren derselben Bergleute, die im tiefsten Geheimnis auf Anweisung eines Dominikaners nach Schätzen gruben und nur noch auf die Ankunft des ersehnten Geisterbanners aus dem katholischen Erfurt warteten.[152]« Nach dessen Ankunft ließ man die Nacht vergehen und dann den Boden des auch ›Münzkirche‹ genannten Gotteshauses aufbrechen. Eine sagenhafte von den Franziskanermönchen nach der Reformation dort zurückgelassene Silberorgel sollte gehoben werden. Zunächst glaubte man, der Geisterspuk ließe Flammen schlagen, um die Schatzgräber von ihrem Tun abzuhalten. Doch dann musste festgestellt werden, dass das Sparrenwerk des Kirchendaches Feuer gefangen hatte und lichterloh brannte. Die Brandspuren dieser unrühmlichen Schatzsuche sollen noch heute dort zu sehen sein.[153]

Nach dem Tod des Herzogs [1745] machte sein Mitregent und ihn allein beerbender Bruder Franz Josias dieser fromm-frömmlerischen Wirtschaft in Saalfeld abrupt ein Ende. Er verfügte sogleich die Auflösung des Saalfelder Hofstaates, dessen Mitglieder sich in alle Winde zerstreuten. Sämtlicher Einfluss wurde den Erbauungsgeschwistern entzogen, jede Zuwendung an Kranke und Bedürftige von nun an streng überwacht. Das war der Ende der pietistischen Bewegung in Saalfeld. Ihre letzten Anhänger sollten 1748 aus dem Land ausgewiesen werden, inwieweit sie tatsächlich ausgewandert sind, bleibt indes unklar, zumal der pietistisch gesinnte Superintendent Lindner weiter im Amt blieb. Indem der neue Herzog in Coburg residierte, blieb das Saalfelder Schloss von nun an unbewohnt und wurde offiziell nur noch als zweiter Sitz der Residenz geführt.[154] »Die Geheime Kanzlei, als die für die Wahrnehmung der landesherrlichen Befugnisse im Landesteil zuständige Oberbehörde, bestand jedoch weiter, so dass Saalfeld bis ins 19. Jahrhundert hinein den Titel ›Herzoglich Sachsen-Saalfeld-Coburgische Residenz-, Kreis-, Münz- und Bergstadt‹ führte.[155]«

Der neue Landesherr »Franz Josias hatte ebenfalls bei kaiserlichen Militär gedient, ehe er nach Beilegung des Coburger Erbstreits seinen Sitz in Coburg aufschlug,[156]« hier eine Verwaltung einrichtete und sich einen eigenen Hof schuf. »Das strapazierte die ohnehin bescheidenen Einkünfte, die den Herzögen zur Verfügung standen. So kam es zu einer beträchtlichen Verminderung des Hofstaates. 24 Hofbedienstete aller Grade wurde mit Pension entlassen.[157]« Indem Christian Ernst an der Regierung kaum Interesse gezeigt hatte, war die Regierungstätigkeit nach dem Jahr 1729 immer mehr nach Coburg gewandert, wo sich 1745 schließlich die neue Zentralbehörde des Fürstentums bildete. Hinsichtlich seines Kirchenregiments blieb Franz Josias ein Anhänger des althergebrachten lutherischen Staatskirchentums und ein Gegner der Pietisten. Von seinen Untertanen erwartete er die strikte Befolgung der überlieferten kirchlichen Gebräuche. In seinen Erlässen untersagte er u.a. Sonntagsentheiligung [1740] und übermäßigen Luxus bei Beerdigungen. »1756 verfügte er gegen den Willen zahlreicher Gemeinden die Umwandlung der üblichen sonntäglichen Nachmittagspredigten in Katechismusprüfungen und zwei Jahre später verbot er seine Landeskindern, sich außerhalb der Landesgrenzen trauen zu lassen. Reformierten Gottesdienst duldete er in seinem Land nicht,[158]« erlaubte den Gläubigen aber ausdrücklich, solche außerhalb des Landes zu besuchen. Im Vergleich zu den meisten seiner Standesgenossen war Franz Josias ein überaus sparsamer Haushälter, auch bei Hofe, obwohl die Personalkosten der Hofbediensteten immer noch wesentlich höher waren als die der gesamten coburgisch-saalfeldischen Zentralverwaltung. Es ist daher wohl kein Zufall, dass aus Coburg keine Nachrichten über höfische Musik- und Theaterpflege überliefert sind. Dennoch gelang es dem Herzog nicht, sich von den wachsenden Schulden freizumachen. Allein die Prozesskosten für die Angliederung des Coburger Landes waren mit über 100.000 Gulden zu Buche geschlagen und die Belastung des Staatshaushalts durch den Siebenjährigen Krieg tat ein übriges, um die Gesamtschuldenlast bis zum Jahr seines Ablebens [1764] auf 410.000 Mfl. ansteigen zu lassen, obwohl beträchtliche 21% der gesamten Staatseinnahmen schon der Schuldentilgung dienten.

Die Erblinie seines Hauses setzte Franz Josias durch seine Ehe mit der Prinzessin Anna Sophia von Schwarzburg-Rudolstadt mit mehreren Söhne fort. Von den Töchtern wurde Caroline Friederike [geb. 1735] mit dem letzten Hohenzollernschen Markgrafen Carl Alexander von Ansbach-Bayreuth verheiratet. Die Ehe verlief jedoch alles andere als glücklich. Der Markgraf hielt sich viel bei seiner Mätresse Hippolyte Clairon auf, schob seine Frau auf das Schloss Unterschwaningen ab, wo sie 1791 starb. Im selben Jahr heiratete er seine Geliebte, die Witwe Lady Elizabeth Craven, die Tochter des Earls of Berkeley, trat gegen eine jährliche Entschädigung von 300.000 fl. sein Land an seinen Verwandten, den König von Preußen, ab und zog zu seiner neuen Frau nach England.

Mit dem Regierungsantritt von Franz Josias ältesten Sohn Ernst Friedrich [1724-1800] in Coburg [1764] trat der 1747 erlassene Primogeniturstatus, wonach das Land – bei standesgemäßer Abfindung der Nachgeborenen – ungeteilt an den jeweils ältesten Sohn fallen sollte, erstmals in Kraft. Die jüngeren Brüder Ernst Friedrichs: Johann, Christian und Friedrich Josias suchten daraufhin Entfaltung im Militärdienst: Johann kam mit 19 Jahren im Zweiten Schlesischen Krieg als kursächsischer Obristlieutenant in der Schlacht von Hohenfriedberg ums Leben, während Christian als kaiserlicher Offizier 1758 in Schlesien in preußische Kriegsgefangenschaft geriet. Bedeutend war die Karriere von Friedrich Josias [1737-1815], der 1755 mit 17 Jahren eine Offizierslaufbahn im kaiserlichen Heer begann. Im Siebenjährigen Krieg nahm er an den Schlachten von Lobositz, Prag und Kolin teil, kämpfte später in Schlesien sowie 1787/91 im Türkenkrieg und zeichnete sich insgesamt dermaßen aus, dass er 1792-94 im Ersten Koalitionskrieg gegen Frankreich als Reichsgeneralfeldmarschall die österreichischen Truppen anführte. Trotz anfänglicher Erfolge scheiterte der übrigens ohne Plünderungen geführte Feldzug. Indem der Feldherr sich von seinem damals mit im Heerlager weilenden Kriegsherrn, Kaiser Franz II., zum Angriff auf die neu aufmarschierende französische Armee hatte drängen lassen, verlor er die Schlacht bei Tourcoing. Seine nachfolgenden Siege bei Tornay und Fleurus wurden bedeutungslos, als die französische Armee daraufhin 80.000 Mann [!] Verstärkung erhielt und Friedrich Josias mit seinen 46.000 Soldaten den Rückzug antreten musste, worauf der Kaiser ihn, der in seinem Leben an 13 Feldzügen teilgenommen und von 10 als Feldherr geführten Schlachten in 7 den Sieg davongetragen hatte, entließ. Enttäuscht kehrte Friedrich Josias dem Kaiserhaus den Rücken und beendete sein Leben als Senior den ernestinischen Gesamthauses in Coburg.[159]

Die Regierungszeit von Herzog Ernst Friedrich war von Krisen geprägt. Nachdem sein überaus vermögender Gönner, Fürst Heinrich von Schwarzburg-Sondershausen [1689-1758], dessen Allodialvermögen auf ›mehrere Tonnen Goldes‹ geschätzt wurde, den Coburger Erbprinzen zum Alleinerben eingesetzt hatte, besaß dieser den Wagemut, dieses Erbe mittels kostspieliger Gerichtsprozesse gegen Heinrichs Neffen Christian Günther und andere Mitbewerber auch einfordern zu wollen. Am Ende erhielt er nichts, während seine Schulden nichtzuletzt infolge der Nachwehen des Siebenjährigen Krieges sowie der großen Hungersnot von 1771/1772 auf mehr als 1 Million Taler angewachen waren, denen Kammereinkünfte von gerade einmal 70.000 Talern jährlich gegenüberstanden. Um seine Liquidität zu erhalten, verlegt sich Ernst Friedrich auf den Verkauf von Amtspositionen [wie etwa reich bepfründeter Pfarrerstellen] und landesherrlicher Regalien und Hoheitsrechte [wie die Veräußerung seiner Ober- und Niedergerichtsbarbeit über Pößneck 1767 für 6.000 Taler an den Stadtrat daselbst], wobei letzteres seine Position langfristig nur noch mehr schwächte. Obwohl bereits etwa die Hälfte der Coburger Staatseinkünfte allein der Schuldentilgung dienten, nahm Kaiser Joseph II. [1765-1790] eine vom Herzog 1773 an ihn gerichtete Bitte um einen Zahlungsaufschub für die aus den Prozessen um die Sondershäuser Erbschaft herrührenden finanziellen Verpflichtungen zum Anlass, um ihm über sein Land die Finanzverwaltung zu entziehen und diese bis zur Tilgung der Schulden einer kaiserlichen Debit- und Administrationskommission anzuvertrauen, die ihren Sitz in Coburg bekam und deren Leitung [selbstverständlich gegen eine entsprechende Aufwandsentschädigung] dem Herzog Ernst II. von Gotha und Altenburg sowie dem Prinzen Joseph von Hildburghausen übertragen wurde. Diese gewährten dem Herzog zur Bestreitung seiner eigenen Ausgaben ein Budget von nicht mehr als 12.000 Talern im Jahr.[160]

Nachdem Herzog Ernst Friedrich im Jahre 1800 gestorben war, folgte ihm sein Sohn Franz Friedrich Anton [1750-1806] auf den Thron. Obwohl ihm keine 6 Jahre Regierungszeit vergönnt waren, tat er sich doch als begeisterter Kunstsammler hervor und besaß »die staatsmännische Weitsicht, seine Regierung in die Hände eines bewährten Verwaltungsfachmanns zu legen, der Reformen einleitete und 1802 endlich die Wiedererlangung der Finanzhoheit erwirkte. Der Ordnung des Finanzwesens folgte eine Behördenreform, in deren Folge der auf dem Saalfelder Landesteil noch immer lastende ›Nexus Gothanum‹ endlich abgeschüttelt werden konnte, damit dieser von Gotha-Altenburg unabhängig werden und mit Coburg zu einem einheitlichen Staatswesen verschmelzen konnte. Der Preis dafür war laut Staatsvertrag vom 4. Mai 1805 u.a. die Abtretung von 12 Dörfern [Ammelstädt, Etzelbach, Kolkwitz und Oberhasel bei Rudolstadt, Bucha bei Jena, Dienstädt bei Orlamünde, Mötzelbach bei Uhlstädt sowie im Pößnecker Raum Langenorla, Schweinitz und die saalfeldischen Anteile von Gräfendorf und Saalthal].

Das Fürstentum Sachsen-Coburg-Saalfeld bestand bis zur letzten großen ernestinischen Landesteilung von 1826. Danach bildete es – territorial um das Gothaer Erbe sowie um einen Teil von Hildburghausen vergrößert, dafür aber ohne den Landesteil Saalfeld mit Pößneck – die Linie Sachsen-Coburg und Gotha.[161]

Fast noch größere Bedeutung als Franz Friedrich Anton erlangte seine Witwe Auguste, eine geborene Komtess von Reuß-Ebersdorf, die diskret jene diplomatischen Fäden zu knüpfen verstand, die in der Folge den dynastischen Aufstieg des Hauses Coburg herbeiführen sollten. Von ihren Kindern heiratete Sophie [1778-1835] den Grafen Emanuel von Mensdorf-Pouilly, während sich Antoinette [1779-1824] mit dem Bruder des ersten Königs von Württemberg und Juliane Henriette Ulrike [1781-1860] mit dem jüngeren Bruder der beiden russischen Zaren Alexander I. und Nikolaus I. vermählte. Besondere Bedeutung erlangte Viktoria [1786-1851]. Sie heiratete einen Sohn des britischen Königs Georg III. und wurde die Mutter der berühmten Königin Viktoria, deren Gemahl Ernst von Coburg wiederum ein Sohn von Augustes und Franz Friedrich Antons Sohn Ernst [1784-1844], dem späteren Herzog Ernst I. von Sachsen-Coburg war.

Ein weiterer Sohn des Paares, Ferdinand [1785-1851], heiratete in das portugiesische Königshaus ein und wurde der Vater König Ferdinands II. von Portugal sowie der Großvater von Zar Ferdinand I. von Bulgarien, während ihr drittältester Sohn Leopold [1790-1865] im Jahre 1831 sogar den belgischen Königsthron bestieg.[162]

»Anzumerken ist noch, dass die Farben Schwarz, Gelb und Rot, der belgischen Flagge ihren Ursprung möglicherweise ... im Reußenland haben. Eine von mehreren Deutungen ist, dass Leopold I. die Flaggenfarben aus Verehrung für seine Mutter wählte. Denn Schwarz-Rot-Gelb waren die Farben der jüngeren reußischen Linie schon lange bevor durch die 1848er-Revolution die Farbkombination deutschlandweit in Gebrauch kam.[163]« Augustes Neffen, Fürst Heinrich LXXII. von Reuß-Ebersdorf [reg. bis 1848], war in jener Zeit – als Europa vielerorts wieder remonarchisiert wurde – der Thron Griechenlands angeboten worden, den er angeblich ›der Liebe zu seinen Untertanen wegen‹ ausschlug, von denen viele – wie wir noch hören werden – sicher froh gewesen wären, ihren oft sehr anstrengenden Landesvater auf diese Weise endlich loszuwerden.[164]

DAS FÜRSTENTUM SCHWARZBURG-RUDOLSTADT

»Die geographische Lage Rudolstadts führte Kaufleute aus Nord- und Süddeutschland, aus Norditalien und aus zahlreichen deutschen Staaten als Durchreisende an den Rudolstädter Hof. Auf gleichen Wegen reisten Handwerker und Künstler. Einflüsse verstärkten sich durch dynastische Verbindungen.[165]«

»Die Geschichte der Grafen von Schwarzburg – des nach den Landgrafen von Thüringen bedeutendsten Grafenhauses in Thüringen – war seit dem frühen 13. Jahrhundert von einer ununterbrochenen Folge von Erbteilungen und Besitzzusammenführungen, von Abspaltungen, wie vom Aussterben einzelner Linien und Zweige, von Herrschaftserweiterungen und von Herrschaftsverlusten geprägt.[166]«

Wahrscheinlich bis ins 8. Jahrhundert zurückreichend, besaß das in Mittel- und Nordthüringen begüterte Geschlecht Grafenrechte im Gau Languizza, der Grafschaft am oberen Ilm- und Gerafluss. Benannt nach ihren beiden Hauptsitzen, der Käfernburg bei Arnstadt und der Schwarzburg im Schwarzatal, bildete sich nach dem Tod des Grafen Sizzo III. [†1160] eine Käfernburgische [bis 1385] und eine Schwarzburgische Grafenlinie heraus. Im Laufe des 12. Jahrhunderts dehnten die Schwarzburger ihre Herrschaft bis zur Saale und darüber hinaus aus. 1208 erwarben sie Saalfeld und Ranis. 1303 brachten sie Pößneck und 1334 das vordem orlamündische Rudolstadt in ihren Besitz. Bis zum ersten Viertel des 14. Jahrhunderts hatten sie vom Rennsteig bis zur Orla, vom Gerafluss bis zum Frankenwald ein nahezu geschlossenes Territorium aufgebaut.

Wegen der drückenden Schuldenlast infolge des verlorenen Grafenkrieges [1342-1346] und der sich immer mehr durchsetzenden Übermacht der Wettiner ließen sich die Schwarzburger dazu bewegen, 1361 Saalfeld mit Könitz und Rudolstadt gegen eine größere Geldsumme der Krone Böhmens zu Lehen anzutragen. Trotzdem entglitten ihnen in der Folge Saalfeld [1389] sowie Pößneck und Ranis [1418/1423]. Mit ihren Ämtern Rudolstadt, Blankenburg, Schwarzburg, Leutenberg und Könitz [ab 1608] sowie der Kontrolle über die dort verlaufenden Handelsstraßen blieben sie dennoch im Raum Rudolstadt-Orlamünde neben den Wettinern bestimmend. Von den verschiedenen Grafenlinien der Schwarzburger existierten im Jahre 1599 nur noch die beiden Häuser Schwarzburg-Sondershausen [mit Arnstadt als Oberherrschaft] und Schwarzburg-Rudolstadt [mit den Ämtern Frankenhausen und Schlotheim als Unterherrschaft]. Die Grafschaft Schwarzburg-Rudolstadt umfasste 13 Ämter mit 10 Kleinstädten und 180 Dörfern, wobei sich der Bevölkerungsschwerpunkt [mit 65% der Bewohner] in der Oberherrschaft befand.

Während diese Grafschaft keine Teilung mehr erfuhr, zerfiel die Sondershäuser Erbschaft 1651 in die Linien Arnstadt [bis 1669], Ebeleben [bis 1681] und Sondershausen und letztere 1681 noch einmal in die Zweige Arnstadt [bis 1716] und Sondershausen [bis 1909]. Als mainzische, böhmische und sächsische Vasallen mussten die Schwarzburger in ihrer Politik zuweilen mehr oder minder große Rücksichtnahmen walten lassen bzw. waren wiederholt Fremdeingriffen ausgesetzt.[167]

In der zweiten Hälfte des 17. Jahrhunderts wurde Schwarzburg-Rudolstadt zunächst von einer Vormundschaftsregierung [bis 1662] und anschließend von dem Grafen Albrecht Anton [1641-1710], dem Sohn des vormaligen Regenten Ludwig Günther I. [†1646] regiert. Zusammen mit seiner Gemahlin Aemilie Juliane geb. von Barby [∞ 1665] ließ er viele Baumaßnahmen und Verschönerungsarbeiten durchführen. Dazu gehörte die wegen der Furcht vor einer türkischen Invasion auf das Reich verstärkte Befestigung der Schwarzburg, die Ausschmückung der Leutenberger Friedensburg durch den Hofmaler Lammers, die Erneuerung der Schlösser Stadtilm, Frankenhausen und Rathfeld und natürlich der Bau mehrerer Dorfkirchen.

Im Jahre 1690 zählte der Rudolstädter Grafenhof 152 Personen. Neben der gräflichen Familie, dem Hofadel und den Regierungsbeamten umfasste dieser an Chargen: Kammerdiener, Leibarzt, Mundschenk, Mundkoch, Reisekoch, Kammerlakai, Kammermädchen, Leibkutscher, Rentschreiber, Küchenschreiber, Reiseküchenschreiber, Gärtner, Schlüsselmeister, Torwärter, Hofgardist, Bäcker, Hofschlachter, Metzger, Hoffischer, Weinkellner, Braumeister, Bierkellner, Hühnerfänger, Küchenfrau, Waschfrau, Reitknecht, Bereiter, Vorreiter, Beiläufer, Kutscher, Reitschmied, Sporer, Futtermeister, Heubinder, Hundejunge, Stallknecht, Hofprediger, Kantor, Organist, Hofkapellmeister, Hofmusiker, Drechsler, Bildhauer, Maler, Erzieher, Pagenhofmeister, Page, Jägermeister, Büchsenwärter u.a.[168]

»Bei Kaiser Leopold – ebenso später bei Kaiser Joseph I. – war Albert Anton hochangesehen. Wiederholt wurde er von ihnen mit besonderen Aufgaben betraut, so mit der Entgegennahme der Erbhuldigung der Reichsstädte Mühlhausen am 28. Oktober und Goslar am 5. November 1705. Die Erhebung des Grafenhauses Schwarzburg in den Reichsfürstenstand im Jahre 1697 war vor allem ihm persönlich zugedacht.[169]« Sein, dem barocken Prunk abholder protestantisch-orthodoxer Lebensstil bringt ihn – ganz im Gegenteil zu den Sondershäuser Vettern – jedoch zur Ablehnung der ihm angetragenen Fürstenwürde.[170] Nicht allein »Bescheidenheit und Sparsamkeit dürften die Gründe gewesen sein, möglicherweise wollte er auch Streitigkeiten mit den Wettinern vermeiden. Auch als ihm 13 Jahre später, am 2. Juni 1710 die Fürstenwürde erneut verliehen wurde, machte er keinen Gebrauch davon und überließ die Verkündung seinem Sohn und Nachfolger Ludwig Friedrich I [1667-1718], der sie am 4. Mai 1711 mit größeren Festlichkeiten verkündete und am 19. Mai auf dem Rudolstädter Marktplatz die Erbhuldigung verbunden mit dem Treueschwur von seinen Vasallen ... und Untertanen entgegennahm.[171]« Wie der Quellenforscher Horst Fleischer – der das Hofleben der absolutistischen Ära in Form seines Rudolstädter Hoftagebuchs anschaulich gemacht hat – ausführt, fand dieser Staatsakt folgendermaßen statt: »Nach dreimaligem Läuten beginnt der Gottesdienst in der Stadtkirche. Anschließend fährt der Fürst vor das alte Rathaus, wo ein Thron errichtet ist. Rechts vom Thron stehen die drei fürstlichen Prinzen, links davon der Kanzler von Beulwitz. Vor dem Thron haben die Vasallen Aufstellung genommen. Sie werden mit Handschlag auf den neuen Herrscher verpflichtet. Den gleichen Eid leisten die Geistlichkeit und die Ratspersonen der Städte Rudolstadt, Leutenberg, Blankenburg und Teichel.[172]« Dann lässt sich der Fürst vor das Regierungsgebäude fahren. Es steht gleichfalls am Markt nur wenige Schritte vom Rathaus entfernt. »Hier ist eine Bühne errichtet, auf der sich neben Ludwig Friedrich I. der Kanzler von Beulwitz, sein Sekretär Johann Nikolaus Mollwitz sowie die Kavaliere einfinden. Mollwitz liest dem Volk die Pflichtformel vor, die von allen beschworen wird. Daraufhin ruft das Volk dreimal ›Vivat‹. Anschließend ziehen die Untertanen auf den Oberanger, wo jede Gemeinde mit Bier, Brot und Wein beköstigt wird. Insgesamt treten 3.984 Personen zur Huldigung an. Pro Person gibt es $^1/_2$ Stübigen Bier und 1 Nösel Wein, wozu 96 Eimer und 56 Maß Bier sowie 27 Eimer und 48 Maß Wein benötigt werden. Ein Teil des Volkes auf dem Oberanger betrinkt und prügelt sich, geht wegen des besonderen Anlasses aber straffrei aus. Der Gastwirt des ›Goldenen Löwen‹, Joachim Samuel Bermel, speist in seinen Räumen 45 Personen. Dazu erhält er vom Hofamt 1 Stück Wildbrett und $1^1/_2$ Eimer Wein. Die Wirtin vom Gasthaus ›Schwarzer Adler‹, Dorothea Hentzold, hat 35 Personen zu traktieren, wofür sie 3 Wildbrettbraten und 1 Eimer Wein erhält. Bei Hofe wird an 5 Tafeln gespeist: 13 Personen an der fürstlichen Tafel, dazu ein Kavalier als Aufwartung. 12 Personen an

der Oberhofmeistertafel, 12 Personen an der Hofmeistertafel, 15 Plätze
an der Kavalierstafel, die geringer besetzt ist, 16 Plätze an der Beam-
tentafel, die auch nicht ausgefüllt wird. Rechtzeitig zur Huldigung
sind die von Goldschmied Christoph Grübel gefertigten neuen Services geliefert worden, für die Grübel neben anderer Arbeit 1.005 fl.
8 gr. erhalten hat.[173]«

Ähnliche Erbhuldigungen fanden auch in den jeweiligen Grundherrschaften statt, wenn etwa der Rittergutsbesitzer wechselte, so
am 22. Mai 1689 in Liebschütz im Amt Ziegenrück. An diesem Tag
trafen alle Untertanen und Lehnsleute derer von Obernitz auf Liebschütz, oberen und unteren Hofs aus 7 Dörfern und 2 Einzelgehöf-
ten zusammen. »Jedem wird sein Erbregister vorgelegt und seine
darin festgelegten Abgaben [Zinsen] und Frondienstbarkeiten vor-
gelesen. Ein jeder muss sich anschließend zu seinen Diensten gegenüber der Herrschaft bekennen und sie akzeptieren.[174]« Im Hof des
oberen Gutes unter der großen Linde beschworen die Untertanen
und Lehnsleute sodann unter freiem Himmel mit entblößten Häuptern und erhobenem Finger, dass sie dem Hochedelgebornen Herrn
Adam Heinrich von Obernitz auf Liebschütz als ihren ›Lehen-, Erb-
und Obergerichtsherrn‹ anerkennen und diesem ›allerseits samt und
sonders getreu, gehorsam und gewärtig sein [wollten], sein Bestes
suchen, Schaden und Gefahr, wo sie dergleichen‹ sehen, hören und
erfahren, ›warnen und abwenden, auch dem Lehen treulich vorste-
hen, in gutem Bau und Besserung halten, und das nicht geringern
und davon ohne des Lehnherrn Vorwissen und Einwilligung nichts
versetzen, verpfänden oder verändern noch anderswohin verwen-
den oder entziehen‹ wollen, auch ›die schuldigen Zinsen und Fronen
zu rechter Zeit abstatten, und auch durchaus in allen Stücken wie
frommen, getreuen Untertanen und Lehenleuten gegen ihren Lehen-,
Erb- und Obergerichtsherrn eignet und gebühret[175]‹ sich verhalten
wollen. Wenig anders werden die Erbhuldigungen der Untertanen
auch in den Patrimonialgerichtsbezirken der Herrschaft Rudolstadt
verlaufen sein. Doch weiter im Text:

Schon im Folgejahr seines Regierungsantritts, 1712, befahl Ludwig
Friedrich I. eine tiefgreifende Verwaltungsreform. Waren vordem
die Außenpolitik und die Hausangelegenheiten durch die Regierung
wahrgenommen worden, übertrug der Fürst die politischen Aufgaben nun einem eng an seine Person gebundenen geheimen Ratskollegium, als oberste Verwaltungsbehörde.[176] Am 7. September 1713 führte er gemeinsam mit dem Fürsten Christian Wilhelm von Schwarzburg-Sondershausen die Erstgeburtsfolge ein. Zudem bestimmten
sie ihre Häuser zur gegenseitigen Erbfolge. Am 9. Mai 1715 privilegierte Ludwig Friedrich I. für Rudolstadt die Herausgabe einer erste

Zeitung, die aber bald wieder einging.

Wie vordem seine Eltern, war auch Ludwig Friedrich I., der mit der Sachsen-Gothaischen Prinzessin Anna Sophie verheiratet war, ein Freund neuer Bauten. So ließ er das Jagdschloss Paulinzella und die Fasanerie bei Schwarzburg errichten. Die damals in vielen Residenzstädten übliche, schachbrettförmige Erschließung neuer, meist nach dem Landesherrn benannter Vorstädte, plante er dahingehend zu realisieren, indem er seine ›Ludwigstadt‹ nicht vor die Tore von Rudolstadt setzen, sondern stattdessen das Dorf Schwarza wesentlich vergrößern und zu einer kleinen Residenzstadt ausbauen wollte. Wohl aufgrund des Widerstandes der Untertanen fand dieser Plan keine Ausführung. Überhaupt hatten steigende Aufwendungen für den Hof und die fürstliche Verwaltung den Missmut der Bevölkerung dermaßen erregt, dass sich diese – als Ludwig Friedrich I. auch noch für den Bau seines Rudolstädter Zucht- und Waisenhauses zusätzliche Steuern ausschrieb, zur Wehr setzte. »In einer Bittschrift vom 17. April 1716, die 199 Unterschriften trägt, sind die gegen den Kanzler Beulwitz gerichteten Beschwerden zusammengefasst. ... Am 23. April 1716 ziehen 99 Handwerker aus Stadtilm, Königsee und Blankenburg nach Rudolstadt, um die Bittschrift dem Fürsten zu überreichen. Nachdem diese aber bis zum Nachmittag nicht beantwortet worden ist, ziehen die Handwerker schimpfend wieder ab, worauf die fürstliche Regierung drei Spitzel der Miliz in die Rudolstädter Wirtshäuser entsendet,[177]« um die Gespräche über die Vorfälle des Tages aufzufangen.

Der Handwerkerprotest ist zugleich der Beginn einer, vom dem Rudolstädter Advokaten Bulisius vor dem Reichskammergericht in Wetzlar bzw. dem Reichshofrat in Wien angestrengten Prozessreihe, die als ›Bulisiusscher Landstreit‹ in die Regionalgeschichte eingegangen ist und den erst der Sohn und Nachfolger Ludwig Friedrichs I., Friedrich Anton [1692-1744], im Jahre 1731 mittels einer allgemeinen Amnestie beenden konnte, worauf er dann am 18. Juni 1732 um 6 Uhr morgens die Erb- und Landeshuldigung für die obere Herrschaft entgegennehmen konnte. Nachdem der Adel vom Rathaus der Residenzstadt feierlich zum Schlosshof geleitet worden war, stellten sich dort die Bürger der Städte Rudolstadt, Stadtilm, Leutenberg, Blankenburg und Teichel sowie die Mannschaften der Amtsdörfer auf. Anders als vordem im Jahre 1711 ging der Akt diesmal nicht ohne stellenweises Murren und gar Unruhe in den hinteren Reihen vonstatten.[178]

Sorgen bereitete dem Fürsten auch sein jüngerer Bruder Wilhelm Ludwig, der das Erstgeburtsrecht in der Thron- und Erbfolge nicht anerkennen wollte und überdies mit einer Bürgerlichen verheiratet war, was weiteren Ärger verursachte. Großes Missgeschick traf Friedrich Anton, als 1726 das Schloss Schwarzburg und am 26. Juli 1735 die Heidecksburg durch Brand geschädigt wurden. Im letzterem Fall hatte der auf dem Schloss angestellte Malergeselle und Miniaturmaler Heinrich Bunsen aus Aroldsen im Waldeckschen achtlos mit Feuerwerkskörpern experimentiert, die er beim Vogelschießen im August einsetzen wollte.[179] »Nur bei erheblichem Kostenaufwand konnte das Rudolstädter Schloss erneuert werden. Glücklicherweise standen ausgezeichnete Baumeister und Künstler, vor allem der Dresdner Johann Christoph Knöffel und der Weimarer Heinrich Krohne, für den im großen Stil erfolgten Neubau zur Verfügung.[180]« Das erst 1744 unter wesentlicher Federführung des Erbprinzen vollendete Ensemble wurde so geräumig, als wolle es einen Großteil der Bewohner der zu ihren Füßen liegenden Residenzstadt gleichsam mit aufnehmen.

Unter den zahlreichen deutschen Landesherren, die der Soldatenliebhaberei frönten und ihre Truppen in den Dienst kriegführender Mächte stellten, befand sich neben den beiden Herzögen von Gotha und Weimar nichtzuletzt auch Fürst Friedrich Anton, der es sich 1734 nicht nehmen ließ, für die Reichsexekution gegen Herzog Karl Leopold von Mecklenburg ein Bataillon aufzustellen. Aufgrund zahlreicher Desertationen von Soldaten war seine Stärke mit der Zeit jedoch dermaßen dezimiert, dass man am 25. November 1737 allen von Mecklenburg zurück in die Heimat nach Rudolstadt geflohenen Soldaten Generalpardon gewähren wollte, wenn sie sich bis zum 25. Februar 1738 bei der Truppe wieder einfänden. Dennoch mussten am Vormittag des 11. Januar 1738 zwei Soldaten Spießrutenlaufen. Die Verpflichtung zur Reichsexekution erlischt erst nach dem Ableben des Mecklenburger Herzogs 1748. Das schwarzburgische Regiment tritt daraufhin in Holländische Dienste. Um die Mannschaftsstärke zu erhalten, muss der Regimentsrichter am 4. April auf dem Rudolstädter Markt erneut einen Generalpardon ausrufen, der alle auf dem Weg nach den Niederlanden abhanden gekommenen Soldaten Straffreiheit verspricht. Zudem werden zwischen Mai und Oktober 1748 390 neue Rekruten ausgehoben. Bis 1756 dient das Schwarzburgische Regiment unter holländischer Flagge und wird – inzwischen nur noch aus 400 Mann bestehend – vor Beginn des Siebenjährigen Krieges als Subsidientruppe der preußischen Armee überlassen. Sein Major und Flügeladjutant von Golz kommt aus diesem Grund am 3. April 1756 nach Rudolstadt und logiert sich – weil der Fürst gerade unpässlich ist – mit seinen drei Dienern im Gasthof Adler ein, wo er aber die Zeche nicht bezahlen kann und am nächsten Tag mit 13 Thl. 19 gr. vom Hof wieder ausgelöst werden muss.[181]

Wie der Rudolstädter Hof – freilich bei entsprechend verbilligter Hoftaxe – auch als Konsument in Erscheinung getreten ist und zu welchen Preisen er zwischen 1734 und 1745 sowohl Gebrauchs- als auch Luxusgüter eingekauft hat, zeigt die folgende, alten Bestandsbüchern entnommene Aufstellung: Im Jahre 1734 bezahlte der Hof für eine Nachtmütze 9 gr. 1 Paar Ohrringe kosteten 16 gr., 4 Pfund Kanastertabak aus Frankenhausen 7 Rtl., 3 Rollen Kanastertabak von Aurich 50 Rtl. 13 gr. 3 Pf., 100 Tabakspfeifen 20 gr., 1 Hut für einen Botenläufer 12 gr., 1 silbernes Schild für den Hut 4 gr., 3 Strohhüte 20 gr., 1 Perrücke 2 Rtl. 6 gr., 1 Perrückenstock 4 gr., 2 dutzend paar Handschuhe 6 Rtl., 8 Dutzend Zwirnknöpfe 1 Rtl., roter Stoff zu einem Reitrock 16 Rtl., 2 Kleiderbürsten 6 gr., 1 Portrait 6 Rtl., 4 Lose zum Stadtilmer Vogelschießen 2 Rtl. 16 gr., 25 Uringläser 1 Rtl. 2 gr., 1 bemaltes Beinglas 2 Rtl., 20 Pfund Zucker 5 Rtl., 8 Dutzend Pfefferkuchen 1 Rtl. 8 gr., 6 Teeschalen aus Porzellan und ein Zinnkännchen 2 Rtl., 1 Petschaft [Siegel] vom Eisenschneider zu Saalfeld 50 Rtl. Für das Schleifen von Schermessern verlangte der Scherenschleifer 8 gr., für mehrere Portraits ein Eisenacher Maler 120 Rtl. Im Jahre 1737 wurde u.a. angeschafft: 1 Teetisch aus Zinn von Coburg für 4 Rtl. 6 Pf., 1 lackierter Tisch für 6 Rtl. 12 gr., 1 furnierter Kleiderschrank für 20 Rtl., 1 Gesangbuch für 20 gr., 1 Schuhbürste für 4 gr., 1 silberner und vergoldeter Degen vom Schwertfeger Seitz für 18 Rtl., 6 Ordenssterne zu sticken kosteten 20 Rtl., 1 paar deutsche Kugelbüchsen 6 Rtl., Nähseide 8 Pf., 1 Pfund roter Siegellack 3 Rtl., 1 Paar große und 1 Paar kleine Schnallen aus Silber 4 Rtl., 2 Flaschen Burgunderwein 1 Rtl. 12 gr., 40 Zitronen a'1 gr. 6 Pf., 1 Paar Strümpfe für den Läufer 18 gr., 1 junger Hund 1 Rtl. 8 gr., 1 Fliegenklatsche 1 gr. 4 Pf., 1 Vorlegeschloss 2 gr., 1 kupfernes Nachtgeschirr 2 Rtl. 21 gr. 6 Pf. Im Jahre 1738 betrugen die Preise für 19 seidene Schnupftücher 19 Rtl., für 2 Buckets seidene Blumen 8 Rtl., für ein Briefporto nach Augsburg 2 gr., für 3 Pulverhörner 2 Rtl., für 1 Schreibtisch 28 Rtl. sowie für 1 Wetterglas 2 Rtl. Im Jahre 1741 wurde Nürnberger Spielzeug angeschafft und zwar 2 Pferde, 2 Löwen und 2 Statuen für insgesamt 1 Rtl. 6 gr, zudem 1 Diamant zum Schneiden von Glas für 1 Rtl. sowie 3 Violinen für die Hofkapelle für 32 Rtl. 18 gr., 9 Pf. Die Anfertigung von 6 Ober- und 5 Unterhemden für den Kammerjungen kostete 1 Rtl. 5 gr. 4 Pf. Der Goldschmied Zürn berechnete für das Beschlagen eines Läuferstocks 18 Rtl. 16 gr., der Bortenwirker für die Verzierung eines Degengehenkes 1 Rtl. 7 gr. 3 Pf., ein Kunstmaler für 3 Portraits 15 Rtl., ein Tischler für das Vergolden von 20 Bilderrahmen 3 Rtl., ein Uhrmacher für 2 neue Uhren 66 Rtl. An weiterem Hausrat wurden erworben: 8 Porzellanteller für 4 Rtl. und 15 Gläser für 3 Rtl. 8 gr. Im Dezember 1745 zahlte der Fürst an die Leipziger Kaufleute Thomas,

Apel und Dietze für sein grünes Tischkleid 32 Rtl. 12 gr. Der Fürstin beschafften die Kaufleute du Vigneau ebenda ein Kleid für 251 Rtl. 12 gr. sowie ein starkes Seidenzeug Gros de Tour de Rose für beträchtliche 409 Rtl. 12 gr.[182]

Interessant sind die Angaben über den damaligen Marstall in Rudolstadt: 1734 leistete sich der Fürst für 900 Rtl. eine neue Kutsche mit 7 schwarzbraunen Hengsten und im April 1738 verkaufte Prinz Ludwig Günther eines seiner Reittiere für 400 Rtl., während der Stallmeister ein Pferd für 100 Rtl. ankaufte. Im Januar dieses Jahres standen insgesamt 148 Pferde in den fürstlichen Ställen. 24 davon waren Reitpferde, 7 gehörten zum Leibzug des Fürsten, 7 zum Zug der Fürstin, 8 zum ersten, 7 zum zweiten, 6 zum dritten und 6 zum vierten Nebenzug und jeweils 4 Tiere zu den 3 Bauzügen. Zudem waren im Bestand gelistet: 1 Karrenpferd, 20 Hengstfohlen, 25 tragbare Stuten, 15 Stutenfohlen und 19 unrangierte Tiere.[183]

Nachdem Fürst Friedrich Anton am 1. September 1744 gegen 9 Uhr das Zeitliche gesegnet hatte, hielten 9 Personen bei ihm Totenwache, bis am 9. September abends um 7 Uhr in der Schlosskirche der Trauergottesdienst gehalten werden kann, der um 9 Uhr endet. »Anschließend geht der Leichenzug von Rudolstadt nach Schwarzburg, wo der Fürst in der dortigen Gruft der Schlosskirche beigesetzt wird. In Schwarzburg sind anwesend: 11 Pfarrer, 5 Ratsherren von Königsee, 9 Schuldiener, 24 Kutscher, 27 Unteroffiziere, einschließlich des Regimentstambours und der 7 Oboisten, 186 gemeine Soldaten, 10 Stützeträger bei der fürstlichen Leiche, 114 Fackelträger.[184]«

Unter seinem Sohn und Nachfolger Johann Friedrich [1721-1767] erhielten die beiden Schwarzburg 1754 endlich einen Sitz im Reichsfürstenrat mit zusammen einer Stimme. Vordem waren sie gleich den Reußen über das Wetterauer Grafenkollegium, einem politischen Zusammenschluss kleinerer Reichsstände, beim Reich vertreten gewesen. Johann Friedrich soll einer der liebenswürdigsten Angehörigen des Rudolstädter Fürstenhauses überhaupt gewesen sein. Zu seiner Zeit lebten im Fürstentum ca. 53.000 Menschen, 34.500 davon in der Oberherrschaft und 3.500 in der Residenzstadt. 58% der Rudolstädter gehörten dem Handwerkerstand an, 29$^{1}/_{2}$% waren Dienstboten und Tagelöhner, 10% Beamte und Gelehrte bürgerlichen Standes [so 40 Juristen, 22 (!) Geistliche, 6 Ärzte], während 2$^{1}/_{2}$% den Beamten- und Hofadel bildeten. Über die wirtschaftliche Verknüpfung der in Rudolstadt lebenden Familien mit dem Hof gibt es Zahlen aus dem Jahr 1846, wo von den damals 6.066 Einwohnern der Stadt 3.867 irgendetwas mit dem Hof zutun hatten, während der Hofstaat selbst damals mitsamt allen Zubringern sowie der Beamtenschaft sogar 338 Personen umfasste. 67 Rudolstädter waren Akademiker, Kaufleute und Fabrikanten, 368 Handwerksmeister, 1.068 dagegen Gesellen, Lehrjungen, Tagelöhner, Hand- und Fabrikarbeiter.[185]

Einen interessanten Einblick in die Zusammensetzung der damaligen Hofgesellschaft bietet eine Aufstellung der im Dezember 1745 aus der Fürstlichen Privatschatulle für Weihnachts- und Neujahrszuwendungen bedachten Personen mit folgenden, nach der jeweiligen Herrschernähe graduell abgestuften Geldbeträgen:

Die Fürstin Bernhardine Christine erhielt damals 150 Dukaten im Wert von 412 Rtl. 12 gr., die Prinzessin Sophie Albertine 50 Dukaten im Wert von 137 Rtl. 12 gr., Prinz Karlchen 100 Rtl., die Prinzessin Christiane Friederike in der Ludwigsburg 100 Rtl., die Hofmeisterin von Feilitzsch 40 Rtl., das Hoffräulein von Gleichen 35 Rtl., die Frau von Bedenleben 35 Rtl., die Mademoiselle Sandon 10 Rtl., die Jungfer Faselius 10 Rtl., die Jungfer Riechener 6 Rtl., der Kapelldirektor Lyra 10 Rtl., der Stallmeister Heubel 10 Rtl., der Geh. Kämmerer Weymeyer 22 Rtl., der Kammerdiener Löser 20 Rtl., der Kammerdiener Koch 10 Rtl., der Kammerdiener Valentin 10 Rtl., der Kammerlakai Bodinus 6 Rtl., der Kammerlakai Römer 6 Rtl., 6 fürstliche Lakaien: Beythan, Danneberg, Reichenbach, Lippmann, Rappel und Koch zusammen 18 Rtl., der Läufer Christian 3 Rtl., der Kammerhusar Müller 1 Rtl., die Kapelle 50 Rtl., die Schulkollegen 20 Rtl., die Chorschüler 10 Rtl., die Trompeter 15 Rtl., der Hausmann Degen 8 Rtl., die armen Schüler 4 Rtl., die Wasch- und Küchenmägde 6 Rtl., die Magd, die die Gemächer kehrt und auch den Nachtstuhl reinigt 1 Rtl. 16 gr., der Oboist 4 Rtl., die Tambours 2 Rtl., die Tagelöhnerinnen, die das Brennholz ins Schloss tragen 1 Rtl. 8 gr., die Hospitäler von Rudolstadt, Königsee und Stadtilm 3 Rtl., die Waisenkinder in Rudolstadt 1 Rtl., der Bote bei der geheimen Kanzlei 16 gr., die 4 Kanzleiboten zusammen 2 Rtl., 16 gr., der Kammerbote Pampus 16 gr., der Kammerbote Krahmer 16 gr., der Kanzleifaktor Immerthal 16 gr., die Köche 3 Rtl., 8 gr., die Kellerei 3 Rtl. 8 gr., die Bäckerei 3 Rtl. 8 gr., der Hausknecht 1 Rtl., der Schlotfeger 1 Rtl. 16 gr.[186]

Die Regierungszeit Fürst Johann Friedrichs fiel in jene Epoche, in der sich als Gegenbewegung zu der an vielen deutschen Höfen vorherrschenden französischen Lebensart die Aufklärungsgesellschaft durchzusetzen begann. So war auch der Rudolstädter Fürst nicht nur ein Freund der schönen Künste, sondern trat auch als Förderer der Wissenschaft und als Begründer nützlicher Einrichtungen hervor. In seinem 1746 gestifteten Theologischen Seminar, einer Ausbildungsstätte für Lehrer, richtete er 1752 eine erste Lehrstelle für Mathematik und Physik ein, wo auch physikalische Experimente durchgeführt wurden. In seinem Theatrum anatomicum [1751] wurden Leichname zu wissenschaftlichen Zwecken obduziert. Zudem begründete er ein Gymnasium [Fridericianum], seine Gemahlin Bernhardine Christine Sophie, eine geborene Prinzessin von Sachsen-Weimar [oo 1744], dagegen ein [Bernhardinen]Stift. Förderung erfuhr vom Fürstenpaar auch das einheimische Kunsthandwerk. So privilegierte man 1760/62 die Gründung einer Porzellanmanufaktur in Rudolstadt und war um eine über dem allgemeinen Niveau stehende Hofkapelle bemüht. Auch Johann Friedrichs Nachfolger, sein Großonkel Fürst Ludwig Günther II. [1708-1790] war der Wissenschaft und den Künsten sehr zugetan, trat selbst als technisch gewandter Tiermaler, besonders als Maler von Rassepferddarstellungen hervor. Schon 1768 ließ er im Schlossgarten Lessings Stück ›Minna von Barnheim‹ aufführen. 1769 gründete sich in Rudolstadt ein Wochenblatt, 1775 eine literarische Gesellschaft, 1779 die erste Buchhandlung. Bereits 1777 ließ sich die fürstliche Familie gegen Pocken impfen.[187] Früheste Nachweise einer in Rudolstadt existierenden Freimaurerloge stammen aus dem Jahr 1763, während sich eine solche etwa in Meiningen erst 1774 und in Gera sogar erst 1803 belegen lässt.[188]

Ludwig Günther II. war mit Sophie Henriette, einer geborenen Komtess von Reuß-Greiz vermählt. Von 1742-1767 hatte das Paar in der Rudolstädter Altstadt, im Palais Ludwigsburg gelebt. In seiner Jugend war der Fürst ein begeisterter Soldat gewesen, eine Neigung die sich auch auf seinen Sohn und dessen Nachfolger übertragen sollte. Trotz seines vorgerückten Alters hegte er reges Interesse an allen Geschehnissen in seinem Land, insbesondere in Rudolstadt. Oft nahm er an öffentlichen Veranstaltungen teil, so am Exerzieren der kleinen Garnision, am Vogelschießen, an den Prüfungen im Gymnasium. »Auch die Auerhahnbalz im Paulinzeller Forst versäumte er nicht. ... An dem jungen Dichter Friedrich Schiller, der 1788 und 1789 in Rudolstadt weilte, und seinem literarischen Schaffen fand er Gefallen, obwohl dieser ihn in seinen Briefen an Körner nicht gerade rühmte. Aber auch die jungen Damen bei Hofe machten sich über den achzigjährigen Fürsten zuweilen lustig. Dabei dürfte dessen vornehme Zurückhaltung und manches durch sein schweres Ohrenleiden verursachtes Missverständnis zu einer Fehlbeurteilung beigetragen haben.[189]« Im Jahr vor seinem Tod umfasste die Rudolstädter Hofgesellschaft 161 Beamte und Diener, die gerade einmal 8 fürstliche Familienmitglieder und 15 Hofadlige zu betreuen hatten, während die Regierungsgeschäfte seit 1761 im wesentlichen in der Hand des Kanzlers und geheimen Rates Ketelhodt belassen wurden.[190]

Der kurzen Regierungszeit von Ludwig Günthers II. Sohn Friedrich Carl [1736-1793] verdankt Rudolstadt immerhin sein Naturalienkabinett, eine bedeutende Mineralien-, Naturkunde- aber auch Kuriositätensammlung sowie sein Komödienhaus auf dem Anger, das jeweils zur Zeit des sommerlichen Vogelschießens bespielt wurde.

Von 1794 an wirkte hier die Weimarer Schauspielergesellschaft für mehrere Jahre in Gastrollen. Schiller sieht hier 1799 seine ›Räuber‹, aber auch ›Wallensteins Lager‹.

Unter Friedrich Carls Sohn und Nachfolger Fürst Ludwig Friedrich II. [1767-1807] beginnen Reformen des höfischen Lebens und der Landesverwaltung. Der neue Landesherr ist ein begeisterter Klassizist und möchte sich in der Rolle des ersten Bürgers im Staate sehen. Gleich seinem Großvater gilt er als Bürgerfreund, lässt viele Hof-, aber auch Volksfeste veranstalten, kleidet sich einfach und führt die fürstliche Familie zur bürgerlichen Lebensweise. Beschleunigt durch die Revolutionsereignisse in Frankreich wird es auch für das Bürgertum der Residenzstadt Zeit, sich endgültig vom fürstlichen Hof zu emanzipieren. Da in dem kleinen Rudolstadt im Gegensatz zu Berlin, Leipzig oder Dresden die gastlichen Salons des gehobenen Bürgertums fehlen, übernimmt der aufgeklärte und liberale Teil des Rudolstädter Adels diese Funktion, wobei in einigen dieser Häuser Adlige und Bürger als gleichermaßen gebildete Zeitgenossen freundschaftlich miteinander verkehren.[191]

Schiller beurteilt Ludwig Friedrich als freundlichen Herrn, ›der es lustig nach seiner Art trieb und auch andere nach ihrer Art es lustig treiben ließ‹. Wenn der Fürst [wohl aus Gefälligkeit gegenüber seinem Weimarer Bündnispartner Herzog Carl August] auch den 1799 aus Jena vertriebenen Professor Fichte den Aufenthalt in seinem Land versagte, war er doch Künstlern und Gelehrten im Fürstentum sehr zugetan. Zudem bestanden gute Beziehungen zu dem Forschungsreisenden Wilhelm von Humboldt, der das Fürstenpaar hoch einschätzte. Auch mit dem Kaufmann Andrea Bianchi [1746-1814] war Ludwig Friedrich befreundet, ebenso mit dem Maler und Bossierer Franz Cotta, der seine Begabung als Zeichner und Radierer erkannte und förderte. Ganz im Stil des damaligen ›Zeitalters der Empfindsamkeit‹ bzw. der frühen Romantik konnte sich der Fürst sowohl für den Philosophen Rosseau, als auch für mittelalterliche Ritter und Turnierromantik begeistern die er genauso wieder aufleben ließ wie die an den meisten Höfen längst verpönte Soldaten- und Uniformspielerei, bis er im Schicksalsjahr 1806 von den realen Ereignissen überholt wurde.[192]

»Das Gefecht bei Saalfeld (auf Schloss Heidecksburg verbrachte Prinz Louis Ferdinand von Preußen die letzte Nacht seines Lebens), die Schlacht bei Jena und Auerstedt und die hereinbrechende Fremdherrschaft zerstörten das Scheinidyll und trugen zum köperlichen Zusammenbruch des nervösen Fürsten bei. Nach zermürbenden Verhandlungen durch die leitenden Beamten, wobei es u.a. um die Lehnsvorbehalte von Kursachsen, Sachsen-Weimar und Sachsen-Gotha ging, erlebte er noch den Beitritt zum Rheinbund, den Kanzler Friedrich Wilhelm von Ketelhodt (geb. 1765, damals standen 11 Ketelhodts im rudolstädtischen Dienst!) am 18. April 1807 für die beiden Schwarzburg in Warschau unterzeichnete und der nun auch den Schwarzburgern das (freilich materiell noch abzugeltene) Erlöschen fremder Lehnsansprüche, also die rheinbündische ›Souveränität‹ bescherte, die Behandlung als ›pays conquis‹ beendete und die drohende Gefahr der Mediatisierung fürs Erste, ja in der Folge bis 1918 abwandte. Zehn Tage später danach starb Fürst Ludwig Friedrich erst 40-jährig. Die wirkliche Leitung der Regierungsgeschäfte hatte während seiner meisten Regierungsjahre wohl mehr in der Hand des geheimen Rats, Kanzlers und Konsistorialpräsidenten Karl Gerhard von Kettelhodt gelegen, der am 31. März 1818 fast wie ein Landesvater sein 50-jähriges Amtsjubiläum feiern konnte.[193]«

Ludwig Friedrichs II. Sohn Friedrich Günther [1793-1867] war beim Tode des Vaters noch minderjährig und konnte erst 1814 die Regierung übernehmen. Davor hatte er an den Befreiungskriegen teilgenommen. Im Jahre 1816 bescherte er seinem Land als erster deutscher Bundesfürst eine ständische Verfassung, nach der 16 aus dem Volk gewählte Repräsentanten bei Staatshaushalt und Steuerfragen mitwirkten sollten.[194]

Schon gegen Ende des 19. Jahrhunderts fehlte es der Dynastie der Schwarzburger an geeigneten Nachkommen, so dass im Jahre 1890 sogar ein entfernter Verwandter des verstorbenen Regenten Georg Albert [1838-1890], der Neffe Ludwig Friedrichs II., Günther Victor [1852-1925], die Regentschaft über das Rudolstädter Fürstentum übernehmen musste. Nach dem Aussterben des Fürstenhauses Schwarzburg-Sondershausen im Jahre 1909 avancierte er zum Regenten beider Länder. Vehementer Widerstand der Sondershäuser Beamtenschaft verhinderte, dass die beiden Fürstentümer zu einem Staatswesen zusammengeführt werden konnten. Nach dem Ende des Wilhelminischen Kaiserreiches dankte Günther Victor als einer der letzten deutschen Bundesfürsten am 23. November in Rudolstadt und am 25. November 1918 in Sondershausen ab.

»Durch das Geschick seines Ministers Freiherr von der Recke führte er praktisch selbst die republikanische Staatsform ein. Er starb am 16. April 1925, die Fürstin Anna Luise am 7. November 1951, beide in Sondershausen. Sie ruhen in der Stadtkirche zu Rudolstadt.[195]« Indem das Paar kinderlos war, blieb nur noch die Linie des aus der zweiten Ehe Friedrich Günthers mit Helene, einer adoptierten Prinzessin von Anhalt, entsprossenen Sizzos von Leutenberg [1860-1926] übrig, der anfangs als nicht als ebenbürtiger Prinz missachtet und erst 1898 zum Thronfolger bestimmt worden war. Sein

einziger Sohn Friedrich Günther [1901-1971] musste 1945 vor dem Anrücken der Roten Armee sein Familiengut in Großharthau verlassen. Er floh nach Heidelberg, wo er sich als Zeichner, Schriftsteller
und Reisebegleiter durchschlug. Mit seinem Tod erlosch die alte
und bedeutende Dynastie der Schwarzburger im Mannesstamme.[196]

DIE HERREN — GRAFEN — FÜRSTEN REUẞ

*»Während viele Herrscher der deutschen Kleinstaaten das Leben am Pariser Hof
nachvollzogen, wandten sich die reußischen Landesherren dem Pietismus zu und erreichten viele gesellschaftliche Verbesserungen für ihre kleinen Länder.[197]«*

Die Vorfahren der Reußen haben ihren Ursprung in dem 1122 erstmals erwähnten Ministerialengeschlecht derer von Weida, das vom
Königtum die Vogtei über Gebiete im damaligen Pleißenland erhalten hatte. Der »1174 urkundlich erwähnte Heinrich (II.) von Weida,
genannt ›der Reiche‹, verfügte um 1200 über einen Herrschafts-
bereich, der — allerdings noch immer mit fremden Herrschaftsrechten durchsetzt — den Raum um Gera, Ronneburg, Weida, Greiz
und Plauen[198]« sowie wahrscheinlich auch Besitzungen bei Hof und
im Egerland umfasste. Seine drei Söhne Heinrich [III.] der Ältere,
Heinrich [IV.] der Mittlere und Heinrich [V.] der Jüngere teilten das
Land bis 1238 in die Linien Weida [mit Ronneburg], Gera [mit einem
Teil von Plauen] und Plauen [mit Greiz] sowie nach dem Tod
Heinrichs V. in die Linien der Vögte von Gera, Weida und Plauen.
Mit dem kaiserlichen ›großen Regalienbrief‹ von 1329 stiegen die
Vögte de facto in den Rang erblicher Reichsfürsten auf, konnten
diese Position aber nur bis zum verlorenen Vogtländischen Krieg
[1354-1359] gegen die Wettiner und Kaiser Karl IV. [1346-1358] — denen
sie als Beherrscher wichtiger Handelsrouten buchstäblich im Wege
waren — erhalten. Danach devancierten sie in eine Art Zwischen-
stellung, waren zwar keine wirklichen Reichsstände mehr, aber auch
keine bloßen markgräflichen, landgräflichen bzw. böhmischen Vasallen. Mit der Aufhebung der Reichsvogtei 1404 wurden die ›Vögte‹
dann zu ›Herren‹ von Weida, Gera und Plauen.
Die Besitztümer des Hauses Gera umfassten bei seiner Gründung
neben der ursprünglich aus quedlinburgischen Stiftsbesitz stammenden Herrschaft Gera noch die Pflege Reichenfels sowie Besitzungen
im Osterland. Zwischen 1240 und 1291 erbte es die ehedem lobdebur-
gischen Pflegen Saalburg, Lobenstein, Schleiz und Pausa. 1333 erwarb
es zusammen mit dem Haus Weida die Pflege Langenberg und
tauschte später seine durch Erbschaft gewonnene Herrschaft Greiz
bei der Plauenschen Linie gegen die so genannten Hofer Lehen ein.
Zudem besaß es vor 1350 Mühltroff und bis 1502 Zeulenroda.

Im Jahre 1550 starb die Linie der Herren von Gera aus.

Das Haus Weida, als ehedem mächtigste Vogtslinie, musste im Zuge des verlorenen Vogtländischen Krieges im Jahre 1357 seine oberfränkischen Gebiete an den Burggrafen von Nürnberg und sein Weidaer Stammland bis 1427 an den Markgrafen von Meißen und damit an die Wettiner verkaufen. Es erlosch 1532.

Das Haus Plauen erwarb von den Weidaer Vettern Ronneburg, Schmölln und Werdau, zerfiel aber nach 1303 in einen älteren Zweig zu Plauen und einen jüngeren Zweig zu Greiz. Der ältere Zweig umfasste die Herrschaften Plauen, Auerbach, Pausa, Gefell, Hirschberg, Selb sowie Asch und Graslitz in Böhmen, der jüngere Zweig dagegen Greiz, Reichenbach, Mylau, Werdau, Ronneburg und Schmölln. Aus einer Nebenlinie des älteren Hauses [zu Mühltroff] stammte im übrigen der bekannte Hochmeister des Deutschritterordens Heinrich von Plauen [†1429]. Sein Vetter aus der Linie Plauen, Heinrich X [†1447], wurde vom Kaiser zum ›Burggrafen von Meißen‹ ernannt, ohne die Herrschaft in diesem seit 300 Jahren von den Wettinern besetzten Gebiet je antreten zu können. Den damit verbundenen Titel aber behielt er für sein Haus. Sein Sohn Heinrich II. allerdings verlor seine vogtländischen Herrschaften mit Plauen und lebte fortan in Böhmen.

Der jüngere Zweig des Hauses Plauen wurde nach dem Zunamen seines Begründers, Heinrich III. [† vor 1295], ›Ruthenus‹, ›Rucze‹, fortan ›Reuß‹ genannt. Der Name hat entweder von dessen längerem Aufenthalt in Russland seinen Ursprung oder rührt von seiner Ehe mit der mütterlicherseits einem russischen Fürstenhaus entstammenden böhmischen Herrentocher Maria Swihowska her.[199]

Nach dem Vogtländischen Krieg zerfielen die Reußen 1359 in die beiden Linien Greiz und Ronneburg, deren Gebiete in wettinische, zum Teil auch in böhmische Lehen umgewandelt wurden. Nachdem die Ronneburger Reußen im Jahre 1400 ausgestorben waren, fiel ihr Land als erledigtes Lehen an die Wettiner und die Greizer Verwandten gingen leer aus. Das Greizer Haus aber existierte weiter und blühte nach dem Tod Heinrichs XIII. [†1535] in seinen 3 Söhnen Heinrich XIV. dem Älteren [1506-1572], Heinrich XV. dem Mittleren [1525-1578] und Heinrich XVI. dem Jüngeren [1530-1572] fort.

Nach dem verlorenen Schmalkaldischen Krieg wurden die Reußen 1547 von Kaiser Karl V. [reg. 1520-1555] entmachtet, auf ihre Kranichfelder Besitzungen verdrängt und der Rest ihres Landes [Greiz und Zeulenroda ganz, das Geraer Erbe halb] dem Burggrafen Heinrich IV. [†1564] von Meißen aus der älteren Plauenschen Vogtslinie übertragen, der als böhmischer Erzkanzler in diesem Krieg eine wichtige Stütze der katholischen Partei gewesen war und zum Dank dafür vom Kaiser auch die von seinem Großvater an Kursachsen verlorenen Gebiete im Vogtland [Plauen, Pausa u.a.] zurückerhielt. Sein daraus gebildeter ›Burggrafenstaat‹, der faktisch das gesamte Vogtland umfasste, zerfiel bereits nach dem Tod seines letzten Sohnes Heinrich VI. [†1572] und das Land kam teils als Sächsisches Vogtland zurück an die Wettiner, teils in Gestalt der Herrschaften Greiz, Gera, Reichenfels-Hohenleuben, Schleiz, Saalburg, Lobenstein u.a. endgültig an die Reußen, die diese Gebiete allerdings als böhmische Lehen annehmen mussten, wenn auch mit der Besonderheit, dass der böhmische König sie nicht seinen anderen Lehen gleichstellen durfte, sondern ausdrücklich vom Reich zum Lehen nehmen musste.[200] Damit war die jahrhundertelang über den Nachfahren der Vögte schwebende Gefahr, zu Vasallen der Wettiner zu devancieren gebannt, ihre reichsunmittelbare Stellung endgültig gesichert. »Entbehrte das reußische Gebiet ohnehin des territorialen Zusammenhalts durch das den Wettinern zugefallene Amt Weida, … so wurde die Stellung der Herrschaft durch das bis zur Selbstaufgabe ausgetobte Teilungsprinzip[201]« in der Folge wiederholt in Frage gestellt. Kaum hatten die drei Brüder 1562 bzw. 1572 einen Teil ihres Besitzes bzw. Erbes [Lobenstein war noch verpfändet, Schleiz, Saalburg, Burgk kamen erst 1590 ganz in ihre Hand] zurückerhalten, schritten Heinrich XIV., XV. und XVI. auch schon zu ihrer ersten Landesteilung und bildeten eine ältere, eine mittlere und eine jüngere Linie und damit die Teilstaaten Reuß-Untergreiz, Reuß-Obergreiz [mit Schleiz und Zeulenroda] und Reuß-Gera heraus. »Nach dem Anfall der drei besagten oberländischen Herrschaften bis 1590 hatte das Reußenland (wie das im Vogtland gelegene Gebiet gern genannt wird) den Umfang erreicht, den es bis zum Aufgehen des Landes in den Freistaat Thüringen 1920 behalten sollte. Einzig die Herrschaft Kranichfeld [seit 1451/1453], die weit abseits des Kernlandes bei Weimar lag und sächsisches Lehen war, wurde von Gera, dem die zunächst dreigeteilte Herrschaft seit 1607 allein gehörte, zunächst 1615 an Kursachsen verpfändet und 1693 endgültig an Sachsen-Gotha verkauft. Obgleich die Reußen nur die Regalien als Reichslehen, ihr Gebiet aber wie gesagt, nur als Reichsafterlehen der Krone Böhmens besaßen, beschränkte sich die böhmische Lehnshoheit in der Folge doch darauf, dass das Haus beim Tode des Geschlechtsseniors gegen eine feststehende Gebühr von 200 Gulden die Lehen neu muten lassen musste. … Die Herren Reuß, wie sie sich zunächst nannten, besuchten selbst oder durch ihre Vertreter die Reichstage, gehörten dem Obersächsischen Kreis und seit 1656 der Wetterauischen Grafenbank an.[202]« Das bedeutete, sie hatten mit den Häusern Nassau, Hanau, Solms, Isenburg, Stolberg, Wittgenstein und den Grafen bei Rhein, Leiningen-Daxburg, Leiningen-Westerburg, Waldeck, Schwarzburg, Schönburg, Ortenburg und Wartenberg, mit denen sie meist auch vielfach verschwägert waren, Anteil an einer Kuriatstimme (Gruppenstimme).[203]« – »Sie hatten seit 1583 dem Obersächsischen Kreis 3 Mann zu Roß und 15 Mann zu Fuß oder 24 Mann zu Fuß zu einem Reichskrieg zu stellen oder 4 fl. je Mann und Monat zu zahlen.[204]« – »Aber immer noch wurde ihr einfacher Titel ›Herr‹ nicht richtig gewürdigt, ›weil‹, wie es in den Akten heißt, ›nicht aller Orten bekannt war, was derselbe Titel auf sich hatte und sie daher nicht überall ihrem Stande gemäß wollten gehalten werden, auch wohl ein landsässiger Graf sich besser dünkte als sie‹. Ihr Versuch, den Burggrafentitel der ausgestorbenen älteren Linie Plauen zu übernehmen, scheiterte am Widerstand des Hauses Wettin.[205]

Kurios war, dass man alle Prinzen der reußischen Linien mit Vornamen ›Heinrich‹ benannte. Den Namen soll Heinrich der Reiche [† vor 1210] aus Dankbarkeit für Landschenkungen zu Ehren Kaiser Heinrichs VI. für alle reußischen Regenten und deren Söhne eingeführt und im ältesten Hausgesetz festgeschrieben haben. Im Laufe der Jahrhunderte folgten hunderte von reußischen Heinrichen, wobei die Verwirrung noch erheblich dadurch verstärkt wurde, dass es zudem verschiedene Zählmodalitäten gab. Mal zählte man alle männlichen Mitglieder von I bis C [hundert] und begann dann wieder von vorn, mal wurde mit dem ersten Glockenschlag jedes neuen Jahrhunderts neu damit begonnen, die Prinzen zu zählen. Diese skurrile Sitte führte sogar zu staatlichen Verwicklungen, wenn etwa der in Frankfurt/M. tagenden Versammlung des Deutschen Bundes bei der Anschrift des Schleizer Regenten Heinrich LXII. bzw. seines zur gleichen Zeit in Ebersdorf herrschenden Kollegen Heinrich LXXII. einmal ein Fehler unterlief.[206] Demnach urteilt der berühmte Landesgeschichtsforscher Hans Patze 1968: »Namen wie Heinrich LXXII. Reuß j.L. schrecken auch den Historiker, nicht nur wegen einer unsinnigen, auf ein Hausgesetz gegründeten Namensgebung, sondern weil sie ein Gewirr von Landesteilungen in Erinnerung bringen, das keine handvoll Fachleute im Kopfe hat.[207]« Die durch den Schmalkaldischen Krieg völlig verarmten Reußen konnten auch späterhin nicht als ›reich‹ bezeichnet werden. Ihre Einnahmen standen selbst hinter den kleinsten ernestinischen und schwarzburgischen Häusern zurück.

Wenn man vom Geraer Landesteil mit seinen fruchtbaren Au- und Lößböden nebst der überregionalen Bedeutung der Stadt Gera als eines der Zentren des Tuchverlags sowie von der Stadt Schleiz als Kreuzungspunkt mehrerer Handelsstraßen einmal absieht, waren die reußischen Städte – wie der Historiker Günther Franz zusammenfasst – durchweg klein und unbedeutend. Ihre ratsfähige Bürgerschaft bestand in der Regel aus Ackerbürgern, die, wenn sie auch ein Handwerk ausübten, doch vorwiegend von der Landwirtschaft lebten. Ausnahmen, wie vermögende Händler, reiche Apotheker oder Besitzer von großen Fuhrmannsrasthöfen als Ratsherren, bestätigen die Regel. Die Vollbauern und »die Bürger, die nur Handwerker waren, gehörten zum Mittelstand. Die Rittergüter, denen ein großer Teil des Landes gehörte, waren steuerfrei. Die Herren mussten ihre Ausgaben aus dem Kammergut und einmaligen Steuern decken. Für deren Bewilligung waren die Landstände zuständig, zu denen die Rittergutsbesitzer und die Bürgermeister der Städte gehörten. Nach dem 30-jährigen Krieg wurden (anscheinend aber nur als Ausnahme) auch die Bürgermeister der Dörfer hinzugezogen. ... Die Städte mussten die außerordentlichen Steuern wie etwa die Fräuleinsteuer bei der Verheiratung von Töchtern des Hauses oder Reisesteuern für die Kavaliersreisen der jungen Herren ebenso wie Steuern zur Abdeckung der Schulden bewilligen. Die Reichs- und Kreissteuern konnten dagegen ohne Mitwirkung der Stände umgelegt werden.

Eine Scheidung zwischen Haus- und Kammervermögen bestand bis in das 19. Jahrhundert nicht. Abgesehen von dieser begrenzten ständischen Mitwirkung waren die Herren absolute Herrscher.
Doch hat [im 17. und 18. Jahrhundert] keiner von ihnen, wie es scheint, die Stellung zu einem Willkürregiment oder zu einer übersteigerten Hofhaltung ausgenützt, mag auch der eine oder andere Absonderlichkeiten gezeigt haben. Kein Reuße ist auch als Bauherr besonders hervorgetreten, dafür fehlten bei der Kleinheit der Herrschaften einfach die Mittel. Die meisten Herren mussten fremde Dienste annehmen, um ihre Hofhaltung aufrecht zu erhalten. Wir finden sie in kursächsischen, brandenburgischen, auch in dänischen, vor allem aber in österreichischen, d.h. kaiserlichen Diensten als Kammerherren, Räte, meist aber als Soldaten.[208]« Auch ihr Familienleben – wenn man von der Hofierung durch ihre Vasallen bei wichtigen Familienanlässen wie Taufen, Hochzeiten oder Beerdigungen einmal absieht – hob sich nicht allzusehr von dem des niederen Adels ab.

Allerdings forderte ihr Auftreten außerhalb des Landes eine unvermeidliche Betonung ihrer gesellschaftlichen Stellung als Reichsherren, Reichsgrafen und schließlich als Reichsfürsten, denn die damalige Zeit liebte solche Standesbezeigungen.

Bemerkenswert an den Reußen ist, dass trotz der Vielzahl ihrer Linien – insgesamt 10 waren es etwa im Jahre 1694 – ganz im Gegensatz zu den Ernestinern kaum größere Streitigkeiten unter ihnen bekannt sind. Neben ihren besonderen Hausgesetzen und genauestens vollzogenen, infrastrukturell mitunter völlig unsinnigen Landesteilungsmodalitäten [wie einmal in Stadt Schleiz und Markt Schleiz] mögen vornehmlich ihre häufigen Familientreffen den Zusammenhalt mit konfirmiert haben. Aufgrund ihrer zentralen Lage inmitten der verschiedenen Reußenländer dienten die Städte Schleiz, mehr noch Zeulenroda, häufig als Konferenzorte, woraus diesen meist hohe Verpflegungskosten entstanden. Als sich etwa 1687 die Landesherren von Obergreiz, Burgk und Rothenthal, der Kanzler von Gera sowie hohe Offiziere, mitsamt ihren Dienern und Pferden, in Zeulenroda einstellten, kostete das dem Stadtrat allein 20 Gulden für die gemeinsame Tafel sowie 4 Gulden 6 Groschen für die sonstige Zeche, die ihre ›hochgräfl. Exzellenz‹ der Graf zu Rothenthal dem Ratswirt gnädigst schuldig geblieben war.[209]

DAS HAUS UNTERGREIZ REUSS ÄLTERER LINIE

»Während die Häuser der jüngeren Linie über gemeinsame Zentralbehörden in Gera verfügten, unterhielten die älteren Reußen alle eigene Oberbehörden, ja besaßen nicht einmal ein gemeinsames Konsistorium für geistliche und schulische Fragen.«

Der Begründer der älteren reußischen Linie [älteres Haus Untergreiz] war wie erwähnt Heinrich XIV. zu Greiz [1506-1572]. Indem das obere Greizer Schloss zur mittleren Linie gehörte und für Untergreiz noch kein Herrschaftssitz vorhanden war, »ließ Heinrich der Ältere nach seinem Regierungsantritt inmitten der Stadt Greiz – in deren ihm zugefallenen Teil – seine Residenz, das spätere ›Untere Schloss‹, errichten.[210]« Nach seinem Tod regierten seine beiden Söhne eine Zeit lang gemeinsam. 1583 schritten sie aber zur Landesteilung: Heinrich II. [1543-1608] erhielt das Untergreizer Schloss und ein Territorium, das wir in der Folge als ›Untergreiz I‹ bezeichnen wollen, während sich der neue Landesherr von ›Untergreiz II‹, Heinrich V. [1549-1604], in Dölau bei Greiz eine neue Residenz schuf. Nach dem Anfall der Herrschaft Schleiz an das reußische Gesamthaus [1590] schichteten die Brüder 1596 ihren Besitz dahingehend um, dass der Herr von Untergreiz II seinen Teil an Schleiz der mittleren und jüngeren Linie verkaufte und dafür von Untergreiz I einen Teil dessen Besitzes erwarb, wofür dieses neben seinem eigenen Anteil an Schleiz noch die Herrschaft Burgk übernahm. 1616 teilte sich Untergreiz I noch einmal in die Zweige Reuß-Dölau [1636 an Burgk] und Reuß-Burgk [1640 größtenteils an das neuere Haus Untergreiz], wobei diese Länder ihrem Wesen nach aber kaum mehr als große Grundherrschaften waren. Als – ebenfalls im Jahre 1616 – der letzte männliche Vertreter der mittleren reußischen Linie, der in Schleiz residierende Heinrich XVIII. starb, übernahm die jüngere Linie zu Gera und Lobenstein von dessen Erbe die Ämter Schleiz [mit Tanna] und Saalburg . Der Zweig der älteren Linie Untergreiz II, der bislang nur Untergreiz besessen hatte, erwarb endlich Obergreiz und Zeulenroda. Die Herren von Untergreiz II, Heinrich IV. und Heinrich V., verwalteten das Erbe zunächst gemeinsam. 1625 teilten auch sie ihren Besitz und begründeten die neueren Häuser Untergreiz und Obergreiz. Heinrich V. der Jüngere [1602-1667] übernahm die Herrschaft Untergreiz mit der halben Stadt Greiz [91 Herdstätten] und 23$^1/_2$ Dörfern. Unter seinen Söhnen Heinrich II., IV. und V. teilte sich die Untergreizer Linie 1668 noch einmal in die Zweige Burgk [bis 1697], Rothenthal [1698 an Untergreiz] und Untergreiz [bis 1768]. Die Teilung erfolgte über ein Losverfahren. Der älteste Sohn Heinrich II. [1634-1697] gewann dabei den Landesteil Reuß-Burgk. Dieser umfasste im wesentlichen die 1640 an Untergreiz gefallene Herrschaft Burgk [bis auf die drei Dörfer Friesau, Röppisch und Zoppoten unteren Teils, die damals an Obergreiz gelangt waren] und zwar Schloss Burgk mit dem Burgkwald und dem Vorwerk Sorga, die Oberlehnsherrschaft über die Rittergüter Zoppoten, Remptendorf, Dörflas, Erkmannsdorf [reußischenteils], das Burgksche Lehen zu Oschitz und die drei Erbzinsgüter zu Friesau, des Weiteren an Dörfern samt deren Mannschaften: Möschlitz samt Mühle [67], Grochwitz samt Mühle [14], Mönchgrün [9], Neundorf [21], Crispendorf [54], Pahnstangen [22], Plothen [38], Rauschengesees bei Leutenberg [20], Remptendorf [76], Zoppoten oberen Teils [8], der Hammer an der Eiß, die Beyersmühle und die Letzschmühle [je 1], dazu die Kirchenpatronate über Crispendorf, Neundorf, Mönchgrün, Pahnstangen und Plothen. Das Kuriosum an dieser Zwergherrschaft war die Zusammensetzung ihre Landstände, die in Gestalt des Deutschritterhauses zu Schleiz, vertreten durch den Schleizer Stadrat und der Geistlichen Kastengerichte zu Saalburg, vertreten durch den Saalburger Stadtrat, allesamt im ›Ausland‹ [Reuß jüngerer Linie] ansässig waren.

Heinrich II. war mit Elise Sibylle, der Tochter Heinrichs II. [†1639] aus dem älteren Hause Burgk [bis 1640] verheiratet. Von ihren 3 Kindern starben zwei schon im Säuglingsalter. Nur eine Tochter, Eva-Emilie [1667-1716], überlebte und heiratete später einen burgkschen Vasallen, den Junker von Stein auf Lausnitz bei Neustadt/O., der im Amt Burgk das Rittermannlehen Pahnstangen [bestehend aus 7$^1/_2$ Bauernstellen] besaß.

Der mittlere Sohn Heinrichs V., Heinrich IV. [1638-1675], dagegen hatte bei der Teilung den Landesteil Reuß-Untergreiz A [zu Untergreiz] erhalten, der u.a. den Anteil von Untergreiz an der Stadt Greiz mit dem Unteren Schloss sowie die Dorfschaften Caselwitz, Eubenberg, Fraureuth, Gottesgrün, Hermannsgrün, Kahmer, Kleinrheinsdorf, Mohlsdorf, Pohlitz [ohne Vorwerk] und Sachswitz umfasste. Nach seinem Tod trat für seinen noch unmündigen Sohn und Nachfolger Heinrich VIII. bis 1693 eine Vormundschaftsregierung ins Amt.

Der dritte Landesteil [Reuß-Untergreiz B] ging an den jüngsten Sohn, Heinrich V. [1645-1698]. Seine Herrschaft umfasste die Oberlehnsherrschaft über die Rittergüter Reudnitz [Oberhof], Schönfeld [halb] und Hermannsgrün [Vorwerk]. Seine Amtsuntertanen saßen in Raasdorf [12], Irchwitz mit St. Adelheid [18], Reinsdorf [5], Daßlitz [21], Pommeranz [3], Neugernsdorf [28], Tschirma [15], Altgernsdorf [15], Nitschareuth [30], Lehna [3], Schönbrunn [11], Frotschau [9] sowie in 3 Mühlen. Zudem gebot er über Rittergutsuntertanen in Hermannsgrün [5], Gottesgrün [14], Kahmer [2], Schönfeld [13], Reudnitz [5], Waltersdorf [19], Reinsdorf [15], ferner in zwei Mühlen sowie im Vorwerk und der Schäferei zu Irchwitz. Kirchenpatron war er zu Reinsdorf, Tschirma, Hermannsgrün sowie in deren Filialkirchen.

Seine landesherrlichen Rechte hat Heinrich V., der als kaiserlicher Generalwachtmeister und Obrist viel unterwegs war, zunächst wohl kaum wahrgenommen. Erst 1670 kaufte er das, aus dem »Schwarzen Hammer im Rothenthal« hervorgegangene, 1634 privatisierte Kammergut Rothenthal wieder zurück und ließ sich – sei es auf den Grundmauern des alten Wohnhauses bzw. als dessen Erweiterung – eine bescheidene Residenz und eine Schlosskirche [1733 aufgehoben] errichten, an deren Baukosten sich seine Brüder in Burgk und Greiz finanziell beteiligten mussten.

»Ansonsten blieb Rothenthal — wie die Forscherin Anja Löffler schreibt — lediglich ein statistischer Herrschaftssitz unter den reußischen Residenzen. Denn das Haus Reuß-Rothenthal konnte seinen Besitz nach dem Erlöschen des zweiten Hauses Burgk 1697 durch dessen Erbteil erweitern. Eine überraschende Wende nehmen die Dinge in baulicher Hinsicht jedoch nicht. Nur in einer Generation bestehend, über 28 Jahre, von 1670 bis 1698 in Rothenthal erlosch das Haus 1698 durch das Ableben von Heinrich V., der keine männlichen Nachkommen hinterließ. Die nicht gesicherte Erbfolge war wieder einmal dafür verantwortlich, dass eine eben gebildete Residenz wieder einging.[211]« Das dazugehörige Residenzschloss fiel 1810 in Privathand und wurde im Laufe der Zeit zurückgebaut, bis auch der letzte Rest, der lange Zeit noch als Wirtshaus mit Saal gedient hatte, 1998 verschwand.[212]

Nachdem unter Heinrich VIII. [1672-1733] das Untergreizer Haus wieder vereinigt war, nutzte dieser Burgk als Jagdschloss und Sommerresidenz und ließ im Jahre 1709 das Vorderschloss ebenda neu ausführen. Das alte Amtshaus avancierte zu einem Kavaliershaus und am Hungerturm legte man einen kleinen Lustgarten mit Ziersträuchern und Obstsorten aus fernen Gegenden an, denen das rauhe Klima und die kalten Saalenebel allerdings nicht allzugut bekommen sein dürften. »1722-1724 wurde die Untergreizer Residenz neben der Stadtpfarrkirche zu einem eigentlichen Schloss ausgebaut. Daran erinnert noch heute die Bronzeztafel an der Einfahrt zum Unteren Schloss mit der Inschrift ANNO MDCCXXIV[213]« Heinrichs VIII. Sohn und Nachfolger Heinrich III. [1701-1768] beauftragte den begnadeten Orgelbaumeister Johann Gottfried Silbermann mit dem Bau dreier Orgelwerke 1739 in Greiz [Stadtkirche] und 1742 in Fraureuth bzw. Burgk [Schlosskapelle]. Zudem ließ er um diese Zeit auf Schloss Burgk den Spätbarock Einzug halten. Es erfolgten Umbauten im Speisesaal, sowie die Ausgestaltung des Musiksalons, des Chinazimmers, des Roten Salons und anderer Räumlichkeiten. Am Ende des südlich vom Schloss verlaufenden, zuvor mühsam geebneten Felsrückens entstand hinter einem noch heute erhaltenen französischen Garten ein achteckiger Rokoko-Pavillon, das Lustschlösschen »Sophienhaus«.[214] Als Heinrich III. im Jahre 1768 ohne männliche Erben starb, fiel sein Land an das Haus Obergreiz, das damit alle Gebiete dieser Linie wieder vereinigte.

DAS HAUS OBERGREIZ REUSS ÄLTERER LINIE

»Weil das Fürstentum Reuß älterer Linie mit 316 km² zu den kleinsten Bundesstaaten des Deutschen Reiches zählte, spöttelte man, dass die Kegelbahnen dort krumm angelegt werden müssten.[215] Noch 1877 äußerte ein Bauer aus dem Amt Burgk gegenüber dem sozialdemokratischen Reichstagskandidaten Wilhelm Blos: ›Sie sprechen von unserem Staat, aber es ist kein Staat, es ist ein großes Rittergut!‹[216]«

Der Begründer des neueren Hauses Obergreiz, Heinrich IV. der Mittlere [1597-1629], hatte bei der Teilung von 1625 neben der anderen Hälfte von Greiz [83 Herdstätten], die Stadt Zeulenroda und 17¹/₂ Dörfer erhalten. Für seinen Sohn und Nachfolger Heinrich I. [1627-1681] wirkte bis 1647 eine Vormundschaftsregierung. Von seinem 1652 auf dem Greizer Oberschloss abgehaltenen Landtag war im Vorfeld bereits die Rede.

Obwohl er gezwungen war, seine Privateinkünfte durch Reichsdienste zu mehren, plante Heinrich I. im Jahre 1666, die Stadt Zeulenroda zu seiner Nebenresidenz zu erheben und dort ein Schloss – allerdings im anachronistischen Renaissancestil der Zeit um 1600 – zu errichten.[217] »Die Bürger, die hierbei einige Fronlasten übernehmen sollten, zeigten sich aber so wenig entgegenkommend, dass der Landesherr den Plan fallen ließ. Wenn er aber doch einmal, meist zur Jagd in der Stadt weilte, blieb er oft über ein ganze Woche und die Bürger mussten ihn und seine hohen Gäste verpflegen, denn es war damals üblich, dass die Stadt alle Ausgaben, die der Aufenthalt der herrschaftlichen Familie in der Stadt verursachte, auszugleichen hatte. Dabei kamen mitunter Summen in Frage, die in ihrer Höhe der jährlichen Steuerabgabe der Stadt an die Herrschaft gleich kamen. … Heinrich I. und sein Sohn Heinrich VI. waren mit militärischen Neigungen und Talenten begabte Offiziere, die im Dienste des Reiches und Kursachsens hohe militärische Stellungen erlangten. Heinrich I. ›der Dicke‹ hatte nach 1670 unter Kurfürst Friedrich Wilhelm von Brandenburg als Regimentschef gegen Frankreich gekämpft. Als nach dem Überfall Ludwigs XIV. auf das Reich der Kaiser im Namen der Reichsstände den Krieg erklärte, bot Heinrich I. ihm an, ein Regiment aufzustellen, welches im Herbst 1674 seine Feuertaufe erhielt und sich auch in dem Gefecht bei Kaisersberg auszeichnete und dem Obristen Heinrich I. den Titel eines Generalfeldwachtmeisters einbrachte. Seine zunehmende Korpulenz hinderte ihn jedoch am weiteren Felddienst. So ließ er sich vom Kaiser begnadigen und kehrte mit dem Titel eines kaiserlichen geheimen Rates nach Greiz zurück. Das von Heinrich I. begründete Regiment behielt aber dessen Namen und bestand als ›Regiment Graf Reuß‹ bis zum Ende des Ersten Weltkrieges in der Österreichischen Armee fort.[218]«

Bereits im Jahre 1673 waren alle reußischen Linien in den Reichsgrafenstand erhoben worden und durften seitdem den Titel ›Reußen, Grafen und Herren von Plauen, Herren zu Greiz, Kranichfeld, Gera, Schleiz und Lobenstein‹ mit dem Prädikat ›Hoch- und Wohlgeboren‹ führen, ganz gleich, ob ihnen Plauen bzw. später Kranichfeld tatsächlich gehörte, weswegen auch Kursachsen, das damit jedoch allein stand, die Rangerhöhung nicht anerkannte. 1681 führten die Reußen dann die Primogenitur ein, wonach der jeweils älteste Sohn das Land regieren und zugunsten der Nachgeborenen keine Landesteilungen mehr vorgenommen werden sollten.[219]

Von Heinrichs I. Söhnen erlangte Heinrich VI. [1649-1696] als ›Held von Zenta‹ später hohen Ruhm. Mit 15 Jahren fand er am Hof Ernsts des Frommen Aufnahme, wo er gemeinsam mit dessen Söhnen erzogen ward. Nach zweijähriger Kavalierstour, bei der er sich in Genf und Lyon längere Zeit zum Studium aufhielt, trat er 1668 mit 19 Jahren als Kompanieführer eines kurbrandenburgischen Reiterregiments in den Militärdienst ein. Dass junge Hochadlige ohne vorherige Rüstzeit als Fähnrich oder Lieutenant teils schon mit 17 Jahren dermaßen hohe Kommandostellen übertragen bekamen, war im damaligen Militärwesen – wo Offizierspatente in der Regel verkauft und ein tüchtiger Soldat es meist nur zum Unterführer bringen konnte – an der Tagesordnung. Allerdings konnten sich die jungen Leute zur Wahrnehmung ihres Amtes gewöhnlich auf einen erfahrenen und eingespielten Stab von Chargen stützen, wobei die eigentliche Truppenorganisation vornehmlich auf den Korporalen,

Feldwebeln und Wachtmeistern lastete. So stand noch gegen Ende des 19. Jahrhunderts in einem Offiziershandbuch unter dem Stichwort, wie ein Schützengraben auszuheben sei, sinngemäß geschrieben: ›Befehlen sie dem Feldwebel, einen Schützengraben auszuheben!‹

Heinrich VI. machte im kurbrandenburgischen Dienst schnell Karriere. Man ernannte ihn zum Kammerherrn in Berlin. Finanznöte und militärischer Ehrgeiz ließen ihn jedoch bald nach einem besser dotierten Tätigkeitsfeld zu suchen.[220] »So nahm er 1672 an einem Feldzug teil, den Frankreich zusammen mit Kurköln und Münster gegen die holländischen Generalstaaten führte, wobei er im gleichen Regiment diente, welches sein Untergreizer Vetter im Dienste des abenteuerlichen Münsteraner Bischofs führte. Als aber der Kaiser 1674 für die Generalstaaten Partei ergriff, über den Bischof von Münster die Reichsacht verhängte und allen deutschen Offizieren und Mannschaften gebot, ihren reichsfeindlichen Dienst unverzüglich aufzugeben, trat Heinrich VI. in holländische Dienste, wo er ein 1.400 Mann starkes Regiment anwarb. 1676 bei Mastricht durch einen Streifschuss verwundet und anschließend von einem schweren Fieber ausgezehrt, quittierte er seinen Dienst. Und es dauerte bis 1679, bis er wieder eine Stellung antreten konnte, diesmal im Markgräflich-Ansbach'schen Dienst als Landeshauptmann von Hof [und] zwei Jahre später ... als Kammerherr am Hofe des sächsischen Kurfürsten Johann Georg III. für ein Jahresgehalt von 1.000 Talern. Der Kurfürst plante zu dieser Zeit ebenso wie Österreich und Brandenburg ein stehendes Heer aufzustellen, wozu er viele erfahrene Offiziere benötigte. So bot sich auch für Heinrich VI. die Gelegenheit, den Posten eines Dragonerobristen anzunehmen. Das Regiment erhielt seinen Namen und wurde ›Kurfürstlich Sächsisches Gardereiterregiment Graf Reuß‹ genannt.[221]«

»Als Generalwachtmeister nimmt er 1683 am Entsatz von Wien teil, reist mit dem sächsischen Kurfürsten als Reisemarschall nach Venedig und nach Holland, wird auch zu diplomatischen Diensten verwandt.[222]« Einmal führen ihn diese Wege sogar an den Hof von London. Selten nur weilt er in der Heimat. »Graf Heinrich VI. war seit dem ersten Feldzug im Jahre 1688 im Reichskrieg gegen Frankreich im Generalstab der damals 15.000 Mann starken sächsischen Armee in führender Stellung, sowohl im Generalstab als auch als Regimentskommandeur. Nach dem Tod seiner ersten Gemahlin [Amalie Juliane von Reuß-Untergreiz] heiratete er die junge und lebenslustige Henriette Amalie Freiin von Friesen. Sie war das 17. Kind des Kurfürstlich-Sächsischen und Königlich-Polnischen geheimen Ratspräsidenten und Kammerherrn von Friesen,[223]« eine geistreiche, aber durchtriebene Dame, die in Dresden geboren mit der dortigen

Hofgesellschaft ganz und gar verwachsen war, daher auch ihren Gemahl veranlasste, sich viel in Dresden aufzuhalten. »Im Gegensatz zu seinen eher bescheidenen häuslichen Verhältnissen während seiner Ehe mit der 13 Jahre älteren ersten Gattin, führte der Graf jetzt in Dresden ein großes Haus. Der Kurfürst hatte ihm in der Moritzstraße ein schönes palaisartiges Gebäude zur Verfügung gestellt, wo er, soweit ihn die militärischen Dienste nicht hinderten, fast ausschließlich residierte.[224]«

Der doppelte Haushalt Heinrichs VI. in Greiz und in Dresden verbrauchte so viel Geld, dass seine hohen persönlichen Einkünfte glatt dabei aufgingen und die Untertanen von der herrschaftlichen Kasse immer wieder mit Sonderabgaben belastet wurden, die notfalls mit militärischer Gewalt eingetrieben wurden. Dennoch reichte es oft nicht zu. So schrieb der englische Gesandte in Dresden, Stepney, an den Gesandten Englands in Wien, Lord Lexington, als das Reich 1695 in die Türkenkampagne zog, über ihn: »Der Kurfürst [August der Starke] hat auf der Messe eine Menge Geschenke erhandelt, für die, die in diesen heiligen Krieg folgen. Der großmächtige Graf Reuß ist einer von denen, denen der Kurfürst 1.500 oder 2.000 Taler gab, um seine Equipage anzuschaffen.« Demnach hatte Heinrich VI. zu dieser Zeit nicht einmal die Mittel, seine Reiseausrüstung und -gefolgschaft auf den, von einem sächsischen Heerführer zu erwartenden Standard zu bringen.

Die darauf folgende Rückeroberung Ungarns unter dem kaiserlichen Feldherrn Prinz Eugen von Savoyen [1663-1736] und sein Sieg in der Schlacht von Zenta [1697] wurde für Heinrich VI. zum Zenit, aber auch zum Endpunkt seines Lebens. Als Generalfeldzeugmeister führte er das aus 11 Regimentern bestehende sächsisch-polnische Hilfskorps von Görlitz nach Ungarn, um gemeinsam mit den kaiserlichen und anderen Reichstruppen gegen den Ansturm der türkischen Armee unter Sultan Mustapher vorzugehen. Aufgrund der vorgerückten Jahreszeit hatte man zunächst auf allzu operative Bewegungen verzichten wollen, doch es sollte anders kommen. Zunächst schien es, als wollten die jenseits der Theiß stehenden Türken flussaufwärts ziehen und die Festung Szegedin erobern, worauf ihnen der Weg nach Siebenbürgen frei geworden wäre. Das am anderen Flussufer marschierende kaiserliche Heer folgte ihnen aber auf den Schritt und hinderte sie daran, ihre Marschrichtung zu ändern, um schließlich bei Zenta die Theiß zu überschreiten. »Hier begannen die Türken einen Brückenkopf zu schanzen, um in dessen Schutz über den Strom zu setzen. Von diesem Brückenschlag ahnte man im österreichischen Heer zunächst nichts. In den Nachmittagsstunden des 11. September traf das Heer Prinz Eugens auf den Feind, der gerade in Begriff war, über die Theiß zu setzen. Der Oberbefehlshaber nutzte die Chance und gab den Befehl zum Angriff auf das türkische Heer. Die Türken hatten den Flussübergang natürlich gesichert. Deren Bastion schwang sich in einem Bogen von fast einer Wegstunde Länge von der Theiß weit in die Ebene ausladend, bis wieder zum Strome zurück. Auf beiden Seiten reichten die Schanzen bis dicht an den Strom.[225]« Das kaiserliche Heer rückte – ungestört durch die wider sie anreitende türkische Kavallerie – in guter Ordnung in die Schlachtlinie ein. Den zentralen Angriff auf die Bastion übernahm das im mittleren Flügel stehende Kontingent Heinrichs VI., der selbst mit in vorderster Linie stürmte. Aus den Schanzen prasselten Geschosse aller Art und Größe auf die Angreifer ein. Zunächst wurde der in nächster Nähe reitende Leibknecht des Grafen schwer verwundet. Dann erschoss man einem seiner Adjutanten das Pferd und zerschmetterte seinem anderen Adjutanten den rechten Fuß. Bald wurde auch das Pferd des Grafen getroffen und am Ende verwundete es Heinrich VI. selbst. Drei Kugeln drangen durch seinen Leib; eine zertrümmerte seinen rechten Arm. Der mit ihm reitende Generalwachtmeister von Röbel wollte ihn aus dem Gefecht bringen lassen. Als die Soldaten jedoch den Ausfall ihres Anführers bemerkten, begann ihr Angriff zu stocken, worauf sich der Graf entschloss, die Attacke fortzureiten. Daraufhin drangen seine Truppen immer weiter vor und nahmen die Bastionen ein. »Dabei wurde dessen Pferd erneut verwundet und eine weitere Musketenkugel zerschmetterte den Knochen des linken Oberschenkels. Dem Grafen blieb nicht anderes übrig, als den Befehl an Generalwachtmeister von Röbel abzugeben. In Begleitung seines Stallmeisters und eines weiteren Ordonanzoffiziers trug ihn das schwerverwundete Pferd zur Kutsche. Mit ihr wurde er in ein eilig errichtetes Zelt gebracht.[226]« Nachdem ihre Verteidigungslinie gefallen war, gaben die Türken, die vordem ›mit aller Wucht und Tapferkeit‹ gekämpft hatten, die Schlacht verloren und versuchten in heilloser Flucht über die Pontonbrücke – die unter der Last zusammenbrach – das andere Flussufer zu erreichen. Nur etwa 1.000 Mann entkamen, alle anderen – man schätzt etwa 20 bis 30.000 Soldaten, darunter 5 Wesire, 13 Paschas, 53 Agas und Beis – wurden getötet oder ertranken im Fluss. Die gesamte türkische Artillerie fiel in die Hand der Sieger.

Auf dem Sterbebett erhielt der schwer verwundete Heinrich VI. noch seine Ernennung zum sächsischen Generalfeldmarschall. Unter großen Schmerzen und ohne Hoffnung auf Genesung starb er am 21. Oktober 1697. Sein Leichnam wurde anschließend nach Greiz überführt. Sein verwundetes Pferd jedoch erholte sich wieder und erhielt noch etwa 30 Jahre in Greiz sein Gnadenbrot. Nach seinem Tod wurde es im oberen Schloss an der Mauer beigesetzt und eine Eiche, die ›Zentaeiche‹, darauf gepflanzt, die noch heute in ihrer wuchtigen Gestalt zu bewundern ist. Der Degen Heinrichs VI. sowie sein Mantel und die Kugeln, die ihm den Tod brachten, waren lange Zeit auf Schloss Burgk ausgestellt, wo noch heute ein Gemälde von ihm zu sehen ist. Die äußere Erscheinung des Grafen muss sehr eindrucksvoll gewesen. Als man seinen, in der Stadtkirche von Greiz stehenden Prunksarg später öffnete, ruhte darin ein Skelett, das trotz der zerschmetterten Knochen von enormer Körpergröße war.[227]

Die Regierung der Grafschaft Obergreiz, in der seiner Zeit etwa 10.000 Menschen lebten, hatte Heinrich VI. nach dem Tod seines Vaters 1681 ohnehin nicht voll antreten können, da der Sohn aus dessen zweiter Ehe noch unmündig war und unter Vormundschaft stand. So blieben ihm nur die letzten beiden Lebensjahre, in denen er selbstständig regieren konnten, allerdings nur über den Landesteil Obergreiz-Obergreiz. Seine Stiefmutter Sibylle Juliane nämlich focht 1681 das reußische Primogeniturgesetz an und strengte im Namen ihres unmündigen Sohnes Heinrich XVI. [1678-1698] einen Prozess beim Reichshofrat in Wien an. Um ihre Stellung zu stärken, nutzte sie die Unzufriedenheit der Untertanen Heinrichs VI. wegen der unliebsamen Sondersteuern aus und ließ ihre Beamten die Bauern dazu überreden, sich wegen dieser Leuteschinderei in Wien zu beschweren. Um sich beim Kaiser zu rechtfertigen, ließ sich Heinrich VI. von den Räten seiner Städte, die aus der von Sibylle Juliane geforderten Landesteilung ohnehin nichts Gutes für ihre Gemeinwesen erwarten konnten, Zeugnisse guter landesväterlicher Regierung ausstellen. Nach 13 Jahren Prozessdauer endete der Streit 1694 mit einem Vergleich, worin Heinrich VI. dem Stiefbruder einen Teil seines Landes, u.a. den Südraum von Greiz und die Stadt Zeulenroda abtrat. Die daraufhin gebildete Zwergherrschaft Obergreiz-Dölau gebot lediglich über jährliche Einnahmen von 3.180 Gulden, denen nichtzuletzt aus den Gerichtskosten erwachsene Schulden in Höhe von 12.541 Gulden gegenüberstanden. Am Ende waren die großen Mühen der Grafenwitwe umsonst. Nach dem frühen Tod ihres Sohnes fiel das Land 1698 wieder an Obergreiz zurück, worauf das Dölauer Wasserschloss, ein Ost-West-orientierter Rechteckbau, als Wohnort für gräfliche Familienmitglieder und der Wirtschaftshof [Vorwerk] mit seinen zuletzt knapp 200 Hektar landwirtschaftlicher Nutzfläche bis 1919 als Kammergut diente.[228]

Den Obergreizer Untertanen war – wie wir schon hörten – der Höhenflug ihres Landesherrn teuer zu stehen gekommen.

Als Heinrichs VI. Witwe, Henriette Amalie [†1732], die neben ihrer alljährlichen Pension von Kursachsen gerade erst ein Schmerzensgeld in Höhe von 30.000 Talern erhalten hatte, von ihnen nun auch noch eine Sondersteuer auf 6 Jahre forderte, riss den Ständen der Geduldsfaden, weil das Geld nicht dem Land, dessen Staatsschuld während der Regierungszeit Heinrichs VI. enorm gestiegen war, sondern der Schatulle der in Dresden im großen Stil residierenden Gräfin zugute kommen sollte. In der großen Ratsstube von Zeulenroda kam es daher am 19. Oktober 1698 in Gegenwart der Greizer Regierungsräte zum offenen Tumult, dem vielleicht ein ›Zeulenrodaer Fenstersturz‹ gefolgt wäre, wenn die Beamten nicht durch ihre eiligste Flucht durch eine Hintertür den aufgebrachten Bürgern entkommen wären. Für die später als Rädelsführer ausgemachten Untertanen hatte das freilich ein bitteres Nachspiel, da sich sogar Kaiser Leopold echauffierte und die Zeulenrodaer dieser Aufsässigkeit wegen streng verwarnte. Auch die für die beiden Söhne Heinrichs VI. unter den Grafen Heinrich III. und IV. von Reuß-Untergreiz sowie Heinrich XXIV. zu Köstritz bis 1715 geführte Vormundschaftsregierung war von mitunter peinlichen Meinungsverschiedenheiten zwischen dem streng pietistisch orientierten Köstritzer Herrn und der mit dem viel freieren Hofleben verwachsenen lebenslustigen Dresdner Hofdame gekennzeichnet.[229]

Wo andere Souveräne neue Schlösser errichteten, begnügte man sich in Reuß-Obergreiz zunächst mit baulicher Überformung: »1705-1711 entstand durch Aus- und Umbau einzelner Teile des Oberen Schlosses die gräfliche Obergreizer Residenz. So wurden die alten Wehranlagen ... wie auch die Erker auf der Westseite (mit einer Ausnahme) beseitigt. Jetzt bekam die Südseite die Gestalt die sie heute noch hat.[230]«

Die von den beiden Obergreizer Brüdern Heinrich I. und Heinrich II. im Jahre 1714 unternommene Bildungsreise, wo sie u.a. am Pariser Hof die Zustände im Jahr vor dem Tod des Sonnenkönigs kennenlernten, endete in einem Desaster. Nicht nur dass der Erbsohn Heinrich I. sich dort eine Infektion einholte, an der er zugrunde ging, auch die mit der Reise verbundenen Kosten in Höhe von, für ein solches Land beträchtlichen 20.000 Talern wollten die Untertanen, insbesondere die Bauernschaft nicht tragen. Wiederholt hatte die Landesherrschaft nach der Verweigerung solcher Sondersteuern Gewalt gebraucht. Nachdem zur Niederschlagung eines Steuer-Streiks 1682 sogar Zeulenrodaer Stadtgardisten mit hatten ausrücken müssen, erging auch 1715 an den dortigen Rat der Befehl, unverzüglich 20 Bürger mit Ober- und Untergewehr bewaffnet zum Sammelplatz des Greizer Militärs zu entsenden. Die Ratsherren hatten Bedenken. Sie versuchten, den Befehl zunächst auszusitzen, mussten sich nach persönlichem Eingreifen der Regierung, dann aber doch fügen. Nach einigen Tagen war die Ruhe in den aufständischen Obergreizer Dörfern wiederhergestellt und die Steuerschuld durch Exekution – also durch willkürliche Wegnahme von Hausrat und Vieh – eingetrieben worden, worauf in Zeulenroda 85 Stück Vieh auf den Markt kamen. Als der vorfristig mündig gesprochene neue Landesherr Heinrich II. [1696-1722] kurz darauf die Regierung übernahm und die gesamte Untertanenschaft zur Erbhuldigung nach Greiz einbestellte, erschienen nur die Bürger der Städte, während fast alle Bauern, bis auf die weniger Dörfer demonstrativ ausblieben. Nicht nur dem Grafen, auch den Städtern trugen die Landleute die erlittene Exekution noch lange nach und gaben ihren Groll bei allen passenden Gelegenheiten durch Beschimpfung von Bürgern Ausdruck. Die Bauern gaben sich nicht geschlagen, sondern klagten sowohl in Prag bei dem Lehnsherrn der Reußen sowie beim Reichshofrat in Wien. Eine kaiserliche Untersuchungskommission kam ins Land. Nachdem die Bauern in dem Prozess, der sich 15 Jahre hinzog, unterlegen waren, ging 1730 der Streit um die Prozesskosten weiter.[231]

Die kurze Regierungszeit Heinrichs II. war von dem wohl einmaligen Versuch geprägt, den Pietismus als tiefreligiöses Lebensmodell konsequent von oben her durchzusetzen, wozu er die erste und in dieser strengen Form wohl einzige pietistische Landeskirche in Deutschland begründete. Zum Pietismus gekommen war der Graf einerseits, weil ihm der plötzliche Tod seines Bruders schwer belastete, zum anderem durch ein religiöses Erweckungserlebnis, das ihm zuteil wurde, nachdem er auf der Elbe winters im Eis eingebrochen war und erst in letzter Minute gerettet werden konnte. Auf Anraten seines Vormundes Heinrich XXIV. von Reuß Köstritz ging er zu August Hermann Francke nach Halle, zu dessen engsten Ratgebern und Freunden der Köstritzer Herr gehörte. Mit einen weiteren bedeutenden Pietisten, dem Grafen Henckel von Donnersmarck auf Pölzig, begann Heinrich II. im Jahre 1714 die so genannte ›geschlossene Korrespondenz‹, in der die beiden Reformer alle Maßnahmen zur Organisation und Ausbreitung des Pietismus erörterten. Der Köstritzer, der Pölziger und der Obergreizer Herr bildeten Jahre hindurch eine Art geheime Kirchenregierung, deren Einfluss sich deutschlandweit auswirkte.[232] In jugendlichem Übereifer und durchaus nicht in Übereinstimmung mit seinen Verwandten wollte Heinrich II. bei seinen Untertanen pietistische Frömmigkeit erzwingen. »Nachdem er schon 1717 in einem Ausschreiben dargelegt hatte, ›wie und welcher Gestalt er zur gründlichen Besserung des wahren Christentums und Absteckung der Hindernisse desselben in seinen Landen durch Gottes Gnade einen Anfang machen wolle‹, fasste er 1720 seine Politik in der Schrift ›Von Beschaffenheit wie auch Amt und Pflicht der Prediger, Schuldiener und Hausväter‹ zusammen. … Flüchtlinge aus anderen Gegenden Deutschlands kamen nach Greiz. Ein Flugschriftenkrieg entbrannte, bei dem gegnerische Schriften durch den Scharfrichter verbrannt wurden. Auch als Pfarrer suchte Heinrich II. möglichst Pietisten zu gewinnen, denen die Erweckung zuteil geworden war. Als Konsistorialrat stellte er sogar einen Calvinisten ein. … Besonderen Wert legte der Graf auf die Sonntagsheiligung. Der Kirchbesuch war selbstverständlich Pflicht[233]« und fand etwa in der geteilten Stadt Greiz dergestalt statt, dass sich die Obergreizer Pietisten die einzige Stadtkirche mit den Untergreizer Lutheranern teilen mussten.

Selbst den Hausvätern war es unter Heinrich II. auferlegt, »täglich morgens und abends eine Andacht mit Gebet und Schriftlesung und sonntags eine ›christliche Übung‹ mit Wiederholung der am Vormittag gehörten Predigt mit ihrer Familie und ihrem Gesinde [zu] halten. … Jede Tanzerei, auch auf Hochzeiten, war verboten, ebenso das Schlittenfahren, Weihnachtsbäume und Maiengrün. Ja den Untertanen wurde verboten, über die engen Landesgrenzen hinaus sonntags in die benachbarten Dörfer der reußischen Vettern oder nach Sachsen zu gehen und sich zu vergnügen.[234]«

Die allgemeine Schulpflicht suchte der Graf durch regelmäßige Schulvisitationen durchzusetzen. Hatten etwa die Kinder auf dem Lande bisher meist nur im Winter kaum mehr als 10 Wochenstunden Unterricht gehabt, setzt er nun durch, dass sie auch im Sommer wenigstens zwei Stunden täglich zur Schule gingen. Dem widersetzten sich die Eltern, die ihre Kinder in dieser Zeit lieber mit auf dem Feld gesehen hätten. Bei der Auswahl der Lehrer spielten nicht weniger deren Kenntnisse und Fertigkeiten, als vielmehr ihre Gesinnung und Denkart die Hauptrolle. »Demnach war pietistische Gesinnungsbildung erstes Ziel des Unterrichts. Die Aneignung von Kenntnissen in der Religion war Hauptforderung. Der reußische Pietismus wünschte keine Bildung des Volkes im Sinne der Aufklärung. Der Unterricht in den Realien war daher denkbar dürftig, in den Dorfschulen unbekannt. Weltliche Bildung war noch immer ein Vorrecht weniger. Kulturträger war nach Gottes Ratschluss in erster Linie die Gesellschaftsschicht der Adligen. Bürger- und Bauernkinder durch einen planmäßigen Volksschulunterricht an die Bildungshöhe dieser führenden Kreise heranzubringen, wären Heinrich II. und Heinrich XI. als ein Frevel an Gottes Ordnung erschienen. In ihren Augen war eine Volksschule nur berechtigt, wenn sie beitrug, das Volk in allen seinen Ansprüchen bescheiden zu halten. Daher waren für diese Schulen keine gelehrten Lehrer erwünscht, sondern möglichst naive Laienkräfte, die einigermaßen lesen, schreiben, rechnen konnten, im übrigen nicht mehr wussten als ihre Schüler. Mit Absicht war auch das Schulhaus so ärmlich wie möglich ausgestattet. Mehr als eine stallähnliche Hütte war auf den Dörfern nicht zu finden. Selbst in Zeulenroda und Greiz war es nicht viel besser.[235]« Trotz seiner Einschlägigkeit mag dieser Schulunterricht, wie auch der durch die ›christlichen Übungen‹ erzeugte Prüfungsdruck die kognitiven Fähigkeiten der Bevölkerung von Schülergeneration zu Schülergeneration gefördert, den Intellekt erhöht und somit den Nährboden für die Adaption von theoretischem Wissen schlechthin, wie es dann zu späteren Zeiten in den Lehrplan aufgenommen wurde, mit den Weg bereitet haben.

Auch nach dem frühen Tod Heinrichs II. wurde der ›Pietismus als Staatsform‹ von dem im Vormundschaft für dessen Sohn Heinrich XI. [1722-1800] regierenden Heinrich XXIV. von Köstritz aufrecht erhalten, sodass auch dieser, als er 1743 die Regierung antrat, seiner im strengen pietistischen Geist gehaltenen Erziehung entsprechend, fest davon überzeugt war, »dass sein Regierungsauftrag ein unverdientes Geschenk göttlicher Gnade sei, für das seinen Dank abzustatten er sich durch gewissenhafteste Erledigung aller Regierungsgeschäfte ernstlich verpflichtet fühlte.[236]« Wie der Zeulenrodaer Chronist Friedrich Lorenz Schmidt schreibt, neigte auch dieser Landesherr, dem damaligen Zeitgeist gemäß, dem Absolutismus zu: »Sein Wille war in seinem Land entscheidend. Die Landstände verloren unter seiner Regierung den letzten Rest ihrer kümmerlichen Befugnisse, die bescheidenen Rechte der beiden Städte wurden mehr und mehr beschnitten, und die Bauernschaft verlor jeden Einfluss auf die Finanzgebarung der Regierung. Der Graf war überzeugt, dass der Untertanenverstand beschränkt sei und fühlte sich umso mehr verpflichtet, als Landesvater für seine ›unmündigen‹ Landeskinder zu denken und zu handeln, ihnen mit seinen gesamten Regierungsapparat behilflich zu sein, die rechte Straße zu ihrem wahren Lebensglück zu finden und einzuhalten. In zahlreichen Polizeimandaten schrieb er ihnen ihre Lebensführung vor oder versuchte diese zu beeinflussen, damit der liebe Gott an ihnen sein Wohlgefallen haben und aus seinen himmlischen Zelten mit besonderer Freunde auf das Reuß-Greizer Ländchen blicken könne. Das von seinem Konsistorium verankerte Kirchenregiment sah seine Aufgabe darin, den Landesherrn hierin zu unterstützen und den Untertanen in Stadt und Land immer und immer wieder vorzuhalten, dass sie allemal Sünder seien und streng genommen weder Nahrung noch Kleidung verdienten, noch viel weniger aber ein Anrecht auf Lebensgenuss und -freude zu erheben befugt seien. Charakterisiert wird diese Einstellung des Konsistoriums u.a. durch die Verordnung des Kirchengebets, als der Blitz die Kirche zum Heiligen Kreuz in Zeulenroda beschädigt hatte. Seinen Untertanen gegenüber bemühte sich der Landesherr gerecht zu sein. Auch der ärmste fand bei ihm Gehör, und viele noch erhaltene Eingaben aus dem Innungsleben der Zeulenrodaer zeigen, dass mindestens der gute Wille vorhanden war, den kleinen Mann vor Schaden zu schützen. Auch wenn seitens der Landesherrschaft eine Benachteiligung einzelner Untertanen in Frage kommen konnte, bemühte sich die Regierung, dies zu verhindern oder im eingetretenen Falle die Betroffenen schadlos zu halten. … Wie die Regierung bemüht war, die Rechte und Besitzwerte der Untertanen zu achten, so war sie andererseits doch auch überzeugt, dass Armut und Reichtum im Sinne der göttlichen Weltordnung begründet seien und sich dagegen aufzulehnen sündhaftes Beginnen sei.

Peinlich sah die Regierung darauf, dass die Untertanen ihrer Steuerpflicht pünktlichst nachkamen. Die Steuern waren in normalen Zeiten trotz des großen Gezeters der Bürger nicht hoch. … Schon zur Zeit des Grafen Heinrich VI. hatte der kursächsische Regierungsrat von Bose gesagt, niemand könne es besser haben, als die reußischen Untertanen die im Frieden fast keine Steuern zahlten. Besonders waren Handel und Gewerbe mit geradezu lächerlich geringen Abgaben – verglichen mit unserer Zeit – belastet. Für die große Geldsummen verdienenden Handelsherren bedeuteten die wenigen Abgaben an Staat und Gemeinde so gut wie nichts. Ebenso war die Landwirtschaft nur gering belastet, die Rittergüter waren in Friedenszeiten gänzlich steuer- und abgabenfrei.
Infolgedessen hielt das Landesvermögen mit dem steigenden Volksvermögen nicht Schritt. Die Landeskasse blieb arm und leistungsunfähig. Es konnte nichts unternommen werden, um die öffentlichen Bedürfnisse des Landes, die mit der Zeit wuchsen und sich erweiterten einigermaßen, geschweige denn restlos zu befriedigen. Verkehrswesen, Schulverhältnisse, Armenhilfe und Sanitätswesen wurden – wenn auch nicht gänzlich vernachlässigt – so doch in keiner Weise vorwärts gebracht. Die Städte … erhielten nur in seltensten Fällen eine bescheidene finanzielle Unterstützung zur Lösung kultureller oder wirtschaftlicher Aufgaben. Dagegen liegen … Beweise vor, dass die Landesregierung hemmend eingriff, wenn nach ihrer Ansicht Bürgermeister und Rat in ihren Planungen zu großzügig waren. Wie man den Untertanen – besonders den so genannten ›kleinen Leuten‹ wie Tagelöhnern, Handarbeitern, Klein-

bürgern und Bauern – Bescheidenheit, Mäßigung, Demut, Sparsamkeit und Zufriedenheit als die größten Tugenden ans Herz legte, so wünschte der Landesherr auch die Verwaltung der Gemeinden auf dieser Linie.[237]«

Bei seinen eigenen Bauten allerdings versuchte Heinrich XI. durchaus, den – infolge seiner Bildungsreisen durch Deutschland, Italien, Frankreich und die Schweiz ihn bekannten – prunkvollen Herrscherhöfen nachzueifern. »So ließ er nach seinem Regierungsantritt seine Obergreizer Residenz weiter ausbauen. Von 1747 bis 1752 wurde eine Hofbibliothek eingerichtet. Wesentliche Unterstützung leistete hierbei ein Leipziger Buchhändler. In der Folgezeit kam es zu weiteren beachtenswerten Ergänzungen, so dass die Bestände allmählich Bücher aller Wissensgebiete umfassten.

Um das Obere Schloss herum wurden Alleen und zierliche Gänge angelegt sowie die Auffahrt von der Stadtmitte aus (Schlossbergstraße) erweitert. Nur von der Westseite blieb ein Felsen unbebaut, während die anderen Seiten durch Baumbepflanzungen Verschönerungen erhielten.[238]« Nicht selten scheiterte die Adaption des andernorts Gesehenen an der mangelnden Qualifikation der einheimischen Fachkräfte, wie wir nachfolgend anhand einer Anekdote über den zur gleichen Zeit in Gera regierenden Grafen Heinrich XXX. j.L. noch sehen werden.

In die Regierungszeit Heinrichs XI. fiel 1768 auch der Anfall des Untergreizer Landesteils nach dem Tod Heinrichs III., wonach die lange Teilung der Stadt Greiz endlich überwunden war. Indem der Graf nunmehr den gesamten ca. 300 km² umfassenden, aus fünf räumlich voneinander getrennten Gebieten [dem Landesteil Greiz mit der Exklave Mehla-Brückla, dem Landesteil Zeulenroda, dem Landesteil Burgk an der oberen Saale mit der Exklave Rauschengesees] bestehenden Besitz der älteren Linie in seiner Hand vereinigte, konnte er 1774 auch in Verhandlungen um den Erwerb der Reichsfürstenwürde eintreten, die ihm – nachdem er dem damaligen Vizekanzler Colloredo und anderen maßgebenden Würdenträgern Geldgeschenke von insgesamt 34.000 Gulden zukommen lassen hatte – im Jahre 1778 von Kaiser Joseph II. auch verliehen wurde.[239]

»Das Haus Reuß war damit das erste deutsche Fürstenhaus, das aus dem Stand der Ministerialen – dem mittelalterlichen Dienstadel – hervorging. Die verfassungsrechtlichen Verhältnisse von Reuß ä.L. änderten sich durch diese Rangerhöhung nicht. Das nunmehrige Fürstentum blieb weiter unter der Lehnshoheit der böhmischen Krone. Nach der Erhebung in den Fürstenstand ließ Heinrich XI in Greiz ein drittes Schloss vollenden, das Sommerpalais im Obergreizer Lustgarten, das der fürstlichen Familie als Sommerresidenz diente. Zur gleichen Zeit wurde der Obergreizer Lustgarten in einen Park nach französischem Stil umgewandelt. Nach dem Vorbild anderer deutscher Staaten wurde 1793 in Greiz zur Ausbildung von Volksschullehrern ein Lehrerseminar gegründet.[240]« Heinrichs XI. Sohn und Nachfolger Heinrich XIII. [1747-1817], aus seiner Ehe mit Conradine Eleonore Isabella, einer Tochter Heinrichs XXIV. von Reuß-Köstritz, war vorwiegend von dem Hofkaplan Georg Dietrich von Struensee, einem Verwandten des 1772 in Kopenhagen hingerichteten legendären dänischen Staatsministers Johann Friedrich Graf von Struensee, erzogen worden und hatte auf seiner Bildungsreise auch den französischen Hof Ludwigs XV. besucht.

Unmittelbar nach seiner Rückkehr trat er 19-jährig in die Österreichische Armee ein und schrieb 1776 das militärisch bedeutende Buch ›Gedanken über die Anwendung der Richtung der Kriegsvölker‹, in dem er neue und eigentümliche Gedanken für eine Truppenorganisation neueren Typs darlegte. 1778 im Bayerischen Erbfolgekrieg durch den Sturz seines Pferdes am Bein schwer verletzt, konnte er fortan nur noch als Stabsoffizier dienen. Seine Hochzeitsreise mit Wilhelmine Louise, einer Tochter des Fürsten von Nassau-Weilburg 1786 durch Italien fand eine jähe Unterbrechung, als der Erbprinz – nachdem die Türken in Serbien eingefallen waren – zusammen mit seinem Regiment zur Belagerung Belgrads abrücken musste. Später reiste er mit seiner Frau nach England – dessen Sprache und Lebensweise er sich ganz zu eigen machte – und von da nach Südfrankreich, wo er 1789 den Ausbruch der französischen Revolution miterlebte und einmal seine Wohnung – in der er eine französische Adelsfamilie versteckt hielt – mit der Pistole in der Hand schützen musste. In dem darauffolgenden Koalitionskrieg gegen Frankreich war Heinrich XIII., seines taktischen Könnens wegen, von den Franzosen gefürchtet. Bei der Belagerung von Verdun 1792 lernte er den, im Gefolge des Weimarer Herzogs anwesenden Dichter Johann Wolfgang von Goethe kennen, mit dem er sich viel unterhielt und der ihm u.a. seine Farbenlehre auseinandersetzte. Nach der Niederlage der Reichsarmee erhielt Heinrich XIII. 1796 von Kaiser Franz II. den Auftrag, dessen Heer zum Dienst im Felde neu zu organisieren, was ihm den Rang eines Reichs-General-Quartiermeisters einbrachte. 1797 stieg er zum Generalfeldmarschall-Lieutenant und 1800 zum Generalfeldzeugmeister auf. Aufgrund des Reichsdienstes ständig unterwegs, weilte er – selbst nachdem er im Jahr 1800 in Greiz die Regierung übernommen hatte – kaum in der Heimat. Nachdem im Jahre 1802 in Greiz ein Stadtbrand gewütet, 300 Familien obdachlos gemacht und das Untere Schloss vernichtet hatte, ließ er dieses im heute noch erhaltenen klassizistischen Stil

wiederaufbauen und ab 1807 den Obergreizer Lustgarten zu einem
englischen Landschaftspark erweitern. Im Jahre 1803 versuchte Heinrich XIII. im Reichsfürstenrat eine Virilstimme zu erlangen, wobei
er sich mit seinen reußischen Vettern, die ebenfalls daran Teil haben wollten, zerstritt und am Ende leer ausging. Im Sommer 1806
traf der Fürst in Karlsbad öfters mit Goethe zusammen und soll dem
Dichter ›mit diplomatischer Gewandtheit‹ das kommende Unheil vor-
hergesagt haben. Dass die thüringischen Staaten nach der Invasion
Frankreichs nicht aufgelöst wurden, lag wohl allein an dem Umstand,
dass Napoleon möglichst schnell einige Truppen brauchte.[241] Heinrich XIII., der im Namen aller Reußen die Beitrittsverhandlungen zum
Rheinbund führte, bot er einen Posten in seiner Armee an, den dieser ausschlug, ihm gegenüber seine Verpflichtungen als Bundesfürst
aber strikt erfüllte. In den Befreiungskriegen führte Heinrich XIII.
ein österreichisches Regiment mit dem Namen ›Reuß-Greiz‹. Als es
nach der Völkerschlacht bei Leipzig auch für die Reußen wieder Zeit
wurde, die Seiten zu wechseln, bekamen sie von dem preußischen Politiker Freiherr von Stein die wohl härteste Schelte ihres Lebens, als
er sie fragte, ›warum man denn die Souveränität der Fürsten schützen solle, die dafür, dass sie von ihren Untertanen Geld zum Wohl-
leben erpressten, eigentlich nichts täten.[242]‹ So stellten die Reußen den
Verbündeten knapp das Doppelte ihres bisherigen Rheinbundkon-
tingents an Soldaten. Nachdem Heinrich XIII. 1814 sein eigenes Land
aus der Vormundschaft des Generalgouvernements Sachsen befreit
hatte, betraute ihn der österreichische Kaiser mit der Zivil- und
Militärverwaltung des Großherzogtums Würzburg, des Fürstentums
Neu-Isenburg und des Großherzogtums Franfurt, deren Belange er
1814 auf dem Wiener Kongress vertrat, wobei er auf Kosten Sachsens für sein eigenes Land einen Gebietsgewinn von einigen Dörfern
herausschlug. Danach war ihm nur noch eine kurze Lebenszeit vergönnt. Nach seinem Tod am 29. Januar 1817 übernahm sein Sohn
Heinrich XIX. [1790-1836], der in Offenbach geboren war, als dritter
Fürst Reuß ä.L. die Regierung.[243]

Unter dessen Enkel Heinrich XXII. [1846-1902] entwickelte sich
Greiz zu einem modernen Industriezentrum, mit der höchsten Dichte
an Textilmillionären in ganz Deutschland. Während der Fürst von
Reuß jüngerer Linie, Heinrich XIV. [reg. 1867-1908], den Fortbestand
seiner Herrschaft in der Anpassung an die sich verändernden Rah-
menbedingungen sah, blieb Heinrich XXII. [reg. ab 1867] bis zuletzt
streng konservativ eingestellt. Obwohl niemand ihm absprechen
konnte, fachlich kompetent und um das Wohlergehen seines Landes sichtlich bemüht gewesen zu sein, hatte er den im Zuge der
Industrialisierung entstandenen radikalen sozialen Gleichgewichts-

verschiebungen in Greiz und Zeulenroda nichts entgegenzusetzen. Seine sozialen Programme waren zwar ernstgemeint, doch konnten diese von dem festgefahrenen Beamtenapparat gegen den Widerstand der gemeinsam agierenden Fabrikanten und Großhändler nicht durchgesetzt werden. Darüber hinaus existierte in Reuß ä.L. noch keine moderne Ministerialorganisation. Heinrich XXII. kümmerte sich bei der Regierung seines Landes oft um kleinste Details. Er hatte kein natürliches Verständnis für die Probleme seiner Zeit und beharrte unverwandt auf die Unantastbarkeit seiner Dynastie und dem Gottesgnadentum seiner Herrschaft. Als Sohn der Prinzessin Caroline von Hessen-Homburg [1819-1872] war er streng religiös-orthodox erzogen worden und sah das Heil seines Landes in einem gottgefälligen Leben seiner Untertanen. Gleich seinen Amtsvorgängern forcierte auch ›Heinrich der Kirchenbauer‹ [wie er sich selbst von der Nachwelt gern gesehen hätte] selbst für seine Zeitgenossen schwer nachvollziehbare Maßnahmen zur ›sinnvollen‹ Volkserziehung. Dazu gehörten ein immerhin noch 12-stündiger Religionsunterricht je Woche an den Schulen und die für Reuß ältere Linie schon gewohnte Unzahl an konsum- und vergnügungsfeindlichen Polizeimandaten. Vereinsverbot und strenge Versammlungsbestimmungen wirkten sich negativ auf das gesellschaftliche wie gesellige Leben aus. Tanzveranstaltungen jeder Art blieben auch noch 180 Jahre nach Heinrich II. streng reglementiert, die Öffnungszeiten der Wirtshäuser drastisch beschränkt. Außenpolitisch war Heinrich XXII. mit dem Haus Habsburg – in dessen Heerfolge im Preußisch-Österreichischen Krieg seine Linie 1866 beinahe den Thron verloren hätte – eng verbunden. Alle unitären Bestrebungen auf Reichs- wie auf Landesebene verfolgte er voller Hass und nutzte seine Stimme im Bundesrat weitlich aus, um Gesetzesvorlagen zu blockieren, die er für ›preußisch‹ hielt. Mit seiner Vetostimme blockierte er 1878 im Bundesrat das Verbot der Sozialdemokratie, obwohl er diese in seinem eigenen Land umso härter verfolgen ließ.

Auch ganz nützlichen Verordnungen, wie einen ›Gesetzentwurf betreffend den Schutz nützlicher Vögel‹ setzte er seinen Widerstand entgegen, nur weil dieser von Preußen initiiert worden war. Dennoch war Heinrich XXII. nicht der ›schrullige Throninhaber eines Zwergstaates‹, als der er in der Reichspresse in einer Art ›running gag‹ immer wieder durch den Kakao gezogen wurde.
Als buchstäblicher Vertreter des ›Ancien Regime‹ versuchte er das Aufgehen seines kleinen Landes im Deutschen Reich zu verhindern. Engagiert wandte er sich öffentlich gegen die deutsche Kolonialpolitik und gegen den Ausbau der Militärmaschinerie. Ebenso verurteilte er die Großmannssucht Kaiser Wilhelms II. [1859-1941]

und das Vormachtsstreben Deutschlands. Diese unbeugsame Haltung hat ihn allerdings nicht nur den Spott seiner Gegner, sondern auch Achtung bei jenen eingetragen, für die das Rad der Geschichte zu schnell lief bzw. zu kurzsichtig gesteuert wurde.[244]
Heinrich XXII. starb nach 35-jähriger Regentschaft im Jahre 1902.

Großes Unglück ereilte die Familie bezüglich ihres einzigen Sohnes Heinrich XXIV. [geb. 1878]. Wie es den Anschein hat, hatte eine Amme das Kleinkind versehentlich fallenlassen und sich hinterher nicht rechtzeitig getraut, dies anzuzeigen. Der daraus entstandene Hirnschaden konnte am Ende nicht behoben werden, wodurch der Prinz zwar ein einfaches Leben führen konnte [der Bevölkerung bekannt war er durch seine zahlreichen Spaziergänge, bei denen er gegenüber jedermann die Hand freundlich zum Gruße erhob], aber niemals sprechen lernte und somit regierungsunfähig blieb.

Nach den reußischen Hausgesetzen und der Verfassung des Fürstentums Reuß ä.L. von 1867 regierte für ihn Heinrich XIV. von Reuß j.L. bzw. Reuß-Gera [1832-1913].[245]

Nachdem dessen Sohn Heinrich XXVII. [1858-1928] im November 1918 auch für das Greizer Fürstenhaus mit abgedankt hatte, wurde gegen Ende des Folgejahres das Kammervermögen von Reuß ä.L. zum Eigentum den Volkstaates Reuß [bis 1920] erklärt, in welches auch alle Greizer Schlösser und der größte Teil der Kammergüter und Liegenschaften der Fürstenfamilie überführt wurden. Nachdem das Greizer Unterschloss nach dem Tod Heinrichs XXVII. [†1927] ebenfalls an den Staat gekommen war, blieben dessen Schwestern von dem beachtlichen fürstlichen Privatbesitz, der allein 50 Prozent der gesamten Waldflächen des Landes umfasst hatte, nur noch einige Domänen wie Langenwolschendorf und Burgk. Die bekannteste der Prinzessinnen war Hermine [1887-1947], die Witwe des Prinzen Johann Georg von Schoenaich-Carolath [†1920], die sich 1922 mit den abgedankten und verwitweten einstigen Deutschen Kaiser Wilhelm II. vermählte.[246] »Das nach der Fürstenenteignung in Privatbesitz gebliebene Schloss Burgk mit Kammergut verwaltete Hermine mit ihrer Schwester Ida [1891-1977]. Um Einnahmen zu erwirtschaften, gab die Prinzessin den Anstoß zur Einrichtung und Verpachtung einer Gaststätte im Stallgebäude des Kammergutes, der 1932 eröffneten ›Schlossterrasse‹. 1934 überließ sie Schloss Burgk ihrer Schwester Ida, verheiratet mit Christoph Fürst zu Stolberg-Roßla [im Harz] und hält sich nachweislich 1944 das letzte Mal in Burgk auf. Nach dem Tod Wilhelms II. (gest. 04.06.1941) geht Hermine zu den Besitztümern ihres ersten Mannes Hans Georg von Schoenaich-Carolath nach Schlesien zurück. Als die Kriegsfront naht, flieht sie zu ihrer Schwester Ida nach Roßla.[247]« Hier wird sie vom sowjetischen Geheimdienst NKWD festgenommen und abtransportiert. Zuletzt finden wir Hermine in Frankfurt/Oder, wo sie in einem Haus in der Blumenthal-Straße Nr. 4 lebt und mit einer gewöhnlichen Lebensmittelkarte auskommen muss. Dort stirbt sie im August 1947 an einer Lungenentzündung und wird als Angehörige des preußischen Königshauses in Potsdam, im Antikentempel zu Sanssouci, in würdevoller und angemessener Form beigesetzt.[248]

Über das Phänomen des Reuß-Greizer Pietismus, welcher in seiner strengen Form über den Tod Heinrichs II. zwar nicht lange hinausging, aber selbst noch im Handeln Heinrichs XXII. deutlich spürbar war, lässt sich letztendlich konstatieren, dass Greiz und auch Zeulenroda »bis in die Gegenwart ein Sitz des Pietismus, der landeskirchlichen Gemeinschaften und des Sektentums geblieben [sind]. Erst 1934 hat die Landeskirche Reuß ä.L. gezwungenermaßen ihre Selbstständigkeit aufgegeben und sich der Thüringer Landeskirche angeschlossen, der die Länder der jüngere Linie bereits seit 1919 angehörten.[249]«

DAS HAUS GERA REUSS JÜNGERER LINIE

»Hatte das ältere Haus Reuß-Gera noch alle Gebiete der jüngeren Linie umfasst, war dem jüngeren Haus nach der Landesteilung von 1647 nur die Unterherrschaft Gera und ab 1666 das Amt Saalburg verblieben. Nach dem Aussterben dieser Linie 1802 wurde Gera von den oberländischen Reußen regiert, bis man es in der Mitte des 19. Jahrhunderts endlich wieder zum Herrschaftszentrum der wiedervereinigten jüngeren Linie erhob. Gera wäre am Ende wohl auch zur Hauptstadt des gesamten Reußenlandes avanciert, wäre dieses Land 1920 nicht im Freistaat Thüringen aufgegangen.«

Der Begründer der jüngeren reußischen Linie war Heinrich XVI. [1530-1572]. Sein Sohn und Nachfolger erhielt den Beinamen ›Posthumus‹, weil er erst nach dem Tod seines Vaters zur Welt kam. Unzweifelhaft wurde er zum bedeutendsten Reußen seiner Zeit und zum ersten berühmten Geraer. Sein Land, über das er erst 1595 die Regierung übernehmen konnte, bestand zunächst nur aus der Herrschaft Gera mit Langenberg und Köstritz und dem Amt Lobenstein, das sein Vormund 1585 bzw. 1588 durch den Kauf der Anteile der mittleren und der älteren Linie ganz für ihn in Besitz gebracht hatte. Später kamen noch das 1596 von Reuß-Untergreiz II erworbene Amt Saalburg und die Herrschaft Schleiz [mit den Exklaven Hohenleuben, Triebes und Langenwetzendorf] aus dem Erbe der 1616 ausgestorbenen mittleren reußischen Linie hinzu.

Reich an Sachverstand, wie auch an Jahren wurde Heinrich Posthumus 1607 zum brandenburgischen und später zum kaiserlichen Rat ernannt und hat die Kaiser auf ihre Wahl-, Krönungs- und Reichstage begleitet sowie in deren Auftrag mehrere diplomatische Missionen durchgeführt. In seinen Erinnerungen beschreibt er Reisen nach Frankfurt am Main, Regensburg, Heidelberg, Prag und sogar Kopenhagen. Noch auf der Tagung des Obersächsischen Kreises 1623 in Jüterborg trat er als kaiserlicher Vertreter auf und setzte durch, dass der Krone als Kriegshilfe 10, später sogar 12 Römermonate bewilligt wurden. 1625 wurde ihm und damit auch allen anderen Reußen von Kaiser Ferdinand II. das Prädikat ›Wohlgeboren‹ zugestanden, das sonst nur dem Hochadel zukam. Aufgrund seiner großen Erfahrung beauftragten ihn auch die Häuser der älteren Linie mit ihrer Vertretung und er machte die reußische Außenpolitik bis zu seinem Tod 1635 faktisch allein. Auch im 30-jährigen Krieg fungierte er als Senior des Gesamthauses. Alle auswärtigen Ansprüche an die Reußen wurden über ihn geleitet. Er leistete zunächst alle Zahlungen und schlichtete auch alle unter den Vettern ausgebrochenen Streitigkeiten.[250] Innenpolitisch erwarb er sich ähnliche Verdienste wie der zur selben Zeit in Coburg regierende ernestinische Herzog Johann Casimir und hob durch viele nutzbringende Anwendungen den Wirtschafts-, Verwaltungs- und Bildungsstandard seines Landes erheblich an. Das machte ihn bei seinen Untertanen sehr beliebt. Er unterstützte den 1595 nach Gera eingewanderten niederländischen Emigranten Nicolaus de Smit [1541-1623], der gegen den Widerstand der altansässigen Tuchmachermeister neue Webverfahren sowie das Verlagssystem einführte und so den Aufstieg der Stadt zum Zentrum der vogtländischen Textilindustrie einleitete.

Um so unverständlicher ist daher, dass sein von den dankbaren Bewohnern der Stadt errichtetes Standbild zu DDR-Zeiten aus ideologischen Gründen vernichtet wurde. Wer von den damaligen Kulturverantwortlichen sich dem entgegen setzte – dabei reichte es schon aus, nur auf die Verdienste des Posthumus für Gera aufmerksam gemacht zu haben – wurde gemaßregelt, in einem Fall sogar des Postens ganz enthoben.

Heinrich Posthumus starb nach 40-jähriger Regentschaft am 3. Dezember 1635 in Gera an einem Schlaganfall.[251] Er war zweimal vermählt gewesen und hatte 18 Kinder [17 aus zweiter Ehe mit Magdalene geb. von Schwarzburg-Rudolstadt], von denen 7 Töchter und 4 Söhne das Heiratsalter erreichten. Dank seiner langen Regierungszeit war das Gebiet der jüngeren Linie zunächst ungeteilt geblieben. Erst seine Söhne teilten – die vom Vater geschaffenen Zentralbehörden [Kanzlei, Konsistorium und Kriegsdirektorium] in Gera beibehaltend – die Gebiete der jüngeren Linie 1647 in folgende Zweige:

Der älteste Sohn Heinrich II. der Andere [1602-1670] begründete den Zweig Gera [bis 1802], Heinrich IX. [1616-1666] erhielt Schleiz, Heinrich X. [1621-1671] begründete den Zweig Lobenstein [bis 1853] und Heinrich I. [1639-1692], der Sohn des bis zu seinem Tode 1640 in

Schleiz residierenden Posthumus-Sohnes Heinrich III. erhielt erst Saalburg [bis 1666], dann Schleiz.[252] Von der Teilung unberührt und weiterhin gemeinschaftlich blieben neben den Oberbehörden, die allgemeine Landes- und Heeresfolge, die Landsteuerbewilligung, die Zölle, der Trank- und der Bergzehnt, die Klauensteuer, der Besitz einiger Wälder und das größte reußische Dorf im Oberland – Harra – nebst seinen Ortsteilen.

Für den in Vormundschaft für Heinrich I. von Heinrich II. von Gera regierten Landesteil Reuß-Saalburg hatte man das ursprünglich nur aus der Stadt Saalburg und den Orten Gräfenwarth, Kulm, Wernsdorf, Künsdorf, Schilbach, Seubtendorf, Oberkoskau, Pöritzsch sowie verschiedenen Mühlen und Hämmern bestehende Amt Saalburg mit Teilen der Herrschaften Schleiz [die Stadt Tanna, 10 Dörfer und verschiedene Einzelgehöfte] und Lobenstein [11 Dörfer, einige Mühlen sowie 3 Saalhämmer] vermehrt. Als Heinrich I. 1660 die Regierung übernahm, machte er Saalburg zu seiner Residenz und leitete dort umfangreiche Baumaßnahmen ein, von denen heute nur noch die Innenausstattung der Stadtkirche erhalten ist. Die Bürgergemeinde musste Baufröner dafür abstellen. Als sie sich 1664 aber weigerte, auch noch den im Krieg zerstörten Schlossturm mit aufzubauen, weil durch die Abwesenheit hierfür allzugroßer Schaden für ihr ›eigen Ackerwerk und Haushaltung‹ entstünde, konnten sie sich auch dieser Pflicht am Ende nicht entziehen. Als 1666 der unverheiratet gebliebene Heinrich IX. von Reuß-Schleiz starb, gab Heinrich I. sein Saalburger Land zur gemeinsamen Teilung her und übernahm dafür die Herrschaft Schleiz, wobei von der Saalburger Herrschaft die Lobensteiner Orte an Lobenstein und die Schleizer Orte an Schleiz zurückfielen, während die alte Pflege Saalburg zur Herrschaft Gera kam. Das hatte u.a. den Nachteil, dass die Saalburger Händler und Einkäufer, wenn sie nach Schleiz zu Markte gingen, dieselben Gebühren und Geleitgelder zahlen mussten wie alle anderen ›Ausländer‹, selbst noch nach dem Jahr 1802, als der letzte Herr von Reuß-Gera, Heinrich XXX., gestorben und sein Land von den drei oberländischen Zweigen gemeinsam regiert wurde. Ein weiterer Nachteil bestand darin, dass auch nach 1802 alle Oberbehörden in Gera blieben. In Saalburg saß lediglich ein Amtmann, der zugleich Stadt- und Landrichter, Schösser und Co-Inspekor von Kirche und Schule war. Erst 1854 ging das Amt Saalburg im Oberländischen Bezirk auf, dessen Geschicke es seitdem teilt. Die Umsiedlung aller Saalburger Amtsbehörden teils nach Schleiz, teils zunächst nach Ebersdorf dauerte bis 1869. Erwähnt sei zuletzt die Entwicklung der Bevölkerung des alten Amtes Saalburg, die im Jahre 1647 im ganzen nur 1.466 Seelen zählte und auch im 18. Jahrhundert kaum zunahm, dafür aber bis zum Jahre 1867 auf 3.187 Einwohner ansteigen sollte.[253]

Die 1647 gebildete neuere Linie Reuß-Gera bestand nur durch vier Generationen, indem in ihm Vater, Sohn, zwei Enkel und ein Urenkel zur Regierung kamen und dasselbe nach 155 Jahren beschlossen. Abgesehen von seinen oberländischen Exklaven Saalburg und Pöllwitzer Wald umfasste die Herrschaft das Gebiet beidseits der mittleren Elster um die Stadt Gera [mit 80 Dörfern und 34 Rittergütern] sowie die Exklaven Lichtenberg, Otticha-Pohlen-Falka und Köckritz [bei Weida]. 1647 lebten im Geraer Land insgesamt nur noch 6.880 Menschen, im Jahre 1794 dagegen 16.199.

Der Gründer des Hauses, Heinrich II., auch ›der Andere‹ genannt, war ein erfahrener Politiker, der als Nachfolger des Posthumus die reußischen Länder durch die zweite Hälfte des 30-jährigen Krieges geführt hatte. Als Senior des Gesamthauses und Federführer der 1647 und 1666 erfolgten Landesteilungen war er bis zu seinem Tod 1670 die tragende Gestalt unter den Herren der jüngeren Linie, um die herum sich vieles bewegte. Von seinen, der Ehe mit der schwarzburgischen Komtess Katharina Elise [†1701] entstammenden fünf Kindern überlebten nur zwei Töchter und ein Sohn, Heinrich IV. [geb. 1650], der nach 16-jähriger Regierungszeit 1686 zusammen mit seinen beiden unvermählt gebliebenen Schwestern Juliane Dorothea [geb. 1650] und Christine Elisabeth [geb. 1653] an den Masern starb, doch damit nicht genug: Nur sieben Tage nach dem Tod des Regenten brach in Gera ein Großfeuer aus, dem zwei Drittel der Stadt zum Opfer fielen. Von den acht Söhnen Heinrichs IV. waren noch fünf, nämlich Heinrich XVIII., XX., XXII., XXV. und XXVII. am Leben, für dessen ältesten eine Vormundschaftsregierung – geführt von seiner Mutter Anna Dorothea, einer geborenen Komtess von Schwarzburg-Sondershausen [1645-1716] und Heinrich I. von Reuß-Schleiz – ins Amt trat, bis Heinrich XVIII. [1677-1735] im Jahre 1695 selbst die Regierung übernehmen konnte. Trotz eines qualvollen Fußleidens war er sehr unternehmend, förderte nützliche Einrichtungen und war ein dermaßen großer Freund neuer Bauten, dass die Nachwelt ihn mit dem Namen ›Fundator‹ bedachte. Unter seiner Ägide entstanden die barocke Umgestaltung und Erweiterung des Geraer Residenzschlosses Osterstein [1717-35], die St.-Salvator-Kirche [1717-20], das Regierungsgebäude in der Burgstraße 2 [1720-22], das Zucht- und Waisenhaus [1724-32], die Fasanerie [1731] und das Gartenpalais ›Orangerie‹ [bis 1732] mit seinem französischen Park. Der Bau des barocken Sommerschlosses Tinz [um 1748] durch seinen, ihm 1735 in der Regierung nachfolgenden, einzig überlebenden Bruder Heinrich XXV. [1681-1748] und dessen Sohn Heinrich XXX. [geb. 1727] beendete diese Baureihe nicht, da letzterer an den Schlössern

Osterstein und Tinz weitere Verschönerungen ausführen ließ, wofür er im Landtag Baugelder und Baufronen unnachgiebig durchsetzte. Als er im Tinzer Schlossgarten einmal zahlreiche verschiedene hochfeine Apfelbäume pflanzen wollte, hatte sein Gärtner die zugehörige Liste verloren und getraute sich nicht, dies seinem Herrn zu gestehen. »Im Gedächtnis war ihm nur der gewöhnliche Peping geblieben. Als Graf Heinrich die neuen Äpfel inspizieren wollte, bezeichnete der Gärtner den ersten mit: ›'S is e Päpäng!‹ Weniger dreist erklang es beim zweiten: ›A e Päpäng!‹ Und kaum hörbar beim dritten: ›S is a sue sitter [solcher] Päpäng!‹ – Wutentbrannt verließ der Graf den Garten.[254]« Besser zu helfen, wusste sich dagegen einmal der gräfliche Küchenmeister. In der Elster hatte man nämlich einen gewaltigen Hecht lebendig gefangen und dem Grafen verehrt. Heinrich XXX. freute sich über das Geschenk und wollte beim Schlachten unbedingt dabei sein. Ungünstigerweise fand man den Fisch am andern Morgen mausetot mit dem Bauch nach oben schwimmend im Fischkasten, als der Graf schon zur Türe hereinkam. In seiner Not »sprang der Küchenmeister gedankenschnell auf den Hecht zu, schnappte ihn sich, riss ihn aus dem Wasser, wedelte wild mit ihm herum und schlachtete ihn endlich mit den Worten: ›Ja Eier Gnaden su e Riese hat 'ne mächt'ge Kraft!‹[255]«

Gleich seinen Vorfahren war auch Heinrich XXX. ein resoluter Alleinherrscher, auf dessen Regierungsstil der ursprünglich auf den Preußenkönig Friedrich II. gemünzte Ausspruch: ›Alles für das Volk, aber so wenig wie möglich durch das Volk!‹ nicht minder zugetroffen haben mag. Seine Landstände verklagten ihn 1772 beim Reichskammergericht und er verlor den Prozess. Trotz seiner Strenge und Unnachgiebigkeit verfügte er doch über einen ausgesprochenen Gerechtigkeitssinn und war bei seinen Untertanen darum nicht unbedingt unbeliebt. Fast den ganzen Tag verbrachte er hinter seinem Schreibtisch und konnte der sich selbst auferlegten Regierungslast nur mittels eiserner Disziplin Herr werden. Dort hielt er auch seine Audienzen ab, zu denen jeder Untertan Zutritt hatte. Nach dem großen Brand von Gera [1780], bei dem die gesamte Stadt in Schutt und Asche gesunken war, leitete der Graf engagiert, umsichtig und auf dem infrastrukturellen Niveau seiner Zeit den Wiederaufbau. Strenge Bauvorschriften wurden erlassen, die eine dreigeschossige Bebauung der innerstädtischen Hauptstraßen und eine Begradigung der engen mittelalterlichen Straßenfluchten vorschrieben. Die Feueressen durften nicht mehr aus Holz, sondern mussten aus dicken Ziegeln, die Dächer statt Holzschindeln aus festem Material bestehen. Sein ursprünglicher Wunsch, Gera völlig neu mit schachbrettförmigem Grundriss wiederaufzubauen, musste aufgrund des Widerstands der Bürger – die dann nicht mehr an ihre unter den Häusern in den Stein gehauenen Bierhöhler herangekommen wären, wieder fallengelassen werden. Nach kurzer Zeit war Gera in einer lokalen Spätblüte des Rokoko und Zopfstils wiedererstanden.

Heinrich XXX. war auch ein großer Freund des Feuerlöschwesens. Obwohl er moderne Löschtechnik und -organisation förderte, war er dennoch fest davon überzeugt, die in der Stadt und dessen Umland ausgebrochenen Brände in eigener Person durch magisches Umreiten an ihrer Ausbreitung hindern zu können. Seine 54-jährige Regierungszeit prägte zwei Generationen von Untertanen, die sich bei seinem Tod 1802 zunächst nicht vorstellen konnten, ohne ihn zu leben. Dadurch ging er sogar in die örtliche Sagenwelt ein, da sein Geist auch nach seinem Tod hin und wieder erscheinen soll, wohl um nach dem Rechten zu sehen. Heinrichs XXX. reicher Privatbesitz ging an seine Schwestersöhne, die Grafen von Stolberg, sein Land – wie erwähnt – an die Häuser Ebersdorf, Lobenstein und Schleiz, die dasselbe in Gemeinschaft regierten und in ihren auf dem Osterstein bezogenen Wohnflügeln ebenfalls Bauarbeiten ausführen ließen. Heinrichs XXX. Witwe, Luise Christiane, eine geborene Pfalzgräfin von Birkenfeld-Gelnhausen [1748-1829], lebte bis zu ihrem Tod in dem 1688 errichteten Stadtpalais am Johannisplatz [anstelle des heutigen Elsterforums] und war aufgrund ihrer Mildtätigkeit in der Stadt hoch geachtet.[256]

DAS HAUS SCHLEIZ REUSS JÜNGERER LINIE

»Schleizer Gebot, Lobensteiner Brot, Saalburger Bier hält drei Tage oder vier.« – »Dies Vers´chen ist doch allbekannt in Süd- wie auch in Norddeutschland: Doch wo sie liegen diese drei, ist meist ein Rätsel, darum sei in Eil´ es jetzt kurz aufgesagt, was mancher immer wieder fragt: Saalburg, Schleiz und Lobenstein liegen in einem Ländchen klein: das ›Reußenland‹ ist es genannt, es ist auch mein lieb Vaterland.[257]«

Die nach dem Aussterben der mittleren reußischen Linie im Jahre 1616 gebildete Herrschaft Schleiz war etwa 6 Quadratmeilen groß. Sie umfasste die Fläche zwischen Willersdorf im Süden und Dittersdorf bzw. Kleinwolschendorf im Norden, griff aber – von den Greizer Exklaven Zeulenroda und Mehla-Brückla unterbrochen – im Nordosten bis nach Hohenleuben aus. Besiedelt war sie von 2 Städten [Schleiz und Tanna], 1 Marktflecken [Hohenleuben], 3 Jahrmarktsdörfern, 32 Landgemeinden und etlichen Mühlen und Einzelanwesen. Im Jahre 1647 lebten hier 7.602 Menschen, im Jahre 1806 schon etwa 16.000 und 1846 sogar 21.780.[258]

Der Begründer der jüngeren reußischen Linie zu Schleiz war der Posthumus-Enkel Heinrich I. [1639-1692], Sohn Heinrichs III. [†1640], der im Tausch gegen seine Herrschaft Saalburg 1666 die Nachfolge seines verstorbenen Onkels Heinrich IX. in Schleiz angetreten hatte. Von seinen beiden Söhnen folgte der ältere, Heinrich XI. ihm als Graf von Reuß-Schleiz nach.

Für den jüngeren, Heinrich XXIV. [1681-1748], wurde in Köstritz ›als territoriales Kuriosum‹ im Jahre 1690 eine besondere Paragiatsherrschaft geschaffen, die vom Kaiser bestätigt und von den anderen Reußen vertraglich anerkannt wurde. Das Rittergut Köstritz-Unterhof mitsamt der Grundherrschaft über einen weiten Teil des Ortes hatte Heinrich I. erst wenige Jahre zuvor erworben, anschließend das Herrenhaus zum Schloss ausgebaut und nach dem Brand von Schleiz im Jahre 1689 daselbst seinen Sitz genommen. Die Güter des Paragiums [Mediatherrschaft] waren teils noch von Heinrich I., teils von Heinrich XXIV. selbst angekauft und somit »vom Primogeniturgesetze durch nichts weiter berührt, als dass sie, wie jedes andere Rittergut, unter der Oberhoheit des Landes stehen und ein unteilbares Ganzes bilden. Sie umfassten anfänglich dreizehn Rittergüter und zwar fünf in der Herrschaft Gera (drei zu Köstritz, dann Dürrenberg, Steinbrücken mit dem Vorwerk Pohlitz und acht in der Pflege Reichenfels (Hohenleuben mit Reichenfels, Göttendorf, Niederböhmersdorf, Triebes und drei zu Langenwetzendorf). ...
Heinrich XXIV. von Köstritz war in Bildung und Charakter seinem Urgroßvater Heinrich Posthumus sehr ähnlich. ... [Er] bewegte sich anfänglich in den weiten Kreisen des öffentlichen Lebens, indem er die Hauptstädte von Frankreich, Italien, Preußen, Polen besuchte und unter dem römischen Könige Joseph I. in mehreren Feldzügen kämpfte.[259]« Später fand er seine geistige Heimat im Pietismus, dessen Adaption seitens der reußischen Häuser in erster Linie ihm zu verdanken ist. Ab 1704 wurde er zu einem der vertrautesten Ratgeber August Hermann Franckes. »Im gut lutherischen Sinn sah er ohne alles weltflüchtiges Wesen die Welt als Stätte der Bewährung und eines gottgewollten Wirkens an und verband die freudige Gewissheit der Gotteskindschaft mit jener charmevollen Liebenswürdigkeit des taktsicheren Barockkavaliers.[260]« – »Sein Haushalt in Köstritz galt als Vorbild eines frommen Hofes. Ihm wurden zahlreiche junge Grafenkinder zur Erziehung anvertraut [261]« und er führte etwa für die Erbsöhne seiner Obergreizer und Ebersdorfer Vettern die Vormundschaftsregierung. Mit seiner Gemahlin, der geistreichen Marie Eleonore Emilie, einer geborenen von Prommnitz-Dietersbach begründete er die Linie Reuß-Köstritz. Für ihre Andachtsübungen ließ sich Eleonore im Park eine Einsiedelei errichten. Hochbetagt und von den Köstritzer Einwohnern die ›alte Gräfin‹ genannt, starb sie 1776 und liegt neben ihrem Gatten in der Familiengruft in der Hohenleubener Kirche begraben. Das besuchenswerte, von Köstritz westwärts führende Eleonorental führt noch heute ihren Namen.

Schon in der zweiten Generation teilte sich das Haus Köstritz in drei Zweige: Heinrich VI. [1707-1783] begründete den älteren, Heinrich IX. [1711-1780] den mittleren und Heinrich XXIII. [1722-1787] den jüngeren Zweig. Heinrichs VI. Sohn, Heinrich XLIII. [1752-1814], vermählte sich mit Louise Christiane von Reuß-Ebersdorf und vermehrte den Paragiatsbesitz noch einmal. Nach dem Aussterben der Linie Reuß-Gera erhielt das Haus Köstritz ein Sechstel der Geraer Revennen und durfte nach der Fürstung der Schleizer und der Ebersdorfer Grafenlinie im Jahre 1806 gleichfalls den Fürstentitel tragen.

Das führte am Ende dazu, dass endlich ein Umbau des von Heinrich I. im unteren Gut errichteten Schlosses in Angriff genommen werden konnte. »Ein Entwurf Friedrich Karl Schinkels von 1802/03 für einen großzügigen klassizistischen Neubau – einer der frühesten Architekturentwürfe des Meisters überhaupt – wurde nicht ausgeführt.[262]« Von dem stattdessen errichteten Schlossensemble sind heute nur noch die Wirtschaftsgebäude [1829] mit dem dreigeschossigen Torturm erhalten. Das an den englischen Landschaftspark [1804] anliegende Herrenhaus mit seinem prächtigen, dem Hof zugewandten Mittelportal, den dorischen Säulen, den beiden Freitreppen und dem gebrochenen Dreiecksgiebel ist inzwischen abgebrochen. 1994 entstand an seiner Stelle das Schlosshotel.[263] Zu den Verdiensten Heinrichs XLIII. zählt der Auftrieb der Köstritzer Schwarzbierbrauerei, die Begründung bedeutender Sammlungen und die Anlage des Parks, der noch heute die Pflege und der Schmuck des Ortes ist. Allerdings führte diese Kunstliebe den Fürsten in die Schuldenfalle und seine Nachfolger mussten 1814 zunächst Konkurs anmelden, weil der Erbsumme von 100.000 Talern, Schulden in Höhe von 650.000 Talern gegenüberstanden. Das Haus Köstritz behielt ein um Steinbrücken, Roben und Göttendorf verkleinertes Paragiat und ist nach dem Erlöschen der beiden ehedem regierenden Häuser Greiz [1927] und Schleiz zu Gera [1945] die einzige heute noch blühende reußische Linie.[264]

Heinrichs XXIV. [†1748] älterer Bruder Graf Heinrich XI. von Reuß-Schleiz [1669-1726] war mit Johanna Dorothea von Tättenbach auf Selbitz und nach ihrem Tod [1714] mit Auguste Dorothea von Hohenlohe-Langenburg [†1740] vermählt. Auf den Trümmern des 1689 zusammen mit weiten Teilen der Stadt Schleiz niedergebrannten, äußerst wehrhaften spätmittelalterlichen ›Burggrafenschlosses‹ [1482] setzte er den, von seinem Vater begonnenen Residenzneubau fort. Allerdings kam sein Werk über einen dreigeschossigen Ostflügel mit viergeschossigem Mittelrisaliten [bis 1708], einen rechtwinklig anstoßenden dreigeschossigen Nordflügel mit Schlosskirche und Glockenturm sowie dem obligatorischen französischen Garten nicht hinaus, sondern blieb gewissermaßen im Bau stecken.

Stattdessen begann der Graf im Zuge seiner Neuorganisation des Kirchen- und Schulwesens mit dem Wiederaufbau der Stadtkirche [1694] sowie sechs weiterer Dorfkirchen in seinen Patronatsorten. Zudem begründete er 1706 einen dritten Stadtteil von Schleiz, die Heinrichstadt, deren Bewohner sehr zum Leidwesen der Altschleizer mit einem eigenen Schulzen sowie eigenen städtischen Privilegien wie Markt- und Braurecht ausgestattet wurden. Erst unter Heinrichs XI. Nachfolger, der 1752/53 einen dritten Flügel sowie den zweiten Eckturm anfügte, war das streng nüchterne Schleizer Barockschloss endlich vollendet.[265]

Über die damaligen Beziehungen der Reußen zu Kursachsen bzw. zum Habsburger Kaiserhaus gibt eine von dem Forscher Walter Th. Böhme aufgetragene Akte einigen Aufschluss: Anfang Oktober 1707 waren starke kursächsische Kavallerieverbände in die beiden Herrschaften Gera und Schleiz eingerückt und forderten von den Untertanen dort Unterkunft und Zehrung. Vergeblich suchten die reußischen Grafen deren Abzug zu erwirken. Der um Hilfe angegangene kaiserliche Gesandte in Dresden behauptete in seinem Schreiben vom 19. September, ohne kaiserliche Legitimation nichts tun zu können. Offenbar wollte man August den Starken, dessen Truppen für den Spanischen Erbfolgekrieg benötigt wurden, nicht vor den Kopf stoßen. Daraufhin sandte Heinrich XI. seinen Amtsschösser Johann Georg Sequenides auf eine diplomatische Mission nach Wien, um bei dem Vizekanzler des Kaisers, dem Prinzen zu Salm, vorstellig zu werden. Dieser ließ das Schreiben des Grafen unter dem Vorwand, ihm wäre derzeit unwohl und er sei darum unpässlich, wieder zurückgehen. Aus dem erhalten gebliebenen Bericht von Sequenides erfahren wir, welche verschlungenen Wege die Politik damals einschlagen musste, um zum Ziel zu gelangen. Zunächst bittet der Diplomat die Gräfin von Rindsmaûl um Hilfe, die verspricht, ›bei dem Herrn Reichsvizekanzler die Sache so zu poussieren, daß Sequenides höffentlich bald mit guter Verrichtung werde abgefertigt werden können‹.
Nachdem es der reußische Gesandte endlich in die Vorzimmer des Vizekanzlers geschafft hat, wird er vom Kammerdiener abgefertigt, die Audienz könne ihm nicht sofort gewährt werden, Seine Exzellenz sei noch nicht angekleidet. Sodann erfragte der Diener dessen Begehr und sagte ihm zu, Seine Kaiserliche Majestät werde ›vorizo wol nicht Armis succurriren, jedoch alles thun, was sonst möglich wäre‹. Der Bericht fährt darauf fort wie folgt: »Weil ich nun aus seinen (des Kammerdieners) Discoursen nicht minder auch, dass

andere Sollicitanten sich an ihn adressirten, abnahm, daß bei Sr. Excellenz er etwa zu sprechen, [er]öffnete [ich] ihn die mir aufgegeben[e] Noth ausführlich und wie mein Suchen dermahlen in nichts andern bestehen können, als daß Ihro Kayserl. Majestät sich allergnädigst gefallen lassen möchte Dehortatoria und Evacuatoria an den König Augustum, dero kayserl. Abgesandten in Dresden aber Ordre zu ertheilen, nachdrücklich mündliche Vorstellung zu thun.

Dieser Cammerdiener, nachdem er hineingerufen worden, hielte sich lange auf, ehe ich ihn wiedersah, endlich referirte er mir: Es wären Se. Exzellenz in allen vollkommen informieret, Sie wollten mit Kayes. Majestät davon reden, ich sollte mich in ein paar Tagen wiederumb melden.[266]« Wie so oft in der Kabinettspolitik des 18. Jahrhunderts hatte der Kammerdiener auch in diesem Fall die bekannte wichtige Rolle gespielt.

Am 27. September erhielt Heinrich XI. auf seine Beschwerde nach Dresden hin ein Antwortschreiben des sächsischen Kurfürsten, in dem er den Grafen bewusst herablassend gleich einem Vasallen als ›Lieber Getreuer‹ titulieren und ihm mitteilen ließ, die Einquartierung sei rechtens, da diese Truppen ja in einen Reichskrieg marschieren würden. Gleichfalls appelliert er an das vaterländische Gefühl des Grafen und klagt, dass er in seinem eigenen, von den Schweden ausgesogenen Landen keine Soldaten unterhalten könne. Daher sehe er sich genötigt, ›wenn seine Soldaten nicht crepieren sollen, sie bey einigen benachbarten Reichs-Ständten einrücken zu lassen‹. Er verspricht aber, die Einquartierten nicht über Gebühr zu beschweren und gute Manneszucht zu halten.

Am 9. Oktober endlich konnte Sequenides »den gräflichen Herren nach seiner Rückkunft aus Wien berichten, wie ›ein in sonderbahren terminis an den König Augustum erlassenes Rescript dem Kayserlichen Abgesandten zu Dressden, herrn Grafens von Altheim Exzellenz mit nachdrücklicher Commission wie solches zu insinuieren ausgefertigt worden‹. Da man aber den langsamen Gang der Geschäfte am kaiserlichen Hof wohl kannte, hatte man in Reuß auch gemeint, sich in einer ausführlichen Beschwerdeschrift an den Reichskonvent zu Regensburg wenden zu sollen, und das Schriftstück war mit einem empfehlenden Anschreiben an den Kurfürsten zu Mainz am 7. Oktober 1707 abgegangen.« Doch auch hier zieht sich die Sache in die Länge, zumal inzwischen auch Klagen anderer, von Kursachsen belästigter Reichsstände [Schwarzburg, Sachsen-Weimar, Sachsen-Eisenach, Mühlhausen u.a.] eingegangen sind. Das Kurfürstenkollegium vertritt die Ansicht, die Sachlage von den schwebenden Verhandlungen wegen der Übernahme der sächsischen Truppen auf das Reich nicht trennen zu können, während das Fürstenkollegium

darauf besteht, die Einquartierungsangelegenheit habe damit nichts
zutun. Erst am 24. Oktober verwendet sich der Reichstag beim
Kaiser dafür, dass dieser bei Kursachsen darauf hinwirken möchte,
die einquartierten Truppen wieder abzuziehen, worauf August der
Starke am 7. November tatsächlich den Abmarsch der Truppen be-
fiehlt und überdies anordnet, dass man sich mit den Quartierwirten
zuforderst vergleichen möchte, damit keine Klagen über Exzesse
und ungebührlicher Erpressung nachkämen. Dennoch dauerte es noch
bis zum 24. November 1707, bis der letzte sächsische Reiter das Reußenland endlich verlassen hatte.[267]

Solange Schleiz bis 1507 Hauptetappenziel an der alten Nürnberg-
Leipziger Straße gewesen war, konnte die Bürgergemeinde verhält-
nismäßig unabhängig agieren und hatte von ihrer Herrschaft manche Freiheiten und Privilegien erwerben können.

Mit der Erhebung zum Residenzstandort der mittleren Linie [1590-
1616], insbesondere aber während der Regierungszeit der jüngeren
Linie [ab 1647/66] änderte sich die Situation. Besonders Heinrich XI.
begann, sich immer mehr in die internen Belange der Kommune
einzumischen. Er erteilte Verhaltensmaßregeln und bestimmte teilweise sogar, wie oft die Ratsherren ihre Sitzungen abzuhalten
hätten. Einmal befahl er dem Schleizer Rat, seine häufigen Gaste-
reien einzustellen, damit sich die erschöpfte Stadtkasse wieder er-
holen könne. Ungeniert griff der Graf auch in die Polizeigewalt des
Rates ein, indem er zeitweise seine Landknechte [Gendarmen] in der
Stadt patrouillieren ließ. Dagegen dienten seine nach dem Großfeuer
von 1689 erlassenen Brandschutzvorschriften dem Wohle der Stadt.
So rügte Heinrich XI. im Jahre 1692, dass viele Bürgerhäuser trotz
der neuen Vorschriften entweder noch gar keine Feueressen hätten
oder nur solche, die nur bis unter das Schindeldach und nicht darüber hinausgeführt seien. Auch später erfolgten durch ihn noch
verschiedene Einschärfungen der Feuerordnung. 1722 wurde es sogar verboten, Ofentüren in den Stuben zu haben, so dass die Öfen
von außen geheizt werden mussten.[268]

Heinrich XI. starb 1726. Sein älterer Sohn Heinrich I. [1695-1744]
war ein stiller und häufig kranker Mann, der im ganzen nur wenig
hervorgetreten ist. Das von ihm erbaute Palais Louisenburg am Ostrand der Altstadt stand bis zum Stadtbrand von 1837.

In seine Regierungszeit fiel eine der schwersten Bedrohungen
für die reußischen Staaten, nämlich ihre Souveränität zu verlieren
und im sächsischen Kurstaat aufzugehen. Als mit dem Tode Kaiser
Karls VI. im Jahre 1740 die Habsburger im Mannesstamme ausgestorben und seine Tochter Maria Theresia den österreichischen Erz-
herzogsthron bestieg, erhoben ihre beiden Schwager, die Kurfürsten
von Bayern und Sachsen sowie der Erbe der ausgestorbenen

spanischen Linie der Habsburger, König Philipp V. von Spanien [aus dem Hause Anjou], selbst Ansprüche auf die Habsburgischen Erblande. Durch die Teilnahme weiterer europäischer Mächte auf der einen oder anderen Seite weitete sich der Erbkonflikt zum Österreichischen Erbfolgekrieg aus, der bis 1748 währte. In einem Geheimvertrag hatte der bayerische Herzog und Kurfürst Karl Albrecht seinem sächsischen Kollegen Friedrich August II. versprochen, ihm die Lehnshoheit über die Reußischen, Schwarzburgischen und Schönburger Herrschaften zu übertragen, wenn er seine eigenen Erbansprüche fallenlassen und fortan den Wittelsbacher unterstützen würde. »Am Tage nach seiner Wahl zum deutschen Kaiser löste Karl VII. [1742-1745] sein Versprechen ein und trat die böhmischen Kronafterlehen an Kursachsen ab. Dieses wollte schon immer die Reußen ihrer Reichsunmittelbarkeit berauben und sie zu Landsassen und Untertanen machen.[269]« Karl VII. sah sich dazu berechtigt, da er als neuer König von Böhmen [1741-1743] das freie Verfügungsrecht über diese Lehen zu besitzen glaubte. »Im Frühjahr 1742 waren daher vom Kurfürsten Friedrich August II. Erlasse an die Grafen Reuß ergangen, wonach ihre Herrschaften an Sachsen abgetreten werden sollten. Die reußischen Ämter wurden aufgefordert, das kursächsische Wappen an allen Amtsstellen und Stadttoren anzuschlagen, alle Grenzpfähle alle reußischen Wappenlöwen und Landesfarben zu beseitigen. Die Reußen ließen sich durch eine so vollendet scheinende Tat nicht blüffen. Mit aller Kraft widersprachen sie diesem Angriff auf ihre reichsunmittelbare Stellung, verboten ihren Ämtern den Anschlag der sächsischen Hoheitszeichen und erreichten, da ihnen der Gang der politischen Ereignisse im Reiche günstig war, dass Sachsen seine Ansprüche fallen lassen musste.[270]« Der Angriff auf ihre Souveränität hatte die Reußen umso mehr verletzen müssen, als sie sich jederzeit dem Kurfürstentum Sachsen und dem Reiche gegenüber als treue Verbündete bzw. Vasallen erwiesen, »verschiedene ihrer Familienmitglieder sich persönlich in den militärischen Dienst beider Mächte gestellt und große Verdienste als Offiziere vom höchsten Range erworben hatten.[271]« – »1743 erhielten die Reußen von Maria Theresia als Königin von Böhmen die Neubelehnung, mussten daraufhin freilich auch 100 Rekruten zum Kampf gegen den bayerischen Gegenspieler stellen.[272]« – »Als die beiden Mächte um die Mitte des 18. Jahrhunderts mit Preußen in Konflikt gerieten, fühlten sich die Reußen daher innerlich verpflichtet, sich mit ihren schwachen Kräften nicht für Sachsen oder das Reich einzusetzen, sondern bemühten sich um strengste Neutralität.[273]«

Indem Graf Heinrich I. von Reuß-Schleiz nur drei Töchter, aber keinen Sohn hatte, übernahm dessen Bruder Heinrich XII. [1716-1784] die Regierung. Er war mit Christine von Schönberg-Erbach vermählt. Sie schenkte ihm fünf Kinder, doch nur ein Sohn überlebte. Im Jahre 1769 Witwer geworden, heiratete er Christine Ferdinande von Isenburg-Philippseich [†1822], die ihm noch zwei Söhne gebahr, die aber bald starben. Obgleich Heinrich XI. testamentarisch bestimmt hatte, dass seine Söhne ›die heuchlerische Pietisterei mit allen fanatischen Wesen und Schwärmereien äußerst meiden‹ sollten, stand Heinrich XII. stark unter dem pietistischen Einfluss seiner Mutter Augusta Dorothea, einer geborenen von Hohenlohe-Langenburg [†1740] und seines Köstritzer Onkels Heinrich XXIV. Während seines Studiums in Halle [1735/ 1736] hatte er zudem mit August Hermann Franckes Nachfolger Johann Anastasius Freylinghausen [1670-1739] Bekanntschaft geschlossen. Er entwickelte auch persönlich eine intensive Frömmigkeit, verfasste mehrere Andachtsbücher und Lieder, ließ die beiden Jesuskirchen von Kirschkau und Lössau sowie weitere Gotteshäuser und Schulen in Tanna, Oschitz, Koskau und Mielesdorf errichten. Zudem begründete er mit seinem Kirschkauer Kammergut als Stiftungsausstattung in diesem Dorf ein Waisenhaus. Gleich seinem Geraer Vetter Heinrich XXX. soll auch der Schleizer Graf – wie man an seiner Reaktion auf einen Bauernaufruhr im Jahre 1753 erkennt – patriarchisch gewaltet und sich selbst um kleinste Dinge in seiner Herrschaft gekümmert haben. Im Gegensatz zu seinen Köstritzer, Ebersdorfer und Obergreizer Verwandten förderte Heinrich XII. eine andere Spielart des Pietismus, nämlich die so genannten ›Gesellschaften der guten Leute‹.[274]

Neben dem Pietismus breitete sich damals auch noch eine andere Strömung gesellschaftlicher Betätigung in Deutschland aus, nämlich die Freimaurerlogen. Bereits bald nach 1717 war von England aus eine kraftvolle Entwicklung des Logenwesens in die Wege geleitet worden. Nachdem eine mächtige Bewegung dort zu Neugründungen von Logen geführt hatte, fasste der Bund auch außerhalb der britischen Inseln rasch Wurzeln, so 1728 in Madrid oder 1737 in Hamburg. »1741 wurde in Leipzig die Loge ›Minerva zu den drei Palmen‹ gegründet, 1742 bereits die Loge ›Archimedes zu den drei Reißbrettern‹ im benachbarten Altenburg. Diese gründete eine Tochterloge, die bald [allerdings nicht vor 1803 nachweisbar] selbst Hauptloge in Gera wurde. Sie nannte sich ›Archimedes zum ewigen Bunde‹. Von Gera aus verbreiteten sich die Logen auch in anderen reußischen Landesteilen.[275]« In Rudolstadt ist eine Freimaurerloge seit 1763 nachweisbar, in Meiningen seit 1774.[276]

Erforschenswert ist natürlich auch die Geschichte der Freimaurerloge ›Johannes im Orlagau‹ zu Neustadt an der Orla, die im späten 19. Jahrhundert viele damals regional bedeutende Persönlichkeiten [unter anderem den Neustädter Archediakon und Heimatforscher Harry Wünscher] zu ihren Mitgliedern zählen konnte und deren Symbolik noch heute in einigen zeitgenössischen Gebäuden und sogar Parks [z.B. pyramidiale Baumsetzungen in Knau] zu entdecken ist. Um diese Zeit gab es sogar noch einige der früher viel zahlreicheren geheimen Handwerkerbünde wie den unlängst wieder entdeckten Pößnecker Hutmacherclub.[277]

Eine im Logenwesen herausragende Persönlichkeit war der sächsische Adlige Karl von Hund und Alten-Grotkau. Nach seinem Studium in Leipzig [1737-1739] ging er zunächst auf Reisen. 1743 gelang es ihm, zum Tempelherren zu avancieren. Mit der Zeit stiftete er zahlreiche Logen und wurde auch von den Brüdern der in diesen Tagen in Altenburg, Dresden, Leipzig, Naumburg, Sachsenfeld und Wittenberg gegründeten Freimaurerverbindungen anerkannt. Fr. Bülau schreibt über ihn: »Unter Hunds Händen war die Sache eine ziemlich ungefährliche Spielerei, wenn die Sache auch einigen Abenteurern und Betrügern zu gelegentlichen Missbrauch vermögender Mitglieder den Weg bahnte. Auch stellten sich frühzeitig allerlei Abzweigungen und noch weiter gehende Ansprüche ein.
So das Rosaische System, das ein früherer anhaltinischer Superintendent Rosa in den Jahren 1755-1761 in Deutschland und Schweden verbreitete und dass sich mit Alchemie, Theosophie, Kosmosophie und Mechanik zu beschäftigen vorgab, die bekannten Illuminaten oder die Rosenkreuzer, zu denen Schrepfer ... gehört haben soll.[278]«

»Die deutsche Freimaurerei erlebte eine merkwürdige Erweiterung im Jahre 1763, als die ersten schottischen Grade bekanntgegeben wurden. Ein gewisser Friedrich Johnson, der auch unter dem Namen Johann Samuel Leucht auftrat, hatte bereits 1758 diese Bewegung angekündigt: Er behauptete, die wahre Freimaurerei sei aus dem Tempelorden hervorgegangen.[279]« Der Fürst von Anhalt ernannte ihn zum Münzmeister und bat ihn, den Stein der Weisen für den Erbprinzen zu bereiten. Als er in der Loge in Jena auftrat, gewann er durch sein überredendes Wort Vertrauen und erregte ›durch seine feinen Taschenspielerkünste, indem er mit dem roten Pulver ein wenig Quecksilber in Gold verwandelt[e]‹ Aufsehen. Von seinen unbekannten Hintermännern mit Autorität bekleidet, stiftete dieser vielwissende ›Visitator generalis‹ neue Logen und nahm ältere Freimaurer in den ›sublimen Grad‹ auf. »Auf der stark besuchten Versammlung in Altenburg forderte er von allen Anwesenden das Gelübde des Gehorsams und den Eid des Stillschweigens. ... Baron von Hund freut sich über die Anwesenheit dieses schottischen Ritters, welchen er ›Robert de l'Etoile Flamboyante‹ nennt, weil dieser auf magische Weise das Feuer aus der Luft fallen lässt. Eine ähnliche

Erscheinung wie Johnson war der Kaffeewirt Schrepfer in Leipzig.[280]« Von den Leipziger Freimaurern aufgrund seiner Großspurigkeit ausgeschlossen, machte er am Dresdner Hof mittels der Hervorrufung unerklärlicher Phänomene auf sich aufmerksam. Er borgte sich Geld und gaukelte seinen Anhängern vor, im Besitz der verborgenen Schätze, des unlängst verbotenen Jesuitenordens zu sein. Als er aber den geforderten Nachweis nicht erbringen konnte, und seine Gläubiger auf Zahlung drängten, beging er 1774 im Leipziger Rosental Selbstmord, wonach seine Wohnung versiegelt und die darin befindlichen Papiere, aber auch mancherlei physikalische Instrumente und Apparate vom Stadtrat mit Beschlag belegt wurden.[281]

Eine der Gegenströmungen gegenüber den Freimaurern waren die ›Antimassonianischen Sozietäten‹, also ›gegenfreimaurerische Gesellschaften‹, wie sie der damalige Sprachgebrauch etwas gespreizt bezeichnet. Das waren, ausschließlich aus Adligen bestehende, pietistisch orientierte Vereinigungen, die – obwohl sie vorgaben gegen die Freimaurerei zu sein – selbst logenartigen Charakter besaßen, nur dass sie im Gegensatz zu diesen auch Frauen aufnahmen. Allerdings mussten sie von den Männern gewissermaßen ›adoptiert‹ werden und konnten nur als ›Schwestern‹ beitreten.

Ausgehend von einem seit 1739 in der fürstlich Isenburgischen Residenz Büdingen [in Oberhessen] auftretenden Zirkel kam es am 23. Februar 1742 im Schloss Drage bei Flensburg, das damals zu Dänemark gehörte, erstmal zur Gründung einer solchen Sozietät.[282] »Schon am 23. Mai des gleichen Jahres wird sie von König Christian VI. von Dänemark (reg. 1730-1746) bestätigt. Etwas später werden der König und seine Gattin Sophia Magdalena, geborene Gräfin von Brandenburg-Kulmbach, selbst Mitglieder dieser Vereinigung. Bedeutung hat in diesem Zusammenhang der dänische Staatsmann Rochus Friedrich Graf von Lynar, welcher enge Verbindungen zu den reußischen Landesherren und den Pietisten hielt. Geboren am 16. Februar 1708 in Lübbenau/Lausitz kam er als 16-jähriger nach Köstritz an den Hof Heinrichs XXIV. Lynar studierte in Halle und Jena, wurde auch an den Universitäten weiter vom Pietismus geprägt. ... Die Antimassonianische Sozietät im Flensburgischen erhielt am 23. Juni 1744 in Gottorp ihre Statuten bestätigt. Diese hatten einen berühmten Verfasser, nämlich Heinrich XII., den Schleizer Landesherrn,[283]« der sich in solchen Vertragsdingen ungeheuer gut ausgekannt haben muss. Der Graf stand 1741-1750 als Oberstlieutenant in dänischen Diensten und hatte sich dort der Gesellschaft angeschlossen.[284] »Der Dänenkönig ernannte Heinrich XII. zum ›praeses primarius‹. Er hatte damit unter anderem das Recht erlangt, in seinem Hoheitsgebiet eine ebensolche Vereinigung ins Leben zu rufen.

... So entstand die ›Gesellschaft der guten Leute‹ in Oettersdorf. Da sich auch ein Herr von Beulwitz aus dem Schwarzburgischen im Gefolge des Schleizer Landesherrn in Schleswig aufhielt, wird erklärlich, dass die Oettersdorfer Gesellschaft auch eine Außenstelle in Neuhaus am Rennweg ... unterhielt. Einer der Inspektoren der Flensburger Vereinigung war Markgraf Friedrich Ernst von Brandenburg-Kulmbach, der später ein Förderer des Logenwesens in Bayreuth wurde. Seine Schwester war die Gattin König Christians VI. von Dänemark.[285]« Neuhaus war nicht der einzige Ableger der zwischen 1742 und 1786 nachgewiesenen Oettersdorfer Loge.

Gleichberechtigt mit ihr war auch die Gesellschaft der guten Leute‹ im benachbarten Kirschkau. An beiden Orten bestanden nämlich reußische Kammergüter, deren Herrenhäuser der gräflichen Familie als Nebenaufenthaltsort, oft auch als Witwensitz dienten.[286] »Mitglieder waren das Schleizer und das Köstritzer Grafenhaus nebst Gattinnen sowie weitere Adlige mit Besitz bzw. die im reußischen Hofdienst standen, aber auch Offiziere. Hatte die Gesellschaft anfangs nur 25 Mitglieder, so waren es 1784 bereits 69. Ähnlich wie bei den Freimaurern gab es einen besonderen Aufnahmeritus und eine Geheimschrift wurde verwandt. Auch gab es wie bei diesen besondere Stiftungen, um soziale und gesellschaftliche Veränderungen zu bewirken.[287]« Ihre Pläne waren sehr anspruchsvoll, wie die Kirchbauten von Kirschkau und Lössau, die Klause im Schleizer Wald sowie das im Kirschkauer Kammergut begründete Waisenhaus zeigen. Als ihr maßgeblichster Förderer Heinrich XII. 1784 gestorben war, stand die Gesellschaft kopflos dar. Ihre Mitglieder verliefen sich mit der Zeit in andere Logen, möglicherweise in die, von der schwarzburgischen Prinzessin Güntherine Albertine [†1794] im Neustädter Schloss unterhaltene ›Loge zum Mopsorden‹.

Heinrichs XII. Sohn und Nachfolger Graf Heinrich XLII. [1752-bi818] – seit 1802 Mitregent von Gera und 1806 zum Reichsfürsten erhoben – war mit Caroline Henriette von Hohenlohe-Kirchberg [†1849] verheiratet. Zusammen mit ihr hatte er acht Kinder, von denen, bis auf einen Sohn und eine Tochter alle im Kindesalter starben. Heinrichs XLII. Regierungszeit verlief ohne größere Zwischenfälle. Das ermöglichte ihm, die Anlage dreier Vergnügungsorte. Im Jahre 1798 schuf er sich auf dem Lohmen bei Oschitz eine Eremitage und ließ im Bereich des bereits 1704 angelegten Lustschlösschen Heinrichsruh, seiner Sommerresidenz, eine Art Themenpark mit verschiedenen Gebäudetypen anlegen sowie ein kleines Palais [1808] errichten. Das Herrenhaus des Langenwolschendorfer Kammergutes baute er 1800 zu seiner Sommerresidenz aus und ließ auf der nahen ›Schönen Höhe‹ einen Aussichtspavillon errichten. Schon

1786 hatte er im dritten Obergeschoss des Schleizer Schlosses die hofseitige Galerie schließen sowie einige Innenräume im zeitgenössischen Zopfstils überformen lassen. Zudem entstand auf dem Schlossplateau nach dem Vorwerk zu die noch heute in Resten erhaltene Parkerweiterung im englischen Stil.

Wie bereits sein Vater nach dem Siebenjährigen Krieg, so kaufte auch Heinrich XLII. nach den Napoleonischen Kriegen eine Reihe von in Konkurs gegangenen Rittergütern auf, verwandelte sie in Kammergüter bzw. ließ sie zum besten der Ortsgemeinde zerschlagen, wobei die Flächen einzeln an die Gemeinde oder an Anlieger verkauft wurden bzw. aus den Teilen neue bäuerliche Lehngüter ententstanden, die die Zahl der steuerpflichtigen Untertanen mehrten.

Die Stadt Schleiz befand sich zu dieser Zeit unter völliger Abhängigkeit des Hofes. Als Nonnenbefall 1796 große Bestände des Ratswaldes vernichtete und der Rat das Schadholz wohlfeil an die Bürger verkaufte und dabei zum Nachteil der Landesherrschaft den Holzhauerlohn erhöhte, untersagte das Amt jeden weiteren ›schadbringenden‹ Verkauf. Oft genug dienten die häufigen Einmischungen Heinrichs XLII. in die Ratsgeschäfte auch dazu, Ordnung und Zuständigkeiten zu schaffen, wo vorher keine gewesen waren.[288] So verlangte der Fürst im Jahre 1817 von den Ratsherren [Senatoren] seiner Residenzstadt, sie sollten neben dem Treiben in den Back- und Malzhäusern auch die Bierkeller der Bürger gelegentlich untersuchen, wogegen sich dieselben gegen solches Verlangen wandten und auf die Gefahren hinwiesen, welche die Revision in den kalten, zugigen Kellern für ihre Gesundheit haben könnte. »Auch sprachen sie darin die Befürchtung aus, dass sie durch solche Revision bei der Bürgerschaft an Achtung verlieren würden und führten dagegen noch den großen damit verbundenen Zeitverlust, die öftere Abwesenheit einiger Ratsmitglieder in Berufungsgeschäften und ihre Inanspruchnahme durch andere öffentliche Ämter an. Sie schlugen daher vor, diese Revision lieber durch Subalternbeamte vornehmen zu lassen. Hierauf befahl der Fürst, dass Vorschläge zur Abänderung der bisherigen aus dem Mittelalter überkommenen Ratsverfassung gemacht würden, da ein Senator abgesehen von den Visitationen der Backhäuser und Gebräude so viel wie nichts zu tun habe und beinahe nichts zum Besten der Stadt und ihrer Bürger beitrage, da alle Gerichts- und Verwaltungsarbeit dem Stadtsyndikus allein ›aufgehalst‹ würde. Die Eingabe der Senatoren habe ihn, den Fürsten, sehr befremdet und lasse Pflichtgefühl und Patriotismus vermissen. Bei jedem wohlorganisierten Stadtrate oblägen derartige polizeiliche Geschäfte den Ratsmitgliedern, ohne dass ihr Ansehen darunter leide. Dass das öffentliche Ansehen des Schleizer Stadtrates tatsächlich

gelitten habe, komme daher, dass man sich nicht getraue, Gesetz-
widrigkeiten und Ungezogenheiten der Bürger zur Bestrafung zu
ziehen. Gegen dieses fürstliche Rescript wurde in einer Ratssit-
zung vom 30. März 1818 Stellung genommen. Man wandte dagegen
ein, die Abänderung der Ratsverfassung sei untunlich, da sie uralt
sei und sich bewährt habe. Die Senatoren hätten genug zu tun. Die
Diensteinkünfte könnten sie allein nicht ernähren. Sie müssten daneben noch einen anderen Beruf haben. Die Einkünfte seien nicht
einmal für den Zeitaufwand bei den Sitzungen eine genügende Entschädigung. Die Besoldung der Senatoren beruhe auf Vertrag und
verpflichte dieselben zu nichts mehr, als sie bisher geleistet hätten.[289]« Indem Heinrich XLII. bald darauf starb, blieb alles beim Alten.

Sein Sohn Heinrich LXII. [1785-1854] regierte mit dem gleichen
patriarchalischen Walten. Gleich seinem Vater schrieb er wiederholt Sondersteuern aus. Damit gelang es ihm, bis 1836 die Staatsschulden zu tilgen, worauf die Land- und Kriegssteuersätze halbiert
werden konnten, doch nur für kurze Zeit. Ein Jahr später brach in
Schleiz ein Großfeuer aus, dem neben dem Schloss und dem Rathaus 35 fürstliche und öffentliche Gebäude sowie 223 Bürgerhäuser
zum Opfer fielen. Mehr als 2.000 Menschen und damit die Hälfte der
Einwohner wurden obdachlos. Kaum war die Katastrophe überwunden, verbrannten 1856 im Westteil der Stadt 168 Bürgerhäuser. Aus
diesem Grund gibt es heute in Schleiz kaum ein älteres Gebäude
mehr. Der Wiederaufbau der Straßenfluchten erfolgte einheitlich in
der heute vielerorts noch erhaltenen schlichten Form. Bis 1840 war
auch der Neubau des Schlosses im klassizistischen Stil als ge-
dehnte Dreiflügelanlage mit drei Etagen sowie der neogotisch gehaltenen Schlosskirche vollendet.[290]

Als Fürst Heinrich LXXII. von Reuß-Ebersdorf im Zuge der Revolution von 1848 abdankte, erhielt nach den reußischen Hausgesetzen Heinrich LXII. dessen Land und konnte so alle Gebiete der jüngeren Linie zum Fürstentum Reuß jüngere Linie vereinigen. Noch
im selben Jahr nahm in Gera der erste konstituierende Landtag seine
Tätigkeit auf. Eine Verwaltungsreform schuf neue Zentralbehörden,
so ein Staatsministerium in Gera sowie drei Landratsämter neueren Typs und zwar für den Unterländischen Bezirk in Gera, für den
Oberländischen Bezirk I in Schleiz und für den Oberländischen Bezirk II in Ebersdorf.[291]

Obwohl Heinrich LXII. seine Residenz daraufhin auf das Geraer
Schloss Osterstein verlegte, fühlte er sich Zeit seines Lebens als
gebürtiger Schleizer und ließ sich etwa auf seinem Ahnengemälde
vor dem Hintergrund des Schleizer Schlosses abbilden. Bis heute
hat sich von ihm die eine oder andere Anekedote erhalten.[292]

Die 271-jährige Periode als Haupt- und Nebenresidenz hat der Stadt Schleiz zahlreiche Vorteile gebracht, die bis heute spürbar sind. »Nichtzuletzt war der in Schleiz ansässige Hof der größte Arbeitgeber der Region. Doch nicht nur die dort beschäftigten Schleizer verdienten daran, auch zahlreiche ortsansässige Handwerker und Händler.[293]« Nicht allein die Mitglieder des Hofes vermittelten Aufträge, sondern auch die zahlreichen staatlichen Einrichtungen, die in der Residenzstadt ihren Sitz hatten. Selbst als Schleiz nach 1848 nur noch ›Reußische Nebenresidenz‹ war, gab es in der Stadt u.a. folgende Institutionen und deren Gebäude bzw. Niederlassungen: »Fürstl. Schloß; Fürstl. Ministerium; Fürstl. Marstall; Fürstl. Hof- und Küchengarten; Fürstl. Bibliothek; Fürstl. Amtsgericht; Fürstl. Landratsamt; Fürstl. Justizamt; Fürstl. Zollamt; Fürstl. Bezirkssteuereinnahme; Fürstl. Steueramt; Fürstl. Obersteuercontrolle; Fürstl. Landesbauinspektion; Fürstl. Sparkasse; Inspektion der Fürstlichen Waisenanstalt; Fürstl. Friedensrichteramt; Fürstl. Standesamt [bei der Stadtverwaltung].[294]« Dazu kamen noch die geistlichen Behörden sowie die staatlichen Bildungs- und Fürsorgeeinrichtungen, wie das Fürstl. Waisenhaus in Kirschkau [1763-1816] und in Schleiz die Fürstl. Taubstummenanstalt [1847]; das im Status eines Gymnasiums stehende Fürstl. Ruthenium [1656]; vor allem aber das Fürstliche Landesseminar [1820], eine Art Fachhochschule, wo der Nachwuchs an Lehrern und teils auch an Verwaltungsbeamten ausgebildet wurde.[295]

Vom Schleizer Schloss sind heute nur noch die Ruinen seiner beiden Rundtürme erhalten, die man inzwischen wieder behelmt hat. Das Schloss selbst sank bei einem Bombenangriff am 8. April 1945 – am gleichen Tag wie das Heimatmuseum in Pößneck – in Schutt und Asche. Der mit dieser Zerstörung für die Geschichte der Region entstandene Schaden kann nicht hoch genug eingeschätzt werden. Neben dem Fürstlich Reußischen Heimatmuseum, für das im Vorfeld faktisch jedes kulturhistorisch verwertbare Artefakt aus teils weitem Umkreis zusammengetragen worden war, ist vor allem die Vernichtung des Reußischen Hausarchivs mit dem historischen Urkundenbestand und der mit weit über 50.000 Bänden bestückt gewesenen Schlossbibliothek zu beklagen, wo der größte Teil dessen exemplarisch verwahrt wurde, was bis dahin an Werken und Einzelschriften über die Reußischen Länder je erschienen ist.[296]
Der Wunsch vieler Schleizer, den exponierten Platz überhalb ihrer Stadt nicht länger mehr der Öffentlichkeit zu entziehen und eine neue ›Akropolis‹ zu errichten, wird regelmäßig auf die lokalpolitische Agenda gehoben und den Wiederaufbau des ›Schlosses‹ – freilich im kaum zu vermeidenden modernen Stil – werden wir eines Tages vielleicht noch erleben können.

Das Haus Lobenstein Reuß Jüngerer Linie

Das Haus Reuß-Lobenstein bestand durch sechs Generationen 201 Jahre hindurch, wurde in der zweiten Generation geteilt, in der letzten wieder vereinigt und bald darauf von der Linie Reuß-Schleiz einverleibt. »Sein Gründer Heinrich X. [1621-1671], der jüngste der nachgelassenen Söhne des Heinrich Posthumus, vergrößerte seinen 1647 und 1666 ererbten Besitz durch die 1664 von den Herren von Beulwitz erkaufte Herrschaft Hirschberg. Es war dieselbe ursprünglich ein böhmisches Lehen, stand aber als Afterlehen seit 1549 unter der Hoheit der Burggrafen von Plauen und seit 1572 unter Reuß.[298]«

Zusammen mit den Städten Hirschberg und Lobenstein umfasste das Herrschaftsgebiet des Hauses noch 1 Marktflecken [Wurzbach, dazu später Ebersdorf], 5 Marktdörfer [Thimmendorf, Lothra, Langgrün, Arlas, dazu später Titschendorf], 37 Dörfer, etliche Mühlen, Hämmer und Einzelgehöfte sowie die damals noch immer recht umfangreichen Lehen bzw. Grundherrschaftsrechte im Raum Hof, wie Feilitzsch [teils], Rudolphstein, Bruck, Saalenstein, Döla, zudem als oberfränkische Teile der Herrschaft Hirschberg Mödlareuth, Hohen- und Tiefendorf sowie etliche Gerichtseingesessene zu Töpen.

Mit einer Größe von beinahe $7^{3}/_{4}$ Quadratmeilen [436 km²] nahm die Herrschaft Lobenstein – abgesehen von den kursächsischen Exklaven – den gesamten Südraum des heutigen Saale-Orla-Kreises ein, reichte im Norden bis zur Linie: Lothra – Ruppersdorf – Ebersdorf – Langgrün – Göttengrün – Rothenacker. Im Jahre 1647 lebten hier nur noch 6.453 Menschen, 981 davon in Lobenstein, 180 in Hirschberg. 1843 waren es schon 23.000.[299]

Nach dem Tod Heinrichs X. [1671] regierten seine, zu diesem Zeitpunkt noch übrigen 3 Söhne zunächst gemeinsam, schritten aber 7 Jahre später zur Teilung ihrer Lande. Per Los sollte das Gebiet in drei gleiche Teile geteilt werden, deren Grenzen man nicht nach wirtschaftlichen oder infrastrukturellen Gesichtspunkten, sondern allein nach den geldlichen Einnahmen festlegte. »Am Tage der Losung war ein feierlicher Gottesdienst. Dann mussten die drei Brüder sich das Versprechen geben, mit dem gezogenen Lose zufrieden zu sein und aneinander keine weiteren Ansprüche mehr zu stellen. Auf die Lose wurden die einzelnen Herrschaften geschrieben und in eine Urne getan. Im Raume standen drei Tische, die den einzelnen Herren zugeteilt waren. Ein Kind, das weder lesen noch schreiben konnte, musste nun die Lose der Urne entnehmen und jedes auf eines der Tische legen. Dann traten die drei Herren wieder an den, ihnen zugewiesenen Platz und öffneten die Lose. Ein Schreiber nahm ein Protokoll auf und bemerkte darin die Verteilung der Herrschaften, das dann von den drei Herren und den Räten unterschrieben und untersiegelt wurde. Ein Staatsvertrag wurde sodann angefertigt, der alle Einzelheiten der Rechte, Einnahmen und Pflichten enthielt. Räte, Richter und Pfarrer waren bei diesem Akt anwesend.[300]«

Heinrich III. [1648-1710] hatte das Los mit der Herrschaft Lobenstein gezogen mit Schloss und Stadt Lobenstein, den Vorwerken Galberg und Thierbach, den Schäfereien zu Schönbrunn und Thierbach, den Dörfern Schönbrunn, Oberlemnitz, Ruppersdorf, Thierbach, Heinersdorf, Neundorf [zur Hälfte], Schlegel, Frössen, Blankenstein, Greinershammer sowie die Ober-Lehnsherrschaft über die Rittergüter Heinersdorf, Harra oberen Teils, Blankenstein, Eichenstein, Sachsenbühl [beide heute zu Oberfranken], Weisbach, Rödern, Altengesees, Lothra, Wurzbach, Frössen und Stöcketen sowie die Jagden in dem Teil des Frankenwaldes, der vordem zu Saalburg geschlagen war.

Heinrich VIII. [1652-1711] erhielt die Herrschaft Hirschberg, die neben der besagten Stadt noch 21 Dörfer, einige Saalhämmer, die Ober-Lehnsherrschaft über 7 Rittergüter [Venzka, Dobareuth, Mödlareuth, Göritz, Pottiga, Pirk und Oßla] sowie den Saalwald von Niedergrün [Vorwerk bei Langgrün] bis an die Saale umfasste.

Die übrigen Besitzungen, also die Dörfer Ebersdorf, Eliasbrunn, Gahma, Helmsgrün, Lichtenbrunn, Lothra, Neundorf [andern Teils], Lückenmühle, Titschendorf, Unterlemnitz, Weisbach [zum Teil], die Mannschaft zu Wurzbach, einen Teil der Mannschaften zu Altengesees, Seibis und Weitisberga sowie die Ober-Lehnsherrschaft über die Rittergüter Ebersdorf, Harra unteren Teils, Haueisen [ein Teil des späteren Saaldorf], Kießling und Weitisberga, zudem verschiedene Mühlen und ein Teil des Frankenwaldes fielen an Heinrich X. [1662-1711], der später das 1690 von den Herren von Magwitz erkaufte Ebersdorf zu seiner Residenz machte und so das Haus Reuß-Ebersdorf [bis 1853] begründete.

Heinrich VIII. von Reuß-Hirschberg war mit Elisabeth Sophie Freiin von Bodenhausen [1656-1687] aus Mühltroff verheiratet. Nach ihrem Tod vermählte er sich 1688 mit Sophie Juliane [1670-1698], einer geborenen Reußin aus dem Hause Obergreiz.

Das 1678 unter Einbeziehung eines Vorgängerbaus erbaute Hirschberger Residenzschloss, ein dreigeschossiges Rechteck von höchster Einfachheit, konnte nur unter Ausnutzung der Baufron der Einwohner auf diese Größe gebracht werden. Zusammen mit der Herrschaft Hirschberg hatte Heinrich VIII. auch den bereits seit Jahrhunderten schwelenden Konflikt zwischen dem Schlossrittergut und der Bürgerschaft geerbt, wobei letztere – ob rechtens oder nicht, weiß man heute nicht mehr so genau – ihre städtischen Rechte in einem Ausmaß verteidigte, wie sie selbst manch größere Stadt damals nicht besaß. Als die Reußen 1664 zu ihrer Landesherrschaft auch noch die Grundherrschaft über Hirschberg übernahmen, behielten sie neben den Obergerichten auch die Erbgerichte, wodurch die Hirschberger ihre Erbsachen nicht mehr unter sich regeln konnten und so ein erhebliches Maß an Besitzsicherheit verloren. Im Jahre 1705 erhob Heinrich VIII. eine Tranksteuer. Daraufhin errichteten die Hirschberger zum Trotz ein eigenes Brauhaus, welches jedoch von aus Lobenstein angeforderten Musketieren niedergerissen und alle Braugeräte zerstört wurden. Ein andermal, als die Hirschberger in der Saale ihr Fischereirecht gebrauchten, wurden sie zunächst vom Schloss aus mit Gewehrfeuer belegt. Sodann rückte die Schlossbesatzung aus und vertrieb die Bürger mit Waffengewalt an das andere Saaleufer. Noch im Jahre 1716 rückten 100 Mann reußisches Militär in Hirschberg ein, besetzten das Rathaus, räumten den Ratskeller leer und verschleppten den Ratswirt nach Ebersdorf, während die Ratspersonen selbst über die Saale nach Franken fliehen mussten. Trotz solcher Niederlagen gab sich die Bürgerschaft zu keiner Zeit geschlagen. Wiederholt beschwerte sie sich beim Kaiser im Wien, der als König von Böhmen ihr oberster Lehnsherr war, wobei sie im Jahre 1744 gar einmal ihren goldenen Ratsbecher verpfänden mussten, um die Reisekosten dorthin begleichen zu können. Man nimmt an, dass Heinrich VIII. an diesem langwährenden Kampf mit den Bürgern – bei dem er weder mit Gewalt, noch gerichtlich [so verfolgte er selbst kleinste Vergehen mit äußerster gerichtlicher Härte] zum Ziele kam – am Ende zugrunde gegangen ist. Nach längerem Krankenlager verschied er am 5. Oktober 1711 im Alter von 59 Jahren und wurde unter dem Altar der Stadtkirche beigesetzt. Als man bei deren Umbau 1774 die Grafengruft öffnete, fanden sich darin die Särge mit den noch gut erhaltenen Leichnamen. Indem die Ehen Heinrichs VIII. kinderlos geblieben waren, ging sein Land nach seinem Tod an die beiden übrigen Zweige des Hauses Lobenstein über und zwar die Stadt Hirschberg, und die Orte Blintendorf [reußischenteils], Dobareuth, Gebersreuth, Glashütte [Grumbach], Göttengrün, Mödlareuth, Oßla, Pottiga, Rothenacker, Röttersdorf, Ullersreuth und Venzka an Ebersdorf die Orte Göritz, Harra, Kießling, Gehege, Absank, Langgrün, Pirk und Thimmendorf dagegen an Lobenstein.[301]

In Lobenstein selbst hatte es im Vorjahr [1710] einen Regierungswechsel gegeben: Heinrich III. war gestorben und sein Sohn Heinrich XV. [1674-1739] neuer Regent geworden. Zunächst residierte er weiter im ›Unterschloss‹, einem 1601 von Heinrich Posthumus errichteten dreiflügeligen Renaissancebau mit zwei hochbehelmten Seitentürmen. Nachdem die Stadt Lobenstein 1714 von einem Brand heimgesucht wurde, der auch das Unterschloss weitgehend zerstört hatte, ließ Heinrich XV. am Ende der Nordwestseite der Stadt das Palais ›Christianenzell‹ sowie im Tal nördlich der Altstadt ein neues Residenzschloss errichten. Es ist der heute noch erhaltene schlicht elegante, aus zwei quadratischen Eckgebäuden und einem Verbindungsflügel bestehende Bau.

1714 starb auch Heinrichs XV. Mutter, Marie Christiane, eine Grafentochter aus dem Hause Leiningen-Westerburg, die 6 Söhne und 7 Töchter geboren hatte, von denen 9 Kinder in diesem Jahr noch am Leben waren. Im Gegenzug hatte der mit Ernestine Eleonore aus dem Grafenhaus Schönburg-Waldenfels [†1741] verheiratete Heinrich XV. sogar 17 Kinder.

»Sein jüngerer Bruder Heinrich XXVI. [1681-1730] vermählte sich 1715 mit einer Tochter des Grafen Gotthard Quintin von Tättenbach zu Selbitz im Bayreuthischen, erbte dessen Herrschaft und stiftete ohne Verletzung des Primogeniturgesetzes die [nicht souveräne] Nebenlinie Reuß-Selbitz. Er starb 1730 und hinterließ eine zahlreiche, aus 7 Söhnen und 5 Töchtern bestehende Familie, deren letzter männlicher Sproß später auch der letzte Regent des Zweiges Lobenstein werden sollte.

Heinrich XV. ... starb 1739. Sein Sohn Heinrich II. [1702-1782] und sein Enkel Heinrich XXXV. [1738-1805] – den Kaiser Leopold II. [1717-1792] bei seiner Kaiserkrönung zu Frankfurt/Main 1790 zum Reichsfürsten erhob – waren seine letzten direkten regierenden Nachkommen. Jener regierte bis 1782, dieser bis 1805, wo er ohne Erben starb.[302]« Während das Reuß-Lobensteinische Trauerreglement von 1784 den Untertanen vorschrieb, dass um Eltern und Ehegatten vier Wochen, um Großeltern, erwachsene Kinder und Geschwister zwei Wochen, um alle anderen eine Woche, um Säuglinge unter sechs Wochen aber überhaupt nicht getrauert werden durfte, wurde im Zuge der Staatstrauer um Heinrich XXXV. vier Wochen lang, jeden Tag von allen Kirchtürmen im Land Trauer geläutet. Während dieser Zeit mussten auch alle Untertanen vier Wochen mit schwarzer Kleidung zu den Gottesdiensten in der Kirche erscheinen, wobei alle Orgeln und alle Musik im Land für 14 Tage zu ruhen hatten.[303]

Das Fürstentum Reuß-Lobenstein wurde nun dem Haus Selbitz angetragen, von dem damals noch zwei männliche Glieder, nämlich

Heinrich XXVI. und sein von den Herrnhutern erzogener Neffe Heinrich LIV. am Leben waren. Da ersterer bereits 84 Jahre zählte, verzichtete er zu Gunsten des letzteren auf die Regierung, so dass nun dieser dieselbe antrat. Am 20. April 1805 kam Heinrich LIV. [1767-1824] mit seiner Gemahlin Marie, einer geborenen Prinzessin von Stolberg-Wernigerode [1774-1810] unter dem feierlichen Geläut aller vier Glocken der Stadtkirche in Lobenstein an. Die Honoratioren fuhren und die Jäger ritten ihnen entgegen. Weil noch Trauer herrschte, konnte der Geburtstag der Fürstin erst später gefeiert werden. Es wurde eine ganz große Veranstaltung: »Früh zogen die Bürger in schwarzen Mänteln vor das Schloss, wo die Viertelsmeister den Glückwunsch übergaben. Nachgehends zog die Schützenkompanie mit Trompeten und Pauken nach dem Schießplatz und überreichte unterwegs unserer Landesherrschaft auf einem grünseidenen, mit Gold verzierten Kissen einen Kranz und ein Gedicht. Nun zogen sie zum Schießhaus und schossen mit dem ersten Schuss einer neu gemachten Scheibe ... das Zentrum heraus. Nachmittags fuhr unsere Landesherrschaft in das Lustschloss Pavillon, wo sie die Schützenkompanie in Parade erwartete. Abend zog die Kompanie mit Pechfackeln unter Trompeten- und Paukenschall vom Schießplatz nach dem Schlosse und brachte derselben ein feierliches Vivat. Dann zogen die Hammerschmiede mit ihren Hemden, Schurzfell und Eisenstäben unter Anführung ihrer Herren nebst der Bergknappschaft mit Fackeln und Lampen vor das Schloss und überreichten ein Kissen, Kranz und Gedicht, dann brachten sie ein feierliches Vivat. Auch überreichten unsere kleinen weiblichen Honoratiores ein Kissen mit einem Gedicht.[304]«

Das Schicksal war dem Fürstenpaare nicht hold. Nachdem die Fürstin Marie bereits 1810 an einer Masernerkrankung gestorben war, vermählte sich Heinrich LIV. 1811 mit Franziska [geb. 1788], der jüngsten Tochter Heinrichs XLIII. von Reuß-Köstritz. »Schon wenige Jahre nach seiner zweiten Eheschließung ließ ihn sein Gesundheitszustand nur noch beschränkt an den Regierungsgeschäften teilhaben. Auf Anraten seiner Ärzte unternahm er daher 1816 in Warmbrunn, 1818 in Karlsbad und 1820 in Köstritz längere Kuraufenthalte.[305]« Am 7. Mai 1824 starb Fürst Heinrich LIV. ohne Nachkommen. Mit ihm erlosch sein Zweig und das Fürstentum Lobenstein fiel an die Linie Ebersdorf. Seine Witwe aber lebte noch bis zu ihrem Tod 1843 im Neuen Schloss. Danach wurde das heute schlichte und schmucklose Gebäude zunächst Amtsgericht, dann Behördensitz. Verwaltungstechnisch blieb Lobenstein fortan ein Teil von Ebersdorf, später von Schleiz, nur zwischen 1952 und 1994 avancierte es noch einmal für längere Zeit zum Kreis und zum Sitz eines Landratsamtes.

DER ZWEIG LOBENSTEIN-EBERSDORF REUSS JÜNGERER LINIE

»Die Klinge — immerzu geschärft — bleibt nicht lang Klinge. Der Saal — mit Gold und Jade vollgestopft — ist vor Räubern nicht zu bewahren. Glanz und Ehren — mit Hochmut gepaart — ziehen sich selbst ins Verderben!«   *[Laotse, in: TAO te King]*

Der 1671 dem jüngsten Sohn des Lobensteiner Reußen, Heinrich X. [1662-1711], zugesprochene Landesteil war kaum 2 Quadratmeilen [112 $^1/_2$ km^2] groß. Indem hier weder eine Stadt, noch ein Marktflecken, ja nicht einmal ein potentieller Residenzstandort existierte, kaufte sein Vormund Heinrich I. von Reuß-Schleiz 1682 für ihn das erst 1670 an die Landesherrschaft zurückgelangte Rittergut in Ebersdorf.

Als junger Mann nahm Heinrich X. an den Türkenkriegen teil. Wegen seiner häufigen Abwesenheit bedurfte er zunächst keiner besonderen Residenz. So reiste er etwa im Juli 1686 über Regensburg, Passau, Wien und Preßburg bis vor Ofen, wo in seinem Beisein als ›Volontär‹ am 2. September die von den Türken gehaltene Festung und Stadt gegenüber Buda erobert wurde. Durch Zufall entkam er hier der Detonation einer feindlichen Mine, die ganz in seiner Nähe ›viele dahin riss‹. Neben ›unterschiedlicher Beute‹ hatte er auch einen Türken gefangen bekommen, den er anschließend mit nach Hause nahm und ›zum christlichen Glauben gnädig befördert[e]‹.[306]

Erst 1690 ließ er in Ebersdorf das alte Wasserschloss abbrechen und an seiner Stelle bis 1693 das im Außenbau schmucklose heutige Schloss als unregelmäßige dreigeschossige Vierflügelanlage errichten. Das 1647 nur aus dem Rittersitz, zwei Vorwerken, einer Kirche und zwölf Bauerngütern bestehende Dorf erhielt daraufhin Marktrecht und entwickelte sich mit der Zeit zu einem kleinen Behörden- und Gewerbezentrum mit 760 [1746] und bis zum Jahr 1840 sogar knapp 1.200 Einwohnern. Nach Einträgen im Ebersdorfer Kirchenbuch erscheinen in den 1720er-Jahren dort folgende Berufsgruppen als Hofbedienstete bzw. als Hofhandwerker, so Steuerkassierer, Vogt, Küchenschreiber, Scharfrichter, Schäfer, Schmied, Hofmetzger, Hofgärtner, Hofbarbier, Hofbuchbinder, Mundkoch, Stubenheizer, Herrenkutscher, Jäger und Soldat. Als Umbauten am Schloss anstanden, hören wir zudem von einem Hofzimmermeister, und je einem Schnitzer, Drechsler-, Tischler-, Maurer- und Schlossermeister. Aus Rudolstadt bewarben sich 1722 drei Fachleute, der ›artium liberalium cultor‹ (etwa ›Pfleger‹ oder ›Bildner der freien Künste‹). Sie waren wohl Maler, Bildhauer oder Stukateure. Auf das Angebot des Porzellanmalers Freytag, hier in Ebersdorf wirken zu wollen, ging der Graf nicht ein, denn dieser war 1723 nach Erhalt eines Vorschusses von 20 Gulden zum ›saufen und zutaten‹ heimlich aus Rudolstadt wieder entwichen.[307]

Heinrichs X. Gemahlin, Erdmuthe Benigna, eine geborene Kom-tess von Solms-Laubach [†1732] war im streng pietistischen Geist erzogen worden und stand mit dem berühmten Prediger August Hermann Francke, einem der Mitbegründer der pietistischen Bewegung in Deutschland und dessen Stiftung in Halle, in enger Verbindung. Bereits 1696 bildete sie im Ebersdorfer Schloss mit Gleichgesinnten eine ›kleine verbundene Gesellschaft‹, ließ zusätzliche Gottesdienste abhalten und lud – da der für den Ort zuständige Friesauer Pfarrer Lutheraner war – pietistische Prediger von auswärts dazu. Noch im Todesjahr ihres Gatten schuf sie eine, zunächst aus ihren Dienern und einigen, in Stellung genommenen pietistisch gesinnten Fremden bestehende eigenständige Hofgemeinde und sorgte auch dafür, dass alle lauten Vergnügungen der Hofgesellschaft eingestellt wurden. Kurz darauf bekam der Ebersdorfer Hof, der bis dahin die Gottesdienste in der Dorfkirche besucht hatte, eine eigene Schlosskapelle. Die Vormundschaftsregierung für ihren beim Tode des Vaters noch minderjährigen Sohn Heinrich XXIX. [1699-1747] führten keine geringeren als die beiden Grafen Heinrich XXIV. von Reuß-Köstritz und Carl Otto zu Solms-Utphe.[308] Die Erziehung und Bildung des künftigen Regenten stand unter dem starken Einfluss seiner Mutter und des Köstritzer Verwandten und erfolgte ganz im Sinne des Halleschen Pietismus. So hatte etwa die am 13. November 1716 vom Köstritzer Grafen für sein Mündel erlassene ›Ebersdorfer Verordung wider das Tanzen und Springen‹, deren Einhaltung die Amtsschulzen auf den Dörfern zu verkünden und streng zu überwachen hatten, den gleichen Wortlaut, wie eine zur selben Zeit erlassene Verordnung Heinrichs II. von Reuß-Obergreiz, der bis zum Vorjahr ebenfalls unter der Vormundschaft des Köstritzers gestanden hatte. Erst 1717 konnte Heinrich XXIX. die Regierung über sein, nach dem Anfall der halben Herrschaft Hirschberg [1711] um eine Quadratmeile gewachsenes Land übernehmen. Auf seiner Kavalierstour hatte er in Paris den jungen Grafen Nikolaus Ludwig von Zinsendorf [1700-1760] kennengelernt und mit ihm gute Bekanntschaft geschlossen. Daraufhin begab sich im Jahre 1721 ein Unglücksfall, der sich in der Folge jedoch als ausgesprochener Glücksfall offenbaren sollte: Auf dem Weg nach Franken zu einer Brautwerbung hatte Zinsendorfs Kutsche in der Nähe von Plauen Radbruch erlitten. Sein einziger Bekannter in der Gegend, nach dem er um Hilfe schicken lassen konnte, war der einige Meilen entfernt in Ebersdorf lebende Heinrich XXIX. Dieser lud Zinsendorf für die Dauer der Reparatur natürlich auf sein Schloss ein, wo sich herausstellte, dass die beiden Kavaliere ein- und dieselbe Dame, nämlich die Komtess Sophie Theodora zu Castell-Remlingen als mögliche

Heiratskandidatin ins Auge gefasst hatten. Um den Willen Gottes zu erkunden, reisten die beiden daraufhin gemeinsam nach Franken, um der jungen Dame selbst die Wahl zu überlassen. Diese entschied sich für Heinrich XXIX., wonach Zinsendorf, der inzwischen ein enger Freund der Ebersdorfer Reußen geworden war, im Folgejahr 1722 um die Hand von Heinrichs XXIX. Schwester Erdmuthe Dorothea [1700-1756] anhielt. Nach ihrer Hochzeit wurde selbige, die – gleich ihrer unverheirateten, auf Schloss Pottiga lebenden Schwester Benigna Maria [1695-1751] – als Dichterin viel gesungener Kirchenlieder hervortrat zu Zinsendorfs organisatorischer Hauptstütze beim Aufbau seines Lebenswerks. Der Graf war nämlich von seiner tiefreligiösen, mit Johann Philipp Spener und August Hermann Francke in Verbindung stehenden Großmutter Henrietta Katharina von Gersdorf [1648-1726] erzogen worden und hatte von 1710 bis 1716 Franckes berühmtes ›Pädagogium‹ in Halle besucht.[309] »1722 gewährte er böhmisch-mährischen Exilanten Asyl, die als Anhänger der böhmisch-mährischen Brüderkirche eine neue Heimat suchen mussten.[310]« In ihren Ursprüngen geht diese ›Unitat fratrum‹ auf den böhmischen Reformator Jan Hus [†1415] zurück, der weite Teile Böhmens und Mährens von der Römischen Kirche gelöst hatte. Als es nach den Hussitenkriegen aber zu einem Kompromiss mit dem Papst kam, sonderte sich 1457 eine kleine Gruppe, die sowohl die kriegerische Gewalt der Radikalen, als auch die Einigung mit Rom ablehnte, ab und zog sich in die Wälder Ostböhmens zurück, um dort ganz und gar nach dem Evangelium zu leben. Im Zuge der Gegenreformation beinahe vollkommen ausgelöscht, konnten die dortigen Gemeinden erst zu Beginn des 18. Jahrhunderts wieder einen Neuanfang finden, indem sie unter den Einfluss des Pietismus in die protestantischen Gebiete des Reiches auswanderten.[311] In der Nähe seines Gutes Berthelsdorf in der Oberlausitz ließ Zinsendorf eine Siedlung für sie bauen, »die den Namen ›Herrnhut‹ (als Vorstellung nur unter der Hut des Herrn zu leben) erhielt.

Zinsendorf fühlte sich als Herr dieses Gebietes verantwortlich für die Glaubensflüchtlinge, deren interne Streitigkeiten er zu schlichten und sie mit gemeinsamen Glaubensgrundlagen zu einer Gemeinschaft zu formen suchte. Der Hallesche Pietismus, von dem sich Zinsendorf allerdings später abgrenzte, zeichnet sich durch eine übertriebene asketische Frömmigkeit aus. Er setzte ›als entscheidendes Kriterium für jeden Christen ein nach bestimmten Gesetzmäßigkeiten ablaufendes Bekehrungserlebnis voraus‹. Nach einem Besuch in Herrnhut auf den Gütern Zinsendorfs erfuhr ... Erdmuthe Dorothea ein solches ›Bekehrungserlebnis‹ und sie betrieb fortan die Einführung des Herrnhuter Pietismus in ihrer reußischen Heimat. 1724 verlegte Zinsendorf wegen Druckverbots in Berthelsdorf seine kleine Druckerei von der Oberlausitz nach Ebersdorf, wo ab 1726 die ›Ebersdorfer Bibel‹ gedruckt wurde.[312]« Infolge von Erdmuthe Dorotheas öfterer Anwesenheit in Ebersdorf traten mehrere Brüder und Schwestern von Herrnhut in den Dienst des Landesregenten. Den Anfang machten 1730 die beiden ledigen Schwestern Anna Schneider und Anna Schindler, zwei mährische Exilantinnen, die eine als Köchin, die anderes als Erzieherin der Komtessen.

»Um die beiden Schwestern scharrte sich bald ein Kreis von Sympathisanten, die vor allem bei Besuchen aus Herrnhut eigene Versammlungen zu halten begannen, um sich etwas von den dort gebräuchlichen Gemeindeleben zu erhalten.[313]« Im Jahre 1734 bestand dieser Kreis bereits aus 14 Personen. Spannungen mit dem übrigen Teil der unter der wenig sensiblen Führung des Hofpredigers Winckler stehenden Schlossgemeinde waren vorprogrammiert und vielleicht wäre das kleine Gemeindehäuflein der Herrnhuter bald wieder in der Ebersdorfer Schlossgemeinde aufgegangen, wenn es nicht einen tatkräftigen Prediger, Friedrich Christoph Steinhöfer aus Württemberg, gefunden hätte. Zinsendorf wollte ihn ursprünglich zum ›Ersten Prediger‹ in Herrnhut ernennen. Vom kursächsischen Konsistorium in seiner Bestätigung jedoch abgelehnt, hatte Steinhöfer schließlich in Ebersdorf seine Bestimmung gefunden. Ihre erste Aufgabe fanden die Gemeindemitglieder 1736 mit der Übernahme des von der Gräfin vor wenigen Jahren begründeten Erziehungs- und Waisenhauses, in dessen Anschluss sich auch die räumliche Trennung von der Schlossgemeinde vollzog, indem die Herrnhuter an der Straße nach Lobenstein – wo sie 1742 von den Ortsnachbarn zwei Häuser kauften – eine besondere Ansiedlung mit eigenen Chorhäusern und eigenem Gottesacker [mit den charakteristischen horizontalen Grabsteinen] begründeten. Durch den Zuzug von Glaubensgenossen aus allen Teilen Deutschlands – vor allem aus Württemberg, Oberfranken, der Bayreuther Gegend sowie aus katholischen Gebieten wuchs die Gemeinde schnell auf mehrere hundert Personen und ›Heiligen-Ebersdorf‹ wurde in der Folge zu einem Wallfahrtsort pietistisch gesinnter Seelen – so des berühmten Staatsmannes J.J. Moser, der von 1737 an einige Jahre hier lebte. Andere Anhänger verließen Ebersdorf später wieder, weil sie den Schritt zur Brüdergemeinde nicht mitmachen wollten.

Auf der ›Hirschberger Synode der Mährischen Brüder‹ von 1744 setzte sich Zinsendorf gegen radikalere Kräfte durch, die eine Zukunft des Pietismus außerhalb der evangelischen Landeskirchen anstrebten. Im Jahre 1745 trennte Heinrich XXIX. die Herrnhuter von der Schlossgemeinde und entließ sie – mit dem Recht eigene

Pfarrer anzustellen – in die Selbstständigkeit. Als am 15./16. Oktober 1746 der 50. Jahrestag der Begründung von Erdmuthe Benignas ›kleinen verbundenen Gesellschaft‹ gefeiert und bei dieser Gelegenheit der neue Betsaal im Gemeindehaus eingeweiht wurde, bestand die inzwischen mit Herrnhut verbundene Gemeinde bereits aus 400 Personen. Eine weitere Gemeinde der Herrnhuter war 1742 auf dem ehemaligen Gebiet des Grafen von Gottern in Dietendorf [bei Erfurt] entstanden und führte zur Entstehung der Plansiedlung Neudietendorf.[314]

Gemäß den Glaubensrichtlinien der Herrnhuter besitzt auch der Ebersdorfer Betsaal keinen Altar und keine Kanzel, wohl aber eine Orgel. Einzige Zier war die abgetrennte Loge für die gräflichen Herrschaften, die zwar als ›Bruder Heinrich Reuß und Schwester Theodore Reußin‹ in die Brüdergemeinde mit eintraten und auch ihre Kinder Heinrich XXIV., XXVI., XXVIII., XXXI., XXXII., XXXIII., XXXIV., Benigne Renate, Sophie Auguste, Charlotte Louise und Marie Elisa in deren Geist erziehen ließen, jedoch – anders als Zinsendorf – nicht so stark in das Leben der Gemeinschaft integriert waren und weiter im Schloss wohnen blieben. »Zugleich gewann der Herrnhuter Geist durch den Regenten von Ebersdorf auch in den übrigen Häusern Reuß Eingang, demzufolge verschiedene Glieder Reuß, statt dass man sich im Mittelalter den Klöstern und dem Deutschen Ritterorden zuwandte, jetzt entweder in die Herrnhuterkolonien eintraten oder durch Schriften für diese religiöse Richtung wirkten oder ihre Erziehung in Herrnhuteranstalten vollzogen.[315]« So begab sich Heinrichs XXIX. Witwe nach dem Tod ihres Gemahls 1747 nach Herrnhut und starb 1777 daselbst. Ihr Sohn Heinrich XXVIII. tat es ihr gleich und starb 1797 als Ältester der Brüdergemeinde zu Herrnhut. Heinrich LV. von Reuß-Köstritz wurde 1846 Bischof der Herrnhuter in London. »Als Folge der ausgedehnten Missionstätigkeit der Brüdergemeinde seit Anfang des 18. Jahrhunderts befinden sich selbstständige Kirchen der Brüdergemeinde heute in der Karibik, in Nordamerika an der Nordküste Kanadas sowie in Südafrika und Tansania, mit 500.000 Mitgliedern,[316]« immerhin noch 140 [1993] davon in Ebersdorf.

Nach dem Wesen der Brüdergemeinde gab es dort keine Standesunterschiede. Nur wenige der nach Ebersdorf gekommenen Zuzügler waren verheiratet. Die meisten waren unverheiratete Frauen, so genannte ›ledige Schwestern‹, die als geistliche und wirtschaftliche Gemeinschaft im Schwesternhaus, während die ledigen Männer, als ›ledige Brüder‹ im Brüderhaus lebten. Die für die Herrnhuter typische, in der religiösen Ausrichtung begründete Gemeindestruktur mit sozial fürsorglichen und gewerblichen Elementen wurde für die Entwicklung von Ebersdorf von Vorteil. Ohne die Tatkraft, der in der Regel gebildeteren oder ein Handwerk beherrschenden Herrnhuter wäre der wirtschaftliche Aufschwung von Ebersdorf zu einem wirklichen Residenzort nicht denkbar gewesen. Ihre Ansiedlung entwickelte sich ähnlich wie in Neudietendorf zu einem eigenen Ortsteil mit einem Kranz von großen einheitlich schlichten Gebäuden, die neben dem Betsaal, dem Waisenhaus, den Wohngebäuden und weiteren Gemeindeeinrichtungen bald noch ein Witwenhaus, ein Gasthaus, eine Apotheke, Gewerbestätten, eine große Weberei [bis 1807] und schließlich sogar noch eine Tabakfabrik umfassten.[317]

Heinrichs XXIX. Sohn und Nachfolger Heinrich XXIV. [1724-1779] hatte – wie zumeist die zweite Generation aus den pietistischen Grafenhäusern – sich der Aufklärung zugewandt und stand der Brüdergemeinde kühl, später sogar mit ausgesprochener Abneigung gegenüber. Dennoch sprach er ihr 1751 unter Loslösung aus der Landeskirche die Religionsfreiheit zu, so dass sie sich fortan frei entwickeln konnte. Im Gegenzug wurde die Brüdergemeinde von Neudietendorf im Jahre 1763 als lutherische Gemeinde innerhalb der Gothaer Landeskirche anerkannt.

Seine Hausbesitz sowie die Finanzkraft seiner Untertanen stärkte Heinrich XXIV. u.a. durch den Ankauf der Rittergüter Unterlothra, Altengesees, Wurzbach und Oßla, die er in Kammergüter umwandelte, wobei er einen Teil deren Liegenschaften an ortsansässige Bauern und Häusler verkaufte, die dadurch mehr Steuern und Abgaben zahlen konnten. Durch seine geistreiche Gemahlin Caroline Ernestine, eine geborene von Schönberg-Erbach [†1796] sowie durch seinen Bruder Heinrich XXVI. [1725-1796], der sich voll und ganz der reußischen Geschichtsforschung verschrieben hatte, wurde der Ebersdorfer Hof in der zweiten Hälfte des 18. Jahrhunderts zu einem ›Sammelpunkt frommer, edler und geistreicher Seelen‹ [Georg Brückner].[318]

Indem Heinrichs XXIV. Sohn und Nachfolger Heinrich LI. [1761-1822] beim Tode des Vaters noch minderjährig war, regierte bis 1782 Heinrich XII. von Reuß-Schleiz für ihn. Die Hochzeit seiner Schwester Luise [1759-1840] mit Graf Heinrich XLIII. von Reuß-Köstritz [†1814] gestaltete Heinrich LI. »zu einem mehrtägigen höfischen Fest. Die Trauung fand am 1. Juni 1781 im Kirchsaal des Schlosses zu Ebersdorf statt, dessen Türen jeweils mit zwei ›Musqetiers‹ besetzt waren. Vier Tage dauerte die Feier mit Festtafeln und Tafelmusikern, einem Konzert und einem Ausflug nach Lobenstein mit Konzert.[319]« Seine Schwester Sophie [1767-1801] vermählte er mit dem Grafen Emich Karl von Leiningen [†1814]. Um aus der außergewöhnlichen Schönheit seiner jüngsten Schwester Auguste

Caroline Sophie [1757-1831] dynastisch Kapital zu schlagen, ließ Heinrich LI. sie bei dem Maler Johann Heinrich Tischbein [1722-1789] Modell sitzen und stellte das Gemälde in der Hoffnung, ein bedeutender Reichsfürst würde sich für eine Eheanbahnung mit ihr interessieren, anschließend auf dem immerwährenden Reichstag in Regensburg aus. Einen ›bedeutenden Reichsfürsten‹ heiratete die Grafentochter am Ende nicht, aber immerhin einen Reichsfürsten, nämlich den Erbprinzen von Sachsen-Coburg-Saalfeld, Franz Friedrich Anton [†1806]. Wie wir schon hörten, währte diese Ehe nur 6 Jahre, dennoch gelang es Auguste, ihre Kinder in bedeutende europäische Dynastien zu verheiraten, wodurch sie zur Stammmutter mehrerer Königshäuser, so der britischen, portugiesischen, bulgarischen und belgischen Monarchie, avancierte.

Durch Heinrichs LI. eigene Vermählung mit der geistreichen wie exzentrischen Louise Henriette, Tochter des Grafen von Hoym, im Jahre 1791 wurde der Hausbesitz der Ebersdorfer Linie erheblich gestärkt. Seine Gemahlin brachte einen Großteil der Hoymschen Güter [außer der Herrschaft Oppurg] mit in die Ehe und zwar die Grundherrschaft über 24 Dörfer in Form der Rittergüter Droysig, Grünwald, Schwarzbach, Gunsnitz, Großhelmsdorf, Guteborn [Lausitz] mit Bielen, Ruhland mit Arnsdorf, Strelln [bei Torgau], Thallwitz [bei Wurzen] u.a. Der Tod Heinrichs XXX. von Reuß-Gera 1802 brachte Heinrich LI. zudem die Mitregierung über dessen Grafschaft und ein Viertel der Geraer Revennen ein. Am 9. April 1806, einige Monate vor dem Untergang des Heiligen Römischen Reiches, erlangten Heinrich LI. und sein Schleizer Vetter Heinrich XLII. noch die Reichsfürstenwürde. Besonders als Bauherr hat sich Heinrich LI. betätigt. Auf der Höhenrücken nach Schönbrunn entstand 1782 ein Lustschlösschen in Tempelform, die Bellevue. Den Mittelpunkt des ursprünglichen Ebersdorfer Schlossgartens [von 1710] bildet seit 1790 die noch heute erhaltene Orangerie. Der Neubau des zum Park führenden Westflügels des Schlosses [1788-1792] ist ihm ebenso zu verdanken, wie die klassizistische Gartenfassade mit den sieben unkannelierten Säulen, über denen sich ein zurückspringendes Mezzaningeschoss mit einem Dreiecksgiebel erhebt. Unter Einbeziehung des Friesa-Grundes ließ er den Schlossgarten bis 1807 zu einem noch heute bedeutenden Landschaftspark umgestalten.[320]

Heinrich LI. starb 1822. Sein Sohn und Nachfolger Heinrich LXXII. [1797-1853] wurde zu einer der originellsten, aber auch tragischsten Gestalten, die während des 19. Jahrhunderts auf einem deutschen Fürstenthron gesessen hatten. Seine autoritäre Regierung trieb in anachronistischer Weise noch einmal regelrechte Stilblüten des Absolutismus in Thüringen. Mit seinen oft skurrilen Wortschöpfungen, schrulligen Erlässen, seiner Affäre mit der skandalösen Tänzerin Lola Montez, seine überraschende Abdankung im Sturmjahr 1848 sowie anderen auffälligen Eigentümlichkeiten rückte er das Ebersdorfer Fürstentum kurz vor dessen Erlöschen noch einmal ins Zentrum deutschlandweiter Aufmerksamkeit.[321]

»In Zeitungen und Büchern berichten sowohl Zeitzeugen als auch Leute, die ihn nie gekannt haben, kleine und große Begebenheiten aus dem Leben dieses Mannes und beschreiben seinen Charakter. So viele Berichte es gibt, so unterschiedlich sind – wie Heinz Dieter Fiedler in seinem Buch über Heinrich LXXII. schreibt – auch die Urteile über den Fürsten. Der Wahrheitsgehalt lässt sich oftmals nicht ergründen. Manche Berichte widersprechen einander – in Details oder in grundlegenden Inhalten. Gelegentlich werden Sachverhalte geschichtlich falsch dargestellt. Die meisten Erzählungen sind subjektiv gefärbt. Heinrich LXXII. erstrahlt bei einem Teil seiner treuen Anhänger ... durchaus in einem positiven Licht. Es gibt Belege, dass der Fürst eine Menge Gutes für sein Land getan hat. Aus anderen Berichten spricht Verachtung, manchmal geradezu Hass.[322]«

Viele Berichte über ihn, aus denen spätere Autoren schöpften, stammen aus den Tagen der Märzrevolution von 1848 und damit aus einer Zeit, da den Herrschenden überall ihre tatsächlichen und vermeindlichen Schandtaten schonungslos vorgehalten wurden. So charakterisierte die ›Gartenlaube‹, die Mutter aller deutschen Illustrierten, den ›lebenslustigen Junggesellen‹ als instinktlosen, egozentrischen, launischen und hochmütigen Tyrannen, der seine Untertanen, vor allem aber seine Beamten und Diener immer wieder beleidigt, misshandelt, sich die Liebe seines Volkes verscherzt und durch seine Leidenschaften wie Jagen, Reiten, Reisen und andere Sinnbefriedigungen sein Land in eine Schuldenkrise gestürzt habe.[323]

Als sicher kann gelten, dass Heinrich LXXII. als einziger Sohn und Erbprinz schon als Kind von seiner Mutter verwöhnt und daran gewöhnt wurde, jeden Willen zu bekommen. Ebenso genoss er eine breit gefächerte Ausbildung, wobei ihm auch der paternalistische Grundgedanke der reußischen Regierungsdoktrin ›Alles für Land und Untertanen! [aber so wenig wie möglich durch die Untertanen]‹ immer wieder angetragen worden sein mag. Fraglich ist nur, inwieweit ein inmitten ihm höriger Lakaien in großen herrschaftlichen Anwesen aufgewachsener junger Mann die Lebensumstände seiner Untertanen tatsächlich genauer hat erfassen können. So ist die Anekdote überliefert, dass der Fürst einem seiner Leibjäger mit Namen Werner, der ihn einmal – seiner stetig wachsenden Familie wegen – um eine bescheidene Gehaltserhöhung gebeten hatte, diese – solchen ungehörigen Fragens wegen – zunächst verwehrte, später aber – nachdem es Werner gelungen war, seinen Herrn mit einem trefflichen Wortspiel auf seine Not aufmerksam zu machen – umso ansehnlicher bewilligte. Wenn auch vom Wahrheitsgehalt eher fraglich, aber die Rücksichtslosigkeit Heinrichs LXXII. kolportierent, ist die Überlieferung, dass er auf der Jagd ab und an auch einmal in die Reihen seiner Treiber geschossen hätte, worauf sich ein solcher ein Schild auf den Rücken gebunden habe, mit der Aufschrift: ›Ich bin kein Hase!‹ – Doch vergebens. Er wurde trotzdem von einer Kugel gestreift. ›Haben Durchlaucht mein Schild denn nicht gelesen?‹, fragte er, worauf der Fürst ehrlich bedauernd gestand: ›Verzeihen sie guter Mann – ich hatte da ‘K’ nicht gesehen!‹.[324]

Nicht minder zu beschönigen ist auch die Unberechenbarkeit, mitunter Brutalität, die Heinrich LXXII. gegenüber seinen Dienern wie auch seinen Beamten an den Tag zu legen gewohnt war.
So beschreibt der ehemalige Ebersdorfer Beamte Paul Thomäe in seinen Erinnerungen den Charakter des Fürsten als ›launisch, brutal, herrschsüchtig, jähzornig bis zur Unbeherrschtheit‹: »Es gab nur einen Willen und das war eben nur seiner. Er hatte die Manieren eines so genannten Tollen Junkers und wirkte wie ein Despot, ein Überbleibsel aus vergangenen Jahrhunderten. Er war dabei ein großer Pferde- und Jagdliebhaber, ebenso ein großer Blumenfreund. Das Dienstpersonal hatte unter den Launen viel zu leiden. Es lebte den ganzen Tag in Angst und Bange vor der geschwungenen Reitpeitsche. Prügel haben sie alle bekommen, vom ersten Kammerdiener herunter bis zum jüngsten Stallburschen. Wenn der Fürst gerade seinen Rappel hatte, stand er auf dem Balkon des Schlosses auf der Südseite auf der Straßenseite. Ging ein Einwohner vorbei und grüßte, ärgerte sich Heinrich und die Wache musste den Mann fangen, worauf er eine Zeit lang eingesperrt wurde. Der nächste, der nicht grüßte, erregte erst recht seinen Ärger und kam auch in den ›Kascho‹, der nie leer wurde. Den Hauptkampf führte er mit den Fuhrleuten, die zahlreich auf der durch Ebersdorf führenden alten Handelsstraße Nürnberg-Leipzig fuhren. Kam nun so ein Fuhrmann mit seinem schweren Wagen peitschenknallend am Schloss vorbei, wurde er von der Wache direkt aus der Schoßkelle [dem Sitzkorb] heruntergeholt und einige Tage eingesperrt. Die Unkosten durch die Verzögerung, Pferdefutter usw. bezahlte Heinrich gerne, die Hauptsache war, dass er jemand zum Einsperren hatte.[325]«

»Wenn es ihm eben einfiel [behandelte er auch] seine Beamten in der rücksichtslosesten Weise, aber diese rächten sich dafür, wie das immer der Fall, an den Untertanen. Es war nur eine der vielen Selbsttäuschungen dieses Mannes, wenn er in seinen späteren Abdankungserlässen davon sprach, dass er den Beamtendruck vernichtet habe.[326]« Bei einem dermaßen bedrückenden Arbeitsklima musste der Ebersdorfer Verwaltungsapparat hinter dem allgemeinen Niveau jener Zeit zurückbleiben, wenn die dynamischeren Kräfte unter der Beamtenschaft zu besseren Positionen ins Ausland abwanderten und qualifizierter Ersatz von auswärts sich gar nicht erst einstellte. Und doch: Heinrichs LXXII. Terrorisierung der Beamten, die er mit Vorliebe im Angesicht ihrer Untergebenen oder gar der Untertanen herabzusetzen pflegte, hatte in manchem durchaus Methode. Wenn man vergleicht, wie beschränkt im 19. Jahrhundert die persönlichen Einflussmöglichkeiten der Monarchen einiger weit größerer Flächenstaaten geworden waren, konnte Heinrich LXXII. kraft seiner überschaubaren Verwaltung, den hohen Grad seiner Selbstherrschaft mittels solcher Angsterzeugung erst aufrechterhalten. Der Preis dafür war natürlich seine völlige innere Einsamkeit. Durch seine Exzentrik und Tollheit genoss er nämlich auch bei seinen hochadeligen Standesgenossen keinen guten Ruf. »Seinen Schwager, den Schleizer Fürsten Heinrich LXVII. [reg. ab 1854], Gatte seiner Schwester Adelheid [1800-1867], hat der Zweiundsiebzigste einmal zu einem Duell herausgefordert. Ein andermal sagte er, die Heirat mit diesem Fürsten sei für seine Schwester eine ›Mesalliance‹ (unstandesgemäße Heirat).[327]«

Auch die Ehelosigkeit Heinrichs LXXII. mag darin begründet liegen, dass keine Fürstentocher einen solchen Wüstling heiraten wollte. So soll sich der körperlich wie konditionell überaus dynamische Fürst an die Töchter seiner Untertanen gehalten haben, weswegen die Ebersdorfer Mädchen zuzeiten nicht riskierten, tagsüber am Schloss vorbeizugehen, um nicht von ihm eingeladen zu werden. Manches Mädchen ließ sich auch ganz gern einladen. Kam eine von ihnen in ›fürstliche gesegnete Umstände‹, so ließ er ihr einen Ehemann beschaffen, der zur Versorgung des ›Nachwuchses mit fürstlichem Geblüt‹ einen kleinen Posten erhielt. Wie viel solcher illegitimen Kinder Heinrich LXXII. gehabt hat – sein Testament bedenkt lediglich sechs – ist nicht mehr bekannt, wohl wird erzählt, dass es in Ebersdorf noch heute Nachkommen von ihm gebe.[328]

Legendär geworden ist Heinrichs LXXII. kurze Affäre mit der spanischen [eigentlich schottischen] Tänzerin Lola Montez [1818-1861], die sich 1846 kurz in Ebersdorf aufhielt und einige Zeit später in München soviel Aufhebens machte, dass der bayerische König Ludwig I. – weil er von dieser temperamentvollen, aber überaus hochmütigen Schönen nicht lassen konnte – im Sturmjahr 1848 zugunsten seines Sohnes abdanken musste. Nach Deutschland gekommen war die Montez mit Heinrich LXXII., der sie auf einer seiner Englandreisen kennengelernt, ihre Schulden bezahlt und nach Ebersdorf eingeladen hatte. »Das excentrische Wesen der Señora behagte indessen dem Fürsten doch nicht auf die Dauer. Er hatte ihr ein paar gutmüthige Ebersdorfer Landmädchen zur Bedienung gegeben, und diese armen, harmlosen, geduldigen Geschöpfe quälte die übermüthige Spanierin auf jegliche Weise. Sie biss und kratzte dieselben und die Bedienten fühlten mehr als einmal ihre Reitpeitsche. Im Schlosspark ritt sie über die schönsten Beete, schlug den seltensten Blumen mit der Gerte die Blüthen ab und hetzte sogar einmal bei einem Concert, das dem Fürsten von jungen Mädchen in Waidmannsheil – einem Jagdschlosse – gegeben wurde, die großen Fanghunde Serenissimi auf die erschrockenen Mädchen. Es ist erklärlich dass zwei so excentrische Persönlichkeiten sich nicht lange vertragen konnten.

›Schaffen Sie mir das Frauenzimmer fort. ... Ich kann sie nicht mehr leiden!‹, sagte er zu seinem Adjutanten.

›Aber, Durchlaucht, Señora versteht nur Englisch und Spanisch und sehr mangelhaft Französisch. ... Ich werde mich ihr nicht verständlich machen können!‹

›Das ist Ihre Sache!‹

Der arme Adjutant war in einer fatalen Lage. Endlich kam er auf ein Auskunftsmittel. Die Señora speiste abends in ihrem Zimmer allein. Eines Tages fand sie unter ihrem Couvert ein Billet, worin ihr vom Adjutanten des Fürsten angekündigt wurde, es sei der Wille Seiner Durchlaucht, dass Señora binnen vierundzwanzig Stunden seine Staaten verlasse. Señora war wüthend. Einen unglücklichen Secretär W., der unversehens in ihre Stube gerieth, fuchtelte sie mit der Reitpeitsche hinaus, dann verlangte sie Serenissimus zu sprechen. Aber Heinrich der Zweiundsiebzigste war und blieb unsichtbar, sein Zimmer verschlossen und von zwei Jägern bewacht. Als Lola sah, dass ihr Wüthen umsonst, fing sie an, gelindere Saiten aufzuziehen, und mit einem Reisegeld von zweitausend Thalern aus der Casse des Fürsten verließ sie Ebersdorf, indem sie Serenissimus zum Abschied sagen ließ, zum Verlassen seiner Staaten bedürfe sie nicht vierundzwanzig Stunden, sondern nur eine Viertelstunde Zeit.[329]«

Legendär war auch Heinrichs LXXII. Verschwendungssucht. Schon bald nach seinem Regierungsantritt ließ er in Ebersdorf noch einmal umfangreiche Schlossbauarbeiten durchführen. Auch auf dem Geraer Schloss Osterstein, von dem ihm die Hälfte zur Nutzung zustand, hat er mit hohem Aufwand, aber ohne erkennbares Konzept bauliche Spuren hinterlassen. Auch sein 1837 im neogotischen Stil in Saaldorf errichtetes Jagdschloss ›Waidmannsheil‹ war in seiner ursprünglichen Fassung mit ebenso teuren wie geschmacklosen Zube-

hörungen überfrachtet.[330] Für seine Pferde, derer er stets gegen dreißig hielt, ließ er in Ebersdorf mit großen Kosten einen prächtigen
Stall erbauen und manche seiner Kontinentalreisen kostete 50.000
Taler und mehr, wofür man in diesen Tagen schon ein größeres
Rittergut erwerben konnte.

»Die Jagd trieb er mit so großer Passion, dass schon seit Jahrzehnten die lautesten Klagen über unmäßigen Wildstand und daher
rührende Schäden auf den Feldern etc. erschollen waren. Es wurden
bedeutende Wildschäden bezahlt ... und doch blieben noch viele unentschädigt. Zudem wurden die Entschädigungen nicht nach Maßgabe des Schadens, sondern ganz nach des Fürsten Willkür vertheilt
und als Gnadengeschenke betrachtet, sodass – um Entschädigung zu
erhalten – der Schaden nicht allein, sondern auch die fürstliche
Gunst vorhanden sein musste. ... Er baute und richtete das Jagdschloss Waidmannsheil mit einem Aufwande von achtzigtausend
Thalern ein.[331] In Ebersdorf werden in den Galerien des Schlosses
mehr als dreihundert Hirschgeweihe gezeigt, deren jedes eine Tafel
mit dem Datum des glücklichen, vom Fürsten gethanen Schusses
trägt. ... Der Kampf der Jäger und des zum Forstschutz commandirten Militärs mit den Wildschützen war in dieser Gegend ein Krieg
auf Tod und Leben. Die nahe baierische Grenze bot den Wildschützen immer eine sichere Rückzugslinie. Es verging kaum ein
Jahr, in welchem nicht Wilddiebe oder Jäger und Soldaten in diesem
Kriege blieben.[332]« – »Das Leben in Ebersdorf bot außer Reiten, Jagen
und dem Drangsalieren der Dienstboten wenig Abwechslung für
Heinrich, dass er gewöhnlich nicht vor 12 Uhr aufstand und mit
niemanden Umgang hatte und zu niemanden Vertrauen hatte, so
suchte er häufig Zerstreuung beim Reisen. Aber er war kein gewöhnlicher Reisender, sondern machte immer auf ›großer Herr‹, wie
es sich nun einmal für einen souveränen Fürsten gehörte.[333]« Einmal
soll ein Postillion, der seine Durchlaucht nicht kannte, es gewagt
haben, ihm zu widersprechen, worauf Heinrich LXXII. wütend seine Pistole – nach anderen seinen Degen – zog und den Unbotmäßigen von Kutschbock herunter schoss bzw. stach. Indem der
Zweiundsiebzigste die Marotte hatte, immer nur das Brot seines
Ebersdorfer Lieblingsbäckers zu essen, egal wie altbacken es später
schmeckte, musste einmal – als der Fürst in Gera weilte und der
Koch das Brot vergessen hatte und sich nicht traute, es seinem
Herrn zu gestehen – der Jäger Karl die 65 km nach Ebersdorf zurücklaufen. Nachdem er diese sportliche Meisterleistung in angeblich nur 7 Stunden [wahrscheinlicher sind 14] bewältigt hatte, stand
das Brot pünktlich auf der fürstlichen Tafel. Als Heinrich LXXII.
einmal auf einer Italienreise bei König Bomba in Neapel zu Gast

war, ärgerte es ihn, dass der Samtrock, den dieser trug, exquisiter war als der, den er auf seiner Reise mitgenommen hatte. Daraufhin entsandte er unverzüglich einen Kurier nach Ebersdorf um seinen – koste es was es wolle – schöneren Mantel nach Neapel zu holen.

Bereits kurz nach seinem Regierungsantritt hatte Heinrich LXXII. die 4. Kompanie des reußischen Infanteriebataillons von Lobenstein abgezogen und nach Ebersdorf verlegt. Deren Militärkapelle war über die Staatsgrenzen hinaus berühmt und soll mehrmals Kunstreisen, einmal sogar nach Spanien, unternommen haben.[334]

Die Frage, inwieweit Heinrich LXXII. mittels der Ausübung seiner Jagd-, Pferde- und Reise-Leidenschaft tatsächlich auf zu großen Fuß lebte und sein Land dadurch in eine Schuldenkrise stürzte, mag dahingehend beantwortet sein, dass er nach dem Anfall des Fürstentums Lobenstein 1824 auch über ein weiteres Viertel der Revennen aus dem Geraer Erbe und damit über beachtliche Privateinnahmen verfügte. Die Renten aus seinen Grundherrschaftsrechten ungerechnet. Die bei seiner Abdankung vorhandene Schuldenlast in Höhe von 90.000 Talern war angesichts der Staatsverschuldung anderer Kleinstaaten so hoch nun auch wieder nicht, kosteten ihm doch – wie wir hörten – allein eine große Reise schon 50.000 Taler. Dennoch mag man ihm vorwerfen, seine Einnahmen größtenteils für seine persönlichen Belange eingesetzt und nicht – wie etwa der letzte Herr von Gera, Heinrich XXX. – angespart und später vererbt zu haben. Auch hätte Heinrich LXXII. [wenn man von seinem vergeblichen und sehr kostenintensiven Versuch, Ebersdorf zu einem Kaltwasserkurort zu machen, einmal absieht] größere Mittel in die Infrastruktur seines Landes investieren oder – ähnlich wie seine Vorfahren – das Wohl seiner Untertanen mittels nützlicher Einrichtungen oder Stiftungen heben können. Stattdessen ragte seine Sozialpolitik nicht über der der meisten anderen regierenden Häupter seiner Generation heraus, obwohl er zu einer Zeit lebte, als – im Zuge von extremem Bevölkerungswachstum und dem beginnenden Niedergang der im reußischen Oberland dominierenden Handweberei im Zuge der nach den Freiheitskriegen stark einsetzenden Konkurrenz britischer Billigstoffe eine bis dahin ungekannte Armut herrschte, der eine regelrechte Auswanderungswelle folgte. So klagte etwa der Webermeister Johann Andreas Fras aus Neundorf über seinen fehlenden Verdienst und sah in diesem Land keine Aussicht, sich ferner ehrlich zu ernähren. 1836 führt der Ebersdorfer Arzt Dr. Gemp als Grund für seine Abwanderung an, dass seine Patienten in Ebersdorf und Umgebung ›so geringe Wohlhabenheit‹ besäßen, dass sie in den meisten Fällen selbst dessen ›billigsten‹ Honorarforderungen nicht berücksichtigen und der Arzt bei ›so spärlichen Einnahmen einem hülflosen Alter entgegensehen‹ müsse.

Viele Gemeinden waren froh, ihre Wohlfahrtsempfänger, die Kraft Heimatrecht Anspruch auf Versorgung und Unterkunft [etwa im Armenhaus] besaßen, auf diese Weise loszuwerden. So erklärt der Lobensteiner Rat 1834 zu dem Auswanderungsgesuch der Bürger Froeb und Metzner: ›Wenn sie nicht auswandern, würden sie noch der Stadt zur Last fallen, denn sie sind in vermögendlicher Hinsicht von Jahr zu Jahr heruntergekommen.‹

Es gab aber auch Auswanderungen aus religiösen Gründen, so von zahlreichen Mitgliedern der Herrnhuter Gemeinde von Ebersdorf, denen das Wort Gottes hier nicht mehr rein und lauter genug gepredigt worden war.[335]

Obwohl das Fürstentum von den Herrnhutern – die meist Handwerker und Kleinhändler waren, ihren Verpflichtungen gegenüber dem Staat peinlich genau nachkamen und überhaupt als ordentliche, gebildete und fleißige Menschen galten – nur Vorteile genoss, war Heinrich LXXII. ihnen gegenüber ablehnend eingestellt. Als Egomane und Genussmensch konnte er zu der Lebensweise dieser Gemeinschaft, die zudem auch noch den Gebrauch von Waffen ablehnte, einfach keine Affinität entwickeln und meinte, deren übermäßiger Hang zum Grübeln über Religionsgeheimnisse würde ihr Gemüt unnötigerweise zum Überirdischen und zu Träumen hinziehen. Zudem verdächtigte er sie des zudringlichen Missionierens unter seinen treu lutherischen Landeskindern und duldete keinen von ihnen in seinen Diensten, ja er drohte sogar jedem Beamten mit Entlassung, der in die Brüdergemeinde eintrete.[336]

Geradezu nationale Bekanntheit erlangte Heinrich LXXII. später nicht nur wegen seiner Affäre mit der ›Skandalnudel‹ Lola Montez, sondern ebenso durch seine schrulligen Erlässe, wobei die Größe seines Staates es ihm erlaubte, sich auch um das Geringfügigste selbst zu kümmern. »Der Fürst hatte eine ganz spezielle Art zu sprechen und sich auszudrücken. Mündlich bevorzugte er kurze Sätze, sprach häufig in Halbsätzen und Stichpunkten. Seine Reden waren oft pathetisch, von kräftigen Floskeln und Einfügungen durchsetzt. ... Seine schriftlichen Äußerungen sind in großer Zahl erhalten geblieben und haben gewisse Berühmtheit erlangt. ... Die skurrilen Formulierungen Heinrichs wurden damals in den deutschen Zeitungen auch außerhalb des Reußischen gern veröffentlicht.[337]« So fand seine über den Raub der Lobensteiner Finanzkasse 1845 und das unorganisierte Lobensteiner Sicherheitswesen veröffentlichte Entrüstung, die in der Frage gipfelte: ›Wer ist hier der Nachtwächter?‹ in ein Werk von Friedrich Engels Eingang. Über eine weitere Meldung des Lobensteiner Amts- und Regierungsblattes, dass Heinrich

LXXII. einmal geruht habe, 6 Feuerwehrleuten aus Hirschberg, »welche zu dem in Tonna [Tanna] ausgebrochenen Feuer geeilt und mit der aufopferndsten Bereitwilligkeit Dienst geleistet hatten, öffentlich, vor der Fronte Allerhöchstselbst gnädigst zu beloben und dem ältesten derselben [nachdem er sich durch den Taufschein als solcher ausgewiesen] zum Zeichen Allerhöchstihrer höchsten Zufriedenheit und Anerkennung höchsteigenhändig die Hand zu reichen,338« hat der Dichter Hoffmann von Fallersleben sogar ein Gedicht verfasst, das sinngemäß mit den Worten endet: ›Wer möchte in einem solchen Land denn nicht Feuerwehrmann sein?‹

Ein andermal, als der Selbstherrscher in einem Dekret seine Untertanen strengstens anwies, die fürstlichen Beamten stets und immer gehörig zu titulieren, schenkte er der deutschen Sprache sogar einen neuen Ausdruck, nämlich das Wort ›Prinzipienreiter‹. Zitat: ›Seit zwanzig Jahren reite ich auf einem Principe herum: nämlich, daß jeder Beamte bei seinem richtigen Titel genannt werde!339‹ In einem anderen Erlass bestimmte der Fürst:

»A.

Alle ›anständigen‹ Fremden ohne Unterschied können während meines Aufenthaltes hier zu jeder Tagesstunde das Schloß und seine Umgebung besuchen. Wollen Genannte das Innere sehen, so melden sie sich beim Thorwärter. [Es ist stets ein Thorwärter da.] Bei dem Thorwärter erfahren die Fremden das Nöthige. Da Ich hier von anständigen Fremden rede, so nehme Ich an, daß sie nichts Unanständiges begehen; z.B. keine schweren Stöcke, Hunde, keine schmutzigen Stiefel, Worte, Lieder etc., Narrenhände etc.
Wünscht Jemand in den Anlagen herumgeführt zu werden, so kann er bei dem Hofgärtner darum bitten. Doch kann und soll Niemand ›Anständiges‹ in dem Besuch der Anlagen gehindert sein.

B.

Hiesiges anständiges Publicum ›wie ad A.‹ mit dem Unterschiede, daß es die Fähnlein, die den Durchgang verbieten, zu beachten hat; daß Sonntags vorzugsweise dem Besuche gewidmet ist. Mit der Dunkelheit hört der Besuch auf. Warum? Weil dann die Begriffe ›Anständig‹ und ›Unanständig‹ sich verwirren.340«

Obwohl er angeblich erst gegen Mittag aufstand und viel Zeit für seine Sinnbefriedigung aufwandte, hat Heinrich LXXII. seine Regierung also überaus ernst genommen, oft genug zu ernst. Auch seinen Teil an den damals allgemein üblichen Neuerungen und Reformen hat er geleistet. Meist über Arbeitsbeschaffungsmaßnahmen entstanden Chausseen und der gewachsenen Bevölkerungszahl begegnete er mit der Erweiterung oder dem Neubau von Schulen. Mittels

Baumschulen[341] förderte er die bis heute das Landschaftsbild dominierende Bewaldung mit Nadelhölzern und unterstützte den Obstanbau im Oberland beträchtlich. Er erhöhte die öffentliche Ordnung und schuf 1831 in eigener Hand sogar eine Verfassung, die aber von seinen Landständen – das waren der Bürgermeister von Lobenstein und die schriftsässigen Rittergutsbesitzer – abgelehnt wurde. Er erließ eine Städteordnung und verbesserte die Rechtspflege, nicht ohne dabei an den althergebrachten Privilegien der Städte und Patrimonialgerichtsbezirke zu rütteln. Leider brachte seine ›schrankenlose Bureaukratie‹ für das Gros der Bevölkerung oft mehr Belastungen statt Verbesserungen mit sich. Während seine Bauern unter den Feudallasten und dem übermäßigen Wildbestand seufzten, litten die Besitzlosen unter seiner 1824 eingeführten Klassensteuer, welche die Grundstückseigentümer zwar entlastete, alle anderen dafür umso mehr belastete. Den Haus- und Hofbesitzern aber half die Entlastung wenig. Der Fürst führte nämlich noch zwei weitere Neuerungen ein, welche das Fass schließlich zum Überlaufen brachten: »Die eine war das von ihm 1825 erlassene Landesschulgesetz mit verschiedenen gerade für die Landwirtschaft ungünstigen Bestimmungen (Sommerunterricht, Bestrafung der Schulversäumnisse an den Eltern der Kinder und erhöhtes Schulgeld). Ganz besonders aber forderte der Versuch der Landesherrschaft, die bäuerliche Bevölkerung zur Versicherung ihrer Anwesen bei der Magdeburger Versicherungsgesellschaft zu zwingen, den heftigen Widerstand derselben heraus. Diese durchaus zeitgemäße und volkswirtschaftlich berechtigte Forderung sollte, wie es in einem fürstlichen Erlass zu dieser Angelegenheit heißt, verhüten, dass Hauseigentümer, welche aus Vorurteil oder unangebrachter Sparsamkeit nicht versichert hatten, im Falle des Abbrennens durch gänzliche Hilflosigkeit ihren Mitbür-gern zur Last fielen. Auch würden die auf die nicht versicherten Gebäude geliehenen Kapitalien gefährdet und der Wiederaufbau in Frage gestellt. … Man katastrierte vielfach die Gebäude, ohne die Eigentümer davon in Kenntnis zu setzen und etwaige Einwendungen entgegenzunehmen. Außerdem wurden in dieser Zeit die Beiträge der Versicherungsgesellschaft bedeutend erhöht, sodass auch Leute, die bisher freiwillig versichert hatten, bei der Bezahlung sich wider-spenstig zeigten.[342]« – »Die bürokratische Barschheit und Ungeschicktheit der Behörden, die damals noch weit größer als heute in Deutschland war, verstand es auch nicht, das Gute der Verordnung den Leuten begreiflich zu machen oder hielt es wohl auch unter ihrer Würde. Denn wenn der Fürst etwas wollte, so hatte das Volk zu gehorchen.[343]« Für viele war der hohe Beitrag, der fallweise ein Drittel des versicherten Gebäudewertes ausgemacht haben soll, von vornherein unerschwinglich.

Die Gemeindeabgeordneten der 30 Gemeinden des Fürstentums beabsichtigten darauf eine Versammlung abzuhalten, die aber verboten wurde. Daraufhin versammelten sich mehrere Schultheißen und Viermänner aus verschiedenen Dörfern in Helmsgrün und Heinersdorf, um gemeinsam eine Pedition an die Regierung zu erarbeiten, die aber vom Fürsten zurückgewiesen wurde. Ohne wenn und aber drang man auf sofortige Zahlung. Grund dafür waren die Vertragsbedingungen der ›Landfeuersocietät der privilegierten Magdeburger Feuerversicherungsgesellschaft‹, auf die sich die Regierung eingelassen hatte, nämlich, die »nicht rechtzeitig eingegangenen Beiträge durch obrigkeitliche Exekution beizutreiben. Doch die Bauern im Lobensteinischen widersetzten sich hartnäckig den Pfändungsversuchen. Beim Herannahen des Vollstreckungsbeamten verriegelten sie Tür und Tor. Die Bewohner von Harra – dem damals größten reußischen Dorf des Oberlandes mit dem stärksten Gemeindeverband – hielten den Beamten und seine militärische Schutzmannschaft sogar mit Gewalt vom Eintritt in ihr Dorf ab.

Die Harraer erhielten darauf die Nachricht, dass am 2. Oktober 1826 die Exekution an ihnen mit Hilfe des Militärs erzwungen werden sollte, worauf sich an diesem Tag zu ihrer Unterstützung auch viele Bauern aus anderen Dörfern in Harra einfanden.[344] Dem Kommandeur der etwa 130 Mann starken, aus dem Ebersdorfer und Schleizer Kontingent bestehenden Kompanie wurde Befehl gegeben, bei tätlichem Widerstand Gewalt zu gebrauchen und notfalls auf die Demonstranten feuern zu lassen. »Die Soldaten mussten vor dem Dorfe im Angesicht der von allen Seiten herbeigeströmten Aufständischen scharf laden und marschierten in Harra ein, wo sich ihnen einige hundert Personen drohend entgegenstellten. Als darauf der fürstliche Polizeidirektor von Flotow die Leute aufforderte, ruhig auseinanderzugehen, rief jemand aus deren Mitte ›Nein, wir gehen nicht, wir stehen alle für einen Mann!‹. Sofort erwiderte Flotow: ›Wer ist der Kerl? – Holt ihn mir heraus!‹ Da warf sich ein Oberleutnant mit gezückten Säbel auf die dichtgedrängten Bauern. Diese drangen auf ihn ein, und als die Soldaten das sahen, eilten mehrere von ihnen dem Offizier zur Hilfe. Nun beschimpften die Aufständischen die Soldaten, suchten ihnen die Waffen zu entreißen, warfen mit Steinen und schlugen mit Fäusten und Knüppeln auf sie ein.[345]« Plötzlich wirbelt die Trommel; ein einzelner Schuss fällt, dem – ohne dass ein Kommando dazu gegeben ward – ein wohlgenährtes Heckenfeuer auf der ganzen Linie der Militäraufstellung folgt. Der Leutnant Zenker springt vor die Front und schlägt mit dem Degen die Gewehre der Soldaten in die Höhe, um die Schüsse in die

Luft zu leiten. Ein Aufschrei geht durch die Menge. Als sie sieht, dass einige gefallen sind, flüchtet sie und wird von den nachrückenden Soldaten, die mit ihren Bajonetten auf sie einstechen, noch eine Weile verfolgt. Auf dem Platz aber bleiben 9 Tote und 24 Schwerverwundete – von denen 7 hinterher noch sterben – blutend liegen. Darunter ist auch ein junges Mädchen, das ihren beim Militär stehenden Bruder hatte begrüßen wollen.[346] »Eine Stunde später erschien der Fürst auf dem mit dem Blute und dem Gehirn seiner Unterthanen bespritzten Platze. Er sah bleich aus, wie der Tod. Verzweifelte Frauen, weinende Kinder umringten sein Pferd. ›Das kommt davon‹, so redete er zu dem Volke, ›wenn die Leute nicht folgen. Und wenn es nun noch nicht ruhig im Lande wird, dann lasse ich die böhmischen Schnauzbärte kommen!‹ Er meinte damit die in Böhmen stehenden österreichischen Truppen.[347]«

In Wurzbach war gerade Herbstmarkt, als die Sache bekannt wurde. Ein Aufruhr ging durchs ganze Land. Überall läuteten die Sturmglocken oder bliesen die Signalhörner. Alle Dörfer setzten sich in Alarmbereitschaft. Am nächsten Tag sammelten sich mehrere hundert Bauern – mit Spießen, Floßhaken und anderen Waffen ausgerüstet – in Heinersdorf mit dem Ziel, zum Ebersdorfer Schloss zu marschieren. Um Verstärkung zu erhalten, zogen die Bauern durch verschiedene Dörfer, wo sie denen, die nicht mittun wollten, die Fenster einschlugen und anderen Unfug verübten. Schließlich kamen die Aufständischen nach Lobenstein und sollen hier gedroht haben, die Stadt in Brand zu stecken, wenn die Bürgerschaft nicht gemeinsame Sache mit ihnen machen wollte. Der Stadtrat und die Bürger ließen sich davon nicht beeindrucken und lehnten jede Beteiligung an dem Aufstand ab.

Heinrich LXXII. hingegen hatte in Ebersdorf erste Gegenmaßnahmen ergriffen und schickte nach Gera und Greiz um weitere militärische Verstärkung. Zudem ließ er seine beiden Kanonen vor die Einfahrt zum Schloss auffahren und mit Kartätschenmunition laden. Die inzwischen eingetroffene Verstärkung setzte er nach Lobenstein in Marsch. Als die Soldaten in der Stadt eintrafen, zerstreute sich der aufständische Haufen rasch und die Bauern gingen wieder nach Hause. »Man schickte dann nur noch eine Abordnung nach Ebersdorf, um dem Fürsten ihre Beschwerden vorzutragen. Dieser empfing sie auch, tadelte heftig das unziemliche Betragen der Tumultanten und wiederholte seine früher gegebene Zusicherung, dass den Leuten mit dem Beginn des Jahres 1828 der Austritt aus der Feuerversicherung gestattet werden solle.[348]

Die ›Schlacht von Harra‹, wie sie daraufhin genannt wurde, rief in den bürgerlichen Zeitungen in den Ländern des ganzen Deutschen

Bundes einen Sturm der Entrüstung hervor. Obwohl sich die Ebersdorfer Regierung unverzüglich an den Bundesrat in Frankfurt am Main mit der Bitte wandte, über das Ereignis nur noch zensierte Artikel zuzulassen, ging das Gemetzel als Sinnbild für die Willkür des auf dem Wiener Kongress 1815 wieder restaurierten ›Ancien Regime‹ in die Geschichte ein und diente auch bei den hiesigen Aufständen des Jahres 1848 als Legitimationsgrundlage für die Revolutionäre.[349] Einige bei der Zusammenrottung beteiligt gewesene oberfränkische Bauern wandten sich mit einer Beschwerde an den Bischof von Bamberg, dessen Bruder damals königlich bayerischer Bundestagsgesandter in Frankfurt a. M. war. So kam die Sache vor die Bundesversammlung, wo u.a. die Bestrafung des Fürsten gefordert wurde. Zudem zog eine Bauerndeputation nach Wien zum Österreichischen Kaiser. »Von Seiten des Bundes wurde eine Untersuchungscommission nach Lobenstein-Ebersdorf abgeordnet, deren Vorstand der [sachsen-]weimarische Criminalrath Hickethier aus Weida war.[350]« Dieser löste die schwierige Aufgabe dahingehend, dass er die guten Absichten, die der Fürst mit der Brandversicherung gehabt hatte, ebenso klar dargelegte, wie er auch die Fehler, die Landesherr, Regierung und Militär in der Behandlung der Bauern gemacht hatten, aufdeckte, worauf von einer strengen Bestrafung der Aufrührer, wie sie zunächst angedacht war, nun keine Rede mehr sein konnte.[351] »Jener Herr von Flotow, welcher als Civilcommissar bei der Expedition fungiert hatte, wurde entlassen und starb als preußischer Landrath. Ein Hauptmann Mondorf aber, der in jener Harraer Schlacht ... einem Bauern, der sich bückte, um seine Schuhriemen zu binden, mit einem Säbelhieb den Kopf gespalten, erschoss sich später.[352]«

Im September 1830 rumorte es wieder im Volk. Die französische Julirevolution hatte ihre Ausläufer nach Mitteldeutschland gesandt, wo es insbesondere in Leipzig, Dresden und Altenburg zu Ausschreitungen kam. Auch in den Dörfern der Herrschaft Gera, die Heinrich LXXII. damals mitverwaltete wurde es unruhig.

Die Bauern nutzten die Gelegenheit und protestierten gegen hohe Fronleistungen und Abgaben, forderten die Senkung des Lehngeldes und die Einengung der Triftbefugnisse der Rittergüter auf ihren Liegenschaften, aber noch kam es hier zu keiner wirklichen Aufstandsbewegung. Bedenklich dagegen sah es in der Stadt Gera selbst aus. Die Bürger entluden ihren Unmut über die Höhe der Steuern, den Innungszwang und über zu strenge Beamte in spontanen Aktionen. Zum Leidwesen eines jungen Brautpaares erreichten die Tumulte auch die St. Salvatorkirche, wo nicht nur die Trauung gestört, sondern auch noch das abgeschlossene Kirchengestühl zer-

trümmert wurde. »Zu öffentlichen Demonstrationen kam es auch
hier nicht. Fürst Heinrich LXXII. war damals persönlich in Gera
und richtete am 16. September im dortigen Rathaus an die ›braven
Geraer‹ eine ziemlich alberne Beruhigungsrede, die sich in bombas-
tischen Ausdrücken bewegte und mit den Worten schloss: ›Eure
Fürsten wachen über euer Wohl!‹ Zugleich hatte er die Errichtung
einer Bürgergarde befohlen, die vereint mit dem Militär und der
Schützengilde [die sich im letzten Moment noch auf dessen Seite
geschlagen hatte] die Ruhe und Sicherheit in der Stadt aufrechterhalten sollte. Das gelang dann auch vollkommen.[353]«

Auch in Schleiz gab es am 17. September eine bedrohliche Zusammenrottung, worauf die Viertelsmeister beim Landesherrn Heinrich LXII. um die Abschaffung verschiedener Steuerlasten vorspra-
chen. Auch hier wurde eine freiwillige Bürgerwehr gebildet, die
jedoch nicht verhindern konnte, dass man verschiedenen Beamten
die Fenster einwarf, Brandbriefe verschickte und aufrührerische
Flugschriften in Umlauf brachte. Tatsächlich wurden in der Folge
einige Gebühren, wie Zoll- und Geleitsabgaben sowie Pflastergeld
abgeschafft, ebenso die Kirchensteuer sowie ein Zahlungstermin
zur Deckung der Landesschulden aufgehoben. Wegen der Muste-
rung und Militärauslosung junger Leute zur Armee brach im März
1831 in Gera eine regelrechte Bürgerrevolte aus. Einzig der Einsatz
von Militär, das anschließend noch 8 Wochen in der Stadt lag, konnte die Ruhe wiederherstellen. Die Staatsmacht rächte sich: 70 Personen wurden zu Gefängnis- und Zuchthausstrafen verurteilt. Erst
1848 wurde den Schuldigen volle Amnestie gewährt.

Die Herrschaftszeit Heinrichs LXXII. verfloss in Glanz und
Herrlichkeit, bis in der Revolution von 1848 auch sein Verhängnis
sich erfüllte. Wäre der Fürst am Ende nicht nur noch von Lobhu-
deleien und Schmeicheleien eingehüllt gewesen, hätte er vielleicht
schon 1847, bei seinem mit zahlreichen Ehrungen, Umzügen und
Volksfesten gefeierten 25-jährigen Regierungsjubiläum bemerken
müssen, dass die Schweifwedeleien seiner Presse und die von den
Untertanen und Körperschaften gemachten Loyalitätsbezeigungen
nicht von Herzen kamen. In grenzenloser Selbsttäuschung hielt er
sie für den Ausdruck unerschütterlicher Treue und inniger Anhäng-
lichkeit des Volkes. Dabei stand er längst auf unterhöhltem Boden.[354]

»Unmittelbarer Auslöser der Unruhen war die Revolution im
Februar 1848 in Frankreich. Die Nachrichten darüber verbreiteten
sich in Windeseile. Innerhalb weniger Wochen brach die Revolu-
tion auch in Deutschland aus. Berichte über den Aufruhr in anderen
Teilen Deutschlands gelangten auch zu den Bürgern, Bauern und
Manufakturarbeitern im reußischen Oberland und fielen dort vor

allem bei letzteren auf fruchtbaren Boden, hauptsächlich in Hirschberg. Den ersten Funken des offenen Aufruhrs legten hier im Fürstentum wohl einige junge Leute, die in Leipzig studiert hatten, mit einem Stipendium des Fürsten sogar.[355]« An der Spitze des Kreises der Demokraten und Linksliberalen standen namentlich der in Hirschberg bislang als Hauslehrer tätig gewesene Kandidat der Theologie August Thieme [1821-1879] und der Hirschberger Lederfabrikant Philipp Knoch [1805-1878], der schon vor 1848 mit später so bedeutenden Demokraten wie Robert Blum und Julius Fröbel in Kontakt gestanden hatte.[356]

»Heinrich LXXII., der sich eben noch der Liebe und Unterwürfigkeit seiner Landeskinder so sicher war, bekam eine Ahnung, was auf ihn zukam. Schon am 8. März kam die erste Pedition von Hirschberg zum Fürsten.[357]« Die Forderungen entsprachen im allgemeinen denen in den anderen Ländern: Menschen- und Bürgerrechte, Pressefreiheit, Umbildung der Landesverfassung und allgemeines Wahlrecht, Volksbewaffnung, Trennung von Verwaltung und Justiz, Schwurgerichte, moderatere Gebühren, Herabsetzung des Salzpreises, Aufhebung der Feudallasten, Schutz gegen Wildschäden, aber auch die Schaffung eines deutschen Nationalstaates mit eigener Verfassung und Parlament. Während in Ebersdorf – wo viele Familien vom fürstlichen Hof finanziell abhingen – alles ruhig blieb, demonstrierten am 9. März in Lobenstein vor allem die unteren Bevölkerungsschichten, insbesondere die Handarbeiter. Heinrich LXXII. trat ihnen persönlich gegenüber. Es gelang ihm, sie zunächst zu beschwichtigen. Als sie aber bemerkten, dass er seine kleine Armee mit ihren beiden Kanonen an der Bellevue aufmarschieren ließ, wurden sie ihm böse und er musste die Soldaten wieder abziehen. Nicht alle Lobensteiner Bürger gingen damals auf die Straße, vor allem die Wohlhabenderen hielten sich vom Aufruhr fern und wurden deshalb von den anderen beschimpft und sogar tätlich angegriffen. Indem sich die allgemeine Ordnung und Sicherheit langsam auflöste und nicht wenige Tumultanten unter dem Deckmantel der Erhebung auch pöbeln oder gar plündern wollten, bildeten sich bis etwa Mitte März in den Städten und Dörfern Bürgerwehren heraus. Als am 10. März eine zweite Deputation in Ebersdorf erschien und mit sofortigem Aufstand drohte – sollten ihre Forderungen nicht erfüllt werden –, verabschiedete der Fürst am nächsten Tag eine Proklamation, in welcher er unter der Prämisse ›Reformen statt Revolution!‹ die Erfüllung einiger Forderungen zusagte. Daraufhin lenkten mehrere Landgemeinden ein, andernorts im Land gärte es jedoch weiter, denn inzwischen waren auch die Häusler und Kleinbauern von der Bewegung ergriffen und sandten über ihre Gemeindevorstände nun ebenfalls Forderungen mit Drohungen nach Ebersdorf. Dazu ergingen die üblichen Brandbriefe und Drohgebärden wie, die Forderung, Ebersdorf dem Erdboden gleichzumachen und alle Fürstenknechte aufzuhängen.[358] »Um ihren Forderungen mehr Nachdruck zu verleihen, beschlossen die Aufrührer auf einer Bürgerversammlung am 19. März in Hirschberg einen Protestzug nach Ebersdorf. Am 20. März brachen 300 bis 400 Personen in Hirschberg auf. Sie zogen über Pottiga und Harra nach Lobenstein, machten dabei viele Umwege, um die Bevölkerung unterwegs mitzunehmen. Von den Lobensteinern schlossen sich dem Zug nur wenig an.[359]« Trotz dem Entgegeneilen eines fürstlichen Boten, der die vom Fürsten bisher gemachten Zusagen noch einmal bekräftigt und überdies noch freies Vereinsrecht, die Bildung einer Volkskammer, eine zeitgemäßere Verfassung und natürlich die Begrenzung des Wildschadens versprach, ziehen die Aufständischen unbeirrt weiter gen Ebersdorf, wo sie sich auf der Straße vor dem Schloss versammeln. Dort hat inzwischen eine aus Ebersdorfer Einwohnern gebildete Schlosswache mit Gewehren in Anschlag Aufstellung genommen. Unvorsichtigerweise entfährt einem der Wachleute ein Schuss, der zwar ins Leere geht, unter den Demonstranten aber Panik auslöst. Drängelnd und schiebend, über die zu Boden Gestürzten einfach hinwegsteigend, bringen sie sich in Sicherheit, so dass auf der Straße nur einige Gewehre, Nachtwächterspieße, Hüte, Hauben, Pantoffeln sowie eine Fahne zurückbleiben. Dieser Sieg kommt der Fürstenpartei teuer zu stehen. Schon am nächsten Tag veranstalten die Untertanen in den herrschaftlichen Waldungen große Jagden und erschießen beinahe den gesamte Bestand an Hirschen, Rehen u.a.

Als Träger der Revolution fungieren – nachdem die stockreaktionären Vereins- und Versammlungsgesetze des Landes gefallen sind, die demokratisch-revolutionären ›Vaterlandsvereine‹.
Neben dem in Hirschberg von August Thieme gegründeten, entstehen solche Vereine u.a. auch in Eliasbrunn, Ruppersdorf, Gahma, Lothra, Altengesees, Thimmendorf und sogar in Thierbach und Lückenmühle. Neben den Bürgern, Handarbeitern und Bauern sind in der Regel Handwerker, Lehrer und nicht selten auch die Pfarrer ihre Mitglieder. Als ihr heimlicher Vorsitzender hat sich August Thieme durchgesetzt. Mit seiner vorzüglichen Rednergabe weiß er sich dermaßen in die Gunst des Volkes zu setzen, dass er zu den beliebtesten Männern des reußischen Oberlandes avanciert und den Reaktionären zu einem gefährlichen Agitator wird. Wie ein Volkstribun zieht er durchs Land, fordert das Ende des Fürstenstaates und hält seinen Zuhörern dabei immer wieder die Tragödie von Harra vor Augen. Um Heinrich LXXII. und seine Regierung unter

Druck zu setzen, berufen die Vereine wiederholt Volksversamm-
lungen vor den fürstlichen Schlössern ein, als deren Sinnbilder sie
Fahnen aufrichten, was bisher allein das Privileg des Landesherrn
gewesen war. Nachdem sich auch noch das Militär auf die Seite des
Volkes stellt, ist die Macht im Staate faktisch in der Hand der Aufständischen. Niemand zeigt mehr Respekt vor den Weisungen der
Beamten oder den Erlässen der Regierung. Alle Regierungs- und
Verwaltungsakte können nur noch in dem Maß durchgeführt werden, wie Thieme es will. Diese Demütigung, dazu die ständige Bedrängnis durch die vor seiner Wohnung stattfindenden Massen-
aufläufe, vor allem aber die Vernichtung seines geliebten Wildbe-
standes, das alles muss Heinrich LXXII. zutiefst getroffen haben.
Anfang April sah er sich genötigt, aus Ebersdorf zu fliehen, zunächst in das scheinbar sicherere Gera. Doch auch hier konnte sich
der Zweiundsiebzigste nicht halten. Nachdem eine Sturmpedition
der Geraer Bürger in das dortige Schloss eingedrungen war, fühlte
er sich auch auf dem Osterstein nicht mehr sicher und floh in die
Lausitz nach Schloss Guteborn, wo seine Schwester Caroline [geb.
1792] lebte. Dort hat er – in dieser Form als einziger deutscher Bundesfürst – am 15. April 1848 seine Regierung förmlich niedergelegt,
worauf sein Fürstentum nach den reußischen Hausgesetzten an die
nunmehr letzte noch verbliebene regierende jüngere reußische Linie,
an Fürst Heinrich LXII. von Schleiz [1785-1854] fiel.[360]
Nachdem das Fürstenthum Ebersdorf-Hirschberg-Lobenstein aus der
politischen Landschaft verschwunden war, jubelte die liberale Presse,
dass Deutschland nun endlich um ein Fünfunddreißigstel seines Be-
standes der Einheit näher gekommen sei.[361]

Am 7. Mai 1848 fanden die Vertreter der Lobenstein-Ebersdorfer
Vaterlandsvereine in Hirschberg zu ihrer ersten Hauptversamm-
lung zusammen, wo sie sich zu einem deutschen Vaterlandsverein
für das gesamte Reußenland vereinigten und August Thieme zu
ihrem Landesvorsitzenden wählten. Dieser hatte mit seinem, am 29.
April erstmals erschienenen Hirschberger Wochenblatt ein Sprach-
rohr und einen geistigen Sammelpunkt für die Bewegung geschaffen. Als Abgeordneter des Wahlkreises Reuß jüngere Linie in Hirschberg wurde er auch in die Frankfurter Nationalversammlung gewählt, gab sein Mandat aber an seinen Freund Johann A. Wirth ab.

Inzwischen blieb auch die ›Reaktion‹ nicht untätig und die provi-
sorische Reichsregierung setzte Truppen nach dem Reußenland in
Marsch. Meiningisches Militär besetzte daraufhin Schleiz, sächsisches bzw. hannoveranisches Gera und Schwarzburgisches Lobenstein, während im Gegenzug das reußische Bundeskontingent in
Schwarzburg-Sondershausen einmarschierte. Auf diese Weise sollte

einer Fraternierung zwischen Bevölkerung und Soldaten vorgebeugt werden. Der Wiederstand blieb dann auch überschaubar: In Eliasbrunn soll die mit verrosteten alten Flinten und Knüppeln als Bewaffnung einexerzierte Bürgerwehr beim Anrücken des Militärs – der zum Leutnant ernannte Bauer Christian Blank zuallerförderst – ihr Mordwerkzeug weggeworfen haben und davongelaufen sein.[362]

Von seinem Exil aus hatte Heinrich LXXII. derweil noch einige Aufrufe an sein Volk verfasst. Eine Rückkehr nach Ebersdorf, wo ihm der Pöbel so übel mitgespielt hatte, konnte er sich nicht vorstellen. Nachdem er am 1. Oktober 1848 seine Abdankung noch einmal bekräftigt hatte, wurden die drei Fürstentümer Ebersdorf, Gera und Schleiz zum Fürstentum Reuß jüngerer Linie – mit 826 km² Fläche und 79.824 Einwohnern – zusammengeführt. Der konstituierende Landtag im Geraer Rathaus bestimmte Philipp Knoch zu seinem Vizepräsidenten. Gegen August Thieme, der Ende Oktober noch am zweiten Demokratenkongress in Berlin teilgenommen hatte, wurde im November ›wegen Aufforderung zum ungehorsam sein gegen die Regierung‹ Haftbefehl erlassen. Nach dem Scheitern des Dresdner Maiaufstandes 1849 wanderte er nach Amerika aus, wo er zunächst als Lehrer und Journalist, seit 1852 dann als Herausgeber einer deutschsprachigen Zeitung in Cleveland/Ohio wirkte.
Philipp Knoch hingegen hatte seine Stellung im Reußischen Landtag – dessen geringen Einflussmöglichkeiten wegen – schon im März 1849 wieder aufgegeben. Als der Aufstand in Dresden ausbrach, zog er an der Spitze von 30 mit Bajonettflinten und Hirschfängern bewaffneten Hirschberger Einwohnern zu dessen Unterstützung aus, bis er in Plauen erfuhr, dass die Erhebung inzwischen wieder zusammengebrochen war. Wegen ›versuchter Teilnahme am Verbrechen des Hochverrats‹ wurde er 1851 verhaftet und bald darauf aus dem Land gewiesen. Er emigrierte in die Schweiz.[363]

Heinrich LXXII. ging zunächst nach Riesa und sorgte dort durch Gelage mit käuflichen Straßenmädchen für Skandale. »Danach lebte er teils in Dresden, teils in Guteborn. Er versuchte weiterhin, sein exzentrisches Leben, wenn auch auf niedrigerem Niveau zu führen, indem er seine Diener drangsalierte und ihnen Arrest gab. Er ging meist nur nachts aus. In Dresden will man ihn im Garten des Hotels zur Stadt Paris in den Nächten bei ›paradiesischen Adams-Wandlungen‹ gesehen haben. In Tharandt, wo er ›im Bade zum Sommerpläsier‹ wohnte, soll er ebenfalls nur nachts seine abenteuerlichen Waldspazierfahrten unternommen haben.[364]«
Vom Schleizer Fürsten, der ihm einiges zu verdanken hatte, verlangte der Zweiundsiebzigste zunächst eine jährliche Abfindungssumme von 200.000 Talern, bekam aber in Anbetracht der Schulden,

die er hinterlassen hatte, lediglich 25.000 Taler im Jahr. Das Exil tat dem abgedankten Fürsten alles andere als gut und er verfiel körperlich immer mehr. Sein Tod am 17. Februar 1853 im ›Hotel de Paris‹ kam so unerwartet, dass die Behörden den nach Ebersdorf überführten Sarg öffnen ließen. Die Beamten, die ihren Herrn als überdurchschnittlich konditionierten Mann in Erinnerung hatten – mit dem selbst seine Waldläufer oft nicht hatten Schritt halten können – erschraken, denn sie fanden darin eine kümmerliche, wie um Jahrzehnte gealterte Gestalt vor.

Auch wenn Ebersdorf noch bis 1871/1880 für den südlichen Teil des neu gebildeten Oberländischen Bezirks Landratssitz bleiben sollte, ging die Bedeutung der Marktgemeinde beträchtlich zurück. Die Bevölkerung sank von 1.200 Einwohnern [1840] über 1.000 im Jahre 1867 [darunter noch ein Drittel Herrnhuter] auf 800 [1933]. Auch das hier stehende Militär wurde – 1853 auf 49 Mann reduziert – 1863 gänzlich abgezogen.

Das Schloss hingegen, diente fortan als Sommerresidenz des Schleizer Hauses und wurde dem letzten regierenden reußischen Fürsten Heinrich XXVII. und dessen Familie zum Lieblingsschloss. »Die ältere Linie bevorzugte Schloss Burgk als Sommerresidenz. Hier gab es schon seit der ersten Hälfte des 18. Jahrhunderts zahlreiche Besuche der reußischen Vettern und anderen Verwandten.[365]« Bis 1945 blieb das Ebersdorfer Schloss im Besitz der fürstlichen Familie. Zu DDR-Zeiten diente es als Alten- und Pflegeheim. Momentan steht es leer.

DAS FÜRSTENTUM REUSS JÜNGERER LINIE

»Obwohl die beiden Reuß zu den kleinsten Bundesstaaten des Deutschen Reiches zählten, kam ihnen – dessen ungeachtet – im Bundesrat eine weit höhere politische Bedeutung zu.«

Den Status einer fürstlichen Sommerresidenz musste Ebersdorf mit Schleiz teilen, das – nachdem Gera zum neuen Residenz- und Regierungssitz erhoben war – ebenfalls an Bedeutung verlor. Indem Heinrich LXII. unverheiratet war und keine Kinder hatte, erbte im Jahre 1854 sein in Coburg lebender Bruder Heinrich LXVII. [1789-1867] den Thron. Im Deutschen Krieg 1866 stand er auf Seiten Preußens und hätte anschließend die Gebiete der älteren reußischen Linie übernehmen können, was er aus Rücksicht gegenüber seinem Greizer Vetter jedoch ablehnte.

Sein Sohn und Nachfolger Heinrich XIV. [1832-1913] war in seinen jungen Jahren preußischer Gardeoffizier und ein enger Freund des preußischen Kronprinzen Friedrich [1831-1888], dem späteren ›99-Tage-Kaiser‹ Friedrich III. Unter seiner Ägide kam es – wie wir schon hörten – ab 1902 zur Mitverwaltung des Greizer Fürstentums, dessen letzter Vertreter Heinrich XXIV. regierungsunfähig war.[366]

Unter Heinrichs XIV. Sohn und Nachfolger Heinrich XXVII. [1858-1928] stand das Fürstentum Reuß jüngere Linie auf dem Höhepunkt seines Glanzes. Indem sich die reußische Bevölkerung in den vergangenen 60 Jahren faktisch verdoppelt hatte, gebot der Fürst, wenn man den Greizer Landesteil mit hinzuzählt über 225.381 Untertanen und seine Hauptstadt Gera – wo das Residenzschloss Osterstein unter beträchtlichem Aufwand gleich einem ›Neuschwanstein Thüringens‹ ausgebaut und verschönert worden war – teilte 1911 zusammen mit Krefeld den Titel ›Reichste Stadt des Deutschen Reiches‹. Schon rechnete man in naher Zukunft mit der Vereinigung der beiden Fürstentümer, doch auch in diesem Fall sollte es anders kommen: Als am 9. November 1918 in Berlin die Abdankung Kaiser Wilhelms II. bekanntgegeben und die Republik ausgerufen wurde, stürzte nicht nur das Kaiserreich ein. »Dieser Dammbruch löste eine ungeheure antimonarchische Flutwelle aus, in der es für keinen Thron einen festen Halt gab. Alle Monarchien in Deutschland wurden umgerissen. Denn die Bundesfürsten waren seit 1871 aufs engste mit dem Kaisertum der preußischen Hohenzollern verbunden ... Am frühesten und schroffsten kam es zu ausgeprägt revolutionären Vorgehen gegen die Landesfürsten in Gotha, Weimar und Meiningen. ... In Gera, Greiz, Coburg, Altenburg, Rudolstadt und Sondershausen kam keine Bewegung auf, die sich aggressiv gegen die Landesfürsten richtete, sondern nur zu politischem Druck der von Sozialisten geführten Massen. Für Reuß j.L. gab der Fürst in Gera im richtigen Augenblick nach; für Reuß ä.L. kam er als Regent dem grotesken Auftritt eines eigens aus Gera nach Greiz in Marsch gesetzten Soldatentrupps sogar zuvor.[367]« 1919 fanden die Gebiete der beiden ehemaligen Fürstentümer zu einem ›Volksstaat Reuß‹ mit Sitz der Regierung in Gera zusammen, bis dieser schon 1920 in dem neugegründeten Freistaat Thüringen aufging.

Im Gegensatz zur älteren Linie hatten die Geraer Reußen bei der Fürstenabfindung einen guten Schnitt gemacht. Es blieben ihnen ihre Schlösser, ihre Domänen und das Theater in Gera. Zudem blieben sie nach dem Haus Sachsen-Coburg die größten Waldbesitzer Thüringens. Heinrichs XXVII. in Ebersdorf geborener Sohn Prinz Heinrich XLV. [1895-1945] bot das bürgerliche Leben Entfaltungsmöglichkeiten, die er als Inhaber eines Fürstenthrons nie hätte verwirklichen können. Er widmete sich den Musen und besuchte noch einmal die Universität, wo er Literatur, Musikwissenschaften und Philosophie studierte. 1923 nahm er beim Geraer Theater eine Tätigkeit als Berater und Leiter der dramaturgischen Abteilung auf. Er verkehrte viel in Künstlerkreisen und war auch mit dem Bildhauer Ernst Barlach, den er

1931 mit dem Reußischen Grabmal im Ebersdorfer Schlosspark beauftragte, gut befreundet.

Nachdem der Osterstein am 6. April 1945 durch Bomben zerstört war, erwartete Heinrich XLV. in Ebersdorf, wohin auch zahlreiche Angehörige anderer adeliger Familien geflohen waren, das Ende des Zweiten Weltkrieges. Entgegen dem Rat der in den letzten Junitagen abziehenden Amerikaner, folgte Heinrich XLV. ihnen nicht. Was solle schon mit ihm geschehen, er habe nie jemanden etwas Böses getan. Nach dem Einmarsch der Roten Armee in Thüringen Anfang Juli 1945 stellte die SMAD den Prinzen zunächst unter Hausarrest. Möglicherweise hätte er anschließend ein Leben wie der letzte Herzog von Sachsen-Altenburg, Ernst II. [1871-1955], führen können, der als einziger ehemaliger Bundesfürst DDR-Bürger wurde und bis zu seinem Tod relativ unbehelligt auf Schloss Wolfersdorf lebte. Stattdessen wurde Heinrich XLV. im August 1945 von NKWD-Soldaten überraschend verhaftet und auf Nimmerwiedersehen verschleppt. Man vermutet, er sei im Speziallager II in Buchenwald ums Leben gekommen. Allerdings taucht sein Name – wie der mancher anderer dorthin überführter Häftlinge auch – in den entsprechenden Unterlagen nicht auf. Vielleicht ist der Prinz auch – man denke an das Schicksal der beiden letzten Rittergutsbesitzer von Knau [Schneider] und Wernburg [von Erffa] – unmittelbar nach seiner Verhaftung in ein abgelegenes Waldgrundstück verbracht, dort heimlich exekutiert und sein Leichnam anschließend an Ort und Stelle verscharrt worden.

Indem Heinrich XLV. ohne Kinder war, hatte er schon 1928 seinen Verwandten Heinrich I. [1910-1982] aus der apanagierten Nebenlinie Reuß-Köstritz zum Erben eingesetzt.

Diese Linie ist heute das einzige noch bestehende reußische Haus und zwischenzeitlich wieder in verschiedene Äste und Zweige geteilt. Sein Oberhaupt ist der auf Schloss Ernstbrunn in Niederösterreich lebende Prinz Heinrich XIV. [geb. 1955]. Nach der Wende von 1989/90 versuchten die Reußen in ihrer alten Heimat wieder Fuß zu fassen. Sie erwirkten einige Rückübertragungen, wie das Schloss Thallwitz in Sachsen oder kauften bzw. pachteten landwirtschaftliche Nutzflächen, die sie zu den fürstlichen Kammergütern von Großaga bzw. zu einem größeren Land- und Forstwirtschaftsbetrieb bei Wurzbach und Bad Lobenstein zusammenfassten. Das Geraer Theater sowie das Vorwerk Untermhaus erlangten sie einstweilen nicht wieder. Dafür befindet sich aber seit kurzem das Jagdschlösschen Waidmannsheil bei Saaldorf wieder in reußischem Besitz.[368]

5. Anhang

Glossar

Adjunctus: Stellvertreter, Gehilfe, oft eines älteren Lehrers oder Pfarrers

Archediakon, Diakonus: [meist in Städten] zweiter Geistlicher eines Pfarrbezirks

Aßo: Alter Schock zu 20 Groschen; keine Münze, sondern Zählwert bzw. Recheneinheit

Degen: Die klassische Hieb- und Stichwaffe der Frühneuzeit besaß eine lange, schmale, zweiseitige Klinge und wog zwischen 1 und 1,5 kg. Ihre Ausführung und Qualität schwankte, je nachdem für wen sie angefertigt worden war, beträchtlich. Insbesondere die Degen der Adligen und höheren Offiziere besaßen einen kunstvoll ausgearbeiteten Handschutz.

Defensioner: Landesverteidiger, damalige Landwehr. »Um 1600 war das Defensionswerk eine reale Alternative zum Söldnerwesen gewesen. Die neue Militärorganisation sollte Volk und Land stärker zusammenfügen. Um 1700 hingegen war das Defensionswerk in den größeren Territorien nur noch ein Relikt, das neben dem stehenden Söldnerheer, der entscheidenden militärischen Stütze des Feudaladels und der Krone bestand. Nur in kleineren Fürstentümern lebte das Defensionswerk weiter, denn hier hinderte der Finanzmangel die Fürsten daran, größere eigene Söldnerkontingente zu unterhalten.[369]«

Dreier: Dreipfennig- bzw. Viertelgroschenstück aus einer Silber-Kupfer-Legierung

Dukat: Ursprünglich [um 1500] als Goldgulden das Äquivalent zum Silbergulden. Um 1630 galt der Dukat noch 2 Reichstaler um 1700 dann nur 2 2/3 Reichstaler.

Eimer: Hohlmaß; in Gera, Burgk, Neustadt an der Orla, Ziegenrück 68,70 ℓ [zu 60 Kannen (Maß), die Kanne zu 1,145 ℓ, der Nösel (Halbkanne) zu 0,5725ℓ]; in Ebersdorf und Lobenstein 64,35 ℓ; in Hirschberg 73,28 ℓ [zu 64 Kannen]; in Saalburg und Schleiz 61,83 ℓ [zu 72 Kannen a' 0,8588ℓ]; in Pößneck 73,54 ℓ; in Lehesten und Nürnberg 73,29 ℓ [zu 36 Kannen]; in Lobenstein 64,35 ℓ [zu 72 Kannen]; in Saalfeld 66,997 ℓ [zu 72 Maß]; in Erfurt ein Eimer Wein 70,93 ℓ, dagegen ein Eimer Bier 73,85 ℓ.

Elle: Längenmaß; 1 Elle → 2 Fuß → 24 Zoll; in Altenburg und Stadtroda 56,64 cm; in Schleiz und im Amt Burgk rechts der Saale 56,53 cm; in Lobenstein, Ebersdorf sowie im Amt Burgk links der Saale 59,06 cm; in Hirschberg 63,7 cm [nach Hofer Maß]; in Neustadt/Orla 56,4 cm; in Saalfeld und Pößneck 56,6 cm; in Saalburg 60,6 cm; in Leipzig 56,66 cm; in Gera 57,23 cm; in Lehesten und Nürnberg 65,6 cm; in Rudolstadt 56,44 cm.

Fideikommiss: Besitztum im Rechtsstatus eines unveräußerlichen Familiengutes

Filial: Hier Nebenkirche, -kapelle in einem Pfarrbezirk

Freigut: Meist direkt dem Landesherrn bzw. dem Amt unterstehendes, von Untertanenlasten weitestgehend befreites [Großgrund]Besitztum ohne eigene Untertanen und Grundherrschaftsrechte, oftmals aus einem Rittergut hervorgegangen. In kleinerer Ausführung nicht selten auch einem Erbschulzen oder Erbschenken gehörig, der als rechte Hand des Grundherrn im Dorf fungierte und dafür besondere Privilegien innehatte.

Freihaus: Meist aus einem Burggut oder einem, vor der Stadtgründung schon bestehenden Siedelhof hervorgegangenes städtisches Anwesen, das aufgrund von ›Alter und Herkommen‹ von Bürgerpflichten und -abgaben weitestgehend befreit war.

Frondienste: Auf einem Bauernhof oder Häusleranwesen bzw. dessen Liegenschaften lastende Dienstverpflichtung an den Grundherrn u.a. als erbliche Gegenleistung dafür, dass das Anwesen auf dem Herrenland ehedem überhaupt begründet hatte werden dürfen. Je nach der Art des zum Grundherrn bestehenden Lehnsverhältnisses hatten die Lehnbauern auf dessen Vorwerken [Wirtschaftshöfen] meist Pferde- bzw. Handfronden und wenn es anfiel, auch Bau-, Wach-, Jagdfronden usw. zu verrichten. Häusler, die sich erst ziemlich spät auf dem Rittergutsland angesiedelt hatten, waren meist zu mehr Frondiensten [in der Regel Handlanger-, Wach- und immer wieder Botendienste] verpflichtet, als etwa alteingesessene Bauern, die meist im Stande waren, mit ihren Pferden die auf dem Gutshof notwendigen Dienste wie Pflügen, Erntearbeiten, Bau- oder Holzfuhren zu verrichten. Vielerorts war die Fronleistung nicht von den Einzelbauern, sondern von der gesamten Dorfgemeinde gefordert. Dabei konnte es vorkommen, dass — wenn inzwischen mehr Anwesen im Ort bestanden — die Gesamtfron auf viele Schultern verteilt, sich für den Einzelnen oft nur auf je 3, 7 oder 14 Tage zur Aussat sowie noch einmal zur Ernte beschränkte. Im Gegenzug gab es aber auch Dörfer, wo sich die Zahl der Gehöfte seit Begründung des Lehnsverhältnisses drastisch vermindert hatte und wo der Einzelne entsprechend viel fronen musste, was in der Tat eine große Bedrückung darstellen konnte. Problematisch für die Fröner wurde es allenthalb, wenn variable Fronverpflichtungen, wie Bau-, Jagd- oder Wachfron über das übliche Maß hinaus und zur Unzeit gefordert wurden. War der Grundherr etwa sehr baulustig oder jagdbegeistert, konnten diese Pflichten für die Untertanen zu einer wahren Tortur werden, sobald die eigene Arbeit darüber gefährlich lange liegenblieb. Die meisten Frondienste waren nicht personengebunden und konnten auch vom Knecht, von einem älteren Sohn, auch von einem dazu bestellten Tagelöhner erledigt werden. Besaßen Adlige fronpflichtige Besitztümer, lebten sie etwa auf größeren Bauernhöfen, so waren auch sie von etwa daraufliegenden Lasten nicht ausgenommen, mussten Leute zum Fronen schicken und Zinsen dem Grundherrn zahlen.

Fuder: Raummaß; in Preußen umfasste das Fuder Wein 12 Eimer

Fuß: Längenmaß; 1 Fuß → 12 Zoll → 144 Linien; im Altenburgischen 27,5 cm; in Lehesten 30,4 cm; in Rudolstadt 28,22 cm; in Gera der Baufuß zu 28,26 cm

Garde: Besondere, meist elitäre Militäreinheiten zu Pferd, zu Fuß oder als Garde-Artillerie. Die Garde entstand aus den Leibwächtern bzw. den Haustruppen der Könige und Fürsten, die sie meist auch zur Repräsentation einsetzten. Sie standen zu ihrem Herrn in einem besonderen Eidverhältnis und blieben auch − nachdem sie dann zahlenmäßig erweitert wurden und als Kern- bzw. Lehrtruppen einer Armee besondere Ausbildung und bevorzugten Einsatz erhielten − immer in der besonderen Gunst ihres Eidherrn, dem sie sich im Feld als besonders opferwillig und kampfstark zu erzeigen hatten. Die Gardetruppen waren nicht nur besonders ausgebildet und in Kleidung und Ausrüstung gegenüber der Masse der Soldaten hervorgehoben, sondern hatten im Feld meist auch Anspruch auf bessere Verpflegung und Quartiere.

Gebräude: Braumaß; in Schleiz zum Brauen von 6-7 Scheffeln Malz zu 48 Eimern Bier

Groschen: Kleinmünze aus einer Silber-Kupfer-Legierung [lat.: grossi denari → Dickpfennig] im Wert zu 12 Pfennigen, 1/20 Aßo, 1/21 Silbergulden, 1/24 Taler. Der Groschen besaß in etwa die Größe eines früheren 1-Deutsche-Mark-Stückes, größere Nominale wie Engelsgroschen oder Prager Groschen etwa die Größe eines 2-DM-Stückes.

Gulden [Silbergulden]: Große Silbermünze zu 21 Groschen [Goldgulden siehe Dukat]

Hausbrauer: In diesem Fall brauberechtigter Bürger [vornehmlich in der Altstadt] bzw. Bauer [außerhalb der Bannmeile um die Stadt], wobei das Bier in der Regel im Gemeindebrauhaus gebraut wurde. Auch wenn die Gebräude reglementiert und überdies besteuert wurden, bot das Brauprivileg doch eine gute Einnahmequelle, welche den Wert jener Anwesen, worauf es lag, enorm steigerte. Überhaupt bot bzw. bietet das Bierbrauen die effektivste Möglichkeit, den Rohstoff Gerste zu verwerten. Wenn das Hauptbier vom Braukessel herunter war, wurde noch Nachbier [Dünnbier, Kofent] von den Trebern gezogen und die Malzschütte am Ende sogar noch ans Vieh verfüttert. Der Bierausschank erfolgte, wenn nicht über die Gemeinde- oder Ratsschenke, meist als Reihenausschank, wobei der Brauberechtigte während der Zeit, in der er zu schenken berechtigt war, in seiner Wohnstube einen Schankraum einrichtete und als Erkennungszeichen für alle Zecher den so genannten ›Bierwisch‹ vor seinem Haus anbrachte. Nun kamen Nachbarn, Verwandte, auch Durchreisende oder umwohnende Bauern und tranken das Bier gegen einen festgelegten Preise je Kanne wieder ab. War das Gebräude zur Neige gegangen, so wanderte der Bierwisch und -ausschank zum nächsten brauberechtigten Haus [meist zum Nachbarn]. Der Reihenschank wurde etwa in Pößneck im Jahr 1849 aufgegeben. Zuletzt hören wir davon zu Beginn des 20. Jahrhunderts in den ›Tälern‹, so in Bremsnitz, Rattelsdorf und Erdmannsdorf.

Heilkunde: Studierte Ärzte praktizierten in unserer Region faktisch nicht vor dem Jahr 1600 und dann zunächst nur in den größeren Städten. Bedeutender − da besser angehbar und billiger − waren neben wandernden Experten wie Chirurgen, Bruchschneidern oder Oculisten [Starschneider] gewöhnlich die Bader [u.a. für Knocheneinrenkungen, Wundversorgung und chirurgische Eingriffe] und selbstverständlich die Apotheker, deren Mixturen große Bedeutung zugemessen wurde. Es ist kein Zufall, dass in kleineren Städten, wo es keine gehobene Schicht von Patriziern gab, häufig zu Reichtum gekommene Apotheker unter den Ratspersonen anzutreffen waren. Nicht minder von Bedeutung war volksmedizinisches Wissen, das gewöhnlich unter den Frauen gepflegt und weitergegeben wurde. Besondere Spezialistinnen − die Kräuterweiber bzw. die Weisen Frauen − kulminierten dieses Wissen. Neben Naturheilverfahren spielten auch magische Heilversuche, wie das ›Vertun‹, die Bekämpfung astralen Einflusses [etwa bei Hexenschuss] und be-

175

schwörende Zauberformeln [Besprechen] eine große Rolle. So besprach man etwa in Eisenberg früher den Wundbrand folgendermaßen: ›Holler Vater fuhr über das Land, ich hatte eine feurige Hand, ich blies aus; das tu ich mir zu gute, dir zu gute, ihm zu gute.‹ – »Die ›Drecksmedizin‹, die z.B. mit Hechtzähnen, gedörten Kröten und Ziegenkot zu heilen versuchte, kam ebenfalls oft zum Einsatz. … Im 30-jährigen Krieg stagnierte der Wissensfortschritt, ja er machte einen ungeheuren Rückschritt, denn bereits erworbenes Wissen geriet in Vergessenheit[370]« und musste danach zunächst wiederentdeckt werden, bevor im 19. Jahrhundert dann der Grundstein des modernen Medizinalwesens gelegt werden konnte.[371]

Heimbürge: Einer von meist zwei Beisitzern des Bürgermeisters einer Landgemeinde, der auch Aufgaben als Gemeindevorsteher, Dorfrichter, Schöffe übernahm.

Heller: Kleine Kupfermünze als Halbpfennig, 1/576 Reichstaler

Hintersassen: Besitzer der meist zwischen 1600 und 1800 auf Rittergutsland oft auf dem Dorfanger, an den Ausfallstraßen oder zwischen bzw. hinter den Anwesen der Lehnbauern errichteten Landarbeiterhäuser mitunter auch Kleinstbäuernhöfe, die gleich den Rittergutsbesitzern wenigstens zu anfangs Sonderrechte, wie gewisse Steuerfreiheit und Befreiung von Einquartierungen genossen, ansonsten aber einzig der Patrimonialgerichtsbarkeit des Gutsherrn unterworfen waren. Meist förderte dieser, etwa mit Bauholz, die Ansiedlung sogar, um fron- und abgabenfähige Untertanen zu gewinnen, die zudem die auf den Dörfern die dringend notwendigen Tagelöhner und Dorfhandwerker stellten.

Hufen: Als Richtgröße für eine Hufen kann man das Land annehmen, welches eine Bauernfamilie ernähren und die daraufliegenden Zinslasten tragen konnte. Infolge von Erbteilung, Heiratspolitik u.a. veränderte sich im Laufe der Zeit die Wirtschaftskraft der Höfe. Manche Landwirte mussten sich mit Halb-, Viertel-, ja sogar Achtel-Hufen begnügen. Überall gab es Bauernwirtschaften mit weniger als einen, aber auch solche mit zwei Gemeindeanteilen, verbunden mit den entsprechenden Rechten und Pflichten. Die Hufen war je nach Bodenfruchtbarkeit, Besiedlungsdichte oder Herkommen unterschiedlich groß und galt in den Dörfern der Weizenregionen etwa 10-12 ha, in den unfruchtbareren Gebieten wie etwa der Bundsandsteinplatte der Heide dagegen rund 20 ha Land [Fränkische Hufen]

Husaren: Truppengattung der leichten Kavallerie mit Ursprüngen in Südosteuropa in typischer, aus der ungarischen Nationaltracht entwickelter Uniform. Nach anfänglicher Nichtanerkennung ihrer Leistungen, ja geradezu Ablehnung als Irreguläre wurde die ebenso emanzipierte wie exotische Truppe mit ihren tollen Husarenstücken schließlich zum Inbegriff des Bewegungskrieges des 18. und frühen 19. Jahrhunderts und fand zahlreiche Bewunderer. Das zeigt nichtzuletzt ihr Einsatz bei den Soldatenspielereien absolutistischer Fürsten – man denke hierbei an die Husareneskadron Herzog Ernst Augusts von Sachsen-Weimar-Eisenach [†1748] – sowie die Verwendung von husarenmäßig ausstaffierten Palastwächtern [Kammerhusaren] etwa am Hofe Fürst Heinrichs LXXII. von Reuß-Ebersdorf. Als dieser einmal in Begleitung eines solchen in seinem Residenzort unterwegs war, blieb ein Fremder beeindruckt stehen und bewunderte diesen schmucken und wohlgeratenen Soldaten, worauf der Fürst voll Besitzerstolz erklärte: ›Ach, ich habe noch so einen!‹[372]

Kalender: Bemerkenswert für die Heimatgeschichte sind die Regierungserlässe von 1699, welche die Einführung des Gregorianischen Kalenders für die protestantischen Länder bestimmten. »Man folgte einem Beschluss der evangelischen Reichsstände, die Verbesserung des Kalenders, die Papst Gregor XIII. bereits 1582 angeordnet hatte und den die katholischen Ländern des Reiches 1583 angenommen hatten. … Um die Kalenderzeit dem Sonnenstand wieder anzupassen, wurde bestimmt, dass auf den 18. Februar 1700 sofort der 1. März zu folgen hatte. Da das Jahr 1700 nach dem Kalender alten Stils ein Schaltjahr gewesen wäre, fielen also 11 Tage des Februar aus und der 21 März fiel wieder vorschriftsmäßig mit dem astronomischen Frühlingsanfang zusammen.[373]« Vor allem die Bauern und Ackerbürger fluchten dem neuen Kalender, weil infolge der zeitlichen Diskrepanz ihre zahlreichen Lostage mit Witterungsprophezeiungen und Wachstumsregeln nicht mehr stimmten, weswegen man noch heute bei manchen Bauernregeln 10 Tage umaddieren muss.[374]

Kalesche: Leichte Kutsche mit Faltverdeck

Kammergut: Im Besitz des Landesherrn befindliches, seiner Privatschatulle [als Domäne] dienendes bzw. der staatlichen Finanzverwaltung [Kammer] unterstehendes, zumeist verpachtetes Großgrundbesitztum [oft auch Großschäferei], welchem man oftmals die Fronverpflichtungen der umwohnenden Amtsuntertanen einverleibt hatte.

Kanapee: Sofa

Katechismus: Hier: Lehrbuch für die protestantische Glaubensunterweisung, unterteilt in Kleinen Katechismus, dessen Inhalt jedem Gläubigen bekannt sein musste und Großem Katechismus als Vollversion und Arbeitsmaterial für Pfarrer und Lehrer

Kirchenkasten: In den örtlichen Kirchenkästen verwahrte man das Vermögen der Kirchgemeinden auf, welches in guten Jahren durch den Zehnten bzw. die Einkünfte des Pfarreigutes aus den Kirchenwäldern, -feldern und -wiesen teils erheblich wachsen konnte. In alter Zeit erfüllten diese Gotteskästen die Funktion heutiger Kreditinstitute, indem sich Bürger und Bauern, aber auch Rittergutsbesitzer und zuweilen auch der Landesherr selbst Geld daraus entleihen konnten. Fallweise waren die davon erzielten Zinseinnahmen höher, als die anderen Bezüge. Die Kirchenkästen finanzierten nicht nur das kirchliche Leben, besoldeten Pfarrer, Diakone, Küster und Schulmeister, sondern unterhielten auch die Kirch- und Pfarr- und Schulgebäude mitunter auch das örtliche Spital bzw. dienten anderen mildtätigen Zwecken [Stipendien, Armenfürsorge].[375]

Kirchenpatronat: Meist dem Grund- oder Landesherrn obliegende Schutzherrschaft in Bezug auf Rechte und Pflichten, die dem Stifter einer Kirche, Kapelle oder einer Schenkung bzw. dessen Rechtsnachfolgern zukommen, wie Baulast, Unterhaltungspflicht, aber auch Privilegien wie eigener Kirchenstand, Begräbnisrecht in der Kirche u.a.

Klafter: Raum-, Holzmaß in unterschiedlicher Schichtgröße; in Altenburg und Roda rechnete man dabei 3 x 3 x 1 1/2 Ellen zu 2,45 m3 und 3 x 3 x 2 Ellen zu 3,27 m3; der Burgker Klafter umfasste 2,75 m3, der Lobensteiner 3,539 m3; dagegen kannten Hirschberg und Gera den 7/4-elligen, den 5/4-elligen und den 4/4-elligen Klafter zu 2,8454, zu 2,0324 bzw. zu 1,6259 m3.

Komtess [franz.: Comtesse → Gräfin]: Hier ledige Dame aus dem höheren Adel

Konsistorium: ›Unter obern Leitung und Auctorität des Landesherrn‹ stehende, von einem weltlichen Präsidenten [meist einen hohen Regierungsbeamten] und einem Kollegium aus 2 weltlichen sowie 2-3 geistlichen Herren geführte Behörde, die das landesherrliche Kirchenregiment ausübte und für die Umsetzung und Kontrolle der protestantischen Schul- und Kirchenordnung verantwortlich war. Daneben verwaltete sie die Finanzen der Kirche und übte die kirchliche Rechtssprechung aus. Diese umfasste neben der Gerichtsbarkeit über die Pfarrer, deren Familienmitglieder und Angestellten [Küster, Kantor, Schulmeister] auch die Besitztümer der Stiftungen bzw. die Lehen der jeweiligen Kirchgemeinden. Zudem spielte das Konsistorium eine wichtige Rolle bei der Ehegerichtsbarkeit und wachte über Moralfragen.[376]

Kreuzer: Klein- und Scheidemünze meist aus Kupfer zu ca. 8 Hellern, 1/72 Gulden.

Lehen: Eine Sache, zumeist Land, die dessen Eigentümer [Lehnsherr] unter der Bedingung gegenseitiger Treue, vornehmlich aber gegen jährlich zu entrichtende Zinsen und/oder Dienste in den erblichen Besitz des Lehnsmannes übergehen lässt, unter der Bedingung des Anheimfalls nach dessen erbenlosen Tod. In weiten Teilen Thüringens und Obersachsens waren auch die Bauern mit ihrem Land Lehnsleute der Grundherren, weswegen Leibeigenschaft hier keine Rolle spielte. [Wo es in den Quellen aber heißt, dass diese oder jene Person auf Zwang diente, so waren damit lediglich zeitlich begrenzte Gesindezwangsdienste von Untertanenkindern gemeint, die nach der Beendigung ihrer Schulzeit so und so lange auf dem Grundhof dienen mussten, was auch so etwa wie eine Lehrzeit war.] Natürlich konnte der Lehnsherr seine Lehns- und Gerichtsherrschaft über ein Anwesen vererben, verkaufen oder verschenken, so wie man das heute etwa mit Wohnungen in Mietshäusern tut, ohne dass die darin lebenden Mieter ebenfalls in den Besitzwechsel miteinbegriffen wären. Im Falle von Rittergütern waren die Lehen vom Landesherrn meist als so genannte ›Mannlehen‹, also gegen die Pflicht zur Heeresfolge, ausgegeben worden. Bis zum 16. und frühen 17. Jahrhundert war es sogar üblich, dass etwa eine Witwe, ein unvermögender Vasall oder ein bürgerlicher Gutsherr im Fall der Ausrufung des Heerbanns dann einen standesgemäßen, sprich adeligen Ersatzmann stellen oder dessen Äquivalent in Geld entrichten musste. Lange Zeit konnten diese Mannlehen nur an einen kampffähigen Mann, also im Mannesstamme, weitervererbt werden, bis die Möglichkeit geschaffen wurde, im Falle des Ausbleibens eines männlichen Nachfolgers aus derselben Linie, diese Lehen, natürlich gegen eine zumeist ansehnliche Gebühr, in ein Weiber- bzw. Tochterlehen umzuwandeln, damit auch die Töchter erben und die Schwiegersöhne an Sohnes statt die entsprechende Positionen im Lehensgefüge einnehmen konnten. Der Bruder des letzten Grafen von Hoym auf Oppurg, Graf Gotthelf Adolph von

Hoym auf Guteborn, Bielen und Ruhland in der Oberlausitz musste, um seine Rittergüter an seine Tochter vererben zu dürfen, noch am 25. November 1777 in Bautzen im Schlosshof der Ortenburg auf seinem braunen Wallach, in voller – mitsamt dem Degen und den Eisenstiefeln etwa 30 kg schweren – Eisenrüstung, den sogenannten ›Vorritt‹ oder ›Rittersprung‹ tun.[377]

Löhne und Bezüge: Eines der umstrittensten Gebiete bei der Beschäftigung mit alten Währungen sind Versuche, diese auf gegenwärtige Verhältnisse umrechnen zu wollen. Die allgemein anerkannte, sich – wie es den Anschein hat – am gegenwärtigen Goldwert orientierende Gegenüberstellung, die die Kaufkraft des Gulden in der ersten Hälfte des 17. Jahrhunderts auf 50,00 Euro im Jahr 2001 setzt,[378] können wir nur als äußerste Untergrenze annehmen. Doch auch die Obergrenze, die den Groschen des 17. und 18. Jahrhunderts gemessen an seiner heutigen Kaufkraft, auf 10,00 bis 15,00 Euro [2016] veranschlagt, würde der Herabsenkung des Münzwertes zwischen dem 16. und dem 19. Jahrhundert niemals gerecht werden können. Das sieht man allein schon an den damaligen Bierpreisen in den Wirtshäusern: Der Preis für eine Kanne Schleizer Bier [0,8588ℓ] entwickelte sich im Laufe der Jahrhunderte zunächst von 3 Hellern [1493] auf 3 Pfennige [1660], später auf 4 Pf. [1720], 5 Pf. [1790], 6 Pf. [1806], 6-7 Pf. [1819], 8 Pf. [1840], 10 Pf. [1842], 11 Pf. [1847], 12-13 Pf. [1859] und 13 Pf. [1862]. In der Weiraer Gemeindeschenke kostete im Jahre 1758 ein Gastmahl bestehend aus einer Vorsuppe, einem Stück Fleisch, Fisch oder Braten, einer Gemüsebeilage, dazu ausreichend Butter und Käse sowie einer Kanne Bier auf die Person 5 Groschen 6 Pfennige. Ähnlich war es gegen Ende des 17. Jahrhunderts in den Schleizer Fuhrmannsherbergen, wo für eine Mahlzeit von fünf Gerichten, Käse, Butter und Bier, so lang das Tischtuch liegt, 5 Groschen verlangt wurden, während Gesindeleute, Kärner [Schubkarrenfahrer] und Fuhrleute [Gespannführer] nur 4 Groschen dafür zu geben brauchten. Allerdings musste der Wein, welcher extra aus dem Rathaus geholt wurde und das Bier nach der Mahlzeit gesondert bezahlt werden und zwar eine Kanne Frankenwein mit 5 Groschen 4 Pfennigen, eine Kanne spanischen Wein dagegen mit 12 Groschen.[379] Das waren erhebliche Preise, wenn man bedenkt, dass im Jahre 1652 ein Tagelöhner in Sachsen-Altenburg 3 1/2 Groschen am Tag verdiente, aber nur wenn er auf Kost verzichtete. Um 1760 verdiente ein Handwerksmeister neben seiner Ackerbürgerwirtschaft etwa 80 Taler im Jahr, um 1800 um die 100 Taler. Schon aus diesem Grund hätte er keinen seiner Söhne auf die Universität schicken können, weil dessen Auswärtshalten, etwa zu einem Studium in Jena ihn ohne Studiengelder schon einmal diesen Betrag gekostet hätte, es sei denn der Sohn wäre in ein ›Förderprogramm‹ des Grundherrn, Landesherrn oder Geistlichen Konsistoriums aufgenommen worden.[380] Im Jahre 1769 erhielt der Gutsverwalter des Rittergutes Oppurg neben Kost und Logis 207 Taler, der herrschaftliche Gärtner 118 Taler 14 Groschen, der Schäfer 72 Taler 19 Groschen im Jahr, während ein Handlanger damals zwischen 2 und 4 Groschen am Tag verdiente. Weit über 50 Taler Jahreslohn wird ein Tagelöhner dabei selten hinausgekommen sein. Eine Familie konnte er also nur ernähren, wenn seine Söhne ebenfalls auf Tagelohn ausgingen und die Frauen und Mädchen des Haushalts zusätzlich spannen, webten oder klöppelten. Viel wurde damals über den Tauschhandel abgewickelt. Selbst geringe Mengen Bargeld hatten zuzeiten einen ungleich höheren Wert, wenn Menschen einen Großteil ihres Unterhalts in Naturalien oder Nutzungsrechten erhielten oder Kinder von Leinewebern die fertige Ware in Buckelkörben nicht zu den Verlegern in die nächste Stadt, sondern zum 40 km entfernten Tuchhandelszentrum trugen, weil dort die Erlöse um wenige Groschen höher waren, welche die dafür aufgewendete Zeit und Mühe kompensiert haben müssen.[381]

Lot: Gewichtsmaß; 16,65 Gramm.

Malter: Schüttmaß; in Altenburg 167,65 ℓ [das Malter zu 8 Maß, das Maß zu 4 Viertel]; in Nürnberg 147,09 ℓ [das Malter zu 8 Metzen]; in Erfurt 715,36 ℓ, das Malter zu 4 Viertel zu 3 Scheffel a´ 4 Metzen a´ 4 Viertelmaß oder Mäßchen

Mandel: Zählmaß; Viertelschock: 15 Stück

Maß: Hohlmaß; in Saalfeld 0,949 ℓ; in Nürnberg 1,017 ℓ bei Bier und 1,243 ℓ bei Getreide, in Erfurt 0,844 ℓ bei Wein, 1,23 ℓ bei Bier, 3,73 ℓ bei Korn.

Meile: Längenmaß; 1 alte sächsische Meile → 7.419,58 Meter

Meißner Gulden [Mfl.]: Große Silbermünze zu 21 Groschen, oft nur Zähleinheit

Neuer Schock: Im Gegensatz zum Alten Schock [Aßo] bestand der Neue Schock [sch.] wie der ursprüngliche Schock [ß] wieder aus 60 Groschen auf den Goldgulden.

Petition: Petitionen [Eingaben] gehörten damals mit zu den einzigsten Möglichkeiten der Bevölkerung Einfluss auf die Landesverwaltung zu nehmen. Die zumeist in Privatangelegenheiten an den Landesherrn gerichteten Bittschreiben appelierten in der Regel möglichst untertänig an dessen Gnade, Gunst und Großmut und damit an seinen Anspruch, ein guter Landesvater zu sein. Eine geradezu ausufernde Bedeutung maß der letzte Fürst von Reuß-Ebersdorf, Heinrich LXXII. [†1853], dem Petitionswesen zu. Auf der einen Seite machte er selbst Schadensersatzleistungen, zu denen er verpflichtet war, – etwa bei Wildschäden – vom Grad seiner jeweiligen Gunst gegenüber dem Beschwerdeführer abhängig. Zum anderen konnten Bittsteller, soweit sie nur den richtigen Ton bei ihm trafen, ganz Erstaunliches erreichen: Als man etwa die neue Chaussee zwischen Oßla und Wurzbach zunächst durch den Talgrund führen wollte, fürchteten die Gastwirte von Oßla um ihre Einnahmen. Da richtete einer von ihnen, der überaus musikalische Hessen-Heinrich zwei Gimpel dermaßen ab, dass sie ein Lied harmonisch miteinander pfeifen konnten. Daraufhin verehrte er die Vögel dem Fürsten in Ebersdorf mit der Bitte, sich doch dafür einzusetzen, dass die neue Straße direkt durch Oßla gelegt würde. Heinrich LXXII. war von diesem Geschenk so begeistert, dass er die Straße zu ihrem heutigen Verlauf umprojektieren ließ, weswegen sie heute noch insgeheim den Namen ›Gimpelstraße‹ führt.[382]

Pfennig: Klein- bzw. Scheidemünze – zunächst aus Silber, später mit immer mehr Kupfer und bis zum Ausgang des 17. Jahrhunderts nur noch aus Kupfer – im Wert von 2 Hellern, 1/12 Groschen, 1/240 Aßo, 1/288 Rthl.; in der Größe ca. des heutigen 1-Cent-Stückes.

Pfund: Gewichtsmaß; Kaufmannspfund: 467 g., erst ab 1857 als Zollpfund 500 g.

Plänterwald: Die heute in Ostthüringen vorherrschende Nadelwaldmonokultur ist ein Produkt des 18. und 19. Jahrhunderts. Davor war im allgemeinen der Plänterwaldbetrieb – das mehr oder minder offene Durcheinanderstehen der verschiedensten Altersstufen als Einzelbäume mit begrasten Freiräumen, die zur Waldweide dienten – die vorherrschende Waldbewirtschaftungsform. Aufgrund des hohen Bedarfs gewährte man den wenigen Bäumen, die sich aus einem dermaßen übernutzten Waldboden erheben konnten, nur eine Umtriebszeit von 25 bis 40 Jahren, wodurch eher Brennholz als Bauholz gewonnen werden konnte,[383] was den enormen Bauholzmangel nach dem 30-jährigen Krieg sowie die bis ins 19. Jahrhundert spürbaren, sehr hohen Bauholzpreise rechtfertigte, die insbesondere für die Landesherrschaft, aber auch für die waldbesitzenden Städte und Dörfer [wie die waldreichen Gemeinden an der oberen Saale] eine bedeutende Einnahmequelle, ja Geldanlage darstellte. Allerdings waren heute so waldreiche Heidedörfer wie Friedebach bis zum 19. Jahrhundert weit weniger waldreich. Vor allem in den ›Tälern‹ sieht man vielerorts an den bewaldeten oder beweideten Talhängen noch Terrassen, die anzeigen, dass diese Flächen bis ins 19. Jahrhundert hinein als Ackerflächen in Verwendung standen. Vielerorts in Ostthüringen haben erst im 19. Jahrhundert die Landesherren – als nach Ablösung der Frondienste und der Mithüterechte auf den Flächen der Amtsbauern viele ihrer Vorwerke unrentabel geworden waren, deren Felder und Weiden aufgeforstet und durch den Zukauf von umliegenden Liegenschaften [die ihre vormaligen, meist bäuerlichen Besitzer, um diese Ablösung zu bezahlen, oft erst hatten verkaufen müssen] – große zusammenhängende Waldgebiete wieder geschaffen.

Revennen: Hier: Persönliche Einnahmen des Souveräns aus der Landesverwaltung

Rittergut: Ursprünglich ein vom Landesherrn gegen Kriegsdienste verlehntes, direkt dessen Kanzlei oder Amt unterstehendes Großgrundbesitztum mit Herrschaftsrechten und Verwaltungsfunktion über die im Gutsbezirk stehenden Häuser bzw. die zur Herrschaft gehörigen Erblehnbauern, Erbdrescher [Häusler], fallweise auch Stadtbewohner. Das Rittergut selbst bestand aus zwei Hauptteilen, dem Rittersitz [Schloss] und dem Vorwerk [Wirtschaftshof] bzw. den Vorwerken, die entweder aus einem zweiten angekauften Rittergut bestanden, meist aber – bedingt durch die Mithüterechte des Grundherrn auf den Liegenschaften der Lehnbauern – entfernt liegendere Großschäfereien darstellten.

Römermonat: Mit dieser altertümlichen Rechnungseinheit waren ursprünglich jene ›Schatzungen wegen des Römerzuges‹ gemeint, die von den Reichsfürsten und -Städten als finanzielle Beihilfen zu den Italienzügen der deutschen Könige [Kaiserkrönung in Rom] erbracht werden mussten. Später bezeichneten sie auch die festgesetzten terminlich erhobenen Fixkosten [Pauschale] für die Heerzugszeiten der Landesherren, bis sie dann – wie im 30-jährigen Krieg – auch von anderen durchziehenden Heeren erhoben werden konnten.

Sakristei: Nebenraum in der Kirche für den Geistlichen und die sakralen Geräte

Scheffel: [I.] Schüttmaß; 1 Scheffel → 4 Viertel, das Viertel zu 2 Achteln, das Achtel zu 2 Metzen; Größe zeitlich und örtlich verschieden zwischen 80 und 220 Litern; [II.] Ackermaß; »Aussaatmenge, die jeder Bauer durch eigene Erfahrung entsprechend der Qualität des Bodens seines Feldes selbst bestimmte und die je nach Bodenbeschaffenheit ein unterschiedlich großes Stück Feld umfassen konnte.«

Schirrmeister: Vorarbeiter, der über die Pferde- bzw. Ochsengespanne gestellt war

Schock: Zählmaß zu 60 Stück

Schönburger Landes- und Standesherrschaften: Vom Status her etwa mit den Reußischen Ländern vergleichbares, zunächst reichsunmittelbares, ab 1740 unter der Oberherrschaft Kursachsens stehendes, zersplittertes Herrschaftsgebiet an der Zwickauer Mulde östlich und südöstlich des Altenburger Landes. Neben der fürstlichen Linie Schönburg-Waldenburg bestanden bzw. bestehen noch die gräflichen Linien zu Rochsburg und Hinterglauchau sowie zu Penig-Penig mit Wechselburg und Vorderglauchau.

Schösser: Amtsverwalter, der auch die Steuern [den Schoß] einnimmt

Schriftsässigkeit – Hier: Rechtsstatus von Rittergütern und Kommunen vor dem Landesherrn. Der höchste Grad an Autonomie war die [Kanzlei]Schriftsässigkeit, wo die Herren bzw. die Räte das Privileg besaßen, direkt von der landesherrlichen Kanzlei angeschrieben bzw. vielmehr angewiesen zu werden und direkt dem Landesherrn bzw. dessen höchsten Gerichten untergeben zu sein bzw. von dort Recht zu nehmen. Zudem waren sie berechtigt, Vertreter zu den Landtagen zu entsenden. Als amtssässig galten dagegen Rittergüter und Kommunen, die dem landesherrlichen Amt unterstellt und in dasselbe einbezirkt waren, wobei sie von den Anordnungen der Landesherrschaft nur über die Amtshauptleute in Kenntnis gesetzt zu werden brauchten und auch vor Gericht den Amtsrichter als erste Instanz hatten.

Schultheiß [Schulze]: Gemeindevorsteher. Der Begriff ›Bürgermeister‹ kam erst seit Luthers Zeiten allgemein auf.

Speciestaler: Große Silbermünze im Wert von 32 Groschen 12 Pfennigen

Stadtknecht: Als Ordnungs-, Kontroll- und Vollzugsbeamter der verlängerte Arm des Rates [Stadtknecht] oder des Landesherrn [Landknecht], eine Art früherer Polizist

Stadtrat: Von alters her lag die Leitung der Stadt in den Händen des Stadtrates. Seine Aufgabe bestand darin, alle sich bietenden Gelegenheiten zu nutzen, um das Wohl der Stadt zu fördern und seine Legitimation demnach in dem eidlichen Schwur, dies nach Kräften auch zu tun. Die Besetzung der Ratspositionen trug weitestgehend oligarchische Züge. So gelangten meistens nur größere Kauf- und Handelsherren, gewerbetreibende Ärzte und Apotheker, Goldschmiede und Gastwirte in den Rat. Sie mussten über entsprechendes Vermögen verfügen, um unter Umständen ihrer Stadt auch einmal eine größere Summe Geldes auslegen zu können. Zum Dank dafür erhielten sie Sonderprivilegien oder wurden stellenweise mit Nutzungsrechten am Stadteigentum entschädigt. Fallweise erst im 19. Jahrhundert – also kurz vor der Auflösung der alten Ratssysteme und der Einführung einer für alle Städte gleich geltenden Kommunalordnung – gab es für die Räte feste Bezüge. Abgesehen von dem Einfluss einiger gewählter Viertelsmeister bzw. Achtleute auf die Rechnungsführung des Rates und fallweise auch auf einige andere Ratsbereiche gab es in den Stadtverwaltungen – wenn man von Städten wie Pößneck und Triptis einmal absieht – kaum demokratische Elemente. Allerdings ist der Umstand, dass es in den alten Tagen überhaupt möglich war, auf die Entscheidungen der Obrigkeit – wenn auch nur begrenzt – Einfluss zu nehmen, dennoch beachtlich. Als Eliten der Stadtgemeinde waren Bürgermeister und Ratskumpanen Standespersonen mit besonderen Ehrenrechten [Honoratioren]. Zuweilen wurde darüber geklagt, dass manche von ihnen, die ihnen zugewiesenen Aufgaben nur langsam und nachlässig erfüllten, dass sie sich am Vermögen der Stadt schadlos hielten und ihre Geschäftigkeit nur darin bestehe, von Bankett zu Bankett zu eilen. Und in Friedenszeiten konnte es durchaus so scheinen, dass der reale Aufwand, den die Honoratioren mit der Ratsarbeit – die sie ohnehin meist subalternen Beamten aufhalsten – hatten, in großem Missverhältnis zu dem Nutzen stand, den sie persönlich daraus zogen. In Kriegs- und Krisenzeiten jedoch, wollte niemand Bürgermeister oder Ratherr sein, denn dann musste für die Stadt mit der eigenen Person eingestanden werden. In Pößneck wurde der Rat aus der ratsfähigen Bürgerschaft jedes Jahr neu gewählt, wobei alle drei Jahre dieselben Personen wieder dasselbe Amt einnehmen konnten. Der Pößnecker Rat untergliederte sich wie folgt: An der Spitze stand der Rats- oder Bürgermeister, der in seiner Tätigkeit von sieben Ratsherren unterstützt wurde, von denen zwei das Amt des Kämmerers bekleideten, einer als Marstaller mit der Aufsicht über die Grundstücke betraut war und ein weiterer als Baumeister die städtischen Gebäude überwachte. Die Bürger selbst wurden durch vier Beigeordnete vertreten, es waren ›die Vier von der Gemeinde‹ später ›Vorsteher‹ genannt. Sie beaufsichtigten das Kasse- und das Weingeschäft sowie das Marstall- und das Bauwesen und bildeten das Bindeglied zwischen den Bürgern und dem Rat, wobei sie letzteren gegen erstere abgrenzten, so dass die Bürger selbst nicht an den Rat herantreten durften, sondern dies über ihre Viertelsmeister tun mussten. Nach Abschluss jeder Legislaturperiode wurde der sitzende, sprich regierende Rat vom Landesherrn in die Pflicht genommen. Die Ratssysteme von Neustadt und Schleiz bestanden im Gegenzug aus zwei oder drei Kollegien, den so genannten ›Ratsmitteln‹, unter denen in einem bestimmten Turnus das Stadtregiment abwechselte, so dass man von ihrem ›regierenden Jahr‹ sprach. Zu jedem gehörte ein Bürgermeister und mehrere Personen, die Ratskumpane, Ratsverwandte, Zugewandte, später: Beisitzer bzw. Senatoren genannt wurden.[384] »Wenn das Jahr des regierenden Mittels zu Ende ging, musste der ganze Rat das Verzeichnis des für das nächste Jahr in Betracht kommenden Mittels, nachdem Verstorbene oder Ausgeschiedene durch Zuwahl [seitens der Ratsverwandten] ersetzt worden waren, bei der Landesherrschaft zur Bestätigung einreichen. Erst danach wurden die Namen des neuen Rats von den Kanzeln verlesen, die Schlussrechnung gemacht und der neue Rat mit feierlichen Kirchgängen und Festbanketten eingeführt.[385]« Diese über Jahrhunderte bewährten städtischen Ratssysteme wurden im Zeitalter des Absolutismus von den Landesherren vielerorts begrenzt, indem sie die Räte gängelten, Einfluss auf die Wahl der Räte und Bürgermeister zu nehmen suchten und hier und da die Viertelsmeister oder Achtleute gar ganz abschafften, allerdings wurden die Räte auch – etwa bei unliebsamen Entscheidungen von der Herrschaft gegenüber den Bürgern auch in besonderen Schutz genommen. Dass die Ratspersonen nicht permanent gegen den Willen der Bürger entscheiden konnten, ließ schon die räumliche Nähe – beide Teile wohnten ja zusammen im selben Mauergeviert – nicht zu, wo man sich oft genug persönlich begegnete und im Gegensatz zu den heutigen Kommunalpolitikern – im guten wie im schlechten – mehr Kontakt zur Bevölkerung bestand.

Stadtschreiber [Syndikus]: Als persönlicher ›Referent des Bürgermeisters‹ kein bloßer Schreiberling, sondern als städtischer Anwalt gleichsam der ›außenpolitische‹ Vertreter einer Stadt und Obwalter des Stadtgerichts, daher meist ein Jurist. Bei den Bürgern oft unbeliebt, da er Strafgelder zu verhängen und gerichtliche Verfahren in Gang zu bringen hatte, deren Kosten von den Beteiligten dann teuer bezahlt werden mussten. In vielen Ratsgefügen fungierte der Syndikus als Teil des ›Böser Schreiber → nichtsahnender Bürgermeister‹-Spiels, indem er mit seiner Person für die unbequemen Entscheidungen des Rates stehen musste, die bei zu großem Widerstand der Bürger- schaft von dem ›guten‹ Bürgermeister dann wieder ›eingerenkt‹ werden konnten.

Stein: Gewichtsmaß für Wolle; im Mittel 20/22 Pfund

Steuern und Abgaben: Bezüglich der Pflichten der <u>Städtebürger</u> erscheint in einer Niederschrift der Pößnecker Statuten bereits 1459 die Passage: ›Die Bürger sollen ihr Haus verschoßen [versteuern], verfronen, wachen und herfarten, so oft es not tut.[386]‹
Die eigentliche städtische Abgabe war das so genannte ›Geschoß‹. Es lastete auf allen Grundstücken mit Ausnahme der Freihäuser. Ursprünglich weitgehend eine Form der Grundsteuer, wurde jedes Grundstück, jedes Haus – teilweise mitsamt dem Mobiliar – auf seinen Verkaufswert eingeschätzt. In Schleiz etwa wurde 1571 jedes alte Schock Besitzwert mit zwei neuen Pfennigen ›verschoßt‹ und jeder Bürger musste sein Vermögen unter Eid angeben. Unbehauste Handwerker, soweit sie ein Handwerk trieben, zahlten den halben, Ortsfremde dagegen den doppelten Schoß. Hinzu kamen noch die Kriegssteuern [Kontributionen], wenn Truppendurchzüge und Einquartierungen fremder Heere anstanden oder der Landesherr selbst in bewaffnete Händel verwickelt war. In ruhigen Jahren kaum eine Rolle spielend, konnten solche ›Bedarfssteuern‹ bei längeren Konflikten wie dem 30-jährigen Krieg zum Verhängnis werden. Zur Deckung der Auslagen bei zukünftigen Einquartierungen wurden noch so genannte Anlagegelder, die in Friedenszeiten als Ansparung etwa für größere städtische Bauvorhaben [Rathaus, Stadtmauer] dienten, erhoben.

Neben dem Geschoß und den anderen an die ›Gemein‹ abzuführenden Bürgerabgaben kam mit der Zeit auch die dem Landesherrn zu zahlende Landsteuer auf. Gleich dem Geschoß wurde die Landsteuer auf der Basis einer Art Grundsteuer erhoben. Im Jahre 1618 betrug sie beispielsweise zwei Pfennige von jedem Aßo Besitzwert und wurde anfangs als Jahresbetrag, später in drei oder in vier Abschlagsterminen erhoben. Jeder Ortsfremde, der in der Stadt ein Bürgerhaus erwarb, zahlte zur Erlangung des Bürgerrechts den so genannten ›Bürgergroschen‹, der in abgeminderter Form auch von den Bürgerskindern bei Erlangung ihrer Volljährigkeit abverlangt wurde. Weitere, den Stadtbewohnern obliegende Gemeindeabgaben waren das Schutzgeld, das Marktgeld, das Wachgeld u.a. Noch im Jahr 1780 zahlte in Schleiz jeder unangesessene Bürger, wenn er ledig war, 7 Groschen Schutz- und Marktgeld, wenn er verheiratet war, das doppelte. Zur Feuerwache hatten Angesessene und Unangesessene, so oft sie an der Reihe waren, von Ostern bis Michaelis 1 Groschen 6 Pfennige und von Michaelis bis Ostern 1 Groschen 9 Pfennige zu zahlen. Abziehende Bürger mussten schließlich noch ein Abzugsgeld – gleich dem Lehngeld der Bauern, in der Regel 10 Prozent des Vermögens – entrichten, wobei sie ein Jahr und einen Tag nach ihrem Abzug in der Stadt noch im Recht standen. Danach verloren sie das Bürgerrecht, wenn sie nicht den jährlichen Bürgergroschen [2 gute Groschen] an die Ratskämmerei zahlten. Daneben wusste sich auch die Kirche [mit der Schule] von den Bürgern Einnahmen – wie etwa den Zehnten, das Beichtgeld oder das Kaplangeld – zu verschaffen.[387]
Die auf dem flachen Land ansässigen <u>Bauern</u> hatten an fixen Abgaben und Leistungen dem Landesherrn Steuern, dem Gemeindeverband Abgaben, der Kirche dem Zehnten und dem Grundherrn die Güld bzw. das Lehngeld zu bezahlen und ihnen meist auch bestimmte Frondienste zu verrichten. Ebenso wie die Freihäuser in der Stadt waren auf dem Land die Freigüter vom Gros dieser Verpflichtungen ausgenommen. Sonst forderte die Gemeinde von ihren Mitgliedern das eine oder andere zur Aufrechterhaltung ihres Schutz- und Trutzbundes der Nachbarschaft. Es handelte sich dabei meist um bestimmte Gemeindearbeiten oder deren Gegenwert in Geld, teils fix, teils ›so oft es noth thut‹. Beim ›Zehnten‹ waren 10 Prozent der Ernte [fallweise noch Fleischzehnt] an die Ortskirche zu entrichten, für Pfarrerbesoldung, Seelsorge, zur Erhaltung der Kirche, der Pfarrei sowie für Armenfürsorge, die – wenn es sich dabei um in Not geratene Nachbarn handelte – auch von der Gemeindekasse getragen wurde [weswegen Ortsfremde in der Gemeinde nur Nachbarschaftsrecht erlangen konnten, wenn sie ein bestimmtes Vermögen besaßen]. Der Grund- bzw. Lehnsherr [bei Lehnbauern in der Regel der Rittergutsbesitzer, bei Amtsbauern die landesherrliche Rentkammer, bei Pfarrbauern die jeweilige Kirchgemeinde] erhielt dagegen die ›Gült‹, eine Art Erbpacht. Je nach Region, Entstehungsumständen und Bestandsdauer eines Hofes vor Ort war ihre Höhe unterschiedlich. Wurde der Hof verkauft oder vererbt war dem Grundherrn zudem das ›Lehngeld‹ [im Höchstfall zehn Prozent des Gesamtwertes] zu entrichten. Zu allem Anfang waren die Bauern nur ihrem Grund- und Gerichtsherrn steuerlich verpflichtet, doch mit der Zeit wusste sich auch die Landesherrschaft und schließlich sogar das Reich von ihnen Einnahmen zu verschaffen, die dann über die Mittlerinstanz der Grund- und Patrimonialgerichtsherrschaft eingezogen und abgeführt wurden.
Die drei wichtigsten, der Landesherrschaft zukommenden Steuerarten in dem damals zu Kursachsen gehörenden Neustädter Kreis war z.B. die Land-, die Quartem- und die Schocksteuer, welche den Untertanen besonders im 18. Jahrhundert schwer zu schaffen machen sollten. Wie der Historiker Uwe Schirmer schreibt, betrug die Landsteuer anfangs 10, später 16 Pfennige je Schock Besitzwert. Die Schocksteuer [seit 1640] umfasste 6 Pfennige vom Schock des Besitzwertes. Dagegen wurde die Quartemsteuer als eine Art Kopf- und Personensteuer nach 1646 auf 2 Pfennige je Aßo Besitz-wert festgesetzt. Mit der Zeit wurde sie aber zur statistischen Größe zur Zeit der Ver-hältnisse in den Erhebungsjahren 1661/1688 ohne Rücksicht darauf, wie viele Personen zur späteren Zeit tatsächlich im Ort ansässig waren. Da sich die Zahl der steuerpflichtigen Untertanen fortlaufend änderte, legte man etwa in Kursachsen 1661 ein Fundamentalkataster an, wo jede Wirtschaftseinheit, jeder Hof mit seinem geschätzten Wert an Schock verzeichnet wurde. War ein Bauernhof darin beispielsweise auf 100 Aßo Wert taxiert, wurde bei einem anteilmäßigen Steuersatz von – sagen wir – von 2 Groschen je Aßo alljährlich 10 Gulden erhoben. Wurde durch Brand, Seuche oder Missernte der Wert des Hofes gemindert, konnte das Steuermaß auf Antrag reduziert werden. Der Steuerschock war dann nicht in voller Höhe ›gangbar‹. Da

viele kursächsische Untertanen diese hohen Steuern von vornherein nicht aufbringen konnten, wurden die gangbaren Schocks in ›decremente‹ verwandelt, das waren nicht gangbare Schocks, von denen man hoffte, dass sie bald wieder gangbar sein würden. Im Gegenzug zum ›decremente‹ gab es noch den ›caduce‹, den vollkommen getilgten Steuerschock, von dem man nicht mehr erwartete, dass er je wieder gangbar würde. Obwohl dieses System nicht vollkommen starr war, trug es den wirtschaftlichen Veränderungen in keiner Weise Rechnung. Gerade gegen Ende des 18. Jahrhunderts wurde dieses auf der Nachkriegszeit des 30-jährigen Krieges basierende Steuersystem aus gemischter Grund-, Gewerbe- und Kopfsteuer als besonders drückend empfunden, weil es der inzwischen mehrfach geänderten wirtschaftlichen und demographischen Lage in keinster Weise mehr entsprach. Der Grund für diese mehr als zögerliche Steueranpassung lag, das muss man dem kurfürstlichen Fiskus zugute halten, nicht in der Langsamkeit und Schwerfälligkeit der Behörde selbst, sondern in der Macht der Landstände. Jede Neuverhandlung einer einmal von den Ständen gewährten Steuer hätte möglicherweise zur Aufhebung oder Verringerung derselben geführt, zumal der Grund für deren erstmalige Bewilligung oft längst nicht mehr vorhanden war. Neben solchen Landsteuern gab es orts- und zeit-weise noch Wein- und Brausteuern, aber auch Schuh-, Fenster-, Umzugs- oder Klauensteuern [nach der Anzahl der Klauen des Viehs] sowie bei bestimmten Ereignissen einmalige Sondersteuern, in der Regel je Termin bis zu 3 Prozent vom Gesamtwert des jeweiligen Bauerngutes. Hielt der Fürst Beilager [Hochzeit] oder wurde der Heerbann ausgerufen forderte man von den Städten und Ämtern finanzielle Beteiligungen, die dann auf das einzelne Dorf und den einzelnen Untertanen umgelegt wurden. Die Türkensteuer zur Finanzierung des Reichsaufgebotes in den Kriegen gegen die Türken [als erste von den Untertanen aller! Herrschaften zu entrichtende Reichssteuer] war besonders verhasst, zumal sie auch weiter erhoben wurde, als schon längst kein Krieg mehr geführt wurde.[388]

Stift: Hier: Meist mit Grundbesitz ausgestattete Körperschaft im Bereich der Kirche bzw. säkularisierter ehemaliger Bistums- oder Klosterbesitz – oft mit bestimmten Auflagen für die Nutzung der Gewinne –, welcher nach der Reformation mit einem beträchtlichen Maß an Selbstständigkeit als Verwaltungseinheit beibehalten werden musste.

Stübigen: Hohlmaß zu 2 Kannen

Summepiskopat: »Ausgerechnet die Reformation, die sich zu erheblichen Teilen gegen das Kartell zwischen Kirche und politischer Macht richtete, führte schon nach kurzer Zeit zu neuen Bündnissen dieser Art. Die äußere Leitung der evangelischen Landeskirchen ging schon wenige Jahre nach dem Beginn der Kirchenerneuerung – unter ausdrücklicher Zustimmung der Reformatoren – in die Hände der Landesfürsten über. Jeder Landesherr erhielt in der Folgezeit nicht nur das reichsrechtlich verbriefte Recht zu bestimmen, welcher Konfession seine Untertanen angehören sollten,[389]« sondern konnte – soweit er Lutheraner oder Calvinist war – zugleich den Titel des obersten Bischofs seines Landes in Anspruch nehmen.

Taler [Reichstaler]: Große Silbermünze zu 24 Groschen oder 576 Hellern

Tonne: Hohlmaß; 1 Tonne → 1 1/2 Eimer; in Altenburg 103,05 ℓ.

Zentner: Gewichtsmaß; in Leipzig 110 Pfund

Zucht- und Waisenhäuser: Das weitgehend auf Gebiete mit protestantischer Arbeitsethik beschränkte Phänomen der Arbeitshäuser wird in späteren Betrachtungen selten positiv eingestuft. Bestenfalls dienten sie als ›Correctionsanstalt für Waisenkinder‹, als Unterkunft für geistig Erkrankte, ›deren baldige Genesung in Aussicht steht, ferner [für] arbeits- und obdachlos sich umhertreibende Personen‹, die darin gegen Kost und Logis mitunter auch für geringen Tagelohn Arbeiten zu verrichten, meist Wolle und Garne zu verspinnen hatten und für die Betreiber der Arbeitshäuser eine Quelle billiger Arbeit waren. Schlimmstenfalls, so im zeitgenössischen England, wurden Männer, Frauen und Kinder, deren Erwerbshorizont im Zuge frühkapitalistischer Entwicklungen zusammengebrochen war, gnadenlos aufgegriffen, inhaftiert und gegen Wasser und Brot auf unbestimmte Zeit zur Arbeit gezwungen. Von außen besaßen diese Zucht- und Waisenhäuser, so das von Gera [1732], nicht selten ein schlossähnliches Aussehen oder wie das von Leipzig [1701] prunkvolle Außenfassaden, die gewöhnlich der Gestaltungsliebe ihrer landesherrlichen bzw. großbürgerlichen Erbauer bzw. Betreiber geschuldet waren.[390]

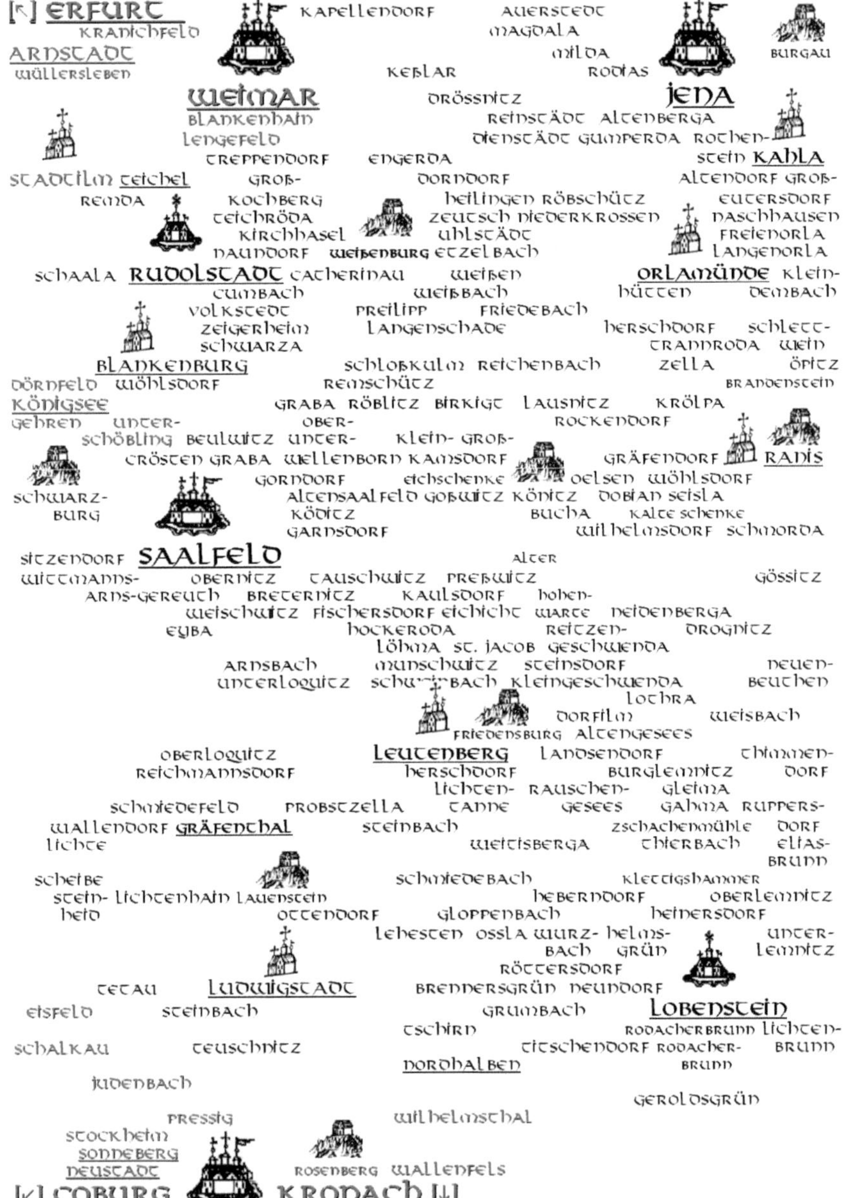

[↖] ERFURT   KAPELLENDORF   AUERSTEDT
KRANICHFELD   MAGDALA
ARNSTADT   MILDA   RODIAS
WÜLLERSLEBEN   KEßLAR   BURGAU
WEIMAR   DRÖSSNITZ   JENA
BLANKENHAIN   REINSTÄDT ALTENBERGA
LENGEFELD   DIENSTÄDT GUMPERDA ROTHEN-
TREPPENDORF   ENGERDA   STEIN KAHLA
STADTILM TEICHEL   GROß-   DORNDORF   ALTENDORF GROß-
REMDA   KOCHBERG   HEILINGEN RÖBSCHÜTZ   EUTERSDORF
TEICHRÖDA   ZEUTSCH NIEDERKROSSEN   NASCHHAUSEN
KIRCHHASEL   UHLSTÄDT   FREIENORLA
NAUNDORF WEIßENBURG ETZELBACH   LANGENORLA
SCHAALA RUDOLSTADT CATHERINAU   WEIßEN   ORLAMÜNDE KLEIN-
CUMBACH   WEIßBACH   HÜTTEN   DEMBACH
VOLKSTEDT   PREILIPP   FRIEDEBACH
ZEIGERHEIM   LANGENSCHADE   HERSCHDORF   SCHLETT-
SCHWARZA   TRAUNRODA   WEIN
BLANKENBURG   SCHLOßKULM REICHENBACH   ZELLA   ÖPITZ
DÖRNFELD MÖHLSDORF   REMSCHÜTZ   BRANDENSTEIN
KÖNIGSEE   GRABA RÖBLITZ BIRKIGT   LAUSNITZ   KRÖLPA
GEHREN   UNTER-   OBER-   ROCKENDORF
SCHÖBLING BEULWITZ UNTER-   KLEIN- GROß-
CRÖSTEN GRABA WELLENBORN KAMSDORF   GRÄFENDORF   RADIS
GORNDORF   EICHSCHENKE   OELSEN MÖHLSDORF
SCHWARZ-   ALTENSAALFELD GOßWITZ KÖNITZ   DOBIAN SEISLA
BURG   KÖDITZ   BUCHA   KALTE SCHENKE
GARNSDORF   WILHELMSDORF SCHMORDA
SITZENDORF SAALFELD   ALTER
WITTMANNS-   OBERNITZ   TAUSCHWITZ PREßWITZ   GÖSSITZ
ARNS-GEREUTH BRETERNITZ   KAULSDORF   HOHEN-
WEISCHWITZ FISCHERSDORF EICHICHT WARTE NEIDENBERGA
EYBA   HOCKERODA   REITZEN-   DROGNITZ
LÖHMA ST. JACOB GESCHWENDA
ARNSBACH   MUNSCHWITZ STEINSDORF   NEUEN-
UNTERLOQUITZ SCHWARZBACH KLEINGESCHWENDA   BEUTHEN
LOTHRA
DORFILM   WEISBACH
FRIEDENSBURG ALTENGESEES
OBERLOQUITZ   LEUTENBERG LANDSENDORF   THIMMEN-
REICHMANNSDORF   HERSCHDORF   BURGLEMNITZ   DORF
LICHTEN- RAUSCHEN- GLEIMA
SCHMIEDEFELD   PROBSTZELLA   TANNE   GESEES GAHMA RUPPERS-
WALLENDORF GRÄFENTHAL   STEINBACH   ZSCHACHENMÜHLE   DORF
LICHTE   WEITISBERGA   THIERBACH   ELIAS-
BRUNN
SCHEIBE   SCHMIEDEBACH   KLETTIGSHAMMER
STEIN- LICHTENHAIN LAUENSTEIN   HEBERNDORF   OBERLEMNITZ
HEID   OTTENDORF   GLOPPENBACH   HEINERSDORF
LEHESTEN OSSLA WURZ- HELMS-   UNTER-
BACH GRÜN   LEMNITZ
RÖTTERSDORF
TETAU LUDWIGSTADT   BRENNERSGRÜN NEUNDORF   LOBENSTEIN
EISFELD   STEINBACH   GRUMBACH   RODACHERBRUNN LICHTEN-
TSCHIRN   BRUNN
SCHALKAU   TEUSCHNITZ   TITSCHENDORF RODACHER-   BRUNN
NORDHALBEN   BRUNN
JUDENBACH
GEROLDSGRÜN
PRESSIG   WILHELMSTHAL
STOCKHEIM
SONNEBERG
NEUSTADT   ROSENBERG WALLENFELS
[↙] COBURG   KRONACH [↓]

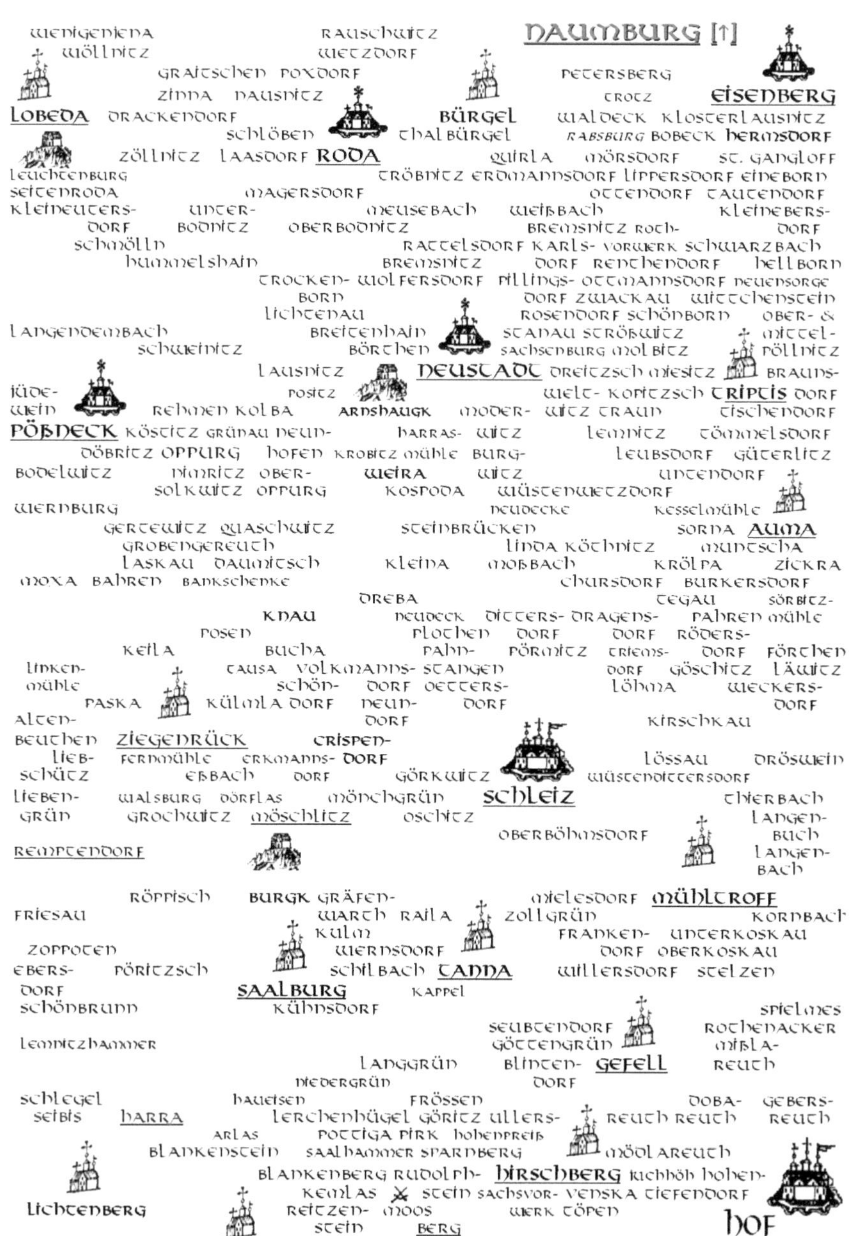

WENIGENIENA   RAUSCHWITZ   NAUMBURG [↑]
WÖLLNITZ   WETZDORF
GRAITSCHEN POXDORF   PETERSBERG
ZINNA NAUSNITZ   CROTZ   EISENBERG
LOBEDA DRACKENDORF   BÜRGEL   WALDECK KLOSTERLAUSNITZ
SCHLÖBEN THALBÜRGEL   RABSBURG BOBECK HERMSDORF
ZÖLLNITZ LAASDORF RODA   QUIRLA MÖRSDORF ST. GANGLOFF
LEUCHTENBURG   TRÖBNITZ ERDMANNSDORF LIPPERSDORF EINEBORN
SEITENRODA   MAGERSDORF   OTTENDORF TAUTENDORF
KLEINEUTERS-   UNTER-   MEUSEBACH WEIßBACH   KLEINEBERS-
DORF BODNITZ OBERBODNITZ   BREMSNITZ ROTH-   DORF
SCHMÖLLN   RATTELSDORF KARLS- VORWERK SCHWARZBACH
HUMMELSHAIN   BREMSNITZ   DORF RENTHENDORF HELLBORN
TROCKEN- WOLFERSDORF PILLINGS- OTTMANNSDORF NEUENSORGE
BORN   DORF ZWACKAU WITTCHENSTEIN
LICHTENAU   ROSENDORF SCHÖNBORN OBER- &
LANGENDEMBACH   BREITENHAIN   STANAU STRÖßWITZ   MITTEL-
SCHWEINITZ   BÖRTHEN   SACHSENBURG MOLBITZ   RÖLLNITZ
LAUSNITZ   NEUSTADT DREITZSCH MIESITZ   BRAUNS-
JÜDE-   POSITZ   WELT- KOPITZSCH TRIPTIS DORF
WEIN REHMEN KOLBA ARNSHAUGK MODER- WITZ TRAUN   TISCHENDORF
PÖßNECK KÖSTITZ GRÜNAU NEUN-   HARRAS- WITZ   LEMNITZ TÖMMELSDORF
DÖBRITZ OPPURG HOFEN KROBITZ MÜHLE BURG-   LEUBSDORF GÜTERLITZ
BODELWITZ   NIMRITZ OBER- WEIRA WITZ   UNTENDORF
SOLKWITZ OPPURG   KOSPODA WÜSTENWETZDORF
WERNBURG   NEUDECKE   KESSELMÜHLE
GERTEWITZ QUASCHWITZ   STEINBRÜCKEN   SORNA AUMA
GROBENGEREUTH   LINDA KÖTHNITZ   MUNTSCHA
LASKAU DAUMITSCH   KLEINA MOßBACH   KRÖLPA   ZICKRA
MOXA BAHREN BANKSCHENKE   CHURSDORF BURKERSDORF
DREBA   TEGAU   SÖRBITZ-
KNAU   NEUDECK DITTERS- DRAGENS- PAHREN MÜHLE
POSEN   PLOTHEN DORF DORF RÖDERS-
KEILA   BUCHA   PAHN- PÖRMITZ TRIEMS- DORF FÖRTHEN
LINKEN-   TAUSA VOLKMANNS- STANGEN   DORF GÖSCHITZ LÄWITZ
MÜHLE   SCHÖN- DORF OETTERS-   LÖHMA   WECKERS-
PASKA KÜLMLA DORF NEUN-   DORF   DORF
ALTEN-   DORF   KIRSCHKAU
BEUTHEN ZIEGENRÜCK   CRISPEN-
LIEB- FERNMÜHLE ERKMANNS- DORF   LÖSSAU   DRÖSWEIN
SCHÜTZ EßBACH DORF GÖRKWITZ   WÜSTENDITTERSDORF
LIEBEN- WALSBURG DÖRFLAS MÖNCHGRÜN SCHLEIZ   THIERBACH
GRÜN GROCHWITZ MÖSCHLITZ OSCHITZ   LANGEN-
OBERBÖHMSDORF   BUCH
REMPTENDORF   LANGEN-
BACH
RÖPPISCH BURGK GRÄFEN-   MIELESDORF MÜHLTROFF
FRIESAU   WARTH RAILA ZOLLGRÜN   KORNBACH
KULM   FRANKEN- UNTERKOSKAU
ZOPPOTEN   WERNSDORF   DORF OBERKOSKAU
EBERS- PÖRITZSCH   SCHILBACH TANNA WILLERSDORF STELZEN
DORF   SAALBURG   KAPPEL
SCHÖNBRUNN   KÜHNSDORF   SPIELMES
SEUBTENDORF ROTHENACKER
LEMNITZHAMMER   GÖTTENGRÜN MIßLA-
LANGGRÜN BLINTEN- GEFELL REUTH
NIEDERGRÜN   DORF
SCHLEGEL   HAUETSEN FRÖSSEN   DOBA- GEBERS-
SEIBIS HARRA LERCHENHÜGEL GÖRITZ ULLERS- REUTH REUTH REUTH
ARLAS POTTIGA PIRK HOHENPREIß
BLANKENSTEIN SAALHAMMER SPARNBERG MÖDLAREUTH
BLANKENBERG RUDOLPH- HIRSCHBERG RUCHHÖH HOHEN-
KEMLAS ✕ STEIN SACHSVOR- VENSKA TIEFENDORF
LICHTENBERG   REITZEN- MOOS   WERK TÖPEN
STEIN BERG   HOF

ETZDORF NICKELS- HAYNSBURG BREITINGEN
HARTMANNSDORF DORF ROBEN OSSIG HEUKEWALDE

SEIFARTSDORF CROSSEN CAASCHWITZ POHLITZ SELIGENSTÄDT PÖLZIG
TAUTENHAIN GLEINA KÖSTRITZ STEINBRÜCKEN ZEITZ GROSSAGA SÖLLMNITZ

OBERNDORF RÜDERSDORF STUBLACH HAIN GROITSCHEN KULM DOBITSCHEN ALTEN-
KRAFTSDORF NIEDERNDORF LANGENBERG DORNA CAASEN NAUENDORF BURG
HARPERS- DORF KALTENBORN TINZ ROSCHÜTZ GROSSENSTEIN REICHSTÄDT
REICHENBACH TIESCHITZ RUBITZ CUBA TREBNITZ PÖPPELN KORBUSSEN
LINDEN- PÖRS- TÖPPELN MILBITZ UNTERMHAUS GERA LEUMNITZ NAULITZ GROSS-
KREUZ DORF WALTERSDORF SAARA PFORTEN KAIMBERG THRÄNITZ STECHAU
MÜNCHEN- DÜRRENEBERSDORF DEBSCHWITZ GESSEN RONNEBURG SCHMÖLLN
BERNSDORF WINDISCHENBERNSDORF OBER- LUSAN ZWÖTZEN NÖBDE-
LEDERHOSE GORLITZSCH UNTER-RÖPPISCH LIEBSCHWITZ REUST POSTERSTEIN NITZ
GROSSEBERSDORF FRIESSNITZ MEILITZ NIEBRA HILBERS- OTTICHA VOLL-
BIRKHAUSEN BURKERSDORF ZOSSEN UNTITZ FALKA DORF POHLEN LINDA MERS-
PORSTENDORF KÖCKRITZ CRIMLA VEITSBERG WÜNSCHENDORF GÖSSNITZ HAIN
NIEDERPÖLLNITZ LIEBSDORF ZSCHORTA MILDENFURT CRONSCHWITZ GAUERN BRAUNSCHWALDE
SCHÖNBERG OSTERBURG DESCHITZ MOSEN ENDSCHÜTZ CULMITZSCH
GROCHWITZ GRÄFENBRÜCK TEICH- GROSS- CLODRA ALBERSDORF
UHLERS- STEINS- LOITZSCH WITZ DRAXDORF ZICKRA MARKERSDORF
DORF DORF SCHÜPTITZ HOHEN- WITTCHEN- BERGA GEISSEN- GROSSKUN-
PFERSDORF WEIDA OELSEN DORF PÖLTSCHEN DORF SORGA DORF
STAITZ ALTGERNSDORF RÜS EULA SETTEN-
WIEBELSDORF GÖHREN KAUERN WILDE TAUBE TSCHIRMA BURG RÜSDORF DORF
MÖHLSDORF DÖHLEN LUNZIG KLEINREINS- TEICHWOLF-
PIESIGITZ DÖRTENDORF REICHENFELS HAIN NEUGERNSDORF DORF RAMSDORF
MERKENDORF HOHENLEUBEN BRÜCKLA KÜHDORF NITSCHAREUTH NEUSCHENKE
WENIGENAUMA WEISSENDORF TRIEBES MEHLA DASSLITZ FRAUREUTH
QUINGENBERG SILBERFELD HIRSCHBACH HAINSBERG HERMANNSGRÜN
ZADELSDORF MEINERSDORF LANGENWETZENDORF HERRENREUTH REUDNITZ GOTTESGRÜN
NIEDERBÖHMERSDORF GÖTTENDORF ZOGHAUS GOMMLA MOHLSDORF KAHMER
KLEINWOLSCHENDORF NEUÄRGERNIS NAITSCHAU POHLITZ RAASDORF
LANGENWOLSCHENDORF KURTSCHAU UNTER- OBER- IRCHWITZ SCHÖNFELD
ERBEN- MOSCH- GROCHLITZ REINSDORF CUNSDORF
LEITLITZ ZEULENRODA GRÜN WITZ CASELWITZ TALBACH
PÖLLWITZ DOBIA GABLAU GREIZ NOSSWITZ
BÜNA HOHNDORF DÖLAU
WOLFSHAIN EUBENBERG CUNSDORF ELSTER-
ARNSGRÜN SCHÖNBACH GÖRSCHNITZ BERG
UNTERREICHENAU PAUSA SCHÖNBRUNN COSSENGRÜN COSCHÜTZ
OBERREICHENAU BERNSGRÜN FRÖBERSGRÜN
LINDA RUPPERTSGRÜN
RANSPACH UNTERPIRK FROTSCHAU STEINSDORF JOCKETA

OBERPIRK SYRAU JÖSSNITZ
KAUSCHWITZ

SCHÖNBERG DROCHAUS MEHLTHEUER
DEMEUSEL FASENDORF REISSIG MÖSCHWITZ
LEUBNITZ SCHNECKENGRÜN ALTENSALZ
RODAU ZWOSCHWITZ VOIGTSGRÜN
TOBERTITZ CHRIESCHWITZ
NEUNDORF PLAUEN SORGA NEUENSALZ
RÖSSNITZ REUSA
REUTH THOSSEN STRASSBERG OBERLOSA
SCHÖNLIND KÜRBITZ
THEUMA
REINHARDTS- WEISCHLITZ UNTER- MARXGRÜN
WALDE DEHLES OBERLOSA
KEMNITZ ROSENBERG TALTITZ
SCHWAND
GROBAU GEILSDORF DOBENECK VOIGTSBERG
GUTENFÜRST KREBES PIRK RASCHAU
RUDERITZ OELSNITZ

… – Auslassung [in einer Textquelle]

( ) – Einschub des Verfassers bzw. Editors einer Textquelle

[ ] – Anmerkung oder Erklärung von Alexander Blöthner in einer Textquelle

& – lat.: et → und

† – gestorben

a – Ar [Flächenmaß: 10x10 m]

a′ – zu

A., Ao. – Anno [Jahr]

a.a.O – an anderer Stelle oben

ä. L. – ältere[r] Linie

Aßo – Alter Schock

AT – Altes Testament

Aug. – August

Bd., Bde – Band, Bände

Bro., Brosch – Broschürt

ca. – zirka

churfürstl. – kurfürstlich

cm – Zentimeter

Compagn. – Kompanie

d. – das, der, den

d. h. – das heißt

DDR – Deutsche Demokratische Republik [1949-1990]

Dec. – Dezember

Ders. – Derselbe

desgl./drgl. – des/dergleichen

Diss. – Dissertation

Durchl. – Durchlaucht

E. f. G. – Euer fürstliche Gnaden

E. G. – Euer Gnaden

e. V. – eingetragener Verein

etc. – lat.: et cetera → und so weiter

Ew.   – Eure Churfürstl.   kurfürstliche

f. – folgende

ff. – fortfolgende

fl. – Gulden [eigentlich: Florentiner]

Feb. – Februar

franz. – französisch

g. – Gramm

G., Gld. – Gulden

g.Sch. – gute/r Schock

geb. – geboren

gez. – gezeichnet

gn. – gnädig

gr. – Groschen [eigentlich: Gr.]

h. – Heller [Halbpfennig]

ha – Hektar [100x100 m]

Hg., hg – Herausgeber, herausgegeben

j. L. – jüngere[r] Linie

ital. – italienisch

Jan. – Januar

Jg. – Jahrgang

Joh. – Johannes, Johanni [24.06.]

Kay. May. – Kaiserliche Majestät

key., keyes., kayserl. – kaiserlich

kg – Kilogramm

km – Kilometer

km² – Quadratkilometer

ℓ – Liter

lat. – lateinisch

LWN – landwirtschaftliche Nutzflächen

m – Meter

m² – Quadratmeter

m³ – Kubikmeter

Mfl. – Meißner Gulden

mm – Millimeter

N.F. – Neue Folge

NKWD – Sowjetischer Geheimdienst

N.N. – nomen nescio [den Namen weiß ich nicht]

Nov. – November

Nr., Nrn. – Nummer, Nummern

Ø – Durchmesser

o. J. – ohne Jahr

o. O. – ohne Ort

Oct., Octbr. – Oktober

oo – verheiratet

OTZ – Ostthüringer Zeitung

Pf. – Pfennig

Pfd. – Pfund

Pp., Pap. – Paperback

Pres. – Präsens, Gegenwart

R., Rtl., Rthl., Rthlr. – Reichstaler

resp. – respektive

S. – Seite

sch. – Schock, Neuer Schock

Schffl., Schfl. – Scheffel

Sept. – September

slaw. – slawisch

SMAD – Sowjetische Militäradministration

Sr. – Seiner

ß – Schock

t – Tonne

Thl., Thlr. – Taler

u. – und

u. a. – und andere

V – 5, 500

v. – von

vgl. – vergleiche

x – multipliziert mit

X – unbekannte Nominale

z. B. – zum Beispiel

BIBLIOGRAPHIE:

-Friedrich **Alberti:** Geschichte der Herrschaft Schleiz und ihrer Besitzer, in: Geschichte des deutschen Hauses zu Schleiz nebst Beiträgen zur älteren Geschichte des Schleizer Gebietes und der Stadt Schleiz, Schleiz 1877.
-**Derselbe:** Notizen zur Geschichte des Schleizer Schlosses (Hg. v. Frank Reinhold u. Jürgen K. Klimpke), Schleiz 1997.
-E. **Amende:** Landeskunde des Herzogtums Sachsen-Altenburg, Altenburg 1902.
-Alfred **Auerbach:** Bibliotheca Ruthenica – Die Literatur zur Landeskunde und Geschichte des Fürstentums Reuß j.L. (Sonderabdruck aus dem 32./35. Jahresbericht der Gesellschaft von Freunden der Naturwissenschaften in Gera, Gera 1892.
-**Autorenkollektiv:** 675 Jahre Auma – Geschichte und Geschichten einer Stadt (Hg. v. d. Stadt Auma), 2006.
-**Autorenkollektiv:** Beiträge zur Geschichte der Stadt Gera – Eine Festausgabe zur 700-Jahrfeier (Bearbeitet von Alfred Auerbach, Hans Friese, Karl W. Herig, Rudolf Hundt, Ernst Paul Kretschmer, Waldemar Weber, Karl Jeuch), Gera 1937.
-**Autorenkollektiv:** Zwischen Saale und Orla – Heimatbuch des Kreises Pößneck, Pößneck 1957.
-Hendrik **Bäringhausen:** Herzog Franz Josias von Sachsen-Coburg-Saalfeld (1697-1764) – Eine biographische Skizze aus Anlass seines 300. Geburtstages, in: Wir in Thüringen – Landkreis Saalfeld-Rudolstadt Jahrbuch 7 (1998), S. 101-106.
-F.W. Julius **Barthel:** Triptiser Chronik – Das ist die Geschichte der Stadt, des Schlosses, der Kirche und Schule. Ein Beitrag zur Geschichte des Orlagaues, Triptis 1900.
-Martin **Baumann:** Der Schlosspark in Ebersdorf, in: Aus der Arbeit des Thüringischen Landesamtes für Denkmalpflege und Archäologie (2009), S. 117-125.
-**Bavaria** – Landes- und Volkskunde des Königreichs Bayern, Bd. 3: Oberfranken/Mittelfranken, Erste Abtheilung: Oberfranken, München 1865.
-Konrad **Bedal:** Häuser aus Franken – Museumshandbuch für das Fränkische Freilandmuseum in Bad Windsheim, Bad Windsheim 2007.
-Friedemann **Behr:** Der ausgestopfte Pfarrer – Geschichten aus dem Schleizer Oberland, Berlin o. J.
-Klaus **Bergner:** Aus den Tälern – Ein Heimatbuch mit der Eineborner Chronik, Eineborn 2002.
-Rolf **Bergner:** Der Alte vom Wald erzählt uns Geschichten (Meusebach), Stadtroda 2002.
-**Derselbe:** Schwarzbach – Ein Heimatbuch aus den Tälern, Renthendorf 2012.
-Alfred **Bernhard:** Ereignisse und Begebenheiten in den Jahren 1848/49 im Fürstentum Lobenstein-Ebersdorf im Spiegel der Zeitung ›Hirschberger Wochenblatt‹, Teil 1, in: Oberlandbote, September 1957, S. 265-269; Teil 2: Ebenda, Oktober 1957, S. 317ff; Teil 3: Ebenda, Dezember 1957, S. 343ff.
-Erich **Beyreuther:** Die Kirche in der Neuzeit, in: Patze u. Schlesinger, Bd. IV 1972, S. 1-52.
-Wilhelm **Blos:** Denkwürdigkeiten eines Sozialdemokraten, Bd. I, München 1914 (1919).
-Alexander **Blöthner:** Die Herrschaft der Universität Jena über die Stadt Apolda im 18. Jahrhundert – Ein Rationalistischer Herrschaftsstil? Plothen 2012.
-**Derselbe:** Die Seancen des Kaffeehausbesitzers Schrepfer (1774), in: Magische Orte in Leipzig und Umgebung, Bd. 1, Norderstedt 2016, S. 226-232.

-**Derselbe**: Ehemalige Rittergüter im Saale-, Orla- und Wisenta-Raum – Entstehung, Machtentfaltung, Untergang, Plothen 2016.
-**Derselbe**: Wald – Jagd – Horn. Eine kleine Geschichte des Waldes, der Jagd und des Hornblasens im Saale-Orla-Kreis, Festschrift zum 33-jährigen Bestehen der Jagdhornbläsergruppe Plothen, Plothen 2010.
-Walter Theodor **Böhme**: Das Reußische Oberland im Nordischen Krieg, in: Voigtländischer Altertumsforschender Verein zu Hohenleuben 1908, S. 64-84.
-Wolfgang **Börner**: Fritz Reuter und die Reußischen Zwergstaaten, in: Oberlandbote, März 1961, S. 77f.
-Gustav **Brauns** (Hg.): Leipzig in seiner Vergangenheit und Gegenwart – Eine Darstellung sämtlicher Denkwürdigkeiten der Stadt Leipzig in ihren äußeren und inneren Verhältnissen, Leipzig 1847.
-Georg Martin **Brückner**: Landes- und Volkskunde des Fürstenthums Reuß jüngerer Linie, Gera 1870.
-Fr. **Bülau**: Geheime Geschichten und Rätselhafte Menschen, Bd. 3: Cagliostro, der Graf von St. German, Karl von Hund und Alten-Grotkau, Johann Georg Schrepfer, u. a., Leipzig 1893.
-K. **Collmann**: Die Kirchlichen Reformbestrebungen Graf Heinrichs II. von Obergreiz (1715-1722), in: Voigtländischer Altertumsforschender Verein zu Hohenleuben 1908, S. 23-56.
-Heinrich **Daßler**: Der Kaiser von Förthen und der Fürst von Schleiz, in: Heimatjahrbuch des Saale-Orla-Kreises 1996, S. 118.
-**Derselbe**: Ein Reußen- und ein Vogtlandlied, in: Heimatjahrbuch des Saale-Orla-Kreises 1995, S. 117f.
-Friedrich **Dedié**: Oppurg und seine Besitzer im Laufe der Jahrhunderte, Neustadt 1933 (1907).
-Georg **Dehio**: Thüringen, in: Handbuch der deutschen Kunstdenkmäler (bearbeitet von Stephanie Eißing, Franz Jäger u.a. (Hg. in Zusammenarbeit mit dem Thüringischen Amt für Denkmalpflege), München u.a. 1998.
-Heinz **Deubler**: Die Grafen und Fürsten von Schwarzburg-Rudolstadt (Hg. vom Landratsamt Rudolstadt), Rudolstadt 1992.
-**Derselbe**: Historische Entwicklung, in: Grundmann 1998, S. 10-19.
-Rudolf **Drechsel**: Sagen und alte Geschichten aus dem Orlagau, Wernburg 1934.
-Rudolf **Drößler**: Das Herzogtum Sachsen-Zeitz und seine Herzöge im Machtspiel politischer und religiöser Interessen, in: Die sächsischen Wurzeln des Landes Sachsen-Anhalt und die Rolle der Sekundogenitur Sachsen-Zeitz (Protokoll des Wissenschaftlichen Kolloquiums am 26.10.1996 in Zeitz), in: Beiträge zur Regional- und Landeskultur Sachsen-Anhalts, Heft 5, Halle 1997, S. 43-50.
-Sabine **Eickhoff**, Franz Schopper: 1636 – Ihre letzte Schlacht – Leben im 30-jährigen Krieg (Katalog zur Sonderausstellung des Archäologischen Landesmuseums Brandenburg zum 375. Jahrestag der Schlacht von Wittstock, Berlin 2012.
-Robert **Eisel**: Die Sagen des Voigtlandes, Gera 1871.
-Norbert **Elias**: Über den Prozess der Zivilisation – Soziogenetische und psychogenetische Untersuchung, Bd. 2: Wandlungen der Gesellschaft – Entwurf zu einer Theorie der Zivilisation, Frankfurt/M. 1995.
-**Derselbe** zusammen mit John L. Scotson: Etablierte und Außenseiter, Frankfurt 1990.
-Hans-Walter **Enkelmann**: Der Pößnecker Hutmacher-Club, Teil 1, in: Pößnecker Heimatblätter 2007, Nr. 1, S. 14-22, Teil 2, in: Ebenda 2007, Nr. 2, S. 12.

-Hans Walter **Erbe**: Zinzendorf und der fromme hohe Adel seiner Zeit, Leipzig 1928.
-Friedrich **Facius**: Die Verwaltungsdrucksachen der Thüringischen Staaten vom 18. Jahrhundert bis 1922, in: Ebenda N.F. Bd. 33, Heft 1, Jena 1938, S. 191-232.
-**Derselbe**: Politische Geschichte von 1828-1945, in: Patze u. Schlesinger, Bd. V, Teil II, Köln u.a. 1978, S. 1-570.
-Walter **Fellmann**: Lola Montez, in: Mätressen, Leipzig 1994, S. 134-154.
Heinz-Dieter **Fiedler**: S. Berner, Karl-Heinz Freundel: Die Denkmalpflege in Ebersdorf, in: Ebersdorf – Schriftenreihe zur Geschichte Ebersdorfs (Kreis Lobenstein), Heft 1 (1993), S. 8-47.
-Heinz-Dieter **Fiedler**: Die Herrnhuter Colonie in Ebersdorf-Reuß, in: MR – Jahrbuch Museum Reichenfels-Hohenleuben, Bd. 53 (2008), S. 63-78.
-**Derselbe**: Heinrich XIV. Fürst Reuß – Zum hundertsten Todestag, in: Heimatjahrbuch des Saale-Orla-Kreises 2013, S. 170-172.
-**Derselbe**: Volkswohl ist Fürstenlust – Anspruch und Wirklichkeit des Fürsten Heinrich 72. Reuß zu Lobenstein-Ebersdorf, Norderstedt 2015.
-**Derselbe**: Zum 250. Geburtstag von Auguste Caroline Sophie Reuß-Ebersdorf, in: Heimatjahrbuch des Saale-Orla-Kreises 2007, S. 59-63.
-**Derselbe** zusammen mit S. Berner, Karl-Heinz Freundel: Die Denkmalpflege in Ebersdorf, in: Ebersdorf – Schriftenreihe zur Geschichte Ebersdorfs (Kreis Lobenstein), Heft 1 (1993), S. 8-47.
-Horst **Fleischer**: Vom Leben in der Residenz – Rudolstadt 1646-1816, Rudolstadt 2006.
-**Derselbe**: Vor 425 Jahren wurde Rudolstadt Residenz, in: Wir in Thüringen. Landkreis Saalfeld-Rudolstadt Jahrbuch 5 (1996), S. 117-122.
-Jörg **Franke**: Lexikon sächsischer Postmeilensäulen, Berlin 1989.
-Oliver **Franke**: Von der geheimen Gesellschaft, in: Heimatjahrbuch des Saale-Orla-Kreises 2009, S. 72ff.
-Günther **Franz**: Die Herren, Grafen, Fürsten Reuß, in: Patze u. Schlesinger, Bd. V, Teilbd. I, Teil I 1982, S. 561ff.
-Martha **Friedberger**: Die Gimpelstraße, in: Oberland 1925, Nrn. 1-4 (Jugendgarten).
-Helfried **Fröhlich**: Die Besitzverhältnisse des Schlosses Guteborn von 1783-1939/45, in: Heimatjahrbuch des Saale-Orla-Kreises 2001, S. 64-68.
-Moritz Theodor **Frommelt**: Geschichte des Herzogtums Sachsen-Altenburg vom Anfang der historischen Kenntnis bis auf unsere Zeit für alle Stände nach Urkunden und besten Quellen bearbeitet, Leipzig 1838.
-Max **Frotscher**: Die Steuerpflichtigen des Amtsbezirks Schleiz im Jahre 1604, in: Mitteldeutsche Familienkunde, Degener Verlag 1962.
-Thomas **Gehrlein**: Das Haus Reuß älterer und jüngerer Linie, in: Deutsche Fürstenhäuser 19, Werl 2006.
-**Gemeinde** Heinersdorf (Hg.): Heinersdorf 1250-2000: Auszüge aus der Chronik der Gemeinde anlässlich der 750-Jahrfeier im August 2000.
-Rainer **Goldhahn**: ›Vögte und Fürsten‹ – Die Heinriche im Reußenland, Münster 2007.
-Werner **Greiling**, Hagen Rüster: Reuß älterer Linie im 19. Jahrhundert – Das widerspenstige Fürstentum?, Jena 2013.
-Kurt **Greß**, F. B. Störzner (Hg.): Holzlandsagen – Sagen, Märchen und Geschichten aus den Vorbergen des Thüringer Waldes, Leipzig 1869.
-Luise **Grundmann** (Hg.): Rudolstadt und das mittlere Saaletal – Ergebnisse der landeskundlichen Bestandsaufnahme im Raum Remda, Rudolstadt, Orlamünde

(erarbeitet unter der Leitung von Heinz Deubler, Frank-Dieter Grimm u. Luise Grundmann), Weimar 1998.

-Fritz **Haardt**: Geschichte der Stadt Hirschberg Saale (im Auftrage der Stadtgemeinde auf urkundlicher Grundlage bearbeitet) – Dritte Lieferung Hirschberg 1938.

-Ferdinand **Hahn**: Die Geschichte der Stadt Gera und seiner nächsten Umgebung, Gera 1855.

-Robert **Hänsel**: 75 Jahre Aufhebung der Patrimonialgerichtsbarkeit, in: Reußischer Erzähler (22.02.1939).

-**Derselbe**: Aus dem Volkstum der Kreise Schleiz und Lobenstein, in: Oberlandbote Februar u. März 1956, S. 86-90, 113ff.

-**Derselbe**: Burgk a. S. – Ein Führer durch die Geschichte, die Schönheiten und die Sagen des Schlosses und seiner Umgebung, in: Oberland-Reihe Nr. 5, Schleiz 1929.

-**Derselbe**: Die kritischen Tage des Fürstentums Reuß älterer Linie im Jahre 1866, Zeulenroda 1942.

-**Derselbe**: Die Schleizer Hofjungfrau, in: Das Thüringer Fähnlein 5 (1936), S. 447f.

-**Derselbe**: Ein Bauernaufruhr in Schleiz 1753, in: Reußischer Erzähler (08.08.1926).

-**Derselbe**: Ein interessantes Bittschrieben von Zollgrün 1619, in: Ebenda (30.05.1936).

-**Derselbe**: Fürst Heinrich XXVII. Reuß j.L. (†), in: Oberland 1929, Nr. 10.

-**Derselbe**: Heinrich XXIV. der letzte Fürst Reuß ä.L., in: Oberland 1927, Heft 8, S. 125.

-**Derselbe**: Raisonieren ist verboten, in: Ebenda (07.07.1929).

-**Derselbe**: Reußische Genealogie, Jena 1940.

Derselbe: Die Septemberunruhen des Jahres 1830 im Reußischen Oberland, in: Vogtländischer Anzeiger und Tageblatt, Plauen (07.12. 1930).

-Kurt und Gudrun **Häßner**: So war es einst – Aus ferner Vergangenheit bis in das 20. Jahrhundert – Chronik der Stadt Weida in Thüringen, Teil II, Weida 2008.

-Clemens von **Hausen**: Vasallen-Geschlechter der Markgrafen zu Meißen, Landgrafen zu Thüringen und Herzöge zu Sachsen bis zum Beginn des 17. Jahrhunderts aufgrund des im Königl. Staatsarchiv zu Dresden befindlichen Urkundenmaterials, Berlin 1892.

-**Heimatgeschichten** aus dem Orlatal – Historisches aus Kleindembach, Langendembach, Langenorla und Umgebung (Hg. von Horst Förster, Arthur Sänger u.a.), 2014, Heft 1.

-**Heimatjahrbuch** des Saale-Orla-Kreises 1997, S. 125.

-**Heimatverein** ›Krumme Kiefer‹ Liebschütz (Hg.): Liebschütz im Wandel der Zeit 1258-2008, Festschrift zur Feier der Ersterwähnung, 2008.

-Paul **Heinecke**: Erzähltes und Verbrieftes – Aus Geschichte und Sage im Raum Eisenberg, Leipzig 1983.

-G. **Heinemann**: Grundzüge der Waldgeschichte im Gebiet der Rudolstädter Heide, in: Rudolstädter Heimathefte 1959, Heft 3/4, S. 70-78.

-Günther **Helmich**: Neustadt an der Orla unter der Herrschaft des Fürstentums Sachsen-Zeitz, in: Neustädter Kreisbote – Amtsblatt der Stadt Neustadt an der Orla Jg. 23, Nr. 19 (21.09.2012).

-Dirk **Henning**: Johann Ernst, Herzog zu Sachsen-Saalfeld – Vor 275 Jahren starb der Stammvater des Hochadels der Neuzeit, in: Wir in Thüringen – Landkreis Saalfeld-Rudolstadt Jahrbuch 2004/2005, S. 154-158.

-Hans **Herz**: Regierende Fürsten und Landesregierungen in Thüringen 1485-1952, Erfurt 1999.

-Ulrich **Hess**: Geschichte Thüringens 1866-1914 (Hg. von Volker Wahl), Weimar 1991.
-Eberhard **Hetzer**: Graf Heinrich XII. Reuß-Schleiz und die ›Gesellschaft der guten Leute von Oettersdorf‹, in: Ebenda 1997, S. 123-128.
-Harald **Hintze**: Johann Casimir, Herzog von Sachsen-Coburg und seine Stadt Pößneck, Teil 1, in: Ebenda 2011, Nr. 3, S. 18-24; Teil 2: Ebenda 2011, Nr. 4, S. 21-26; Teil 3: Ebenda 2012, Nr. 1, S. 21-26.
-Wolfgang **Huber**: Kirche in der Zeitenwende – Gesellschaftlicher Wandel und Erneuerung der Kirche, Gütersloh 1998.
-Herbert **Hüllemann**: Die Geschichte der Rittergüter in Reuß älterer Linie, Jena 1939.
-**Derselbe**: Die Tätigkeit des Orgelbauers Gottfried Silbermann im Reußenland, in: Vergangenheit und Gegenwart – Heimatgeschichtliche Blätter der Greizer Zeitung, Nr. 20 (01.10.1936), Nr. 22 (15.10.1936), Nr. 24 (12.11. 1936), Nr. 25 (26.11.1936), Nr. 26 (10.12.1936).
-Wolfgang **Huschke**: Das Fürstentum Coburg in den Kriegsjahren 1618-1633, in: Politische Geschichte von 1572 bis 1775, in: Patze u. Schlesinger Bd. V, Teilband I 1982, S. 26-35.
-Uwe **John** u.a.: Kulturelle Entdeckungen: Thüringen, Bd. 4: Landkreis Altenburger Land, Stadt Gera, Landkreis Greiz, Stadt Jena, Saale-Holzland-Kreis, Saale-Orla-Kreis, Landkreis Saalfeld-Rudolstadt, Regensburg 2012.
-Jürgen **John**, Günther Hoppe, Lutz Heydick (Hg.): Historischer Führer – Stätten und Denkmale der Geschichte in den Bezirken Erfurt, Gera, Suhl, Leipzig u.a. 1978.
-Reinhard **Jonscher**: Kleine thüringische Geschichte, Jena 1995.
-Henriette **Joseph**, Haik Thomas Porada (Hg.): Das nördliche Vogtland – Eine landeskundliche Bestandsaufnahme im Raum Greiz, Weida, Berga, Triebes, Hohenleuben, Elsterberg, Mylau u. Netzschkau, Köln 2006.
-Hans Rudolf **Jung**: Musik und Musiker im Reußenland – Höfisches und städtisches Musikleben in den Residenzen der Staaten Reuß älterer und jüngerer Linie vom 17. bis 19. Jahrhundert (Greiz, Schleiz, Lobenstein, Gera, Köstritz, Ebersdorf, Saalburg, Hirschberg), Weimar 2007.
-Bernd **Junior** u.a.: Stadt und Burg Ranis, in: Autorenkollektiv: Zwischen Saale und Orla 1957.
-Diethard H. **Klein** u. Dieter Herberth: Thüringer Hausbuch – Gute alte Zeit im grünen Herzen Deutschlands in Geschichten und Berichten, Liedern, Bildern und Gedichten, Bayreuth 1994.
-Sven Michael **Klein**: Heinrich VI. und die Schlacht bei Zenta, in: Der Heimatbote – Beiträge aus dem Landkreis Greiz und Umgebung, Jg. 43 (1997), Heft 9, S. 2-8.
-**Derselbe**: Heinrich XXII. (1846-1902), Greiz 2002.
-**Derselbe**: Im Dienste des Reiches: Heinrich VIII. Fürst Reuß ä.L. – Aus dem Leben des zweiten Greizer Fürsten der vor 250 Jahren geboren wurde, in: Der Heimatbote 1997, Nr. 5, S. 2-9.
-**Derselbe**: Kaiserin ohne Krone – Vor 60 Jahren starb die zweite Gemahlin des letzten deutschen Kaisers, die aus Greiz stammende Prinzessin Hermine, in: Ebenda 2007, Nr. 8, S. 7-11.
-**Derselbe** zusammen mit Friedhild den Toom: Hermine – Die zweite Gemahlin von Wilhelm II., in: Mitteilungen des Vereins für Greizer Geschichte e.V., Nr. 15, Greiz 2007.
-Thomas **Klein**: Politik und Verfassung von der Leipziger Teilung bis zur Teilung des ernestinischen Gesamtstaates (1485-1572), in Patze u. Schlesinger, Band III, Köln u.a. 1967, S. 146-294.

-Jürgen **Klimpke**: 775 bewegte Jahre der Stadt Schleiz, Schleiz 2007, S. 45.
-**Derselbe**: Residenzstadt Schleiz, in: Ebenda 2005, S. 73-75.
-**Derselbe**: Residenzstadt Schleiz, in: Schleizer Heimathefte, Nr. 33 (2004/1).
-**Derselbe**: Schleizer Anekdoten, Schnurren und Originale, in: Schleizer Heimat-bibliothek Nr. 3 (1996).
-Johann Christoph **Klotz**: Beschreibung der Herrschaft und Stadt Gera, Schleiz 1816.
-Helmut **Knoch**: Der Hirschberger Freischarzug von 1849, in: Heimatjahrbuch des Saale-Orla-Kreises 1999, S. 76-80.
-Ernst **Koch**: Aus der Beschreibung des Amtes Saalfeld vom Jahre 1673, in: Saalfische Beilage zum Saalfelder Kreisblatt 1897, Nrn. 1ff., 1901 Nr. 3.
-Oskar **Köhler**: Landwirtschaftliches Güter-Adressbuch für Thüringen: mit Anhang Regierungsbezirk Erfurt (Provinz Sachsen) und Kreis Schmalkalden (Provinz Hessen-Nassau), Leipzig 1923.
-**Kosl**: Saalfeld – Die steinerne Chronik Thüringens, in: Heimat im Bild (15.12.1929).
-Józef Ignacy **Kraszewski**: König August der Starke, Leipzig 1995 (Roman).
-Ernst Paul **Kretschmer**: Auf den Spuren des Mopsordens in Thüringen, in: Mitteilung der Großloge ›Deutsche Brüderkette‹, Nr. 4, o.J., zitiert bei Franke 2009.
-**Derselbe**: Aus vergangenen Tagen des kanzleischriftmäßigen Rittergutes Kospoda und seiner nächsten Umgebung – Beiträge zur Geschichte des Orlalandes, seiner Ortschaften und alten Herrengeschlechter, Gera 1934.
-**Derselbe**: Der große Brand von Gera, Gera 1930.
-**Derselbe**: Die Antimaßonianische Sozietat und die Logen Heinrichs XII. Reuß-Schleiz – Zugleich ein Beitrag zur Geschichte des Pietismus, Leipzig 1919.
-**Derselbe**: Ein Prozess über Geisterbeschwörung und Schatzgräberei in Gera, in: Bund für Heimatschutz Jg. 13 (1926), Bl. 7f.
-**Derselbe**, u. a.: Kulturhistorische Wanderungen im alten Reußenland und seinen Nachbargebieten, Heft 1, Gera 1924.
-**Derselbe**: Münchenbernsdorf im Wandel der Zeit – Ein ortsgeschichtlicher Abriss, (193X).
-**Derselbe**: Von alten Handelsstraßen in Ostthüringen, in: Thüringer Jahrbuch 1926 – Politik und Wirtschaft, Kunst und Wissenschaft im Lande Thüringen (Hg. v. Dr. Scheffler), Leipzig 1926, S. 164-179.
-Erich **Kriemer** u.a.: Gera, in: Thüringen: Landschaften – Städte – Wanderungen, 199X.
-F. C. **Kronfeld**: Geschichte und Beschreibung der Fabrik- und Handelsstadt Apolda und deren nächster Umgebung, Apolda 1871.
-**Derselbe**: Landeskunde des Großherzogtums Sachsen-Weimar-Eisenach, 2 Bde., Weimar 1878/1879.
-Renate **Krüger**: Pietisten und Freimaurer, in: Das Zeitalter der Empfindsamkeit – Kunst und Kultur des späten 18. Jahrhunderts in Deutschland, Leipzig 1972, S. 19-22.
-**Landeszentrale** für politische Bildung u. a. (Hg.): ›... zum rechten Mannlehen gereicht und geliehen‹ – Feudale Strukturen in der Herrschaft Oppurg vom Ende des Mittelalters bis zum 19. Jahrhundert, Erfurt 1997.
-L. A. **Langeveld**: Der Graf von Saint-Germain – Der abenteuerliche Fürstenerzieher des 18. Jahrhunderts, Berlin 1930.
-Hans-Helmut **Lawatsch**: Rudolstadt als Freimaurerdomäne, in: Wir in Thüringen – Jahrbuch Landkreis-Rudolstadt 1993, S. 191-194.

-Paul **Lehfeld**: Bau- und Kunstdenkmäler Thüringens, Heft VI: Herzogtum Sachsen-Meiningen, Amtsgerichtsbezirk Saalfeld, Jena 1889; Heft XII: Fürstentum Reuß jüngere Linie, Amtsgerichtsbezirke Schleiz, Lobenstein, Hirschberg, Jena 1891; Heft XXII: Herzogtum Sachsen-Altenburg – Amtsgerichtsbezirk Ronneburg, Jena 1896.

-Uwe **Lehmann**: ›Hört, ihr Leute, laßt euch sagen …‹ – Der Gersche Nachtwächter erzählt, Gera 2013.

-Peter **Lesniczak**: Alte Landschaftsküchen im Sog der Modernisierung – Studien zu einer Ernährungsgeographie Deutschlands zwischen 1860 und 1930, in: Studien zur Geschichte des Alltags, Bd. 21, Wiesbaden 2003.

-Ernst **Löbe**, mit J Löbe: Geschichte der Kirchen und Schulen des Herzogthums Sachsen-Altenburg mit besonderer Berücksichtigung der Ortsgeschichte, 1 Bd. enthaltend allgemeines und die Stadt und Landephorie Altenburg, Roda 1884.

-Anja **Löffler**: Reußische Residenzen in Thüringen, Weimar 2000.

-Karl Ferdinand **Lohe**: Die staatsrechtliche Stellung von Landesregierung und Volksvertretung in Reuß älterer Linie und die Austragung von Gegensätzlichkeiten zwischen beiden (1867-1918), in: Vergangenheit und Gegenwart – Heimatgeschichtliche Blätter der Greizer Zeitung, Nr. 27 (24.12.1939)

-Albrecht **Loth**: Über den Aufenthalt des letzten Herzogpaares von Sachsen-Coburg-Saalfeld von 1818-1826 in Saalfeld, in: Rudolstädter Heimathefte Jg. 54 (2008) Nrn. 1-2, S. 35-41.

-Ernst **Lotter**: Die Fürsten Reuß ä.L. und ihre Familienmitglieder, in: Vergangenheit und Gegenwart – Heimatgeschichtliche Blätter der Greizer Zeitung, Nr. 26 (10.12.1936).

-Friedrich **Lütge**: Ritterpferde und Ritterpferdgelder in Thüringen im 16.-18. Jahrhundert, in: Zeitschrift des Vereins für Thüringische Geschichte und Altertumskunde N.F. Band 42 (1940), S. 139-160.

-Alf **Lüdke** (Hg.): Herrschaft als soziale Praxis, Göttingen 1993.

-J.C. **Lünig**: Historisch= und Politischer Schauplatz des Euroäischen Hof= und Cantzeley=Ceremoniells, Leipzig 1719.

-Peter **Mast**: Thüringen – Die Fürsten und ihre Länder, Graz u.a. 1992.

-**Derselbe**: Unsere Heimat im 30-jährigen Krieg, in: Ebenda, Nr. 25 (1931), Nrn. 13, 23-27 (1934), Nrn. 11, 13-15 (1935), Nrn. 5-7 (1936).

-Bernhard **Michels**: Der immerwährende, ganzheitliche Natur- und Wetterkalender – Wetter- und Bauernregeln, Einfluss von Mond- und Planeten, Tiere als Wetterpropheten, Los- und Schwendtage, München 1998.

-Stefan **Michel**: Die Jesuskirchen zu Kirschkau und Lössau, Wuppertal 2003.

-Hans Herbert **Möller**: Kunst in der Neuzeit, in: Patze und Schlesinger, Bd. VI 1979, S. 1-160.

-Hans **Müller**: Thüringen – Reisen durch eine deutsche Kulturlandschaft, Köln 1990.

-Hermann **Müller**: Aus der Geschichte der Stadt Pößneck, in: Autorenkollektiv: Zwischen Saale und Orla 1957, S. 148-151.

-**Derselbe**: Pößnecker Heimatbuch, Pößneck 1929.

-N.N. (von einem höheren sächsischen Beamten): Der Beherrscher eines Kleinstaates, in: Ernst Keil (Hg.): Die Gartenlaube – Illustriertes Familienblatt, Teil 1 in Heft 38, Teil 2 in Heft 51, Leipzig 1866.

-N.N.: Die außergewöhnlichen Privilegien für Hirschbergs Bürger, in: Ostthüringer Zeitung 1997 [Nr. n.n.].

-N.N.: Die harten Kämpfe um die Hirschberger Stadtrechte, in: OTZ, Lokalteil Schleiz (22.06.1996).

-N.**N**.: Die Teilung von Untergreiz und Burgk im Jahre 1668, in: Vergangenheit und Gegenwart – Heimatgeschichtliche Blätter der Greizer Zeitung, Nr. 4 (21.02. 1931).

-**Oberland** – Blätter für Volkstum und Heimatkunde, Schleiz (Hg. von der Vereinigung für Volkskunde und Heimatpflege im reußischen Oberlande e.V. unter der Schriftleitung von Robert Hänsel), 1924-194X.

-Der **Oberlandbote** – Heimatzeitschrift mit kultureller Monatsschau der Kreise Schleiz und Lobenstein 1956-1961.

-**Ostthüringer Zeitung** – Tageszeitung für Ostthüringen (OTZ).

-Alfred **Pasold**: Geschichte der reußischen Landesteilungen von der Mitte des 16. Jahrhunderts bis zur Einführung der Primogenitur im Jahre 1690, Jena (Diss.) 1932.

-**Derselbe**: Landschaft Obere Saale – Raum Schleiz, Aalen 1992.

-Hans **Patze** (Hg.): Handbuch der historischen Stätten, Bd. 9: Thüringen, Stuttgart 1968.

-**Derselbe**: Das Albertinische Thüringen, in: Patze u. Schlesinger Bd. V, Teilbd. I, Teil I 1984, S. 603-612.

-**Derselbe** zusammen mit Walter Schlesinger (Hg.): Geschichte Thüringens, Bd. II, Teilbd. 2: Hohes und Spätes Mittelalter, Köln u.a. 1973; Bd. IV: Kirche und Kultur in der Neuzeit, Köln u.a. 1972, Bd. V: Politische Geschichte in der Neuzeit, Teil 1, Teilbde. 1-2, Köln u.a. 1982.

-Horst **Paul**: Saaletalsperren, Leipzig 1976.

-Helmut **Pfannenschmidt**: Heimatkundliche Streifzüge durch das obere Orlagebiet, in: Beiträge zur Geschichte und Stadtkultur von Neustadt/Orla (Hg. von Werner Greiling), Bd. 8, Neustadt/Orla 2002.

-**Derselbe**: Das Waldgebiet zwischen Orla und Roda, in: Heimatkalender des Bezirkes Gera 1983, S. 78f.

-Günther **Philipp**: Das Dorf Weitisberga in Thüringen, o.O. 2004.

-Hans **Philippi**: Die Wettiner in Sachsen und Thüringen, in: Aus dem Deutschen Adelsarchive, Bd. 9, Limburg 1989.

-Theo **Piegler**: Nostalgischer Abstecher ins Land der Reußen, in: Heimatjahrbuch des Saale-Orla-Kreises 2000, S. 47-56.

-Georg **Piltz**: August der Starke – Träume und Taten eines Deutschen Fürsten, Berlin 1986.

-Heinrich **Pleticha** (Hg.): Dreißigjähriger Krieg und Absolutismus, in: Deutsche Geschichte, Bd. 7, München 1993 (196X).

-**Derselbe** (Hg.): Aufklärung und Ende des Deutschen Reiches, in: Ebenda, Bd. 8, Gütersloh 1993.

-Terry **Prattched**: Nachwort, in: Monstrous Regiment (Roman), 2003.

-Andreas **Raithel**: Das Vogtland während der Zugehörigkeit zum Herzogtum Sachsen-Zeitz – Zum 350. Jahrestag der Errichtung von Sekundogenituren der albertinischen Wettiner, in: Jahrbuch des Museums Reichenfels-Hohenleuben, Bd. 52 (2007), S. 47-70.

-Berthold **Rein**: Die Rudolstädter Fürsten im 19. Jahrhundert, in: Zeitschrift des Vereins für Thüringische Geschichte und Altertumskunde N.F. Bd. 33, Heft 1, Jena 1938, S. 430-466.

-Reinhard **Remane**: Ereignisse im 30-jährigen Krieg in unserer Heimat, in: Neustädter Kreisbote 1998, Nrn. 18f., 25.

-**Reuß** Heinrich IV. Prinz von: Das Thüringische Vogtland – Erinnerung und Neuanfang, in: Bruno J. Sobotka (Hg.): Burgen, Schlösser, Gutshäuser in Thüringen, in: Veröffentlichungen der Deutschen Burgenvereinigung e.V., Reihe C

(Mitherausgeber Thüringer Amt für Denkmalpflege), Stuttgart 1995, S. 142-145.
-**Reußischer Erzähler** – Unterhaltungsbeilage zur Schleizer Zeitung 1911-194X.
-Gerhard **Rohm**: ›Auf luft'ger Höh ich steh'‹ – Eliasbrunner Geschichte(n): Interessantes für Jung und Alt, Schneckenlohe 2011.
-K. **Rüssel**: Das Dorf als soziales Gebilde, in: Ergänzungshefte zu den Kölner Vierteljahresheften für Soziologie, München, u. a. 1928, S. 27ff.
-A. **S.**: Unerquickliches aus der Vergangenheit unserer Heimat, in: Reußischer Erzähler – Beilage der Schleizer Zeitung (05.04.1930), S. 27f.
-Martina **Schattkowsky** u. a. (Hg.): Herrschaft und Machtentfaltung über adeligen und fürstlichen Grundbesitz in der Frühneuzeit, Köln 2003.
-Ina **Scheffler**: Hermine, geborene Prinzessin Reuß ä.L. – Eine Erinnerung an Hermine geb. Reuß ä.L. letzte Besitzerin von Schloss Burgk zum 50. Todestag, in: Ebenda 1998, S. 92ff.
-Dieter **Scheidig**: Lobenstein – Ein historischer Stadtführer (Hg. von der Lobensteiner Stadtverwaltung), Lobenstein 1996.
-Willy **Schilling**: Der Theaterprinz – Stationen aus dem Leben Heinrichs XLV. Erbprinz Reuß, in: Ebenda 1999, S. 115-122.
-**Derselbe**: Von Greiz nach Doorn – Eine biographische Skizze der ›Kaiserin‹ Hermine Reuß, in: Ebenda 2000, S. 57-61.
-Uwe **Schirmer**: Grundriss der kursächsischen Steuerverfassung (15.-17. Jahrhundert), in: Derselbe (Hg.): Sachsen im 17. Jahrhundert – Krise, Kriege und Neubeginn, Beucha 1998, S. 293-330.
-**Derselbe**: Landwirtschaftliche und ländliche Gesellschaft in Sachsen zwischen 1720 und 1830 – Bemerkungen zur Verfassung, Wirtschaft und Alltag, in: Autorenkollektiv: Sachsen 1763–1832. Zwischen Rétablissement und bürgerlichen Reformen, Beucha 1996, S. 128-175.
-Fritz **Schittko**: Die Gedenkmünzen auf den Tod von Herzog Johann Ernst von Sachsen-Saalfeld im Jahre 1729, in: Rudolstädter Heimathefte Jg. 56 (2010) Nrn. 3-4, S. 84-90.
-Berthold **Schmidt**: Die Reußen – Genealogie des Gesamthauses älterer und jüngerer Linie sowie der ausgestorbenen Vogtslinien zu Weida, Gera und Plauen und der Burggrafen zu Meißen aus dem Hause Plauen, Schleiz 1903.
-**Derselbe**: Geschichte der Stadt Schleiz, 3 Bde., Schleiz 1908.
-**Derselbe**: Geschichte des Reußenlandes, Bd. 2, Gera 1927.
-Friedrich Lorenz **Schmidt**: Darstellende Geschichte der Stadt Zeulenroda 1325-1867, Bd. 2, Teil 1 Zeulenroda 1938.
-Friedrich **Schneider** (Hg): Aus den Tagen Heinrichs XXII souveränen Fürsten Reuß ä.L. (1867-1902) – Aktenstücke, Aufzeichnungen und Briefe (Reihe: Aus Reußischen Archiven I), Greiz u.a. 1930.
-**Derselbe**: Heinrich VI. Graf Reuß älterer Linie; in: Greizer Sonntagspost vom Februar 1968, zitiert bei Klein 1997, S. 10.
-W. **Schulz**: Das Vorwerk Crobitz und seine Kapelle zu St. Annen, in: Heimatblätter, Pößneck 1931, Nr. 6.
-Carl Friedrich Ludwig **Schuhmann**: Weimar-Eisenachische Landeskunde, Neustadt/Orla 1836.
-J. A.: von **Schulthes**: Sachsen-Coburg-Saalfeldische Landesgeschichte. Zweite Abtheilung, Coburg 1820.
-Wolfgang **Schuster**: Oberpöllnitzer Chronik, in: oberpoellnitz.de (Version 12/2008).
-Wolf Jörg **Schuster**: Man lädt uns ein zum Stelldichein – Napoleon in Thüringen 1806, Jena 1992.

-Margarethe **Schwind**: Die deutschen Territorien nach dem Dreißigjährigen Krieg, in: Pleticha, Bd. 7, 1993, S. 64-87.
-Johann Salomo **Semler**: Sammlungen von Briefen und Aufsätzen über die Gaßnerschen und Schröpferischen Geisterbeschwörungen, Halle 1776.
-Carly **Seyfahrt**: Aberglaube und Zauberei in der Volksmedizin Sachsens, Leipzig 1913.
-Moritz **Starke**: Statistisches Universal-Handbuch und geographisches Ortslexikon vom Herzogthum Sachsen-Altenburg, Leipzig 1880.
-**Derselbe**: Statistisches Universal-Handbuch für das Fürstenthum Schwarzburg-Rudolstadt (Adressbuch, Staats- und Communal-Handbuch zum praktischen Gebrauche für Staats- und Gemeindebehörden, Bd. 10, Leipzig 1882.
-Karl **Stich**: Die Franzosen im Reußenland – Eine Betrachtung der Geschehnisse am 9. Oktober 1806, Teil 1: Das erste Gefecht, Teil 2: Das Unglück des Krieges, in: Schleizer Heimathefte (2006), Nrn. 42-43.
-Hans **Thümmler**: Die Zeit Carl Augusts von Weimar 1775-1828, in: Patze u. Schlesinger Bd. V, Teilbd. I, Teil II 1984, S. 615-779.
-Gottfried **Thumser**: Heiter bis wolkig – Anekdoten und Geschichten aus dem Reußenland, 2 Bde., Zeulenroda 2012/2013.
-Armin **Tille**: Die Ebersdorfer Brüdergemeinde 1744 bis 1745, in: Vergangenheit und Gegenwart – Heimatgeschichtliche Blätter der Greizer Zeitung, Nr. 9 (07.05.1936).
-Johannes **Töpfer**: Landeskunde des Herzogtums Sachsen-Altenburg, Gera 1867.
-Marco **Trampel**, Mike Strunkowski, Jenö Klemm (Hg.): gera-chronik.de (Stand 26.11. 2012).
-Friedrich Wilhelm **Trebge**: Spuren im Land – Aus der Geschichte des apanagierten thüringisch-vogtländischen Adelshauses Reuß-Köstritz, Hohenleuben 2001.
-Traute **Triebel**: Lobenstein eine bunte Stadt – Eine Reportage, Rudolstadt 1961.
-F. H. **Ungewitter**: Das Fürstentum Schleiz, in: Neueste Erdbeschreibung und Staatenkunde oder geographisch-statistisch-historisches Handbuch, Dresden 1848.
-Carl Eduard **Vehse**: Die Höfe Thüringens, Leipzig 1994 (1854).
-**Derselbe**: Die Höfe des Hauses Reuß zu Greiz, Schleiz u.s.w., in: Geschichte der kleinen Höfe, Teil 5, Abschnitt 8, Hamburg 1856, S. 365-369.
-Roland **Vocke**: Der Kampf um das schlesische Erbe und das Habsburger Reich, in: Pleticha, Bd. 8, 1993, S. 18-45.
-Manfred **Ungelenk**: Wie entstand Schloss Burgk: 6./7. Fortsetzung: Schloss Burgk in der Zeit des Absolutismus, in: Oberlandbote, Juni 1956, S. 191-199, August 1956, S. 246ff.
-**Voigtländischer Altertumsforschender Verein** zu Hohenleuben (Hg.): Reußische Forschungen – Berthold Schmidt in Schleiz zu seinem 25-jährigen Jubiläum als reußischer Geschichtsforscher, Weida 1908.
-Frieder **Vollprecht**: 250 Jahre Evangelische Brüdergemeinde Ebersdorf, in: Heimatjahrbuch des Saale-Orla-Kreises 1997, S. 121f.
-Günther **Wachter**: Der Bauer stund auf im Land – Zur frühbürgerlichen Revolution 1517-1525 im Raum Ziegenrück–Schleiz–Tanna, Schleiz 1981.
-**Derselbe**: Ebersdorf – Die Besiedlung des Landes, in: Arbeitsgruppe zur Erforschung der Geschichte von Ebersdorf (Hg.): Schriftenreihe zur Geschichte von Ebersdorf, Kreis Lobenstein 1992.
-Sabine **Wagner**: Brandenstein hat viele Gesichter, in: OTZ (20.06. 2015).
-Rolf **Walker**: Die Sekundogenitur Sachsen-Zeitz (1657-1718), in: Informationsblatt zur Serie 2 – Die Wettiner 10 (Hg. vom Verein zur Rettung sakraler Kunstwerke Thüringens e.V.), o.J.

-Hans-Eberhard **Weber**: Die Herrschaft Ebersdorf 1678 bis 1848 – Ein Ergebnis der häufigen Teilungen der reußischen Länder, in: Ebenda 2002, S. 30-32.
-**Derselbe**: Die Reußen in Ebersdorf – Ihr Wirken für den Ort, seine Bewohner und Besucher, in: Schriftenreihe zur Geschichte Ebersdorfs im Saale-Orla-Kreis, Bd. 8, 1996.
-**Derselbe**: Durchzug der französischen Armee 1806, in: Ebersdorf in früherer Zeit und als Residenz der Reußen (1694-1848), in: Ebersdorf – Schriftenreihe zur Geschichte Ebersdorfs (Kreis Lobenstein), Heft 2, Lobenstein 1987.
-**Derselbe**: Ein Fahnenirrtum um die Reußischen Landesfarben und Fahnen, in: Heimatjahrbuch des Saale-Orla-Kreises 2000, S. 67-71.
-Klaus **Weidermann**: Links und recht der Orla – Bausteine zur Heimatgeschichte, in: Neustadt – Beiträge zur Geschichte und Stadtkultur, Bd. 19, Jena 2006.
-Achim **Weidhaas**: (Hg.): Die Pflege Saalburg in der Kirchen-Gallerie der Fürstlich Reußischen Länder im 19. Jahrhundert – Ein Beitrag zur Geschichte Saalburgs.
-Wolfgang **Weismantel**: Das Reich vom Westfälischen Frieden bis zum Nordischen Krieg, in: Pleticha, Bd. 7, 1993, S. 141-193.
-**Derselbe**: Höfisches Leben im absolutistischen Zeitalter, in: Ebenda, S. 285-297.
-Gerhard **Werner**: Aus der Geschichte des Kreises Saalfeld, in: Wir in Thüringen – Landkreis Rudolstadt Jahrbuch 3 (1994), S. 18-23.
-**Derselbe**: Vertreibung des Glaubens wegen – Die Züge der Salzburger Exilanten durch Saalfeld vor 275 Jahren, in: Saalfeld informativ, Bd. 16 (2007), Nrn. 7f., S. 7-12.
-Bernd **Wiefel**: Die Wettinische Pflege Ranis im Spiegel des Bede-, Zins-, Gerichtsregisters von 1446/47, in: Studien zur Sozialgeschichte der Herrschaft Ranis, Bd. 1, Olbernau 2002.
-Theodor **Wotschke**: Vom Pietismus in Ostthüringen, in: Zeitschrift des Vereins für Thüringische Geschichte und Altertumskunde N.F. Bd. 31, Heft 1, Jena 1934, S. 285-334.
-Harry **Wünscher**: Notizen zur Stadtgeschichte von Neustadt an der Orla zwischen Mittelalter und Neuzeit (Hg. von G. Helmrich u. a.), in: Beiträge zur Geschichte und Stadtkultur von Neustadt/Orla, Bd. 16, Jena 2009.
-**Derselbe**: Sagen – Geschichten – Bilder aus dem Orlagau, Pößneck 1902.
-Horst **Zippel**: Heinrich LIV. – Der letzte Lobensteiner Fürst, in: Heimatjahrbuch des Saale-Orla-Kreises 2003), S. 48-51.
-**Derselbe**: Kein gewöhnlicher Kavalier in der Residenz Lobenstein, in: Ebenda 2005, S. 55ff.

QUELLENNACHWEISE

1   Schwind 1993, S. 64-87

2   Vgl. Weismantel 1993, S. 147

3   Vgl. Fleischer 1996, S. 118, Zippel 2005, S. 55ff.

4   Franke 1989, S. 24

5   Kraszewski 1995 (1885), S. 315f.; Vgl. Piltz 1986

6   Vgl. Franke 1989, S. 66-70, 110ff.

7   Weismantel 1993, S. 141-193

8   Schmidt II 1935, S. 232ff.

9   Ebenda, S. 238

10   Vgl. ebenda, S. 240

11   Ebenda, S. 241

12   Hüllemann 1939

13   Wiefel X 2006, S. 7

14   Vgl. Kretschmer 1934, S. 419; Hänsel 1939

15   Hüllemann 1939, S. 68

16   Lütge 1940, S. 157f.

17   Vgl. Dedié 1933, S. 77

18   Hüllemann 1939, S. 22, 24, 68, 96, 140

19   Vgl. ebenda; Landeszentrale für politische Bildung I 1997, S. 12

20   Hüllemann 1939, S. 68

21   A. S. (05.04.1930), S. 27f.

22   Vgl. Köhler 1923; Blöthner: Rittergüter 2016, S. 158f.

23   Vgl. Schuster 12/2008; Bergner 2012, S. 16, 24f., 36, 164, Zitate ebenda; Bergner 2002, S. 7; Kretschmer 193X, S. 54; Barthel 1900, S. 16; Hausen 1892, S. 354

24   Vgl. Landeszentrale 1997, S. 12

25   Ebenda, S. 20

26   Vgl. Schulz 1931, S. 47

27   Rüssel 1928, S. 27ff.

28   Ebenda

29   Vgl. Schattkowsky u. a. 2003; Lüdke 1993, S. 9-63

30   Vgl. Bedal 2007, S. 90

31   Vgl. Schirmer 1996, S. 143f.

32   Ebenda, S. 149f.

33   Ebenda, S. 151

34   Vgl. Blöthner: Apolda, 2012, S. 51f.

35   Huschke V/1/1 1982, S. 546

36   Nach Pasold 1992, S. 25

37   Vgl. Paul 1976, S. 46; Wachter 1981, S. 12

38   Facius V/2 1978, S. 2

39   Weismantel 1993, S. 81f.

40   Ebenda

41   Facius V/2 1978, S. 12

42   Weismantel 1993, S. 295f.

43   Vgl. Scheidig 1996, S. 27

44   Klimpke 1/2004, S. 27f.

45   Weismantel 1993, S. 285-297

46   Ausstellungstafel in der ehemaligen Hofküche von Schloss Moritzburg 2016

47   Ebenda

48   Zitiert bei Lesniczak 2003, S. 135

49   Ausstellungstafel in der ehemaligen Hofküche von Schloss Moritzburg 2016

50   Lünig 1716, zitiert ebenda

51   Vgl. Prof. Matzerath in: Sächsische Zeitung 18.12.2017

52   Weismantel 1993, S. 285-297

53   Vgl. Elias 1995

54   Weismantel a.a.O

55   Ebenda

56   Vgl. Pfannenschmidt 1983, S. 78f.

57   Ebenda

58   Vgl. Franke 1989, S. 66-70, 110ff.; Blöthner: Wald 2010, S. 39f.

59   Fleischer 2006, S. 185f.

60   Vgl. Ausstellungstafel in der ehemaligen Hofküche von Schloss Moritzburg 2016

61   Raithel 2007, S. 48

62   Drößler 1997, S. 43

63   Vgl. ebenda; Raithel 2007, S. 47f.; Dedié 1933, S. 60; Walker 2/X o.J.

64   Vgl. Raithel 2007, S.47, 49, 61; Patze V/1/1 1982, S. 608f.; Dedié 1933, S. 60; Drößler 1997, S. 44;
      Wünscher 2009, S. 154

65   Vgl. Drößler 1997, S. 44

66   Ebenda, S. 43

67   Patze V/1/1 1982, S. 608

68   Drößler 1997, S. 43

69   Mast 1992, S. 50

70   Vgl. ebenda; Drößler 1997, S. 43; Kronfeld I 1878, S. 359

71   Vgl. Raithel 2007, S. 57, 59

72   Zitiert bei Drößler 1997, S. 45

73   Vgl. ebenda S. 43, 46

74   Vgl. ebenda, S. 47; Kretschmer 1934

75   Vgl. Drößler 1997, S. 47; Barthel 1900, S. 62-66; Kronfeld II 1879, S. 445; Lehfeld XII 1891, S. 249

76   Vgl. Helmich (21.09.2012)

77   Vgl. ebenda; Kretschmer 1934; Zitate ebenda

78   Vgl. Wünscher 2009, S. 154ff.; Drößler 1997, S. 43; Helmich (21.09.2012); Raithel 2007, S. 57

79   Vgl. Raithel 2007, S. 54; Drößler 1997, S. 43, 47; Huschke V/1/1 1982, S. 534

80   Eisel 1871, Nr. 255

81   Patze V/1/1 1982, S. 610

82   Vgl. Raithel 2007, S. 54; Drößler 1997, S. 48; Häßner u. Häßner 2008, S. 66

83   Vgl. Drößler 1997, S. 48; Dedié 1933, S. 60

84   Drößler 1997, S. 49

85   Vgl. ebenda, S. 48f.; Raithel 2007, S. 54; Häßner u. Häßner 2008, S. 66; Patze V/1/1 1982, S. 610

86   Vgl. Drößler 1997, S. 50

87   Vgl. Wünscher 2009, S. 31-40, 156; Kretschmer 1934; Helmich (21.09.2012); Franke 2009, S. 72

88   Zitiert bei Wünscher 1902, S. 96ff.

89   Vgl. Fleischer 2006, S. 118f.; Kretschmer o.J.; Franke 2009, S. 73ff.; Hetzer 1997, S. 27

90   Franke 2009, S. 74

91   Kretschmer o.J., zitiert ebenda, S. 73

92   Franke 2009, S. 74; Vgl. auch Hetzer 1997, S. 27

93   Wünscher 2009, S. 158

94   Vgl. ebenda

95   Vgl. Weidermann 2006, S. 75, 77ff.

96   Zitiert nach Jonscher 1995

97   Vgl. Kronfeld I 1878, S. 328, 357f., 370f.; Hintze 2011/3, S. 19; Philippi 1989

98   Vgl. Kronfeld I 1878, S. 328, 357f., 370f.; Philippi 1989

99   Zitiert bei Vehse 1994 (1854), S. 23

100   Vgl. Hänsel (07.07.1929), S. 56

101   Vehse 1994 (1854), S. 34

102   Ebenda, S. 25

103   Ebenda, S. 33

104   Ebenda

105   Vgl. Kronfeld 1871, S. 346ff.

106   Vgl. Vehse 1994 (1854), S. 22-30; Zitate ebenda

107   Vgl. Dehio 1998, S. 486ff.; Möller VI 1979, S. 22

108   Mast 1992, S. 52

109   Ebenda, S. 52, 54

110   Ebenda, S. 54

111   Kronfeld I 1878, S. 359

112   Vehse 1994 (1854), S. 27

113   Vgl. Dehio 1998, S. 8

114   Dehio 1998, S. 480, 482

115   Vgl. Kronfeld I 1878, S. 328, 357f.; Philippi 1989; Werner 1994, S. 20; Zum jüngeren ernestinischen Haus Altenburg siehe Töpfer 1867; Starke 1880; Amende 1902; Mast 1992, S. 112

116   Vgl. Frommelt 1838, zitiert bei Klein u. Herberth 1994, S. 434; Lehfeld XXII 1896, S. 182

117   Vgl. ebenda; Huschke V/1/1 1982, S. 499, 501; Kronfeld I 1878, S. 360

118   Huschke V/1/1 1982, S. 499

119   Ebenda

120   Ebenda, S. 501

121   Ebenda

122   Vgl. Heinecke 1983, S. 7, 9f.

123   Vgl. Huschke V/1/1 1982, S. 501; Möller VI 1979, S. 22; Dehio 1998, S. 267ff.

124   Vgl. Heinecke 1983, S. 48; Frommelt 1838, zitiert bei Klein u. Herberth 1994, S. 434

125   Huschke V/1/1 1982, S. 501

126   Ebenda, S. 502

127   Heinecke 1983, S. 48

128   Vgl. ebenda; Huschke V/1/1 1982, S. 501

129   Frommelt 1838, zitiert bei Klein u. Herberth 1994, S. 435

130   Heinecke 1983, S. 54; Vgl. Eisel 1871, Nr. 213

131   Greß u. Störzner 1869

132   Eisel 1871, Nr. 213

133   Vgl. Huschke V/1/1 1982, S. 502

134   Frommelt 1838, zitiert bei Klein u. Herberth 1994, S. 435

135   Huschke V/1/1 1982, S. 502; Vgl. ebenda, S. 498-525

136   Frommelt 1838, zitiert bei Klein u. Herberth 1994, S. 435

137   Vgl. Werner 1994, S. 19; Siehe auch Schulthes 1820; Koch 1897-1901

138   Vgl. Henning 2004/2005, S. 154-158; Huschke V/1/1 1982, S. 526-551; Möller VI 1979, S. 22

139   Huschke V/1/1 1982, S. 526

140   Vgl. Kosl. (15.12.1929); dagegen: Möller VI 1979, S. 22

141   Huschke V/1/1 1982, S. 527; Vgl. Philippi:1989, S. 105; Werner 1994, S. 20

142   Philippi 1989, S. 105

143   Huschke V/1/1 1982, S. 534f.; Wagner (20.06.2015); Schittko 2010/3f., S. 84-90

144   Vgl. Philippi 1989, S. 105; Kosl. (15.12.1929)

145   Krüger 1972, S. 19-22

146   Huschke V/1/1 1982, S. 535

147   Ebenda, S. 536

148   Vgl. ebenda

149   Vehse 1994 (1854), S. 62f.

150   Vgl. Semler 1776

151   Vehse 1994 (1854), S. 63f.

152   Ebenda, S. 64

153   Vgl. Drechsel 1934

154   Vgl. Vehse 1994 (1854), S. 64; Huschke V/1/1 1982, S. 546

155   Werner 1994, S. 20

156   Philippi 1989, S. 106

157   Huschke V/1/1 1982, S. 547

158   Ebenda

159   Vgl. Huschke V/1/1 1982, S. 543; Bäringhausen 1998, S. 101-106; Philippi 1989, S. 106; Richter 2010

160   Vgl. Huschke ebenda, S. 550f.; Philippi ebenda

161   Vgl. Philippi:1989, S. 106; Blätter des Vereins für Thüringer Geschichte 2009/19; Heimatgeschichten aus dem Orlatal 2014/1, S. 4; Facius 1938, S. 207; Loth 2008/1f., S. 35-41

162   Vgl. Henning 2004/2005, S. 157; Fiedler 2007, S. 61

163 Fiedler ebenda; Vgl. dazu Weber 2000, S. 67-71

164 Fiedler 2015, S. 3

165 Fleischer 1996, S. 118

166 Werner 2007, S. 122

167 Vgl. Herz 1999, S. 22f.; Thümmler V/1/2 1984, S. 722; Fleischer 1996, S. 117-122; Klein III 1967, S. 266

168 Vgl. Derselbe 1998, S. 8f., 15, 17; Fleischer 1996, S. 119

169 Deubler 1992, S. 9f.

170 Vgl. Fleischer 1996, S. 119

171 Deubler 1992, S. 10

172 Vgl. Fleischer 2006, S. 53f.

173 Vgl. Fleischer 2006, S. 53f.

174 Heimatverein Liebschütz 2008, S. 43

175 Zitiert ebenda

176 Vgl. Fleischer 2006, S. 55

177 Ebenda, S. 57

178 Vgl. Deubler 1992, S. 12f.

179 Vgl. ebenda, S. 13; Fleischer 2006, S. 75

180 Deubler 1992, S. 13

181 Vgl. Fleischer 2006, S. 72f., 109, 120

182 Vgl. ebenda, S. 71, 82, 86, 96, 106

183 Vgl. ebenda, S. 88

184 Ebenda, S. 100

185 Vgl. ebenda; S. 117; Deubler 1998, S. 13, 17

186 Vgl. Fleischer 2006, S. 106f.

187 Vgl. Deubler 1992, S. 13, 15; Fleischer 1996, S. 107, 116, 120; Thümmler V/1/2 1984, S. 722f.

188 Vgl. Lawatsch 1993, S. 191-194

189 Vgl. Deubler 1992, S. 16

190 Vgl. ebenda; Derselbe 1998, S. 17

191 Vgl. Fleischer 1996, S. 120f.

192 Vgl. Deubler 1992, S. 18f.; Thümmler V/1/2 1984, S. 723f.

193 Thümmler V/1/2 1984, S. 724

194 Vgl. ebenda, S. 725; Rein 1938, S. 430-466; Starke 1882; Facius 1938, S. 221ff.

195 Deubler 1992, S. 28

196 Vgl. ebenda, S. 30

197 Franz V/1/1 1982, S. 571

198 Joseph u. Porada 2006, S. 42

199 Vgl. Schmidt I 1935, ab S. 225; Franz 1982, S. 562; Joseph u. Porada 2006, S. 257f.; Klimpke 1996/3, S. 10; Reuß 1995, S. 142

200 Vgl. Joseph u. Porada 2006, S. 451; Herz 1999, S. 23ff.; Brückner 1870, S. 372f.; Pasold 1932; Klein III 1967, S. 275-280

201 Franz V/1/1 1982, S. 561f.

202 Ebenda, S. 562

203 Vgl. ebenda; Schmidt I 1923, S. 69

204 Franz V/1/1 1982, S. 562

205 Vgl. Schmidt I 1923, S. 69, Zitat ebenda; Zur Reußischen Genealogie: Vier Übersichtstafels vom Geschlecht der Heinrichinger, zusammengestellt nach Berthold Schmidt, bei Schmidt I 1935, ab S. 225; Brückner 1870, S. 372f.; Hänsel 1940; Löffler 2000, S. 12, 14f., 20; Gehrlein 2006; John 2012, S. 242-245; Scheidig 1996, S. 40; Kretschmer 193X, S. S. 21-25; Pasold 1932

206 Vgl. Schuster 1992; Lehmann 2013.S. 29ff.; Goldhahn 2007; Schmidt 1998, S. 94ff.

207 Patze 1968/9, S. XII, zitiert bei Löffler 2000, S. 1

208 Franz V/1/1 1982, S. 565; Siehe auch Huschke V/1/1 1982, S. 561-575; Löffler 2000

209 Vgl. Schmidt II 1935, S. 727, 733

210 Joseph u. Porada 2006, S. 262; Jung 2007, S. 28

211 Löffler 2000, S. 193

212 Vgl. ebenda, S. 175-198; Herz 1999, S. 24f.; Joseph u. Porada 2006, S. 296; N.N. (21.02.1931)

213 Joseph u. Porada 2006, S. 263

214 Vgl. Brückner 1870, S. 402; Paul 1976, S. 52-56; Dehio 1998, S. 171ff.; Lotter (10.12.1936); Hüllemann 1936/22, 23-26; Jung 2007, S. 111-118; Behr, zitiert bei Thumser I 2012, S. 250

215 Vgl. Hänsel 1956/1, S. 54

216 Blos I 1914 (1919), S. 204

217 Vgl. Löffler 2000, S. 143-197; Joseph u. Porada 2006, S. 47, 262f.; Herz, S. 23-27; Franz V/1/1 1982, S. 564; Jung 2007, S. 18ff.

218 Schmidt II 1935, S. 723, 727

219 Vgl. Franz V/1/1 1982, S. 562

220 Vgl. ebenda, S. 569; Schmidt II/2 1935, S. 727; Klein 1997, S. 2ff.; Prattched 2003

221 Schmidt II 1935, S. 728

222 Franz V/1/1 1982, S. 569

223 Schmidt II 1935, S. 730f.

224 Ebenda

225 Klein 1997, S. 5

226 Ebenda, S. 6

227 Vgl. ebenda, S. 2-8; Franz V/1/1 1982, S. 569; Hänsel 1929; Schneider 1968

228 Vgl. Franz V/1/1 1982, S. 569; Schmidt II 1935, S. 731f.; Joseph u. Porada 2006, S. 295

229 Vgl. Schmidt II 1935, S. 725f., 734

230 Joseph u. Porada 2006, S. 263

231 Vgl. Schmidt II 1935, S. 725ff.; Hänsel 1961; Franz V/1/1 1982, S. 572

232 Vgl. ebenda, S. 569f.; Collmann o.J., S. 23-56

233 Franz V/1/1 1982, S. 570f.

234 Ebenda

235 Schmidt II 1935, S. 741

236 Ebenda, S. 738

237 Ebenda, S. 738, 740f.

238 Joseph u. Porada 2006, S. 264

239 Vgl. Schmidt II 1935, S. 747; Jung 2007, S. 155; Hänsel 1961, S. 225

240 Joseph u. Porada 2006, S. 264

[241] Schmidt II/2 1935, S. 754

[242] Schuster 1992, S. 217

[243] Vgl. Klein 1997/5, S. 2-9

[244] Vgl. Hänsel 1942; Lohe (24.12.1939); Klein 2002, S. 5f., 38, 51, Hess 1991, S. 249; Zu Reuß ä.L. siehe auch Mast 1992, S. 156; Greiling u. Rüster 2013; Facius V/2 1978, S. 6, 132, 137, 162, 239, 329; Börner 1961, S. 77f.; Thümmler V/1/2 1984 S. 730; Schneider 1930

[245] Vgl. Joseph u. Porada 2006, S. 268; Vgl. auch Hänsel 1927/8, S. 125

[246] Vgl. Joseph u. Porada ebenda, S. 268f.; Klein u.a. 15 (2007); Klein 2007/8; Hänsel 1929/10; Lotter (10.12.1936); Köhler 1923, S. 88, 145, 147

[247] Scheffler 1998, S. 93f.

[248] Vgl. ebenda, S. 94; Schilling 2000, S. 57-61

[249] Franz V/1/1 1982, S. 571

[250] Vgl. ebenda, S. 561f.; Autorenkollektiv: Gera 193X, S. 108; Michaelis 1931/25

[251] Vgl. Kriemer u.a. 199X, S. 16

[252] Brückner 1870, S. 376; Franz V/1/1 1982, S. 561f.

[253] Vgl. Brückner 1870, S. 662; Schmidt 1908 III, S. 57, 202; Paul 1976, S. 29; Löffler 2000, S. 365-380, 449; Weidhaas 2005, S. 2f.; Klotz 1816; Jung 2007, S. 173

[254] Lehmann 2013, S. 42

[255] Ebenda, S. 42f.

[256] Vgl. Brückner 1870, S. 379f., 407-412; Dehio 1998, S. 440f; Kretschmer 1930; Trampel, Strunkowski, Klemm 2012; Eisel 1871, Nr. 32, 147, 585; Löffler 2000, S. 201-250; Jung 2007, S. 272-326; Klotz 1816; Hahn 1855; Vehse 1856; Lehmann 2013, S. 39-43

[257] Vgl. Hänsel 1956/3, S. 89, 113

[258] Vgl. Alberti 1877; Brückner 1870, S. 571f.; Frotscher 1962; Ungewitter 1848, in: Klein u. Herberth 1994, S. 142f.; Stich 2006/42, S. 21

[259] Brückner 1870, S. 384

[260] Beyreuther IV 1972, S. 29

[261] Franz V/1/1 1982, S. 569f.

[262] Dehio 1998, S. 82

[263] Vgl. Brückner 1870, S. 494f.; Lehfeld XXIII 1896, S. 81; Kriemer u.a. 1996, S. 156

[264] Vgl. Brückner 1870, S. 395, 398f.; Wotschke 1934, S. 285-334; Thümmler V/1/2 1984 S. 735; Vehse 1856; Piegler 2000, S. 47-56; Trebge 2001

[265] Vgl. Löffler 2000, S. 271f.; Brückner 1870, S. 383; Lehfeld XII 1891, S. 44; Alberti 1997, S.22f.

[266] Böhme o.J., S. 70

[267] Ebenda, S. 78f.; Zitate ebenda

[268] Vgl. Schmidt III 1908, S. 60

[269] Franz 1982, S. 572

[270] Schmidt II/2 1935, S. 737f.

[271] Ebenda, S. 738

[272] Franz 1982, S. 572

[273] Schmidt II/2 1935, S. 738

[274] Vgl. Hänsel (08.08.1926); Vehse 1856; Jung 2007, S. 179; Brückner 1870, S. 384; Franz 1982, S. 571; Michel 2003; Hetzer 1997, S. 123; Kretschmer 1919; Franke 2009, S. 72ff.

[275] Hetzer 1997, S. 123

276   Vgl. Lawatsch 1993, S. 191-194

277   Vgl. ebenda; Enkelmann 2007/1, S. 12

278   Bülau 1893, S. 55ff.

279   Langeveld 1930, S. 258f.

280   Ebenda

281   Vgl. Semler 1776; Blöthner I 2016, S. 231

282   Vgl. Hetzer 1997, S. 123ff.; Franz V/1/1 1982, S. 571; Kretschmer 1919

283   Hetzer 1997, S. 124

284   Franz V/1/1 1982, S. 571

285   Hetzer 1997, S. 124f.

286   Vgl. Kretschmer 1919; Franz V/1/1 1982, S. 571f.

287   Hetzer 1997, S. 126

288   Vgl. Brückner 1870, S. 384, 395; Heinze 2017, S. 398; Schmidt III 1908, S. 90f., 94

289   Ebenda, S. 188

290   Vgl. ebenda, S. 300-314; Brückner 1870, S. 580, 590; Löffler 2000, S. 274

291   Vgl. Brückner 1870, S. 384, 709ff.; Thümmler V/1/2 1984, S. 730; Hänsel 1930/1, S. 4f.

292   Vgl. Daßler 1996, S. 118; Klimpke 1996/3, S. 7; Hänsel 5 /1936, S. 447f.; Thumser I 2012, S. 221; Derselbe II 2013, S. 275

293   Klimpke 1/2004, S. 32

294   Ebenda, S. 25

295   Vgl. ebenda, S. 18, 23

296   Vgl. Auerbach 1892

297   Vgl. dazu Nündels Reußisches Nationallied, in: Jung 2007,S. 329 sowie Fiedler 2015, S. 33f.; Daßler 1995, S. 117f.; Hänsel 1956, S. 113

298   Brückner 1870, S. 380

299   Vgl. Brückner 1870, S. 709ff.; Lehfeld XII 1891, S. 99; Bavaria 1865, S. 596, 598f.

300   Haardt III 1938, S. 213

301   Vgl. ebenda, S. 213; Lehfeld XII 1891, S. 133; Löffler 2000, S. 354 , 435, 448f., 463; Jung 2007, S. 199, S. 178, 215; N.N. (22.06.1996); N.N. Hirschberg 1997 o. Nr.

302   Brückner 1870, S. 380f.; Vgl. Heimatjahrbuch des Saale-Orla-Kreises 1997, S. 125

303   Vgl. Gemeinde Heinersdorf 2000; Zippel 2003, S.49

304   Zitiert bei Zippel 2003, S.49f.

305   Zippel 2003, S. 50

306   Vgl. Löffler 2000, S. 354; Jung 2007, S. 179, 181f.; Zitate ebenda

307   Vgl. Jung 2007, S. 179, 185; Weber 1987, S. 22

308   Vgl. Brückner 1870, , S. 731-735; Jung 2007, S. 179, 185; Weber 1987; Derselbe 1996; Wachter 1992; Dehio 1998; Löffler 2000, S. 435, 447, 462

309   Vgl. Jung 2007, S. 184; Franz V/1/1 1982, S. 571; Weber 2002, S. 30-32

310   Jung 2007, S. 184

311   Vgl. Fiedler, Berner u. Freundel I 1993, S. 33

312   Jung 2007, S. 184f.; Vgl. Erbe 1929, S. 532-536

313   Vollprecht 1997, S. 121

314 Vgl. ebenda, S. 121f.; Fiedler 2008, S. 63-78; Franz V/1/1 1982, S. 571; Beyreuther IV 1972, S. 30; Dehio 1998, S. 870; Siehe auch Wotschke 1934, S. 285-334; Tille (07.05.1936)

315 Brückner 1870, S. 381

316 Fiedler, Berner u. Freundel I 1993, S. 35

317 Vgl. Brückner 1870, S. 381, 397, 731f., 736; Müller 1990, S. 191; Jung 2007, S. 185; Dehio 1998, S. 233; Fiedler 2008, S. 73-78; Franz V/1/1 1982, S. 571; Vehse 1856

318 Vgl. Beyreuther IV 1972, S. 30; Franz V/1/1 1982, S. 571; Brückner 1870, S. 381f.

319 Jung 2007, S. 196

320 Vgl. Brückner 1870, S. 382; Herz, S. 29; Fiedler 2007, S. 59-63; Derselbe 2015, S. 7; Fröhlich 2001, S. 64-68; Dehio 1998, S. 233; Baumann 2009, S. 117-125; Fiedler, Berner u. Freundel I 1993, S. 16-22, 27f.

321 Vgl. Jung 1997, S. 198

322 Fiedler 2015, S. 5

323 Vgl. N.N. 1866, Nr. 38 u. 51; Facius V/2 1978, S. 6

324 Vgl. Fiedler 2015, S. 21; Thumser II 2013, S. 394; Lehmann 2013, S. 34.

325 Thomä, zitiert bei Fiedler 2015, S. 12f.

326 N.N. 1866, Nr. 51, S. 806

327 Fiedler 2015, S. 15

328 Vgl. ebenda, S. 23

329 N.N. 1866, Nr. 38, S. 807.; Vgl. Fiedler 2015, S. 22f.; Triebel 1961, S. 59-66; Thumser I 2012, S. 333; Fellmann 1994, S. 134-154

330 Jung 1997, S. 198; Löffler 2000, S. 235; Dehio 1998, S. 1048

331 Tatsächlich wohl nur 26.700 Taler; Vgl. Weber 1987, S. 20

332 N.N. 1866, Nr. 51, S. 808

333 Fiedler 2015, S. 21

334 Vgl. ebenda, S. 20f.; Lehmann 2013, S. 32ff.; Berger 2016; Jung 1997, S. 198

335 Vgl. Kröhl 1937, Zitate ebenda

336 Vgl. Fiedler 2015, S. 31

337 Ebenda, S. 24; Vgl. auch Triebel 1961, S. 59-66

338 Zitiert bei Fiedler 2015, S. 25; Vgl. ebenda, S. 25f.; Lehmann 2013, S. 34; Hänsel 1956/3, S. 115

339 N.N. 1866, Nr. 38, S. 593

340 Ebenda

341 Vgl. dazu Weber 1987, S. 21

342 Schmidt II 1927, S. 117f.

343 N.N. 1866, Nr. 38

344 Vgl. Gemeinde Heinersdorf 2000; Jung 2007, S. 198; Fiedler 2015, S. 11, 17; Schmidt II 1927, S. 118

345 Schmidt II 1927, S. 118f.

346 Vgl. ebenda; N.N. 1866, Nr. 38

347 N.N. Teil 1866, Nr. 38

348 Schmidt II 1927, S. 119

349 Vgl. Schmidt II 1927, S. 119f.; Fiedler S. 17f.; Jung 1997, S. 198; Philipp 2004, S. 14; Gemeinde Heinersdorf 2000; John, Hoppe u. Heydick 1978, S. 159; Facius V/2 1978, S. 49

350 N.N. Teil 1866, Nr. 38; Vgl. dazu auch Schmidt II 1927, S. 118f.

351 Vgl. Schmidt ebenda

352 N.N. 1866; Nr. 38; Vgl. dazu auch Schmidt II 1927, S. 119f.

353 Schmidt II 1927, S. 120; Vgl. auch Trampel, Strunkowski, Klemm 2012

354 Vgl. Schmidt II 1927, S. 120f.; Hänsel (07.12.1930); N.N. 1866, Nr. 51, S. 806ff.; Weber 1987, S. 22

355 Fiedler 2015, S. 36f.

356 Vgl. Knoch 1999, S. 79f.

357 Fiedler 2015, S. 36f.

358 Vgl. ebenda, S. 37f.; Hänsel o.J.; Philipp 2004, S. 14

359 Fiedler 2015, S. 38

360 Vgl. Knoch 1999, S. 79; Beyreuther IV 1972, S. 40, Fiedler 2015, S. 40-44; Facius V/2 1978, S. 83

361 Vgl. Paul 1976, S. 45; Pasold 1992, S. 25

362 Vgl. Knoch 1999, S. 79; John, Hoppe u. Heydick 1978, S. 156; Facius V/2 1978, S. 53, 63, 66; Bernhard 1957, S. 265-269, 317ff., 343ff.; Rohm 2011, S. 95

363 Vgl. Knoch 1999, S. 79f.; Fiedler 2015, S. 40-44

364 Fiedler 2015, S. 44

365 Jung 2007, S. 199

366 Vgl. Fiedler 2013, S. 170ff.; Gehrlein 2006; Facius V/2 1978, S. 132, 137, 162, 242, 246

367 Facius V/2 1978, S. 329

368 Vgl. Schilling 1999, S. 115-122; Reuß 1995, S. 144

369 Fleischer 2006, S. 37

370 Eickhoff, in: Eickhoff u. Schopper 2012, S. 119

371 Vgl. Seyfahrt 1913/14, S. 59ff.

372 Vgl. Lehmann 2013, S. 33

373 Schmidt II 1935, S. 734

374 Vgl. Michels 1998, S. 9

375 Vgl. Schmidt I 1935, S. 199, 205, 209, 213ff.

376 Vgl. Mast 1992, S. 52; Löbe u. Löbe 1884, S. 9

377 Vgl. Fröhlich 2001, S. 65

378 Vgl. Eickhoff u. Schopper 2012, S. 81

379 Vgl. Schmidt III 1908, S. 240; Remane 1957, S. 84f.

380 Vgl. Klein u. Herberth 1994, S. 176; Fleischer 2006, S. 37

381 Vgl. Schmidt II 1908, S. 60; Kretschmer 1934; Junior 1957, S. 167;

382 Vgl. N.N.1866/51, S. 806ff.; Hänsel (30.05.1936), Friedberger 1925/1-4

383 Vgl. Heinemann 1959, S. 72; Kretschmer 1934, S. 316

384 Vgl. Müller 1957, S. 149f.; Wünscher 2009, S. 33; Schmidt III 1908, S. 193

385 Schmidt ebenda

386 Zitiert bei Müller 1929, S. 57

387 Vgl. ebenda, S. 189ff.; Schmidt III 1908, S. 189ff.

388 Vgl. Schirmer 1998, S. 199; Derselbe 1996, S. 144; Wachter 1981, S. 20

389 Huber 1998, S. 106

390 Zitat bei Brauns 1847

Die Reihe Plothener Hefte zur Thüringer Regionalgeschichte in 64 Bänden

Band 1: Sagenhafte Wanderungen im Land der Tausend Teiche um Plothen, Dreba, Knau, bis nach Crispendorf und Linda – 88 S. Broschürt

Band 2: Die Kirche zu Weira – Kirchgemeinde und Baugeschichte. Festschrift zur Wiedereinweihung der Marienkirche – 64 S. Broschürt

Band 3: Gespenster im alten Gera – Soziologische Untersuchungen zum Geisterphänomen – 112 S. Einband Paperback

Band 4: Sagenorte und Sagengestalten in der Volksüberlieferung des Orlagaues unter besonderer Berücksichtigung magischer Pflanzen, gespenstischer Tiere und alteuropäischer Flurnamen – 80 S. Broschürt

Band 5: Die Herrschaft der Universität Jena über die Stadt Apolda im 18. Jahrhundert – Ein Rationalistischer Herrschaftsstil? – 72 S. Broschürt

Band 6: Die Jenaer Umgebung als Erinnerungslandschaft – Ästhetisierung und Rezeptionswandel – 104 S. Pp., *Bezug über den Buchhandel: ISBN 978-3-743-176 16-4*

Band 7: Das Kriegsende 1945 in Thüringen in Augenzeugenberichten – 144 S. Einband Paperback, *Bezug über den Buchhandel: ISBN 978-3-744-89717-4*

Band 8: Geschichte und Geschichten aus dem Orlagau – Eine alte Kulturlandschaft stellt sich vor – 96 S. Broschürt

Band 9: Eine kleine Geschichte der Landwirtschaft in Ostthüringen unter besonderer Berücksichtigung der Entwicklung im Saale-Orla-Kreis – 128 S. Broschürt

Band 10: Der Dreißigjährige Krieg in Thüringen [1618–1648] Östlicher Teil: Reuß, Orlagau, Schwarzburg, Holz- und Osterland, 412 S. Einband Paperback – *Bezug über den Buchhandel: ISBN 978-3-7412-9289-7*

Band 11: Eine kleine Geschichte der Jagd und des Waldes im Saale-Orla-Kreis – 80 S.

Band 12: Kamen die Reußen von der Unstrut? – Das Kloster Homburg bei Bad Langensalza und seine Gründer – 88 S. Einband Paperback, *Bezug über den Buchhandel: ISBN 978-3-743-17635-5*

Band 13: Fackeln des Krieges – Nordischer Krieg, Siebenjähriger Krieg und Napoleonische Kriege im südöstlichen Thüringen [1700–1815], 240 S. Einband Paperback, *ISBN 978-3-746-09935-4*

Band 14: Geheimnisse der Vorzeit im Orlagau – Von den Jägern und Sammlern der Urzeit bis zu den Kelten – 116 S. Broschürt

Band 15: Waldlandvölker – Germanen und Sorben im Saale-Orla-Raum – Vom Leben im Ersten Jahrtausend nach Christi – 2 Teilbände 60/68 S. Einband Paperback

Band 16: Der Aufstieg der Sozialdemokratie in Reuß ä. L. bis 1902 – 80 S. Einband Paperback, *Bezug über den Buchhandel: ISBN 978-3-743-17627-0*

Band 17: Wie dunkel war das Mittelalter? – Der Saale-Orla-Raum vom Mittelalter bis zur Frühneuzeit [899–1567] – 116 S. Broschürt

Band 18: Zwischen Heil und Verdammnis – Christianisierung und Reformierung im Saale-Orla-Raum [950–1590] – Eine etwas andere Kirchengeschichte, 104 S. Broschürt

Band 19: Abschied von der alten Saale, in: Beiträge zur Wirtschafts-, Sozial- und Alltagsgeschichte von Oberland und Orlasenke [Band 2], 376 S. Einband Paperback [Sammelband der Folgen 11, 22, 23, 24, 25] *Bezug über den Buchhandel: ISBN 978-3-744-81273-3*

Band 20: Krobitz im Wandel der Zeiten – Festschrift zum 400-jährigen Jubiläum der Wiederaufrichtung der St. Annenkapelle [1611–2011] – 88 S. Einband Paperback

Band 21: Geschichte des Saale-Orla-Raumes: Orlasenke und Oberland – Band 1: Eine LandesChronika von den Besiedelungsanfängen bis zum Jahr 1599 – 420 S. Einband Paperback [Sammelband der Folgen 14, 15, 17, 18], *Bezug über den Buchhandel: ISBN 978-3-743-15120-8*

Band 22: Alte Bergwerke und Goldseifen im Saale-Orla-Raum – Wissenswertes über eine vergessene Bergbauregion ans Licht gebracht – 64 S. Broschürt

Band 23: Ein ›Ruhrgebiet‹ der Frühneuzeit? – Mühlen, Hammerwerke, Schmelzhütten an Saale und Orla – Zur Vorindustriellen Geschichte in ›Händischer Zeit‹ – 64 S. Broschürt

Band 24: Alte Handelsstraßen und Floßverkehr im Saale-Orla-Raum – 60 S. Bro.

Band 25: Die Stadt und ihre Nachbarschaft – Urbane Strukturen im Neustädter Kreis und im Reußischen Oberland während der Frühneuzeit – 80 S. Broschürt

Band 26: Von alten Bräuchen und Festtagen im Saale-Orla-Kreis – 88 S. Brosch.

Band 27: Rittergüter im Saale-, Orla- und Wisenta-Raum – Entstehung, Machtentfaltung, Untergang – 200 S. Einband Paperback

Band 28: Sagen und Altertümer in Neustadt an der Orla und Umgebung – 116 S. Einband Paperback

Band 29: Sagen und Altertümer um Ziegenrück – 52 S. Broschürt

Band 30: Sagenhafte Wanderungen im Saale-Orla-Raum, Band 1: Obere Orlasenke mit Neustadt an der Orla, Triptis, Auma und ihrer jeweiligen Umgebung, 436 S. Paperback [Sammelband der Folgen 1 (teils), 4, 28, 42], *Bezug über den Buchhandel: ISBN 978-3-746-03016-6*

Band 31: Weyrische Chronik, Band 1: Das Dorf Weira und seine nähere Umgebung in Geschichte und Gegenwart – 288 S. Einband Paperback

Band 32: Weyrische Chronik, Band 2: Beiträge zur Wirtschafts-, Schul- und Kirchengeschichte sowie zur Ortsflur und zur Infrastruktur von Weira – mit dem Weiraer Haus- und Familienbuch – 264 S. Einband Paperback

Band 33: Harry Blöthner: Meine Lebenswege [1924–1948] – 72 S. Einband Paperback

Band 34: Sagenhafte Wanderungen in der Aga-Hochebene und im südlichen Lößhügelland von Steinbrücken nach Pölzig – 60 S. Broschürt

Band 35: Sagenhafte Wanderungen von Langenberg durch das Brahmetal nach Bethenhausen – 68 S. Broschürt

Band 36: Sagenhafte Wanderungen um Bad Köstritz, Crossen und Umgebung – 68 S. Broschürt

Band 37: Sagenhafte Wanderungen im Bundsandsteingebiet westlich der Weißen Elster durch den Saarbach-, Erlbach- und Weißiger Grund – 88 S. Broschürt

Band 38: Sagenhafte Wanderungen in Ronneburg und Umgebung sowie durch das Gessental nach Pforten – 80. S. Broschürt

Band 39: Sagenhafte Wanderungen im Geraer Becken, 1. Teil: Das Gebiet westlich der Weißen Elster mit dem Stadtwald – 68 S. Broschürt

Band 40: Sagenhafte Wanderungen im Geraer Becken, 2. Teil: Das Gebiet östlich der Weißen Elster mit dem alten Gera – 96 S. Broschürt [als Doppelband 100 S. Paperback]

Band 41: Sagenhafte Wanderungen um Weida und Wünschendorf – 100 S. Einband Paperback

Band 42: Sagenhafte Wanderungen in Triptis, Auma und Umgebung – 80 S. Paperback

Band 43: Eine sagenhafte Wanderung auf der Hochebene nördlich von Oettersdorf – 72 S. Einband Paperback

Band 44: Sagen und Altertümer aus Schleiz und Umgebung – 100 S. Einband Paperback

Band 45: Sagenhafte Wanderungen in Tanna und Umgebung – 68 S. Broschürt

Band 46: Sagenhafte Wanderungen um Gefell, Hirschberg und Blankenberg – 68 S. Einband Paperback

Band 47: Sagenhafte Wanderungen in der Gemeinde Remptendorf und auf den Saale- und Sormitzhöhen – 68 S. Broschürt

Band 48: Sagen und alte Geschichten aus Saalburg-Ebersdorf und Umgebung – 80 S.

Band 49: Sagenhafte Wanderungen durch die Saale-Rennsteig-Region: Blankenstein und Umgebung – 48 S. Broschürt

Band 50: Sagen und Altertümer aus Bad Lobenstein und Umgebung sowie aus der Erinnerungslandschaft ›Saalpolynesien‹ [bis 1926] – 60. S. Broschürt

Band 51: Sagenhafte Wanderungen im Raum Wurzbach, im Sormitztal und im [Thüringischen] Frankenwald – 56 S. Broschürt

Band 52: Sagenhafte Wanderungen in Ranis und Umgebung, Teilband 1: Stadt und Burg Ranis mit den Zechsteinriffen um Brandenstein – 84 S. Broschürt

Band 53: Sagenhafte Wanderungen in Ranis und Umgebung, Teilband 2: Die Dörfer zwischen Ranis und der Oberen Saale – 84 S. Broschürt

Band 54: Sagenhafte Wanderungen um Krölpa und in den Wäldern der Heide – 64 S.

Band 55: Sagen und Altertümer aus Pößneck und Umgebung – 88 S. Broschürt

Band 56: Sagenhafte Wanderungen in der Verwaltungsgemeinschaft Oppurg; Teil 1: Von Oppurg über die Heidewälder nach Langenorla und Kleindembach – 80 S. Broschürt

Band 57: Sagenhafte Wanderungen in der Verwaltungsgemeinschaft Oppurg; Teil 2: Von Wernburg über die Bahrener Höhe nach dem Weiraer Wald – 88 S. Broschürt

Band 58: Sagen und Altertümer von den Zechsteinriffen der Orlasenke – 88 S. Brosch.

Band 59: Sagenhafte Wanderungen zwischen Saale und Ilm östlich von Leutenberg – 68 S. Broschürt

Band 60: Sagenhafte Wanderungen um Schloss Burgk und seine Umgebung – 56 S. Bro.

Band 61: Thüringer Fürsten im 18. Jahrhundert und ihre Herrschaft: Die Höfe von Coburg, Ebersdorf, Eisenberg, Gera, Gotha, Greiz, Hirschberg, Köstritz, Lobenstein, Neustadt an der Orla, Rudolstadt, Saalfeld, Schleiz, Weida, Weimar, Zeitz – 216 S. Einband Paperpack, *Bezug über den Buchhandel: ISBN 978-3-74317-622-5*

Band 62: Harry Blöthners: Weiraer Familienbuch – Familien in Weira 1800 bis 1950 Haus- und Familiengeschichte[n] – 112 S. Einband Paperpack

Band 63: Sozialistische Landwirtschaft und LPG-isierung im Saale-Orla-Raum [1945–1990], 144 S. Einband Paperback

Band 64: Ende oder Neubeginn? – Landwirtschaftliche und Ländliche Entwicklung im Saale-Orla-Kreis zur Zeit des Konsumismus nach 1990, 64 S. Einband Paperback

Alexander Blöthner:
Sozial- und Alltagsgeschichte des
Saale-, Orla- und Wisenta-Raumes

Band 1: *Wie es damals bei uns war – Eine Geschichte der Landwirtschaft und des Dorflebens, der Sitten und Gebräuche, der Bauernhöfe und der Rittergüter im Land zwischen Saale und Orla, 656 S. Einband Paperback, ISBN 978-3-7347-8731-7*

Aus dem Inhalt: Entwicklung der Landwirtschaft von der Vorzeit bis zum Spätmittelalter – Von altem Wein- und Hopfenbau – Formen früherer Bodenbewirtschaftung – Entwicklung der Viehwirtschaft – Bäuerliche Abgaben und Frondienste – Entstehung, Machtentfaltung und Untergang der Rittergüter –Bäuerliche Besitzstrukturen: Großbauern, Kleinbauern, Dorfhandwerker, Häusler, Hausgenossen und Gesindeleute – Alltag auf dem Dorf – Pfarrer und Schulmeister – Frühere Wohnverhältnisse auf dem Land – Festtage und Brauchtum im Jahreslauf – Auf dem Weg in die Neuzeit: Die Revolution von 1848 und die Bauernbefreiung – Aufschwung der Landwirtschaft ab der Gründerzeit – Zwischen den beiden Weltkriegen – Sozialismus und LPG-isierung – Die Schlechte Zeit und die Problematik mit den Liefersöllen – Neubauernhöfe und frühe LPGs – Vollkommene Zwangskollektivierung – Die LPG-Zusammenschlüsse der 1960/70er-Jahre und die Industrialisierung der Landwirtschaft – Die ländliche Oppositionsbewegung Knau-Dittersdorf – Die Wende 1989/90: Ende und neuer Anfang – Betriebsneugründer und Wiedereinrichter – Landgenossenschaften, Land AGs, Agrar GmbHs – Dorferneuerung – Glanz- und Schattenseiten des Konsumismus – Permakultur: Einziger Weg aus der Agrarkrise? – Mit dem kritischen Epilog: ›Stirbt mit dem Bauern auch das Land?‹ bzw. ›Ist das Ende des Landlebens nur eine Frage der Zeit?‹, [Sammelband der Plothener Hefte, Bände 9, 26-27]

Band 2: *Abschied von der alten Saale – Geschichte der Jagd und der Waldwirtschaft, des Bergbaus, der Mühlen, der Hammerwerke und Schmelzhütten, der Flößereiwesens und der alten Handelswege – Anmerkung zur Entstehung und Entwicklung der Städte*
344 S. Einband Paperback, ISBN 978-3-8448-0813-1

Aus dem Inhalt: Die große Zeit der letzten Eiszeitjäger – Vom Ende der freien Jagd – Der herrschaftliche Jagdbann bis 1848 – Wolfsjagden im 16. und 17. Jahrhundert – Von allerhand Wildschützen und Schwarzfischern – Flussfischerei und Teichwirtschaft – Plänter- und Mittelwaldbetrieb – Vor- und Nachteile der Nadelholz-Monokultur – Raubbau und Bestandsschutz im Wechsel – Wer schützt die Natur vor den Naturschützern? – Ansätze einer neuen Ganzheitlichkeit – Zwischen Flößerromantik und gefährlichem Alltag – Vorzeitlicher Kupferabbau in unserer Region – Verwunschene Goldbergwerke – Hochphasen des Bergbaus im 15. und 16. Jahrhundert – Vom Leben der Bergleute – Die Kamsdorfer Reviere – Vom Ende des Bergbaus in der oberen Orlasenke – Bergbau an oberer Saale und Wisenta – Wasser- und Windmühlen im Ober- und Unterland – Wasserkraft statt teure Windräder – Das Saaletal ein ›Ruhrgebiet‹ der Frühneuzeit? – Der Mühlengrund der Orla – Wo verliefen die alten Handelsstraßen? – Raubrittertum und Räuberbanden – Wo und warum entstanden unsere Städte? –Meilenrecht und Bierbann – Ratsverwandte, Altstädter, Vorstädter, Freihäusler, Inwohner: Zur Sozialstruktur in der Stadt – Entwicklung von Handel und Handwerk – Vom industriellen zum mikrotechnischen Zeitalter [Sammelband der Plothener Hefte, Bände 11, 22-25]

❖❖

Alexander Blöthner:
Geschichte des Saale-Orla-Raumes: Orlasenke und Oberland

Band 1: *Eine LandesChronika von den frühesten Anfängen der Besiedlung bis zu den Kelten – Von den Germanen und Sorben bis zur Frühdeutschen Zeit – Vom Hochmittelalter und der Kolonisation bis zur Frühneuzeit des Jahres 1599 – Ein Lesebuch für Schule und Haus – 420 S. EINBAND PAPERBACK, ISBN 978-3-7431-5120-8*

Prolog: Geschichte aus Geschichten – Zur Entstehung unseres Landes – **Erstes Buch**: <u>Von der Altsteinzeit bis zur Zeitenwende</u> – Die Altmenschen von Döbritz und Ranis – Die Jüngere Altsteinzeit – Höhlenmalerei und Jagdzauber – Der Gravettien-Mensch von Döbritz – Die Bärenjäger von Ranis – Die große Zeit der letzten Eiszeitjäger – Die Mittlere Steinzeit – Warum erfolgte die Neolithische Revolution? – Die Zeit der ersten Ackerbauern – Die Ära der großen Kreisgrabenanlagen – Das Megalith-Zeitalter – Frühe Bronzezeit und Aunjetitzer Kultur – Mittlere Bronzezeit und Hügelgräberkultur – Urnenfelder und Höhenburgen der Späten Bronzezeit – Hallstatt- oder Ältere Vorrömische Eisenzeit – Illyrer und Skythen – Die Kelten und ihre Druiden – Laténe- oder Jüngere Vorrömische Eisenzeit – Das Ende der keltischen Kultur in Mitteleuropa – **Zweites Buch**: <u>Von den Germanen und Sorben bis zur Frühdeutschen Zeit</u> – Germanien zur Römischen Kaiserzeit – Narisker oder Hermunduren? Wer lebte zur Zeitenwende in unserer Region? – Über die germanische Naturreligion – Alltag und Sozialgefüge der Germanen – Die Legende von Fürst Salah und seinen Kindern – Völkerwanderungszeit – Die Schlacht auf den Katalaunischen Feldern [451] – Die Hunnenschlacht im Mordtal bei Tausa – Das Reich der Thüringer [bis 531] – Thüringen einst Land der Pferdeherren? – Einwanderung, Lebensweise und Sozialstruktur der Sorben – Fürst Derwan und König Samo – Der Ringwall als Kult- und Versammlungsstätte – Zur sorbischen Mythologie – Der Kampf gegen die Franken – Die Legende von Ardal und Wlawa – Die Sorbenmark Kaiser Karls des Großen – Die Eroberung der Sorbengaue – Die Sage vom Schlüsselstein – Frühe Bistümer – Späte Mission? – **Drittes Buch**: <u>Vom Hochmittelalter bis zur Wende des 16. Jahrhunderts</u> – Der Pagus Orla und seine Grenzen – Die Ottonische Zeit [909-1014] – Die Sage von Frau Berchta und ihren Heimchen – Christianisierung oder Missionskrieg? – Die Regensburger Mission des 10. Jahrhunderts – Der Orlagau unter dem Pfalzgrafen Ezzo und der Königin Richeza [1014-1063] – Saalfeld und Ranis unter dem Erzbistum Köln [1063-1180] – Die Saalfelder Mission des 11. Jahrhunderts – Die territoriale Einheit des Orlagaus zerbricht [1071-1125] – Die Wende des 11. Jahrhunderts – Herausbildung des Rittertums und Entstehung der Rittergüter – Die Kolonisation der Lobdeburger im Oberland [1204-1289] – Die Landwirtschaftliche Kolonisation [1150-1350] – Dörfliche Siedlungsformen im Saale-, Orla- und Wisenta-Raum – Entwicklung und Blüte der Städte [1250-1618] – Zur Kirchenorganisation im Mittelalter: Der Orlagau unter dem Erzbistum Mainz – Die Mission des Deutschen Ordens im Oberland – Mutterkirchen und fromme Stiftungen – Sakrale Topographie und Gebetskreise – Ehemalige Klöster in der Region – Verschwundene Kirchen und Kapellen – Sakrale Kleindenkmäler – Vorreformatorische Frömmigkeit – Mittelalterliches Totenbrauchtum – Ehemalige Wallfahrtsorte im Saale-Orla-Raum – Die spätmittelalterliche Agrarkrise mit der Entsiedelungs- und Verwüstungsperiode – Der Thüringer Grafenkrieg [1342-1346] – Das Königtum Günthers XXI. von Schwarzburg [1349] – Der Vogtländische Krieg [1354-1359] – König Wenzel von Böhmen [1378-1400] zu Gast in Hirschberg – Vom Lande Meißen zum Kurfürstentum Sachsen [1423] – Die Hussitenzüge [1419-1436] – Letzte Wallfahrt nach Krobitz – Der Sächsische Bruderkrieg [1446-1451] – Der Schwarzburgische Hauskrieg [1447-1451] – Der Altenburger Prinzenraub [1455] – Herzog Wilhelm von Sachsen und die schöne Käthe aus Brandenstein – Die Wettinische Teilung von 1485 – Der Niedergang des Rittertums im Spätmittelalter – Missstände im Heiligkreuz-Kloster – Die Reformation [ab 1517] – Der Bauernkrieg [1525] – Die Kirchenvisitationen [ab 1527] – Reichssteuern zur Türkenabwehr – Vom alten Lehns- und Gerichtswesen – Fron- und Zinsstreitigkeiten – Der Schmalkaldische Krieg [1546-1547] – Grumbachsche Händel [1566-1567] und Entstehung des Neustädter Kreises [1567] – Renaissancefürst Johann-Casimir [1564-1633] von Sachsen-Coburg, Herr von Pößneck – Das Oberland kommt an das Haus Reuß – Das Zeitalter der Pestilenz [Teil 1] – Kleine Eiszeit und Beginn des Hexenwahns – Die Epoche der Konfessionalisierung – **Epilog** zum dritten Buch: Vergangenheit und Zukunft der Geschichte [Sammelband der Plothener Hefte, Bände 8, 14-15, 17-18]

***Band 2:** Eine LandesChronika des 17. und 18. Jahrhunderts mit dem 30-jährigen Krieg [1618-1648], dem Zeitalter des Absolutismus und der fürstlichen wie gräflichen Residenzen in der Region, dem Nordischen Krieg [1700-1721], dem Siebenjährigen Krieg [1756-1763] bis hin zum Ende der Napoleonischen Zeit 1815 – Ein Lesebuch für Schule und Haus – 660 S. E*INBAND* P*APERBACK*, ISBN 978-3-7431-2886-6*

Viertes Buch: <u>Der 30-jährige Krieg [1618-1648]</u> – Die Kriegsnachrichten aus dem fernen Böhmen kümmern die Bevölkerung anfangs nur wenig – Aufstellung der Heimwehr – Die Kipper- und Wipper-Zeit der 1620er-Jahre – Das Zeitalter der Pestilenz [Teil 2] – 1628: Überfälle und Straßenraub nehmen zu – ›Bauerngeneral‹ Georg Kresse und Konsorten – Hexenwahn in Deutschland 1629 auf dem Höhepunkt – 1630: Die Landung der Schwedischen Armee in Pommern – Die Stadt Triptis macht mobil – Die Schlacht von Breitenfeld 1631 – Der Obersächsisch-Thüringische Kreis im Verbund mit der Krone Schwedens – Die Reußen: für den Kaiser gebetet, für Gustav Adolf gefehdet – Wer waren die berüchtigten Kroaten? – Die Schlacht von Lützen 1632 – Vieh gestohlen, aber auch Menschen entführt – Die Nördlinger Schlacht 1634 – Bamberg gegen Reuß! Ein Krieg im Kriege? – Rückwärtige Dienste – Soldatenfamilien – Beutekinder – Vergrabene Schätze – 1638: Hungersnot in Neustadt/Orla – Die Erstürmung von Schloss Ziegenrück – Flucht der Landbevölkerung an feste Orte – 1640: Die Schlacht um Saalfeld [Saalfelder Lager] – Flucht in die Einöde oder Wiederaufbau? – 1641: Französischer Überfall auf Schloss Burgk – Zwei Friesauer ermorden einen Soldaten – Kriegsende und Nachkriegszeit – Der Westfälische Frieden von 1648 als stabile politische Nachkriegsordnung – Friedensfeste erst 1650 – Zum Wiederaufbau nach dem Krieg und zur Wiederaufrichtung von Ordnung und Moral – Der Große Krieg in der Sage – **Fünftes Buch**: <u>Im Zeitalter des Absolutismus</u> – August der Starke und der Absolutismus in Kursachsen – Macht und Ohnmacht der Landstände – Landadlige und Untertanen – Kirchliche Entwicklung im 17./18. Jahrhundert – Der Pietismus in Ostthüringen – Durchzug der Salzburger Emigranten 1732/33 – Wettiner, Schwarzburger, Reußen: Kleinstaaten im Saale-Orla-Raum – Leben und Alltag an den fürstlichen Höfen – **Sechstes Buch**: <u>Der Krieg um Europa geht weiter</u> – Die Türkenkriege [1663-1718] – Reichskrieg gegen Frankreich [1681 ... 1697] – Der Spanische Erbfolgekrieg [1701-1714] – Der Nordische Krieg [1700-1721] – Der Polnische Thronfolgekrieg [1733-1738] – Der Österreichische Erbfolgekrieg [1740-1748] – Die Schlesischen Kriege [1740-1745] – Der Siebenjährige Krieg [1756-1763] – Im Zeitalter der Aufklärung – Kirchliche Entwicklung zur Zeit der Aufklärung – Die große Hungersnot von 1771/1772 – Diebs- und Räuberbanden in Ostthüringen – Zur Entwicklung des Zeitungswesens – Aus den Tagen der Französischen Revolution – Die Sächsischen Bauernunruhen von 1790 – Der Erste Koalitions-, auch Revolutionskrieg [1792-1797] – Unruhen 1795 unter den Städtebürgern – Der Zweite Koalitionskrieg [1797-1802] – Eine Revolution ganz anderer Art 1799 in Jena – **Siebentes Buch**: <u>Die Napoleonischen Kriege [1799- 1815]</u> – Der Dritte Koalitionskrieg

[1805] – Der Untergang des Alten Reiches 1806 – Die Französische Invasion in Sachsen-Thüringen 1806 – Das Treffen von Schleiz am 9. Oktober 1806 – Das Gefecht von Saalfeld am 10. Oktober 1806 – Der Tod des Prinzen Louis Ferdinand von Preußen – Die Zeit im Rheinbund [1806-1813] – Das Schwarze Korps der Rache 1809 – Mit dem Reußischen Kontingent in Spanien – Die Befreiungskriege [1813-1814] – Die Lützower Jäger und das Colombsche Freikorps in der Region – Die Russische ›Besetzung‹ der Region – 1815: Abdankung und Wiederkehr Napoleons 1814 – Der Wiener Kongress 1815 – Teilung des Neustädter Kreises – **Epilog**: Das Geschlecht von gestern schläft längst den langen Schlaf [Sammelband der Plothener Hefte, Bände 10 (partiell), 13, 61 (partiell)]

❖❖

Alexander Blöthner:

Kamen die Reußen von der Unstrut?

Das Kloster Homburg bei Bad Langensalza und seine Gründer
88 S. Einband Paperback, ISBN 978-3-743-17635-5

❖❖

Alexander Blöthner:

Wiprecht von Groitzsch und Kaiser Heinrich IV. Der Aufstieg eines Ritters im 11. Jahrhundert

Eine Untersuchung zur Entstehung von Gefolgschaftsverhältnissen und zur Herausbildung des Hochadels während des Investiturstreits im 11./12. Jahrhundert
152 S. Einband Paperback, ISBN 978-3-92637-047-1

❖❖

Alexander Blöthner:

Der Dreißigjährige Krieg in Thüringen [1618–1648]

Östlicher Teil: Reuß, Orlagau, Schwarzburg, Holz- und Osterland
412 S. Einband Paperback, ISBN 978-3-7412-9289-7

❖❖

Alexander Blöthner:

Fackeln des Krieges: Nordischer Krieg, Siebenjähriger Krieg und Napoleonische Kriege [1799 – 1815] im südöstlichen Thüringen

Vierte Auflage, 240 S. Einband Paperback, ISBN 978-3-746-09935-4

❖❖

Alexander Blöthner:

Rittergüter im Saale-, Orla- und Wisenta-Raum

Entstehung – Machtentfaltung – Untergang
200 S. Einband Paperback, unter: sagenhafte-wanderungen.jimdo.com

❖❖

Alexander Blöthner:

Die Geschichte der Arbeiterbewegung im Fürstentum Reuß ä.L.

Ziviler Ungehorsam im 19. Jahrhundert – 80 S. Einband Paperback, ISBN 978-3-743-17627-0

❖❖